神田秀雄 著

如来教の成立・展開と史的基盤

――江戸後期の社会と宗教――

吉川弘文館

目次

凡例

序章　如来教像再構成の課題と展望……一
一　如来教研究史の回顧と反省……二
二　本書における如来教理解の基本的な筋道……三
三　民衆宗教・新宗教に関する諸研究と本書の立場……一七
四　本書の構成……三二

第一章　教祖の前半生と民間宗教者への社会的期待……四〇
一　教祖の前半生と伝記史料……四一
二　神憑り以前に関する伝記事項の再検証……四八
三　喜之の神憑りと覚善の側近化……六三

第二章　「日待空間」の形成と展開……八五
一　「日待空間」の形成とその中心主題……八六
二　成立期における応答を通じた教説の展開……一〇一
三　教祖喜之によるコスモロジー構築と教説展開の基本的枠組み……一一三
第三章　如来教の組織的展開と中核的教説……一三三
一　「日待」の恒常化・活性化と組織的展開の基本動向……一三四
二　教説展開の中核的筋道……一四二
三　グランド・ストーリーの展開と更新……一四九
第四章　応答を直接的契機とする宗教思想の形成と展開……一七六
一　「三界万霊」の救済をめぐる応答とその深化……一七七
二　「士講中」の集団的願望と『お経様』における「役義（儀）」・「家職」論……二〇二
第五章　如来教の成熟……二一四
一　説教活動の中断から「日待空間」の再構築へ……二一五
二　神学体系の更新と成熟……二一九

三　成熟期における信者集団の行動と救済思想の到達点……………………………二三五

第六章　教祖の晩年以降における近世社会と如来教……………………………二五二

一　文政・天保期における尾張藩社会と如来教……………………………二五三

二　金木市正と江戸・関東の信者集団……………………………二六八

三　教祖入滅後の後継指導者と幕末期における信者集団の動向……………………………二八八

終章　民衆宗教・新宗教の「祖型」としての如来教……………………………三〇三

一　人々の生涯を導く筋道ないしは人々が生きた証としての宗教思想……………………………三〇四

二　如来教の指導者・支援者・組織原理が抱える特異性と普遍性……………………………三一〇

あとがき……………………………三三九

教祖喜之略年譜および幕末期までの如来教史略年表

索　引

図表目次

図1　如来教教祖喜之の木像と「媹姾如来」の厨子……四三
図2　『御由緒』（清水本）の表紙と本文冒頭……四六
図3　日蓮宗の霊宝「敷皮石」と「守護太刀」……七四
図4　『お経様』の表紙と本文……九一
図5　山越阿弥陀如来像と二十五菩薩来迎図……一二五
図6　久米利七家略系図……一九〇
図7　久米利七一族の墓地……一九六
図8　久米利七一族の墓石配置概念図（被葬者の相互関係図）……一九六
図9　久米利七一族（「勇助」の代）の位牌の配置概念図……一九七
図10　金木豊後門流図……二七三
図11　『文政年中御手紙』の表紙・内表紙・本文冒頭……二七八
図12　金毘羅大権現の像……二八二
図13　金毘羅大権現の社とそのご神体……二八三

表1　教祖喜之の主な伝記史料……四五
表2　最初の神憑り以降における『御由緒』の記事内容……六四～六九
表3　『お経様』編年順諸篇の年次別篇数……九三
表4　「日待」の参集者数「数十人」または「数百人」の記事がある『お経様』諸篇一覧……一三六～一三七
表5　久米利七の一族のうち幼時に他界した者……一九一
表6　金木豊後門流の白川神道への参入経過……二七二
表7　『文政年中御手紙』に登場する江戸・関東の信者……二八〇
表8　近代如来教史上の主なできごと……三一二～三一六

凡例

一　本書における引用史料（教団史料以外も含む）の校訂方法は、原則として、神田秀雄・浅野美和子編『如来教・一尊教団関係史料集成』（全四巻。清文堂出版、二〇〇三～〇九年）の方法を踏襲している。とくにご注意いただきたいのは次の諸点である。

・通行の用字と異なる文字（誤字や宛字等）が定本に認められる場合、校訂者が補訂した文字を（　）で囲んで掲げた。

・「　」や字下げで示した引用文中には、適宜、引用者の註を〔　〕で囲んで掲げたが、それは（　）で囲んで掲げた補訂（前項）との混同を避けるためである。

・定本の振り仮名は、そのまま掲げる方が読みやすい場合は原則としてそのまま掲げ（二回目以降は適宜、省略）、定本に振り仮名がなくても誤読防止のために必要な場合は、（　）に囲んだ振り仮名を校訂者の責任で付した。

・教団史料のうち点数がとくに多い『お経様』諸篇は、年月日記載のある篇とない篇からなるが、それらのすべてにはかねて史料番号が付されている。そのため本書でも、個々の篇を識別する手立てとしてその史料番号を（　）に囲んで掲げる形で利用した。詳細は、第二章第一節の「2『日待』という活動形態の定着」を参照。

二　本書では、如来教教祖喜之《きの》（一七五六～一八二六）の生涯を、

《教祖喜之の前半生》／《如来教の成立期》／《如来教の確立期》／《如来教の成熟期》／《教祖喜之の晩年》

という、合計五つ（教祖による最初の神憑り以降は四つ）の時期に区分して捉えており、各章もそれらの時期区分と深く関連づけつつ構成した。

そこで、それらの時期区分に言及するさいには、右のように《　》を付して掲げたほか、《成立期》《確立期》《成熟期》《教祖の晩年》、もしくは《第Ⅰ期》～《第Ⅳ期》のように、簡略表記も併用した。詳細は、序章の第四節および第二章第一節の「2　『日待』という活動形態の定着」、同じく「3　『日待空間』の盛衰」を参照。

三　本書における年号の表記法は、原則として次の方針によった。

- 幕末期までについては和年号を優先し、西暦は（　）で囲んで掲げた（ただしこの場合の西暦は、適宜、掲出を省略している）。
- 明治維新以降については西暦を優先し、和年号は（　）で囲んで掲げた（ただしこの場合の和年号は、適宜、掲出を省略している）。

四　本書の引用史料には、今日では身分差別や障害者差別と見なされうる表現がいくつか含まれている。しかし本書では、あくまでも歴史的史料として当該史料を引用・紹介しているので、ここでそのことをお断りしておきたい。すなわち、如来教教祖の時代には、生きとし生けるものすべては何度も転生を遂げているという、輪廻転生説が民衆に大きな影響力をもっていた。また教祖喜之の発言には、むしろその輪廻転生説を根拠としつつ社会の差別的な現実を批判する趣旨が展開されている。以上二点が、本書で原史料に忠実な引用方法を採った主な理由である。

序章　如来教像再構成の課題と展望

本書は、十九世紀初頭の名古屋周辺で創唱された如来教について、幕末期までを中心にその成立・展開の様相を辿り、同教の歴史的意義を明らかにしようとする書物である。ただし、書名にも掲げているように、同時に本書では、如来教の成立・展開を可能にした歴史的基盤、言い換えれば近世後期における日本社会の構造的特質の解明をも目指している。

如来教は、一般にはそれほど知名度が高いとは言えないが、一言で言えば十九世紀以降の日本に成立した新しい諸宗教の祖型に当たる宗教である。後述するように、日本の近世史や近代史の分野では、十九世紀初頭から明治期にかけて成立した一連の宗教を「民衆宗教」と呼びならわしており、また宗教学や宗教社会学の分野では、同時期以降、今日までに成立したすべての宗教を「新宗教」と呼びならわしているが、筆者の理解では、如来教はそれらの諸宗教の祖型に相当する宗教なのである。

すぐ後で詳述するように、これまでに筆者は、その如来教についてかなりの数の論考を発表してきたが、旧著『如来教の思想と信仰』の内容はすでにかなり古いものになっており、その後に発表してきた諸論考でもトータルな如来教像は新たに描き切れていない。本書は、およそそのような自覚を前提に、如来教はどのような意味で「民衆宗教」や「新宗教」の祖型に当たるのか、また如来教の成立・展開の様相や宗教思想・宗教活動の内容を明らかにすることは「民衆宗教」や「新宗教」に関する従来の研究に何を付け加えることになるのか、などの問題を含めて、もっとも新しい如来教像の再構成を試みる書物である。そこでこの序章では、筆者があらためて如来教像を構成し直そうと考えた直接の経緯を説明すると同時に、本書で展開する議論の大枠を示しておくことにしたい。

一　如来教研究史の回顧と反省

1　如来教研究の出発・停頓と一九七〇年代以降におけるその再展開の問題点

まず、文化庁がネット上に公開している『宗教年鑑』（平成二十八年版）によると、宗教法人如来教（本部：名古屋市熱田区旗屋）がアンケートに答えた教勢は、寺院三二か寺、布教所一か所、教師（女性）一〇人、信者数三〇七五人であるという。また、同じ『年鑑』によると、一九二九年（昭和四）に如来教（当時は曹洞宗に所属）から分立した一尊教団（本部：金沢市弥生）については、教会数三か所という報告があるのみで信者数の報告はないという。そして、それらの数字からみるかぎり、今日の宗教法人如来教や一尊教団は、どちらも、現代日本に珍しくない小規模教団に過ぎないように見える。

だが、如来教については、今から九〇年前の一九二七年（昭和二）、当時の東京帝国大学助教授石橋智信《とものぶ》が、日本宗教学会の会誌『宗教研究』に論文を発表して同教を紹介しており[1]、同教は、その後もかなり幅広い宗教研究者の関心を集め続けてきた。同論文で石橋は、如来教が幕末期以来、曹洞禅の要素を摂取し、明治維新後にもその方向で近代教団を形成してきたことのほか、そうした成り立ちにもかかわらず同教は、キリスト教のそれにきわめて近似した、原罪説に立つ罪観をもっているという趣旨の議論を展開した。また同時に石橋は、如来教の本部や末庵には、教祖喜《き》之《の》（姓不詳。一七五六～一八二六）がその生前に神憑り状態で語った説教などを筆録した、きわめて貴重な文献（『お経様』と呼ばれる膨大な教典の原本と写本）が伝えられている、という事実をも紹介したのである。そして、それらの議論や紹介のほか、成立が他の宗派よりもかなり早い享和二年（一八〇二）であることも相俟って、如来教は、少なからぬ研究者の関心を集めるようになって今日にいたっている――なお本書では、近年における如来教研究の用語法に倣い、とくに断らないかぎり、「如来教」という語句は、今日の宗教法人如来教と宗教法人一尊教団の両者、およびそれらに系譜的につながるすべての宗教運動を指す学術用語として使用する――。

ところで、石橋による最初の如来教紹介の二年前にあたる一九二五年（大正十四）、如来教では教祖入滅百年忌の法会が盛大に営まれた。そして、その記念行事として納骨堂・御影堂の建立や座禅堂の改築が四年がかりで進められたというから、当時の如来教はむしろ教勢拡張期にあったと言える。(2) 一九二七年ないし翌年に、後述する清宮秋叟《きよみやしゅうそう》らが編集した『如来教ノ由緒及沿革概要』(3)には「全国末庵六二箇所、徒弟男女二百〇〇人（数字の表記はモトノママ。以下、引用文中の亀甲括弧はすべて引用者の註）、信徒五有余万人」との記事があり、一九四二年（昭和十七）ごろ、如来教本部登和《とわ》山青大悲寺《さんせいだいひじ》（通称「御本元《ごほんもと》」。以下、原則として通称で呼ぶ）が作成した『如来教団由緒及沿革概要』(4)にも「全国ニ支部〔末庵〕七十有余、布教師及徒弟ノ数三百ヲ数へ、信徒ハ二十万ニ及」という数字が記録されているから、昭和初年以降太平洋戦争初期までの一時期に、如来教が、二〇一六年（平成二十八）現在「三〇七五人」だという先述の数字の優に一〇倍を超える信者数（数万人以上の規模）を擁していたことは、まず間違いないのである。

しかし、そのように大正・昭和戦前期の如来教が教勢拡張期にあったとしても、教外者による当時の如来教研究は、教団関係者のすべてに歓迎されたわけではなく、その後、決して順調にも進まなかった。後述するように、大正末年から昭和初年にかけて、教外者の如来教研究に積極的な期待を掛けたのは、東京巣鴨の同教の末庵東光庵《とうこうあん》の清宮秋叟和尚らであり、またはるか後の一九七一年（昭和四十六）、村上重良・安丸良夫編の史料集『民衆宗教の思想』が刊行されたさいに教団史料を公開したのも、清宮秋叟の系統に連なる宗教法人一尊教団の方だった。(5)他方、今日の宗教法人如来教につながる如来教の法統（戦前・戦後を通じての如来教の主流）では、教団史料を公開しない方針が堅持されており、御本元所蔵の『お経様』諸篇の原本は、今日でも未公開のままである。

詳細は順次記すが、教外者による研究が当該の法統から長く歓迎されて来なかった理由を、筆者は近年、およそ次のように受けとめるようになった。すなわち、如来教という宗教は、その発端から病気治しの要求に応えることを最大の契機として発展してきており、その事情とも深く関わって、教祖在世時代以来、同教はアジール的な性格を強くもち続けて今日にいたっているからだ、というのがその解釈である。しかし、研究が教団関係者から歓迎されない場合が多々あったという事情は、もとより研究史自体とも深く関わっているので、ここでは、石橋による最初の研究から四〇年以上を経て再開された一九七〇年代以降の如来教研究の問題点を中心に、その概要を辿っておくことにしよう。

一九七一年、日本思想大系の最終巻として『民衆宗教の思想』が刊行されたことを直接の契機に、筆者は七〇年代の半ばから如来教の研究を手がけるようになった。その当初、筆者は、一尊教団所蔵の『お経様』諸篇の写本（実際には金沢大学所蔵の写真版）を故村上重良氏を介して入手し、浅野美和子氏とともに翻刻原稿作成の作業を行った。(6)またその後、筆者と浅野は、如来教に関するかなりの数にのぼる論文や著書をそれぞれに発表してきた。(7)さらに二〇〇三年から〇九年にかけては、『如来教・一尊教団関係史料集成』と題する史料集（全四巻。以下、原則として『史料集成』と略記する）を共編で刊行し、(8)神田・浅野の両名はその各巻にも詳細な解説を執筆してきた。しかし、筆者や浅野らによる七〇年代以降の如来教研究は、同教には史料公開に批判的ないし拒絶的な姿勢を貫いてきた人々がいるという事実を承知していながら、その理由を深く考える機会をもたないまま続けてきてしまった、という問題を抱えていた。そして、そうした問題を残す結果になったのは、『お経様』諸篇の原本は未公開であるとしても、その写本を含む主要な関係史料が一尊教団から公開され、一通りの研究が可能になっていたからだったと言えよう。

2　如来教像再構成の契機としての原田清泉尼伝との出会い

ところが、『史料集成』完結の翌二〇一〇年（平成二十二）、学会で如来教に関するテーマセッションをもった[9]ところ、それまで面識のなかった信者の方々若干名が当該セッションに参加され、以来、それらの方々は、近代における教団史上のできごとや宗教法人如来教の現況などについて、さまざまな情報を提供してくださるようになった。そして筆者は、そうした新たな交流を通して、大正期から一九六〇年代初頭にかけての如来教史に大きな足跡を残した原田清泉《せいせん》という尼僧の生涯をめぐる複数の史料を披見する機会に恵まれた。すなわち、同尼の弟子の一人豊行士がまとめた『御恩師清泉御庵主様御伝記並ニ監正院《かんしょういん》様御教示』（限定出版、一九七一年。以下、『清泉尼伝記』と略記する）と同尼の憑霊に立ち会った一尼僧が記録した『監正院伝記』と題する毛筆史料の写し（抜粋）がそれである。またその後、愛知県知多郡東浦町郷土史料館の方々のご協力も得て、教祖在世時代の有力信者の一人である久米利七とその一族に関する現地調査も進めることができた。なお、『史料集成』完結後におけるそれらの研究成果は、すでに一部を論文発表しているが[10]、本書には書き下ろし分を新たに収載し、既発表分の一部は改編して再録する。そこで近年、筆者が如来教像の再構成を志すにいたった経緯を、さらに立ち入って説明しておこう。

筆者はかつて、「如来教百九十年史序説」と題する論考を発表し、教祖在世時代から太平洋戦争期にいたる如来教史の大筋をまとめたことがある[11]。そしてそのさい、とくに重点を置いて論じたのは、大正・昭和戦前期の如来教では、一九二六年（大正十五＝昭和元）から二八年にかけてと一九四一年（昭和十六）、四二年ごろの二度にわたって、曹洞宗からの独立・公認運動が展開されたということがらだった。そのうち、その後の如来教の運命や、今日にいたる如来教研究に大きな影響を及ぼしているのが、昭和初年までに展開された前者の運動である。というのは、当該期の独立・公認運動は、組織的独立を期す運動だったのみならず、教団全体にとってきわめて重要な路線選択の機会でもあったからである。つまり、一九二五年（大正十四）元旦に遷化した御本元の空如《くうによ》庵主の後継者決定とも関わって、当時の如来教は、同教を世間に向けて積極的に「開顕」するか否かの決断を迫られていた。そして結局、独立と「開顕」を通じた教団の近代化を果たそうとした人々は、一九二九年（昭和四）、一尊如来教を創設して如来教から分離する結果になったのである。(12)

それより先、「第二次宗教法案」と呼ばれた法案が関係当局で策定され、一九二六年（昭和元）には帝国議会の審議に掛けられていたため、当時のすべての宗教集団は、同法案の成立に対応する必要に迫られていた。そして同法案は、保護すべき既成宗教（「宗教団体」）と取り締まるべき新興宗教集団（「宗教結社」）を厳重に区別し、「類似宗教」を取り締まることを目的とする法案だったから、明治期以来、曹洞宗に属して活動してきた如来教にとっては、成立が見込まれる新制度のもとで「宗教団体」として認可されることが焦眉の課題となっていた。そこで、とりわけ危機感を募らせたのが、東京や関東の信徒たちだった。彼らは、東光庵和尚清宮秋叟（一八六三〜一九四一）を中心に、名古屋の御本元（如来教本部）へ熱心に働きかけ、同教は初の独立・公認運動（曹洞宗からの独立認可獲得運動）に着手することになった。そのさい、運動の実質的責任者となった清宮秋叟は、「宗教団体」の認可申請と並行して如来教を広く社会に「開顕」する運動の展開を方針として打ち出し、教理の研究を先述の石橋智信に依頼した。そしてその結果、教内誌『このたひ《び》』が創刊され、約一年間、合計九号にわたって発行されるなど、教内者による如来教研究にもかなりの成果が上がったことが知られている。しかし、「第二次宗教法案」は一九二七年（昭和二）中に帝国議会で廃案となり、その種の法案の成立はその後、太平洋戦争の開戦直前まで実現しなかった。そのため、如来教の独立・公認運動（「開顕」運動）は、教内に幅広い支持が得られないまま、一九二九年早々までには中断されていったという。(13)

同じ一九二九年、清宮秋叟が一尊如来教（後の一尊教団）を創設した背景に、如来教独立・公認運動（「開顕」運動）の停頓があったことは間違いない。しかし、当時の如来教の内部には、一九二六年（昭和元）元旦に他界した御本元の空如庵主の後継者決定をめぐる対立が生まれており、大正・昭和戦前期の如来教を根底から揺さぶったのは、むしろその後継庵主問題を端緒とする路線上の対立だったことが、近年、具体的に明らかになってきた。(14) すなわち、当時の如来教内には、「中興の祖」と仰がれた明治期の指導者小寺大拙《こでらだいせつ》（一八三八～一九一三）が、五代以降の御本元庵主（空如庵主の後継者）は籤によって定めよと遺言していたことが広く知られており、多くの僧尼はその籤が公開の場で引かれるものと理解していたらしい。ところが、一九二四年（大正十三）に発病して翌々年の元旦に他界した空如庵主は、大拙の遺言はもとより承知していたが、当時、三十歳を過ぎたばかりの東京出身の尼僧原田清泉（一八九二～一九六二）の霊的能力や行動力にかねて期待を寄せていた。そして、病を押して一〇〇日の心願を込めたうえで密かに籤を引いた結果、後継庵主は原田清泉にすべしとの神意が示されたとして、その旨を小寺家の長老（大拙の甥任風）に遺言していたのである。そこで空如庵主の遷化後、教内には後継庵主の決定手続きに異議を唱える者が続出し、教内の対立が深刻化していった。そしてその後、約四年にわたる係争の末、五代庵主は裁判所の裁定で決定される事態となったのである。(15)

『清泉尼伝記』によれば、(16) 空如庵主の遺言によっていったん後継庵主に指名された原田清泉尼は、十三歳という思春期に母を肺結核で失い、その後父親が娘の成長や成人をほとんど顧みなかったという事情から、一九一二年（明治四十五＝大正元）、満二十歳で如来教に入信・出家していた。そして二年後の一九一四年（大正三）八月、当時、神奈川県平塚に所在する如来教の末庵月湘庵《げっしょうあん》に在庵していた同尼は、同庵の信徒惣代の家で憑霊状態となり、亡母の霊の言葉を語り出した。亡母の霊は、娘の成長を顧みなかった夫をなじり、清泉尼の求道生活を後援しなければ同尼を殺して夫にも地獄の苦患を味わわせると脅迫したのである。そのさいに亡母の霊は、思春期の娘を残して死んだ自らの堕地獄の様態（「地獄の容態七転八倒」）を清泉尼の身体に現したのだが、それは「無明《むみょう》老師」（故小寺大拙）の霊の意向を受けて、人々の信仰を励ます目的の行動でもあると主張した。そこで清泉尼は、御本元の納所役らによって憑霊状態を「検分」され、同尼の憑霊は「無明老師」の霊の意向を伝えるものに相違ない旨を、やがて御本元からも認められていった。

同じく『清泉尼伝記』によると、その後の同年九月末、空如庵主の意向をも受けて約二年ぶりに御本元へ迎えられた清泉尼は、翌年の末ごろまで御本元でも憑霊を続け、「無明老師」の霊の意向を参集者らに聴聞させたという。しかし同尼には、御本元への最初の参堂（一九一二年）以来、同輩や先輩の修行者と容易に協調しない癖があり、それは宗教的信念にもとづくものだった。そして、ことに二度目の参堂以降、同尼は、はるか先輩に当たる修行者や教団幹部に対しても、言動に間違いがあるとみれば、憑霊時のみならず常態でも歯に衣着せぬ批判を浴びせかけるようになったという。同尼によるその種の批判は、師匠の空如庵主にも及んだのみならず、衆人の面前で実行され、同じ人物に向けて繰り返されることも多かったらしい。その一方、清泉尼は、空如庵主の特別扱いを受けているとみられてもいたために、多くの僧尼から根強い反発を受け、同尼は結局、御本元の後継庵主には就任できなかった。小寺大拙の後を継いだ浅野恵大《えだい》和尚は、一九二五年（大正十四）、清泉尼を「三年行脚」に出していったんは破門したが、一方で、同尼の霊的能力や行動力を支持する僧尼や信者がいることも承知していた。そのため、間もなく清泉尼の破門を撤回し、先に大阪に創建されていた江石庵《こうせきあん》の新庵主に就任させたという。

また同じ『清泉尼伝記』によると、戦時色が強まっていた一九三六年（昭和十一）、清泉尼派の人々は、すでに分派したはずの清宮秋叟らと御本元の当局者が権力闘争を続けている旨を厳しく批判したが、逆に清泉尼派の御本元惣代一人が罷免され、清泉尼も再度、御本元から破門された。さらにその後、同尼は、組織としても事実上破門された江石庵庵主の立場で敗戦を迎えたが、戦後は弟子や帰依者との関わりを維持しつつ、厳格な修行と「教化」を特徴とする活動を続けた。そして一九六一年（昭和三十六）、御本元と江石庵は長年の懸案だった「合同」をようやく果たした。「破門」からその「合同」までの二五年間、清泉尼は御本元を訪れなかったという。その合同の翌一九六二年、清泉尼は七十一歳で生涯を閉じた。(17)

大略以上のような新情報が得られたため、筆者は近年、大正・昭和期の如来教の動向と原田清泉尼の生涯を意義づける論考を発表し、(18)およそ次のような諸点を明らかにした。

① 原田清泉尼の宗教活動がもっとも個性ゆたかに展開された大正期から昭和初年にかけては、第一次大本事件（一九二一年）を招いた大本の発展や、「教祖四十年祭」（一九二六年）に向けて「教勢倍加」を目指した天理教の発展、大都市を中心とする本門仏立講の教勢伸張などが目立った時代であり、当該期における如来教の教勢拡大も基本的にはそうした新宗教発展の一事例として捉えうること。

② 当該期における如来教の発展は、立憲主義の推進や参政権の拡大を期待する運動ではなく、他の多くの新宗教運動と同様、そこにはむしろ、絶大な超越的権威や教団自体の活動がもたらす何らかの解放を期待する運動、という性格が強く表れていること。

③ ただし、外郭団体を結成して国家主義的な政治運動を展開した大本の場合(19)とは大きく異なり、当該期の如来教

では、政治色の強い大衆運動は展開されず、むしろ近代化の過程で各家族が抱えるようになった諸問題の解決が希求されていたこと。

④　原田清泉尼は、家族員や家族全体に関わる諸々の問題が教団の宗教的権威（憑霊や僧尼による教導など）にもとづいて解決されることへの人々の期待を、自覚的な実践に組織化しようとした指導者であり、同尼の帰依者たちは、〝近代的な諸権利の制度的保障を希求する発想は役に立たない形式民主主義だ、帰依のみが問題を解決する〞という趣旨の、清泉尼のメッセージを支持していたと考えられること。

近年、原田清泉尼の伝記史料にはじめて接して筆者が何より驚いたのは、教団が急速な近代化を迫られていた大正・昭和期にも、およそ右のように、如来教では一女性指導者の憑霊が教団全体を揺るがす重大な要素としてはたらき、その他界後も当該女性指導者の影響力が今日にも及んでいる、という事実であった。しかも、その女性指導者原田清泉尼の言動の中には、教典『お経様』の文脈を踏まえて実行されたとみられる部分がいくつも見出せるのであり、そのことは筆者にとって、教祖喜之の発言や行動の意味の再把握を迫られるのと実は等しい意味をもっている。というのは、本論で詳述するように、教祖在世時代の如来教においては、人間の生涯のあり方を含めて、コスモスの現実はあくまでも至高神如来の救済意思に由来すると説かれているのだが、そうしたコスモスに関する物語が受容されるうえで憑依現象が重要で不可欠な要素だったことを、筆者は、原田清泉尼の事績から再認識させられたのである。同尼の伝記史料が披見可能となった今日、それらの記事内容は、教祖喜之の発言や行動の意味を把握し直す余地の大きさを表しているのである。

3　「物語」的構造を重視した関係史料の再把握へ

一九七〇年代の半ば以来、筆者は主に、一尊教団から公開されている『お経様』諸篇の整理とその編年的な内容把握に重点を置く研究を重ねてきた。浅野美和子氏との共編で『如来教・一尊教団関係史料集成』全四巻を刊行したのは、その代表的な成果である。しかし、あらためて顧みると、筆者のそうした研究姿勢は、『お経様』諸篇の中でも成立年月日が明確な諸篇を信憑性の高いものとして重視する一方、成立年月日未詳の諸篇は積極的には取り上げない傾向につながっていた。[20]またさらに、年月日未詳の『お経様』諸篇のみならず、昭和初年以降に執筆ないし刊行された近代史料[21]の記事についても、傍証史料が得られていないなどの理由から、活用しえずに棚上げして来た場合が多々あったと言える。それに対し、原田清泉尼の伝記史料との出会いは、筆者にとって、右のような史料の捉え方の根本的な反省を迫られるものだった。すなわち、『お経様』諸篇をはじめとする教団史料は、年代記としてよりもむしろ「物語」の記録として捉えるべきものであることに、筆者はあらためて気づかされたのである。

ところで、如来教が教祖によって創唱された宗教であることを思えば、その構造的な特質に迫るには、教祖の生い立ちや思想形成に大きな影響を与えた体験とはどのようなものだったのかを追究する筋道と、教祖が生きていた時代の社会（地域社会）は教祖に何を求めていたのかを追究する筋道の、双方からのアプローチが必要になる。本書ではその両方向から如来教像の再構成を試みるのだが、教祖の生い立ちや思想形成に影響を与えた原体験的なことがらは、教団史料を年代記的に探索しても具体的な姿はほとんど見えてこない。そこで必要になるのが、『お経様』諸篇の物語的な教説展開を年代を超えて視野に入れ、そのうえで教祖の原体験がどのようなものだったのかを探索してゆくことである。しかし、多岐にわたる物語的な教説展開を本格的に追跡するには、膨大な『お経様』諸篇の系統的な分析が必要であり、そうした分析は当然、本論で果たすほかはない。それに対し、教祖が周囲の人々のさまざまな救済要求に応えたという諸事実に関しては、『お経様』諸篇や後述する教祖伝『御由緒』にも直接的な記事があり、それらは取りあえず、年代記的にも扱いやすい性格をもっている。そこで次節では、物語的な教説展開の分析に先立って、教祖喜之は周囲のどのような要求に応えようとしていたのか、また、筆者はそうした如来教をおよそどのように捉えようとしているのかについて、少し立ち入った説明を加えておこう。すべて後で詳述するので、次節では典拠の掲出を基本的に省略する。

二　本書における如来教理解の基本的な筋道

1　如来教の発端と教祖喜之による教説展開の主要契機

まず第一に、如来教の発端と教祖喜之による教説展開の主要契機はおよそ次のように理解できる、という筆者の仮説から紹介しよう。

如来教の源流は、十八世紀半ばに生まれ、幼くして身寄りを失った一女性が、奉公生活を送りながら成人した後に、尾張藩家老の分家石河《いしこ》主水《もんど》家の隠居を看病してその晩年を看取った経験に遡ることができる。すなわち、そうした経験を背景に後の教祖喜之が、主には当時の名古屋城下とその近隣地域の住民の求めに応じて、病気治しをはじめとする活動を展開していったのが如来教のそもそもの発端なのである。

如来教・一尊教団の教典である『お経様』諸篇には、救いを求める人々やその縁者の不条理な現実に教祖自らが向き合い、そうした不条理の由来や意味を解釈してみせている場面がしばしば登場する。それは、不幸を避けたいと願いつつそれを抱え込んでしまった人々に向けて、不条理の由来をいわばこの世の成り立ちに遡って説明し、新たな人生に人々を導こうとしている教祖の姿にほかならない。そして、そうした人々の救済要求が広く存在し、その一つ一つに教祖が向き合って対応していったという事実こそが、如来教教祖における教説展開の最大の契機だったと筆者は理解している。

なお、開教から年月を経るにつれて、『お経様』諸篇には、きわめて多様な神々や仏・菩薩、諸宗祖、歴史上の人物・高僧などが登場するようになり、至高神如来の化身たちによる人間創造の物語や人間救済をめぐる壮大なコスモロジーが展開されてゆく。そして、そのような神学やコスモロジーの広範な展開の背景には、入信以前からさまざまな宗教的実践に努めていた一部の信者たちと教祖との応答のほか、既存の宗教者（僧侶や神職など）と教祖との応答があったと考えられる。

本論で詳述するように、教祖在世時代の如来教における宗教思想形成の重要な源泉は、教祖に接した人々と教祖との応答にあるのであり、喜之の教説には、たしかに既存の教説を摂取した部分が含まれている。しかし、『お経様』諸篇の内容をトータルに捉える視角から見るならば、教説展開の最大の契機は、やはり、不条理な病気や死に遭遇した人々に教祖が向き合い続けたこと自体にあったと筆者は考える。その理由の一つは、入信以前から別の宗教的実践をしてきた信者たちが教祖と応答を繰り広げた前提には、ほとんどの場合、彼らが何らかの不条理な運命に見舞われていた現実がともなっていたからであり、またもう一つは、既存の宗教者と教祖との応答が教祖の教説展開に用語や概念のうえで影響を与えた場合があったとしても、教説展開の基本的な筋道は、むしろそれらの摂取以前に定まっていたとも考えられるからである。

したがって、右のような経緯からすると、喜之という女性は、石河主水家における隠居の看病から享和二年（一八〇二）の最初の神憑りを経て、文政九年（一八二六）の入滅にいたる生涯の大半にわたって、今日で言うターミナルケアに通じる活動を広く展開し続けていたと言えるのである。なお、そのさいのターミナルケアは、不条理な現実に遭遇した人物本人のみならず、その家族や遺族らの心のケアでもある場合がほとんどだった。

関係史料からおよそ右のような如来教像を読み取ることが可能だとするなら、十八世紀後半から十九世紀初頭にかけての尾張藩社会は、新しい質の民間宗教者を求めていたことになろう。また逆に教祖喜之は、そうした社会の要請に応えることで自らも生きる途を見出していった人物だった、とすることができよう。そしてそのさい、「新しい質の民間宗教者」とは、重病者のケアや家族の欠損といった事態に対処する筋道を示すことのできる宗教者を指している。本論で詳述するように、人々がそうした宗教者を求めるようになった最大の歴史的背景は、十八世紀後半以降の尾張藩社会において階層を越えた家族の形成が進んでいた事実にあると言えよう。

2　如来教の活動に対する尾張藩と地域社会の反応・処遇

第二に筆者が掲げておきたいのは、尾張藩や地域社会が、如来教の存在とその活動に対して次のような反応を示し、また同教を処遇していた、とする理解である。すなわち、江戸時代の幕藩権力が宗教者としての活動を許容するのは、幕府公認の仏教宗派の僧侶、明確な本所をもつ神社の神職や神道者、同じく本所が明らかな各種の民間宗教者などにかぎられていたから、尾張藩にとって、喜之のように特段の資格をもたない宗教者の活動は、本来は認めがたいはずのものだった。第六章で詳述するように、実際、文政三年（一八二〇）には、教祖喜之とその側近であった法華行者覚善が尾張藩の寺社方に喚問され、覚善は知多郡緒川村（現、同郡東浦町緒川）の息子の家へ退居を余儀なくされている。また、教祖の入滅の五年後にあたる天保二年（一八三一）とその翌年、同藩は「金毘羅講（如来教）」の活動を禁止する法令（如来教禁止令）を布達し、領内の町在に『お経様』の回収を命じてもいる。

しかし、そこでただちに疑問が生じるのが、尾張藩はなぜ教祖喜之の最初の神憑りから一八年もの歳月を経た後になって如来教に本格化な統制を加えたのか、また禁止令を令達するのになぜ二九年もの時間を要したのか、という問題だろう。そして、ここで筆者が掲げようとしている如来教理解の第二点とは、それらの疑問に対するおよそ次のような仮説的回答にほかならない。

十九世紀初頭に一介の元武家奉公人の女性が創始した如来教は、他の宗教者や医師などからは得ることが困難な救いをもたらすものだったために、実は地域住民からかなり高い期待が寄せられていた。そうした期待を寄せた人々には少なからぬ尾張藩士が含まれており（以下、とくに断らないかぎり、陪臣を含めて「尾張藩士」の語を使用する）、最初の神憑りから一〇年あまりを経た文化十年（一八一三）前後までには、一〇〇名単位の尾張藩士とその家族らが入信し、彼らの日常にとってこの宗教運動に関わり続けることはもはや欠かせないものとなっていた（当該の信者数は、おそらく二、三百名かそれ以上だったと考えられる）。そしてその当時、藩士の信者たちの中には、教祖の説教会場として自宅をたびたび提供したり、『お経様』の正式な筆録者集団である「お綴り連」を組織したりする者も現れていたから、如来教の活動のかなりの部分は尾張藩士らが担っていると言える状況だった。当時の如来教には、商人や職人からなる名古屋の町人や周辺農村の農民らも入信しており、とくに名古屋の町人信者の数は藩士層の信者数とほぼ同等かそれを上まわる数だったのだが、尾張藩士の信者が宗教活動に果たす役割は相当大きなものになっていたのである。

一方、そのような如来教の実態を、尾張藩当局もかなり詳細に把握していたとみられる。[22] しかし、表向きは認められないこの宗教運動に厳しい取り締まりを加えることは、実は藩にとっても容易でないことだった。というのは、如来教に向けて人々が期待している救済は、誰しもがいつか必要になる蓋然性のあるものだったし、すでに教祖喜之と何らかの形で接触したり、救いを求めたりしたことのある藩士たちの中には、藩の重役を現に帯びている者やその経験者も含まれていたからである。つまり、尾張藩にとって如来教は、表向きは認められない集団でありながら、事実上は黙認せざるをえない対象でもあったのだと考えられる。

またさらに、そのような消極的ないし間接的な支持は、藩当局の姿勢であったのみならず、地域社会が如来教に向けていた視線や姿勢でもあったと考えられる。というのは、地域の未信者の中には、如来教を両面価値的なものと受けとめ、何か事があったときには如来教にすがるが、日常生活が平穏に運んでいるかぎりは、同教とはむしろ関わらないでおこうと考えていた人々も含まれていたとみられるからである。

名古屋の郷土史研究家故水谷盛光氏が如来教に関して残している次の二つの証言は、そうした地域社会の反応や処遇が実在したことを示唆している。すなわちその一つは、少年期（大正期）の水谷氏にとって、当時、「りゅうぜんさま」と呼んでいた如来教の末庵はなぜか怖いもので、その前は走って通り過ぎるのがつねだったというものであり、またもう一つは、十九世紀の名古屋で著作活動を展開した高力種信《こうりきたねのぶ》（猿猴庵《えんこうあん》。一七五六〜一八三一）や小寺玉兆《こでらぎょくちょう》（一八〇〇〜七八）らの作品には如来教に関する記事がまったく見られない、というものである[23]。そのうちの前者は、如来教が近代においても両面価値的なものと見られていた様子を伝えているが、後者の証言は、十九世紀初頭の名古屋で活躍した文人たちが、両面価値的な如来教を正面から話題にすることを憚っていた、という事情を推測させるものだと言えよう。如来教信者となった藩士たちを彼らがよく知っていたとすれば、彼らはなおさら言及を憚ったとみることもできるのではないだろうか。

以上に見てきたように、教祖在世時代から幕末期にかけての如来教は、名古屋とその周辺を中心にかなりの信者を集めていた。しかし、同教の活動に対する尾張藩や地域社会の反応ないし処遇は、関係諸史料の断片から垣間見えるところでは、好意的な側面と拒絶的な側面とが複雑に入り交じっていた。故水谷氏も指摘したように、如来教の動向にふれている教外史料（郷土史料）はごく限られているのだが、権力や社会の反応がおよそ右のようなものだったとすれば、教外史料が希薄である理由もまたそうした反応に関係していると考えられよう。そして、右のような筆者の推察が当たっているとするなら、かつての如来教の信者集団は、アジール的な組織であると同時に、差別の視線にもさらされながら宗教活動を繰り広げていたことになると言えよう。幕末維新期に成立した諸宗教には、その信者集団が差別の視線を向けられていた例も少なくないのだが、このような社会的反応や処遇を受けていた如来教は、まさに民衆宗教の祖型だったと言うことができよう。

如来教に関する以上のような仮説的理解を論証することを通じて、筆者は本書で、民衆宗教・新宗教の先行研究やその後に発表されている関連領域の諸研究に何を付け加えようとするのか、次節では、主に安丸良夫、島薗進両氏の研究に言及しつつ、その概要を説明しておこう。

三　民衆宗教・新宗教に関する諸研究と本書の立場

1　一九七〇・八〇年代当時の民衆宗教研究と筆者の視点

一九七〇年代の半ばに如来教の研究をはじめた当時、民衆宗教の先行研究で筆者がとくに意識していたのは、安丸良夫・ひろたまさき両氏の共同論文「『世直し』の論理の系譜」（以下「『世直し』論文」と略記する）であった。同論文は、「日本の近代化と民衆思想」「民衆道徳とイデオロギー編成」の二論考とともに、安丸の著書『日本の近代化と民衆思想』(24)の「第一篇　民衆思想の展開」に併載されているのだが、つづめて言えばおよそ次のようなモティーフのもとに書かれていた。すなわち、世界史的視野から見ると、近代国家の形成期には、既存の政治体制に対する民衆闘争の昂揚がしばしば認められる。そうした民衆闘争のうち大規模な闘争に発展したものは宗教的な指導理念を背景にもっていた場合が多く、東アジアでは中国の太平天国の乱や東学に指導された朝鮮の甲午農民戦争などを、その具体例として挙げることができる。日本の近代国家形成期には、宗教が民衆闘争を指導して大規模な闘争に発展させた例はほとんどなかったが、明治初年の天理教や松方デフレ期の丸山教などにはその萌芽的な形態を認めうる。（以上は神田による要約）

という趣旨がそれである。

周知のように、右の三論文のうち最初に発表された「日本の近代化と民衆思想」で安丸は、勤勉、正直、謙譲などの「通俗道徳」の実践を通じて膨大な民衆の主体性が発揮されたことが「生産力の人間的基礎」となり、それが日本社会の近代化を実現させる原動力となったと論じた。そして、そのような議論は、「『世直し』論文」では、「世直し」や「世直り」が単なる幻想であることを脱するためには「通俗道徳」の実践という媒介が不可欠だった、との主張に発展させられていた。そしてそのような安丸の議論が、変革的な観念の成熟の度合いを、M・ウェーバーの「世俗内禁欲」の概念に接近するような、行為の現実的合理化の度合いとして捉えようとするものだったことは、今日では、誰も否定しない常識に属すると言えよう。

ところが、如来教の研究をはじめて間もなく、同教を分析するには、そうした安丸の議論は援用できないことが明白になってきた。同教の教典である『お経様』諸篇を読み進むにつれて、そこには、変革の具体的イメージやそれへの合理的到達方法と言える内容はほとんど記されておらず、むしろ至高神如来の慈悲深さや神々によるこの世の創造、未成仏霊の救済といった話題が中心的な位置を占めていることが明らかになってきたからである。そこで筆者が注目したのが、「宗教と経済の緊張関係」をめぐるM・ウェーバーの次のような発言だった。すなわち、「宗教と経済の緊張関係を原理的かつ内面的に避けて通る一貫した道は、ピュウリタニズムにおける召命(職業)倫理と、神秘的宗教性における、同胞愛(同胞倫理)を愛の無世界論(愛の無差別主義)――ことに「慈悲」の観念――にまで高める道の、二つしかない[25]」というのがそれである。そして、その発言の全体を考慮するなら、先述のような内容からなる『お経様』諸篇を教典にもつ如来教は、「召命(職業)」に向かって禁欲主義を進める宗派であるよりも、むしろその対極に位置する、神秘的宗教性の強い宗派だということになる。つまり、如来教を歴史的に評価するためには、「世俗内禁欲」による行為の合理化(「通俗道徳」の実践)の度合いを尺度とするのではなく、むしろ同教が現世的な基準では容易に受容しがたい同胞愛(同胞倫理)を無条件に要請していることを前提に、評価基軸を見直すことが必要になるわけである。そこで筆者は、初期の論考の一つの中で[26]、「三界万霊《さんがいばんれい》(未成仏状態にあるすべての霊の意)」の救済を掲げる同教固有の救済思想に注目し、如来教の宗教思想の歴史的な評価基軸は、「三界万霊」の救済に関する教義が形成され、成熟を遂げていった過程のなかにこそ見出すべきだ、という趣旨を提起したのである。

2 「通俗道徳」説をめぐる疑問の提起と「新宗教」論の定着

およそ一九八〇年代以降、日本の民衆宗教ないし新宗教の歴史的な役割や可能性を議論するさい、「通俗道徳」の実践という視角から論じるのでは漏れ落ちてしまう(掬い上げられない)部分が大きいという指摘は、小澤浩、島薗進、大桑斉の各氏らをはじめ、実は何人もの研究者によってなされてきている[27]。その指摘の内容は論者によってさまざまだが、ここでは、本書での行論ともっとも関わりが深い、島薗進の議論を取り上げておきたい。

かつて島薗は、その著書『現代救済宗教論』の中で、「安丸は超越神的な宗教的伝統を欠く日本の社会においては、宗教が大衆的倫理革新に積極的な役割を果たすことが少なかったと見なしている。大衆的倫理革新をひきだした『「心」の哲学』はむしろ無神論に近いものであり、その人間中心的な思想傾向によって呪術否定が主張されたと（安丸は）いう」が、「新宗教における倫理的主体性の促しと呪術的なものとの共存」をどう解釈すればよいのか、と問題を提起した。(28) そして、金光教と天理教の事例を引きながら、「呪術的なもの、情緒的なものは新しい宗教意識の中に形をかえて保存されて（止揚されて）いるのであって、だからこそ新しい宗教意識は人々の非合理な心情になめらかなはけ口を与えることができるのである」と述べたのであった。(29) 前節にも記したように、筆者は如来教を、教祖の創唱という側面のみならず、社会からの救済要求という側面にも重点を置きながら捉えようとしているのだが、そうした社会からの要求が、島薗の言う「人々の非合理な心情」と関係が深いことは間違いないだろう。そのような「非合理な心情」を分析の俎上に載せるべきだとした点で、かつての島薗の見解は、如来教の分析にあたって筆者が確保したいと考えた視点と重なる部分が大きいのである。

なお、それより先の一九七九年、対馬路人・西山茂・島薗進・白水寛子ら四名の宗教学研究者は、連名で論文「新宗教における生命主義的救済観」(30) を発表して、それまで歴史学系研究者らが用いていた「民衆宗教」の用語や概念規定の曖昧さを批判し、それに替わる「新宗教」という用語の使用を提唱していた。そしてその後の一九九五年、島薗は「民衆宗教か、新宗教か——二つの立場の統合に向けて」と題する短文(31) を発表して「民衆宗教」ないし「新宗教」の用語法や概念をめぐる研究者間の意見の違いを整理し、双方の研究における以後のあるべき方向性について、およそ次のような趣旨を提起した。

「民衆宗教」論では、「民衆宗教」を政治的支配に対する反抗、対抗、代替の運動と見なし、それ以外の運動を「新興宗教」という別のカテゴリーに属する事象だと見なしているが、そうしたカテゴリー区分は「教派神道」

と「類似宗教」という戦前の区分に由来しており、そこには概念形成の経緯に対する反省が欠けている。それに対し「新宗教」論では、「近代以降の救済宗教」を「新宗教」の用語で呼んでおり、その用語は、国際的に誤解なく使用可能な点で「民衆宗教」の用語よりも優れている。主に歴史学・思想史学系研究者が担ってきた「民衆宗教」論は、広範な文献の丁寧な読み込みを重視する方法や問題意識のもとに豊かな成果をあげており、その成果はもとより宗教学系研究者にとっても有益なものである。教祖個人の教えや信仰に関心を向けがちだった従来の「民衆宗教」論が、一般信徒の宗教活動にも広く関心を向け、(「新宗教」論におけるような)人類学的、社会学的なアプローチも採用するならば、「民衆宗教」論と「新宗教」論には相補的関係の構築が可能になる。(以上、神田による要約)

その後、島薗が提起したように、歴史学系と宗教学系の研究者が相互の交流を深めた結果、近世から近代にかけての宗教事象を国際的に比較研究する重要性の認識は、いまや広く共有されていると言ってよい。しかし、一九九〇年代初頭ごろまでの筆者にとって、そうした「新宗教」論には受け容れがたい部分が大きかった。というのは、「新宗教」論は、現に新たに生まれつつある宗教を含む「諸宗教の存在をそのまま前提とし、歴史的な位置づけを大幅に捨象しながら諸宗教の分析・分類に向か」おうとする議論だと見えたからである(32)。しかしその後、島薗進『時代のなかの新宗教(33)』のような、きわめて質の高い研究が現れるに及んで、筆者は右のような受け止め方は自己批判を要すると考えるようになった。また一九九三年(平成五)以来、日本と韓国の歴史学や宗教学などの研究者を中心として、両国の宗教を相互に比較研究するための会合が定期的に開催され、それらに重ねて参加する機会を得たことも、筆者が「新宗教」論に対する認識をあらためる重要なきっかけとなった。

3　「コスモロジカルな問い」を重視する安丸良夫の新たな理論展開とその理解

その後の一九七〇年代末から八〇年代にかけて、安丸は、民俗の次元に対する理解の更新を模索し続けた。その成果は、『神々の明治維新』（岩波新書、一九七九年）と『近代天皇像の形成』（岩波書店、一九九二年）の二著に結実しているが、そのうちの後者は、七〇年代末以降における安丸の代表著作の一つだと言えよう。そして、同書に向けて安丸が進めたのは、近代天皇制の形成にいたる近世から近代にかけての思想史的抗争の全体像を「中枢と周縁」の対抗というシェーマのもとに描き出すことだった。安丸は同書で、「古い伝統の名において国民的アイデンティティーを構成し国民国家としての統合を実現することは、近代国家の重要な特質のひとつであり、そうしたいわば偽造された構築物として、近代天皇制を対象化して解析するというのが、私の課題である」と記している[34]。

しかし、そうした議論がP・L・バーガーやT・ルックマンらの方法を摂取して提起されていることは了解できるとしても、「中枢」による「周縁」の次元の抑圧として捉えることで、近代天皇制の形成過程の全貌は本当に把握しきれるのか、なぜ安丸はそうした捉え方の有効性を強調するのか、同書の刊行当時、筆者にはなかなか理解できなかった。そして、そうした安丸の立論を容易に受け容れられなかったのが筆者ばかりでないことは、後年、『安丸思想史への対論』（ぺりかん社）に寄せた論文の中で、島薗進が、「確かに『ハレの民俗』を抑圧することも『異端のコスモロジー』を抑圧することも、形成期の近代国家の重要な課題の一部だったろう。だが、それらの恐怖に立ち向かうことが近代天皇制の主要な形成要因だったというところまで重視するのは、やや理解しにくい[35]」と記していることにも現れている。しかし、それに対して安丸は、同書所収の「コメント（Ⅱ）」で、

イデオロギーについて論ずるばあい、私たちはそこに何らかの歪曲があり、誇張・抑圧・排除などが作用する闘

争の次元を取り扱っていることを常に念頭におかなければならない。イデオロギーとは、社会意識の全体のなかからある側面を取り出して誇張したり歪曲したりしながら、別の側面を排除したり抑圧したりして、ある統合性へともたらそうとする社会的闘争のことであり、私たちはそうした観点から明治維新をはさむ一つの時代をイデオロギーの歴史として取り扱うことができるだろう。『近代天皇像の形成』は、そうした立場を前面に押しだした試論である。(36)

としたうえで、国家神道は、「人々の生活意識と生活思想をなにほどか踏まえ」て形成されたものではあったが、「それでもやはり国民国家の形成という課題にあわせて、人びとの生活現実に介入して構築された国家イデオロギーだったというべきではなかろうか(37)」と記し、自著の論旨をあらためて強調している。

議論の抽象度がきわめて高い『近代天皇像の形成』は、筆者にとってはいまだに消化しきれない書物である。とは言え、右のような議論に関連づけて言うならば、近代天皇制が形成された筋道の解明とは、天皇を国家機構の中核に位置づけるような思想が、幕末・明治維新期に展開された諸思想相互の抗争をいかに勝ち抜き、また同時に、広範な人々からどのような能動性を調達することに成功した結果、自らの優位性を確保するにいたったのか、その総過程を明らかにすることではないだろうか。しかし、筆者の目からすると、あるいはまた島薗の目からしても、『近代天皇像の形成』はそうした総過程を描ききっているようには見えなかった。ただし島薗は、「歴史の全体性」や「コスモロジカルな問い」の重要性を強調するようになった安丸の発想について、「天皇制のイデオロギー構造や国家神道について直接問うよりも、宗教運動や一揆の中の民衆意識によってこそ、歴史の全体性が露わになると見なされている(38)」とし、『近代天皇像の形成』の刊行前後からの安丸の仕事に新たな意味を読み出している。

右のような島薗と安丸の応答に接すると、筆者自身はおよそ次のような発想にとらわれていたことに気づかざるをえない。すなわちそれは、宗教運動にせよ、他の民衆運動にせよ、それぞれの主張や意思を貫くためには、どこかでいったんは何らかの集団的結束を固め、その結束を背景に政治過程に働きかけて勝利を収めるか、優位な立場を確保することが当然に必要となる、という発想である。しかし、七〇年代末以降の安丸の議論では、中枢と周縁の関係は、短期的に相手の消滅を目標とするような対抗関係としては決して捉えられておらず、そこではむしろ、日常的には中枢と関わらない人々によって生活圏と生活の論理とが確保・維持されているのが周縁であり、そうした周縁的現実態の存在をしだいに容認しなくなって一元的な秩序の構築を目指すようになるのが中枢だ、と捉えられている。したがってそこでは、周縁が中枢に取って代わるような意味の変革が注視されているのではなく、むしろ中枢の論理に同化されずに自己を維持・再生産し続ける次元としての周縁が注視されていることになる。そして、そのような捉え方からすれば、近代天皇制という強権的秩序の解体は、周縁的次元における多様な固有性の展開と活性化によって、中枢と周縁という関係性や構造自体を変容ないし無化させてゆくことの中にのみある、ということになるのであり、それが七〇年代末以降における安丸の基本的な主張なのだと受けとめることができよう。

4　安丸良夫の包括的「民衆宗教」論と本書のスタンス

一九九六年（平成八）、日本と韓国の研究者による国際学会のために安丸がまとめた「民衆宗教と『近代』という経験」[39]は、宗教学系の新宗教論をも視野に入れながら、日本における民衆宗教ないし新宗教の宗教思想や宗教活動の歴史的特徴をトータルに紹介する目的で書かれた論考である。国際学会での報告という性格から、同論考には、「民衆宗教」の実質的な再定義を含めて、きわめて広範な議論が展開されているのだが、個別宗派の分析から当該分野の研究に新たな知見を付け加えようとしてきた筆者にとっては、包括性を優先したその議論はやや平板で、実は物足りなさを感じる部分も少なくない。

同論考で安丸はまず、近世初頭以来の日本には、「近世的コスモロジー」と呼ぶべき観念（神道、儒教、仏教でほぼ一致する、人間の心は、元来、天から分かれたものだとする観念）が成立していたとし、その観念こそが「民衆宗教」が生まれた精神史的大枠だったと主張している。「近世的コスモロジー」は、原理的に現存の秩序を肯定する性格をもつと同時に、究極的原理は人間にも内在するとした点で、批判性・異端性を内包していたというのである。そして、そうした精神史的大枠を確認したうえで、「民衆宗教」の基本的な特徴は、「民衆の此岸の生活経験に根ざした分かりやすい説得性」と「人びとの生活経験にある転換を呼びかける超越性」という二側面の併存にあるとし、家族という生存維持的小共同体の生活原理が「通俗道徳」であり、「民衆宗教」は「通俗道徳」をコスモロジカルに根拠づけるものだと規定している。なお、大正期以降に展開した霊友会、立正佼成会、ひとのみち、生長の家などでは、教えの内容に都市生活者に相応しい生活欲求が踏まえられているが、それらも自己鍛錬・自己統御の一形態と見なしうるという意味で、それら各宗派こそ「民衆宗教」の年代的下限に相当すると捉えている(40)。

およそそのような議論のうち、筆者が物足りなさを感じるのは次の二点である(41)。

その第一は、安丸が、「民衆の此岸の生活経験に根ざした分かりやすい説得性」を「民衆宗教」の重要な特徴だとし、民衆宗教における民衆の願望は「身上安全願い、家業出精、五穀成就」（『金光教教典』）などと要約しうる、としていることに関わっている。すなわち、如来教の事例に引きつけて言うならば、同教が「分かりやすい説得性」をもったのは、人々のかなり深刻な救済要求に教祖が応えようとしたからであり、そうした教祖の対応は、此岸の生活を「通俗道徳」によって規律化していくことからはかなり遠いものだった。如来教の教説でも、現世での「勤」や「境界（涯）」は捨て去ってはならないとされているから、教祖の発言が信者たちの此岸の生活に筋道を与えていたことは事実である。だが、一方でその発言には、世俗的な家業の経営放棄を推奨する側面も含まれているのである。

後述するように、十八世紀後半以降の近世社会には、人々のさまざまな願望成就の可能性がしだいに高まっていったのだが、その成就如何をめぐる格差はきわめて大きかったのであり、右のような教祖の発言は、そうした現実を踏まえたものだったと考えられる。したがって、多くの人々が如来教に帰依したのは、むしろ深刻な状況に何らかの見通し（現実的な問題の解決というよりも、むしろ現実を受け容れられるようになる筋道）を示してくれる教祖の言葉を必要としたからだ、と解する方が事実にちかいのである。

第二に考えておきたいのは、同論考で安丸が、近代化過程における広範な民衆の自立の原理は、家・家族を単位とした通俗道徳型のもので、典型的には農民や商人・職人などの家族小経営という形態をとったが、民衆宗教は、その原理をよく体現するものだったために、民衆の願望と国家や社会の要請との調整役を担うようになっていった、としている点である。民衆宗教が家や家族を単位とする民衆の自立の原理を体現するものだったという捉え方は、近代化過程を巨視的に見るかぎりもとより間違いではない。しかし、家や家族をめぐって歴史的に形成されたイデオロギーと人々が抱える現実に向けて民衆宗教が説こうとした救いとの間には、しばしば大きな懸隔があったのであり、むしろ民衆宗教は、そうしたイデオロギーとは異なる生き方を提起していたからこそ多くの人々の帰依を集めた、と解するべきだろう。社会的イデオロギーと民衆宗教のコスモロジーとの間には、当然、さまざまな葛藤や抗争があったのだが、民衆宗教の実像に迫るためには、そうした葛藤や抗争を具体的に描き出すことが重要な課題だと筆者は考えたいのである。

5　救済神信仰と精霊信仰をめぐる島薗進の議論を修正する試み

ところで、先述の島薗進『現代救済宗教論』（一九九二年）は、新宗教一般を論じる中で如来教にも具体的に言及した数少ない書物である。そこで、その第七章で島薗が提起している見解に対して本論で筆者が試みる修正について、ここで簡単に予告しておこう。

同書の第七章「新宗教の精霊信仰と民衆文化」で島薗は、十九世紀から二十世紀にかけて、新宗教には救済神信仰から精霊信仰への重点の移行が見られるとし、その精霊信仰は江戸時代以来の伝統的精霊信仰とは異なる都市的精霊信仰だと捉えている。また同じ章で島薗は、救済神信仰と精霊信仰とが相補的関係にあった可能性にもふれているのだが、如来教は両者が相補的関係にあった代表的な例だと筆者は受け止めている。しかし、如来教の展開を追跡してきた筆者からすると、第七章で島薗が描いている次のような筋道には違和感を禁じえない。すなわち、江戸時代には「迷える霊や祟る霊」への供養はもっぱら職業的宗教家に委ねられがちだったのに対して、大正・昭和期に発展した諸教団（大本、霊友会、生長の家等）では「僧侶などの専門的宗教家の媒介を経ない、個々人自らの〔亡霊供養の：引用者註〕実践を定式化」するようになった、としている筋道がそれである。

当該章における島薗の主眼が近代の都市的精霊信仰の性格解明にあることは、もちろん筆者も了解している。しかし、本論で詳述するように、如来教の教団史料には、同教の教祖や信者たちが、すでに十九世紀初頭の段階で、「迷える霊や祟る霊」への供養は「僧侶などの専門的宗教家」には委ねられないと考えていた様子が窺われる。そしてそのために彼らが実践していったのが、「三界万霊」の救済を如来に祈願する集団的行動だった。つまり、精霊信仰は、近世から近代にかけてかなり長い変遷（伝統的精霊信仰の革新）の筋道を辿ったのであり、近代の都市的精霊信仰の発生に大きな画期が認められるとしても、その画期は、そうした長い変遷の筋道の中で捉え直されるべきだ、と筆者は考えるのである。

詳しくは後述するように、十八世紀後半以降における「迷える霊や祟る霊」を恐れる民衆意識の顕在化は、従来の職業的宗教家には困難な、多くの未成仏霊を慰撫する役割を果たす新たな民間宗教者を待望するものだった。島薗は、大正期の都市型新宗教における精霊信仰革新の特徴の一つとして、一般の信者に実践可能な慰霊の形を定式化したことを挙げているのだが、大正期の新宗教におけるそうした精霊信仰の革新もまた、むしろ近世日本における精霊信仰変遷の延長上にあったとみるべきではないだろうか。というのは、如来教の教祖が説いた未成仏霊の救済では、集団的な祈願の実践という形で、すでに一般信者の関与が広く想定されているからである。

6　「民衆思想史」批判と本書における議論枠組みの更新

本節の最後に、一九九〇年代の前半に登場した「民衆思想史」批判に言及し、筆者はどのようにその批判を受け止めて議論の枠組みを更新するのかを記しておきたい。

日本思想史の領域で「民衆思想史」に対する批判が本格的に提起されたのは、桂島宣弘氏が上梓した『幕末民衆思想の研究』（文理閣、一九九二年）に対して、子安宣邦氏が『思想』誌上に寄せた論評が最初である[42]。その中で子安は、鹿野政直や安丸良夫らがはじめた民衆思想史研究における議論のあり方、ことに「民衆」概念や、安丸が使用していた「伝統的」「土着的」「底辺的」「日常的」などのタームが抱える「ナラティブ」性（先験的に想定された学問的物語性という意味であろう）を強く批判する議論を展開したのである。

そうした子安の見解表明には、民衆思想史研究が歴史的に果たした役割への言及はまったく見られない。しかし、その後の二〇〇二年、子安の議論に積極的に言及しつつ、桂島が民衆宗教の研究史を論じたのは[43]、およそ次のような意味で、民衆思想史研究の議論に不満を抱いていたからだと考えられる。すなわち、それまでの民衆思想史研究には、

「民衆」の思想や運動をめぐって先験的な価値判断が持ち込まれており、そこには、同時代の諸思想が相互に繰り広げるさまざまな競合や抗争として思想史をリアルに捉えようとする視点が欠けている、というのがおそらくその不満だったのだろう。そしてそのことは、桂島が、七〇年代末以降の安丸の研究をかなり肯定的に評価しながら、民衆思想史研究にとっての八〇年代を「ナラティブの対自化」が進められた時期、と捉えていることからも明らかだと考えられる。

およそそのような流れからすれば、桂島の民衆思想史研究批判は、その提唱者らに向けたものというよりも、むしろその継承を意識しつつ活動していた筆者のような研究者に向けられたものだったのだろうと、筆者はあらためて受けとめている。そのため、ここで多くの弁明をすることは避け、むしろ本書全体を通じて発想の転換と叙述方法の更新に努めることを表明しておきたい。ただ、一つだけ例を挙げておくと、筆者はごく最近まで、如来教教祖が説いた教説には、近世後期の社会秩序や政治体制に対する直接的な批判が含まれていると考えていた。しかし『お経様』には、むしろ固有のコスモロジーが記録されているのであり、そのコスモロジーの筋道に沿って理解しないかぎり、そこに含まれている批判の意味は正しく把握できない。そこで本書では、すでにふれているように、何よりも病気治しの要求に正面から対応した宗教として如来教を捉え、そのうえで、教祖在世時代における病気治し要求の内実とその歴史的背景に考察を拡げてゆくことにしたい。

なお、桂島の『幕末民衆思想の研究』について、かつて筆者は、およそ次のような疑問を提起したことがあった(44)。すなわち、教祖を歴史的な矛盾を体現する人間と見なす立場から民衆宗教の宗教思想を位置づける手法がそれまでの研究の主流をなしていたとすると、桂島の議論の大きな特徴は、教祖をかならずしも宗教思想や宗教運動の中心的な担い手として位置づけず、むしろ「近代国家」が掲げる共同性と無縁な民衆意識(信者たちの意識)の様態を、民衆宗教における信仰活動の中核的部分として取り出そうとしている点にあると言える。それに対し筆者は、民衆宗教の本質をそうした意識様態に認めることは妥当なのか、という疑問を投げかけたのである。

その書評の中で、「教祖を歴史的な矛盾を体現する人間と見なす立場から民衆宗教の宗教思想を位置づける手法」という表現で筆者が想定していたのは、教祖は宗教思想の創唱者、信者はその受容者や実践者だとするような捉え方を指している。その一方、「近代国家」が掲げる共同性と無縁な信者たちの意識様態を、民衆宗教における信仰活動の中核的部分として桂島が取り出そうとしているというのは、言い換えれば、民衆宗教における救済を、桂島は信者たちのアナーキー的とも言える心意や行動に見出しているように見える、ということにほかならない。

たしかに、人の身体に入り込んで働くのが神だという観念（桂島の言う「はたらきとしての神」）は、桂島が具体的に論じている金光教以外にも、たとえば天理教の原典にも認められる。だが、そこには当然、教祖を崇敬する意識が並行していたのであり、むしろそうした意識と関連する人々のつながりの内実こそ、議論すべき余地が大きいのではないだろうか。民衆宗教の思想や活動の中に、国家機構や社会システムとして実現された近代とは「別の近代」を追究することが主観主義的なアプローチだとすれば、民衆宗教の信者らにおける意識や行動の分析に当たってその固有な構造の解明を徹底せずに、国家や既存の社会組織における共同性と無縁な部分を取り出すこともまた、それだけではことがらの全貌解明につながらないのではないか、と筆者は言いたかったわけである。

しかし近年、筆者は、教祖は宗教思想の創唱者、信者はその受容者や実践者だとするような捉え方に、桂島とはやや別の意味で決定的な疑問を抱くようになった。既述のように筆者は、『史料集成』を完結させたころから、如来教教祖における教説展開の最大の契機は、不条理な病気や死に遭遇した人々に教祖が向き合い続けたことにあった、と受け止めるようになったのだが、本書では、そうした捉え方に加えて、教祖の教説展開に一貫する「物語」を正確に読み解くことで、これまでの議論の枠組みを更新しようと考えている。

なお、神田・浅野編『史料集成』が完結するころから、若い世代の研究者石原和氏による如来教研究が進められるようになり、すでに複数の論考としてその成果が発表されている。(45) 如来教を一八〇〇年前後の広い宗教社会の中に位置づけようとしているその一連の研究は、多くの斬新な論点を提起しつつあり、今後の展開が大いに期待される。

※ 二〇一七年九月追記：この四月に筆者が本書の原稿を入稿した直後、右の石原和氏は、立命館大学大学院文学研究科に博士学位請求論文を提出された。またその後、同氏は学位を授与されることが確定したとのことである。

四 本書の構成

以下、本論ではどのように論を進めるのか、その概略を説明しておきたい。実は如来教の研究をはじめて間もなく、筆者は、教祖在世時代の時期区分を試み、以来、同教の分析にはその時期区分を重視してきた。その区分は、如来教の教典『お経様』のうち、成立年代がほぼ明確な諸篇（編年順諸篇）の年次別篇数（教祖の説教の年次別実施回数）をもっとも重要な指標としながら、教祖や信者たちの活動状況を考慮して立案したものである。本書第二章では、その年次別篇数を表にして掲げながら時期区分の詳細を論じているのだが、ここでは本書の構成を説明する便宜上、教祖喜之の最初の神憑り以降入滅にいたる四つの時期区分とその概要を次に掲げておくことにしよう——なお、第Ⅰ期がはじまる前は喜之の神憑りがなかった時期であり、同じく一九七〇年代の末以来、筆者はその時期を《教祖喜之の前半生》と呼び習わしている——。

第Ⅰ期《如来教の成立期》享和二年（一八〇二）八月〜文化八年（一八一一）：喜之の最初の神憑りによる開教以後、

創唱宗教としての如来教がまだ成立過程にあった時期。

第Ⅱ期《如来教の確立期》文化九年（一八一二）～同十三年（一八一六）閏八月：教勢面で信者の定着と講組織の結成が見られるとともに、宗教思想の基幹的な部分が形成され、創唱宗教としての如来教が確立していった時期。

第Ⅲ期《如来教の成熟期》文化十三年閏八月～文政三年（一八二〇）三月：組織面では江戸の金毘羅講の人々が如来教に参入する一方、教祖喜之の教説が最も深化を遂げていった時期。

第Ⅳ期《教祖喜之の晩年》文政三年四月～同九年（一八二六）五月：文政三年四月に如来教に対する最初の本格的な弾圧（統制）が尾張藩によって加えられ、喜之の説教を公然と行うことが困難になる中で、なおも信仰活動の継続がはかられていった時期。

以下の本論（第一章～第六章）および終章では、右のような教祖在世時代の時期区分にかなり頻繁に言及している。そこで、各時期区分は《　》で囲んで表記するのを基本とし、とくに各節で繰り返し言及する場合には、《成立期》または《第Ⅰ期》、《確立期》または《第Ⅱ期》、《成熟期》または《第Ⅲ期》、《教祖の晩年》または《第Ⅳ期》と、それぞれ簡略化した時期区分名でも表記しているので、ここでそのことをお断りしておきたい。

本書は、およそ右のような時期区分を前提に序章を含めて八つの章で構成しており、本論（第一章から第六章）は編年順の分析と叙述を原則としている。しかし先述のとおり、当該期以外の史料に論及しないと分析が困難な部分では、それらの史料にも必要に応じて論及しているほか、第四章では、便宜上、《第Ⅱ期》と《第Ⅲ期》にわたって教説展開を追跡することをむしろ基本としている。以下、各章の概要を掲げるが、各概要末尾の⇓の後には、各章の節ごとに「初出」に相当する拙稿を略号で掲げている。

※　先述のように本書は、新しい研究成果を処々に盛り込みながら、筆者の既発表論考に掲げた分析結果や見解をも適宜採り入れて、全面的に改稿（再構成）する形でまとめている。そのため、各章や節の「初出一覧」を単純に掲げることは困難だが、当該節が主にどの既発表論考に依っているかを示すことは一応は可能である。そこで、簡便にそれを示すために、序章の註(7)に掲げた［神田秀雄］の著書・論文の略号（A〜J）を用いることにしたので、必要に応じて註(7)を参照されたい。なお、「A－Ⅱ－4」は『如来教の思想と信仰』の第二章第四節を意味する。また、神田・浅野編『如来教・一尊教団関係史料集成』は註(7)にはないSの略号で表示し、その各巻はⅠ〜Ⅳ、各巻の解説論文のうち神田執筆の章番号は1または3の数字で示した（「S－Ⅳ－1」は『如来教・一尊教団関係史料集成』第四巻解説第一章を意味する）。

第一章「教祖喜之の前半生と民間宗教者への社会的期待」では、右の《教祖喜之の前半生》および喜之の最初の神憑りの約一年後までを対象時期として、教祖喜之の生い立ちのほか、神憑り以前における奉公人としての活動内容や地域社会との関わりを詳細に追跡し、元武家奉公人の一女性を民間宗教者ないし教祖として再生させていった地域社会の意識動向とその歴史的意義の解明を試みる。⇓　第一節：S－Ⅰ－1、新稿。第二節：A－Ⅰ－2、S－Ⅰ－1。第三節：A－Ⅰ－3、S－Ⅰ－1。

第二章「『日待空間』の形成と展開」では、最初の神憑りの後、「日待」と呼ばれる集会が如来教の主な活動形態として定着し、その「日待」の場での教祖と信者とのやり取りが宗教思想形成の大きな契機となった事情を中心に、第Ⅰ期《如来教の成立期》における宗教活動と宗教思想の展開を追跡してその特質を論じる。また同時に、その時期には、篤信者らの死を契機として教祖が固有のコスモロジー構築を本格化させ、同じく固有の神学や宗教思想の基本的枠組みを表出していった経緯についても、並行して新たな解明を試みる。⇓　第一節：S－Ⅰ－1、H。第二節：S－Ⅰ－1。第三節：新稿、S－Ⅰ－1、I。

第三章「如来教の組織的展開と中核的教説」では、「日待」の継続的な実施態勢が整備され、教勢の定着・拡大傾向が明確化した第Ⅱ期《如来教の確立期》に、「日待」の場は重病者や死者の運命を集団的に祈願する場という役割を担うようになることをまず確認する。そしてそのうえで、教祖の口からは、至高神如来の意思（ノモス）に定位することを人々に求める金毘羅大権現の言葉が一貫して語られ、世界には至高神如来が主宰する現世を超えたコスモスがあり、そこには金毘羅をはじめとする神仏や諸宗祖が働いている、という壮大な物語が語り続けられていった様相を詳細に描出するとともに、その意義を論じる。⇩　第一節：新稿、S–Ⅰ–1。第二節：新稿。第三節：新稿、A–Ⅱ–3、A–Ⅲ–2。

第四章「応答を直接的契機とする宗教思想の形成と展開」では、如来教の宗教思想のうち、「日待」における応答を直接的契機として形成されたことが明確な思想内容として、「三界万霊」の救済を掲げる救済思想と「役儀」・「家職」論を独立して取り上げる。実際にどのような応答を契機としてそれらの教説が形成され深化を遂げていったのかを、新たな分析を交えて第Ⅱ期《確立期》から第Ⅲ期《成熟期》にかけて追跡し、そうした教説展開の歴史的意義を論じる。⇩　第一節：A–Ⅱ–4、新稿。S–Ⅲ–1。第二節：S–Ⅲ–1、Ⅰ。

第五章「如来教の成熟」では、社会（既存の宗教者）との軋轢の発生を機に信者集団の活動態勢再構築が図られる一方、一般的な金毘羅信仰の講集団が江戸・関東から合流するという状況を具体的に追跡する。そして、神学体系の更新と救済思想の深化が図られていった様相の分析を通じて、第Ⅲ期《成熟期》の歴史的意義を論じる。また、人々の諸願が急増する中で教祖の口からは終末意識が切迫的に表出され、有力信者による教祖支援の態勢構築が進められることにもふれながら、宗教活動の到達点を多角的に描出する。⇩　第一節：S–Ⅲ–1。第二節：S–Ⅲ–1。第三節：S–Ⅲ–1。

第六章「教祖の晩年以降における近世社会と如来教」では、文政三年の尾張藩による最初の如来教統制にはじまる第Ⅳ期《教祖喜之の晩年》から明治維新までの、尾張一帯と江戸・関東の両地域における信者集団の動向を取り上げる。そのさい、尾張藩と幕府による重ねての統制に抗しつつ、どのような宗教活動を展開していたのかを可能なかぎり詳細に追跡し、その意義を論じる。尾張一帯の信者集団では、近代にも長く維持された、熱田の白鳥山法持寺（曹洞宗）の出張所という名目がこの時期の最後に獲得されたこと、江戸・関東の信者集団では、主な指導者が幕府によって遠島に処せられる一方、江戸城大奥にも及ぶ布教が展開されたことが、当該期の大きな特徴である。⇓　第一節：S–Ⅳ–1。第二節：S–Ⅳ–1。第三節：S–Ⅳ–1。

終章「民衆宗教・新宗教の『祖型』としての如来教」では、民衆宗教や新宗教の宗教思想とは、単に教祖が唱えた教説ではなく、基本的には教祖と信者らの協働によって生み出された、人々の生涯を導く筋道（現に生きている思想）であり、また人々が生きた証（生きられた思想）だと捉えるのがもっとも妥当だ、という筆者の見解をまず示す。そのうえで、小寺大拙の事績を中心とする明治期における如来教について紹介したうえで、大正・昭和期における同教の動向は、教団体制をめぐる近代化路線と「憑霊デモクラシー」との相克として捉えうることを明らかにする。そして最後に、如来教の指導者・支援者・組織原理が抱える特徴について、その特異性と普遍性を論じる。⇓　第一節：新稿。第二節：S–Ⅳ–3、J、新稿。

註

（1）　石橋智信「隠れたる日本のメシア教―一尊教の教団生活とその信仰内容―」（『宗教研究』新第四巻第四～五号、一九二七年）。

（2）　以上、大正末年から昭和初年における如来教の教勢等については、後掲註(14)の『御恩師清泉御庵主様御伝記並ニ監正院様御教示』の三九～四〇頁を参照。

（3）後掲註(8)神田・浅野編『如来教・一尊教団関係史料集成』の第四巻に収載。
（4）同右。
（5）村上重良・安丸良夫編『民衆宗教の思想』（日本思想大系第六七巻〈岩波書店、一九七一年〉）。
（6）その成果の一部は、村上重良編『お経様――民衆宗教の聖典・如来教』（東洋文庫三一三〈平凡社、一九七七年〉）として刊行された。
（7）如来教に関する神田秀雄と浅野美和子の主な著書・論文には、それぞれ次のようなものがある。なお、後掲註(8)の神田・浅野編『如来教・一尊教団関係史料集成』の第四巻には、「別冊（その2）」に、石橋智信による最初の如来教紹介から二〇〇九年までの如来教研究をほぼ網羅した「如来教・一尊教団に関する研究一覧」を掲げている。
［神田秀雄］（著書）A『如来教の思想と信仰―教祖在世時代における―』（天理大学おやさと研究所、一九九〇年）。（主要論文）B「開教期如来教の救済思想」（『日本史研究』第二五六号、一九八三年）、C「近世後期における宗教意識の変容と統合―創唱宗教の成立と先行する宗教事象との関係をめぐって―」（『日本史研究』第三六八号、一九九三年）、D「信心の世界の変容と新たな救い」（日本の近世一六、ひろたまさき編『民衆のこころ』所収〈中央公論社、一九九四年〉）、E「近世後期における『救済』の《場》―民俗信仰・篤胤学・民衆宗教―」（『江戸の思想』№1、ぺりかん社、一九九五年）、F「一九世紀日本における民衆宗教の終末観と社会運動」（歴史学研究会編、シリーズ・歴史学の現在5『再生する終末思想』〈青木書店、二〇〇〇年〉所収）、G「化政期における社会的交通の展開と民衆宗教の成立―如来教の事例に即して―」（幡鎌一弘編『近世民衆宗教と旅』〈法藏館、二〇一〇年〉所収）。H「化政期における名古屋住民の宗教意識と如来教のコスモロジー」（『天理大学人間学部総合教育研究センター紀要』第一〇号、二〇一二年）、I「日本の近世社会と如来教の歴史的特質」（『天理大学人権問題研究室紀要』第一六号、二〇一三年）、J「原田清泉尼伝の探究から試みる如来教像の再構成」（『天理大学人間学部総合教育研究センター紀要』第一四号、二〇一六年）。なお、便宜上後掲した註(11)の論考もある。

［浅野美和子］（著書）『女教祖の誕生―「如来教」の祖・媹姾如来喜之―』（藤原書店、二〇〇一年）。（論文）「民衆宗教の女人救済論」（『歴史評論』第三七一号、一九八一年）、「如来教救済思想の特質」（『日本史研究』第二七四号、一九八五年）、「民衆宗教における両性具有観」（大隅和雄ほか編、シリーズ・女性と仏教2『救いと教え』〈平凡社、一九八九年〉所収）、「民衆宗教における女性」（鶴見和子監修『女と男の時空：日本女性史再考4』〈藤原書店、一九九五年〉所収）。

（8）神田秀雄・浅野美和子編『如来教・一尊教団関係史料集成』全四巻〈清文堂史料叢書第一一〇刊、第一一二刊、第一一五刊、第一一七刊〈清文堂出版、二〇〇三〜〇九年〉〉。

（9）テーマセッション「『民衆宗教』再考——如来教関係史料から見えてくるもの」（「宗教と社会」学会二〇一〇年度学術大会）。なお、神田秀雄「『民衆宗教』再考—如来教関係史料から見えてくるもの—：コーディネーターとコメンテーターとの応答を中心に」（『宗教と社会』第一七号、二〇一一年）は同テーマセッションの記録。

（10）前掲註（7）［神田秀雄］分のJを参照。

（11）神田秀雄「如来教百九十年史序説（一）」（『天理大学学報』第一六二輯、一九八九年）、および同「如来教百九十年史序説（二）」（『天理大学学報』第一六三輯、一九九〇年）。それらのうち、とくに後者が大正・昭和戦前期の如来教に言及している。

（12）以上、本段落に関する詳細は、前註のうち「如来教百九十年史序説（二）」を参照。

（13）同右。

（14）本文に前掲の原田清泉尼の伝記史料『御恩師清泉御庵主様御伝記並ニ監正院様御教示』（『清泉尼伝記』）には、その間の事情が詳述されている。

（15）御本元の空如庵主の晩年からその後継者決定にいたる一連の事情については前註に挙げた『清泉尼伝記』にも記事があるが、前掲註（11）の神田「如来教百九十年史序説（二）」でふれた『一尊如来教団樹立について』（清宮秋叟が一九二九年に作成したパンフレット。現在、一橋大学付属図書館蔵）にも詳細な記事がある。

（16）前掲註（14）の『清泉尼伝記』は一般公開されていないため、以下では該当頁の掲出をすべて省略する。詳細は前掲註（7）［神田秀雄］分のJを参照。

（17）以上、御本元と江石庵との合同および原田清泉尼の他界についても、前掲註（14）の『清泉尼伝記』による。

（18）前掲註（7）［神田秀雄］分のJを参照。

（19）鹿野政直『大正デモクラシーの底流』（NHKブックス一九二、一九七三年）は、「大正デモクラシーの底流」を代表する事例の一つとして当該期の大本を位置づけている。

（20）前掲註（8）の神田・浅野編『史料集成』の第四巻に収載。なお、成立年月日未詳の諸篇のかなりの部分は、文化初年までに成立していたと推定できる。詳しくは同巻の「『第二部　お経様　つづき』に収載した諸篇について」および同じく「『第二部　お経様」註釈（第四巻収載分）」のうち「『お経様』年月日不詳　註釈」を参照。

(21) これらについての詳細は、本論の第一章第一節およびそこに掲げた「表1　教祖喜之の主な伝記史料」を参照。

(22) 本論の第六章で詳述するように、文化十年（一八一三）、教祖喜之の説教に会場を提供した尾張藩士水野藤兵衛は、その時点では教祖喜之に救いを求めたと考えられるが、実はその後の教祖在世中、尾張藩の寺社奉行に就任していたことを確認できる。そのことからも、当時の尾張藩当局は如来教の実態をかなり詳細に把握していたと考えられる。

(23) 水谷氏の少年期の記憶については、水谷盛光「媹姾如来喜之覚書―隠れ農民宗教の起源について2―」（名古屋市郷土文化会編『郷土文化』通巻第一一七号、一九七七年）を参照。猿猴庵や玉兆の作品に関する証言は、生前の水谷氏から筆者が直接伺ったものである。

(24) 安丸良夫『日本の近代化と民衆思想』（青木書店、一九七四年）。

(25) M・ウェーバー、武藤一雄・園田宗人・園田坦訳『宗教社会学』（創文社、一九七六年）二七四〜二七六頁。

(26) 前掲註(7)〔神田秀雄〕分のB。

(27) 本文で取り上げる島薗の論著以外に、たとえば、小澤浩『日本の近代化と民衆宗教』（岩波書店、一九八八年）、大桑斉「民衆思想史の真宗――『蓮如上人遺徳記』と応化の観念」（同『日本仏教の近世』〈法藏館、二〇〇三年〉所収）等がある。

(28) 島薗進『現代救済宗教論』（青弓社、一九九二年）一三九〜一四〇頁。

(29) 同右書一四七頁。

(30) 対馬路人・西山茂・島薗進・白水寛子「新宗教における生命主義的救済観」（『思想』第六六五号、一九七九年）。

(31) 島薗進「民衆宗教か、新宗教か――二つの立場の統合に向けて」（『江戸の思想』№1、ぺりかん社、一九九五年）。

(32) 前掲註(7)〔神田秀雄〕分のCを参照。

(33) 島薗進『時代のなかの新宗教　出居清太郎の世界一八九九〜一九四五』（弘文堂、一九九九年）。

(34) 安丸良夫『近代天皇像の形成』（岩波書店、一九九二年）一二頁。

(35) 島薗進「宗教研究から見た安丸史学―通俗道徳論から文明化論へ―」（安丸良夫・磯前順一編『安丸思想史への対論』〈ぺりかん社、二〇一〇年〉所収。同書一五三頁）。

(36) 前掲註(35)『安丸思想史への対論』一九一頁。

(37) 前掲註(35)『安丸思想史への対論』一九三頁。
(38) 前掲註(35)『安丸思想史への対論』一五九頁。
(39) 同論考は、一九九六年八月に天理大学で開催された「第四回　日韓宗教研究者交流シンポジウム」の基調発表の記録。その後、安丸良夫『文明化の経験』(岩波書店、二〇〇七年)や同『安丸良夫集3』(岩波書店、二〇一三年)にも再録。
(40) 安丸のそうした議論には、前掲註(30)論文の議論が明らかに踏まえられている。なお筆者は、安丸の民衆宗教論の中核部分には、「近世的コスモロジー」にもとづく個と全体の予定調和を疑わないのが民衆宗教の特徴だ、とする理解があると受けとめている。
(41) 安丸「民衆宗教と『近代』という経験」に対する筆者の疑問は、前掲註(7)のFや註(9)の神田の論考でも提起している。
(42) 子安宣邦「民衆宗教観の転換」(『思想』第八一九号、一九九二年)。
(43) 桂島宣弘「民衆宗教研究・研究史雑考」(『日本思想史学』第三四号、二〇〇二年)。
(44) 神田秀雄「書評　桂島宣弘著『幕末民衆思想の研究—幕末国学と民衆宗教—』」(『歴史学研究』第六五六号、一九九四年)。
(45) その主なものに、石原和「名古屋城下における如来教信仰—仏教と如来教、そして『いかに救われるか』という問い—」(韓日次世代学術FORUM『次世代人文社会研究』第八号、二〇一二年)、同「『渇仰の貴賤』の信仰としての如来教—一八〇〇年前後宗教社会から救済言説を読み直す—」(『宗教研究』第三八四号、二〇一五年)、同「文政大地震と如来教—〈その時〉に向き合う説教—」(『日本思想史研究会会報』第三三号、二〇一七年)などがある。

第一章　教祖の前半生と民間宗教者への社会的期待

本章の課題は、教祖在世時代のうち、出生から享和二年（一八〇二）八月の最初の神憑りを経て、翌享和三年の秋、宗教活動を本格的に展開しはじめるまで——序章第四節に掲げた時期区分のうち、《教祖喜之の前半生》および《如来教の成立期》の最初の約一年に当たる——を対象として、如来教が創唱された筋道を詳細に辿り、そこにはどのような歴史的特質が認められるのかを明らかにすることである。

「一　教祖の前半生と伝記史料」では、教祖喜之という人物は最初の神憑りを経験するまでにどのような前半生を生きたのか、まずその主な筋道を追跡する。次いで、教祖喜之の生涯を今日に伝えている教団史料はどのような性格の史料なのかを、教祖在世時代に成立した教祖伝『御由緒』と近代史料に分けて明らかにする。そしてそのうえで、冒頭に掲げたような筋道として筆者が教祖の前半生を捉えるのはなぜかを明らかにする。

「二　神憑り以前に関する伝記事項の再検証」では、教祖在世中に成立した『御由緒』その他の教団史料、昭和初年以降成立の教団史料、さらに教外の関係史料の記事には、相互間にかなりの異同が含まれている事実を踏まえつつ、より真実にちかい「享和三年にいたる前半生の主な筋道」とはどのようなものかを、諸史料の記事を再検証することを通じて明らかにする。そのさい、主に取り上げるのは、教祖喜之の奉公と結婚に関することがらのほか、尾張藩士石河主水家における喜之の奉公体験はどのような意味で如来教の成立につながったのか、法華行者覚善《かくぜん》父子との同居は喜之が新たな宗教活動を展開するうえでどのような意味をもったのか、などの諸問題である。

「三　喜之の神憑りと覚善の側近化」では、享和二年八月の最初の神憑り以降翌年秋にいたる、如来教の創唱に直接関わるできごとの筋道を辿り、それらのできごとの歴史的性格を明らかにする。そのさい、教祖伝『御由緒』後半の記事を素材として、喜之に憑依した神の名と使命の告知、神憑りの正当性主張のために喜之が実行した象徴的な行動、同じく正当性をめぐる証拠物の設定、喜之と覚善による神憑りをめぐる物語の応酬、日蓮宗の僧侶や知多郡緒川村の修行僧による審神、神命による俗縁破棄の要求と覚善の「降参」などの項目を取り上げる。そして、その間の約一年を、喜之が神憑りの真正性を法華行者覚善に承認させ、覚善を側近化する形で宗教活動の主導権を確立していった過程として捉え、その過程が以後の如来教の展開にもつ意義を論じる。

一　教祖の前半生と伝記史料

1　享和二年にいたる前半生の主な筋道

次項で詳しくふれるように、教祖喜之の伝記に関する教団史料は、喜之自身が語った回想や信者集団の伝承を主な素材として教祖在世中に編纂されたものか、またはそれをもとにしてはるか後年にまとめられたものであり、それらはいずれも単なる年代記ではない。そこでまず、そうした教団史料の性格を前提としつつ、もっとも事実にちかいと考えられる喜之の前半生の筋道をひとまず描き出してみよう。

教祖伝『御由緒』などによると、[(1)] 後の如来教の教祖喜之《きの》（姓不詳）は、宝暦六年（一七五六）二月二日、尾張国愛知郡熱田新旗屋町（現、名古屋市熱田区旗屋）に「百姓」長四郎の娘として生まれたが、[(2)] わずか八歳で両親と兄姉弟をすべて流行病で失った。そのさい、亡母の郷里烏森《かすもり》村（現、名古屋市中村区烏森町および同中川区烏森町）に住む叔父の伝四郎が喜之の生家を処分し、喜之はその叔父に引き取られることになったという。(3)そして喜之は、叔父の家の貧しさから、ほどなく住み込みの奉公に出されるようになり、いくつもの奉公先を経験した。その後、喜之は、おそらくは十代の中ごろまでに、近郷の蟹江《かにえ》村（現、愛知県海部郡蟹江町）に住む百姓庄次郎に嫁ぎ、そのさいに「とわ」と改名したらしい。しかしその結婚は、叔父の家のあたたかい後援によるというよりも、食い扶持を減らすために嫁に出された性格の濃いものだったと推察される。ところが夫庄次郎は身持ちが悪く、やがて出奔してしまう。そこで喜之は、庄次郎の家を出て、かつて勤めた名古屋の漢方医橋本大進家にふたたび奉公し、そこでの奉公生活に活路を求めることになった。

その後、喜之は、尾張藩士石河《いしこ》主水《もんど》邦命《くになが》（石河主水家の隠居）にとくに望まれ、また橋本の指示に従って奉公先を石河家へ移した。そして、同家で隠居（邦命）を看病する間に、喜之は、邦命との間に深い信頼関係を築き、後述するように、邦命の指示で給金をほぼそのまま蓄えることができ、さらにそれとは別に礼金も与えられた。安永六年（一七七七）、邦命は病没したが、その後も喜之は隠居（邦命）の子息主水直澄《なおずみ》に長く仕え、寛政六年（一七九四）の直澄の死去を機に、翌年、四十歳で石河家を辞したらしい。そして喜之は、邦命の指示に従って「米屋何がし」に預けてあった金で生家を買い戻して熱田新旗屋町へ帰郷し、「一文商ひ」の店（駄菓子なども売る零細な雑貨店）を開くとともに、わずかな畑を作りながら独居生活をはじめたと伝えられている。

帰郷後の喜之のもとには、かつての夫庄次郎が寄食するようになり、やがて病を発してわがまま放題を言いながら喜之の看病を受け、そのまま他界した。そしてその間、喜之は、家財のほとんどを質に入れたり新たに綿紡ぎをしたりして看病と家計の維持に努めたが、庄次郎の死後には借金返済のために日夜綿紡ぎに追われるようになっていたらしい。

図1　如来教教祖喜之の木像と「媹姾如来」の厨子
右の木像は，教祖ゆかりの松（愛知県大府市）が枯れたのを機に，枯木を信者が刻んだと伝えられているもの。左は後年に「媹姾如来」の文字を厨子に収めて信者の礼拝対象としたもの。「媹姾《りゅうぜん》」は神命によるとされる教祖喜之の呼称で，北インドの仏教の聖地霊鷲山《りょうじゅせん》（ギッジャクーター＝霊山《りょうぜん》）に由来するみられる。

喜之はその後、烏森村の一老婆に勧められ、近くの尾頭町《おとう》（現、名古屋市熱田区尾頭町）に住む法華行者覚善《かくぜん》の息子で数え年十一歳の倉吉という男子を養子に貰い受けたが、その養子縁組は、はじめから倉吉の父覚善も同居させる約束を含むものだったらしい。それは、蓄えがあるとの覚善の言葉に期待して、喜之が父子二人を受け入れることを承諾したものだったようで、また逆に覚善は、もともと確約できない条件を呼び水として喜之に女房役・母親役・巫女役などを担わせることで、法華行者としての活動を進めやすくしようとしていたらしい。そしてその後、覚善は、金銭的な約束を果たせなかったばかりでなく、苦情を申し立てた喜之に立腹して癇癪を起こし、大声で怒鳴るようになっていったという。

そうした状況を思案にくれながら過ごしていた喜之の口から、享和二年（一八〇二）の八月十一日、雪隠の中で、「何にも心遣ひをする事はない。頓《やがつ》て安気に成ぞやう」という言葉が語り出され、ひと月後の九月十二日[4]にも同様の言葉が口を突いて出たという。そしてそれらが、当時四十七歳の喜之が自らの神憑りを自覚した最初の機会だった。

その後、同居人で法華行者の覚善、日蓮宗の説教僧真綱院《しんこういん》、知多郡緒川村（現、同郡東浦町緒川）に住む修行僧で、金毘羅道者でもあった石道《せきどう》の三人にわたる審神を経て、約一年後の享和三年（一八〇三）の夏ごろには、病気治しを求める多くの人々が喜之のもとへ集まるようになり、さらに神憑り状態における喜之の説教を聴聞するようになっていった。

2　伝記史料の史料的性格

今日、研究者が披見可能な教団史料のうち、教祖喜之の生涯に具体的にふれている主なものを挙げると表1のようになる。この表から明らかなとおり、教祖の生前に成立していたのは『御由緒』だけで、他はすべて『御由緒』の記事や教団内の伝承をまとめる形で昭和初年以降に成立したものである。そして『御由緒』以外の諸史料は、昭和戦前期、宗教一般に向けた新法制創設への国家的な動向に多くの教団が対応を迫られていた状況下に成立しており、(5)とくに独立認可申請関係書類としてまとめられた諸史料（iv〜vi）には、その性格上、史料批判の余地がかなり大きいという共通点がある。(6)

他方、教団の公式な教祖伝である『御由緒』は、今日、清水本と服部本の二種類の写本（『お経様』と同じ体裁の和装本）が披見可能になっているが、(7)服部本の末尾に「文政八歳酉七月拜書」と書かれているのみで、清水本には同様の記事は見られない。しかし、服部本のその記事は、『御由緒』原本の成立時期ではなく、服部本ないしその元になった写本の書写年代を表している可能性もある。(8)なお、『御由緒』の記事は享和三年（一八〇三）八月で終わっているため、原本の成立がそれ以降であることは確実だが、さらに細かな成立年代については後で考証を加えよう。

ところで、『御由緒』清水本の末尾には、「同年（享和三＝一八〇三）七月八日、愛知郡御器所村《あいちごうりごきそ》の住人彦左衛門と

表1　教祖喜之の主な伝記史料

整理記号	史　料　名	成立時期	成　立　事　情	備　考
i	御由緒	文政7年(1824)7月以前。文政3年以降か？	尾張藩藩当局者などに教祖の出自を説明する目的で，教祖自身の回想や信者間の伝承などをもとに，開教当初からの信者の息子清水屋彦左衛門が編纂か？	毛筆の和装本。現在披見可能な写本に清水本と服部本がある。『史料集成』第一巻に収載。
ii	媹姾如来喜之・伝記断片A	昭和2年(1927)ないし3年と推定	後の一尊教団の創設者清宮秋叟が執筆。当時刊行中の教内誌『このたひ』へ掲載予定の草稿か？	半紙13枚の毛筆草稿。冒頭と末尾が散逸。『史料集成』第一巻に収載。
iii	媹姾如来喜之・伝記断片B	昭和2年(1927)ないし3年と推定	同上	半紙2枚の毛筆草稿。『史料集成』第一巻に収載。
iv	教団ノ由緒及沿革概要	昭和2年(1927)ないし3年と推定	昭和2年(1927)から翌年にかけて，如来教の曹洞宗からの独立を目指す運動の過程で成立。その運動の指導者清宮秋叟が校閲か？	謄写刷り冊子。末尾部分が欠。『史料集成』第四巻に収載。
v	如来教ノ由緒及沿革概要	昭和3年(1928)と推定	上記史料の改訂版。	謄写刷り冊子。『史料集成』第四巻に収載。
vi	如来教団由緒及沿革概要	昭和17年(1942)ないし18年と推定	昭和16年(1941)施行の宗教団体法の規定にもとづき，如来教が「単立教会」の設立運動を展開した際に作成した認可申請書類のひとつ。	活版印刷本。『史料集成』第一巻に収載。

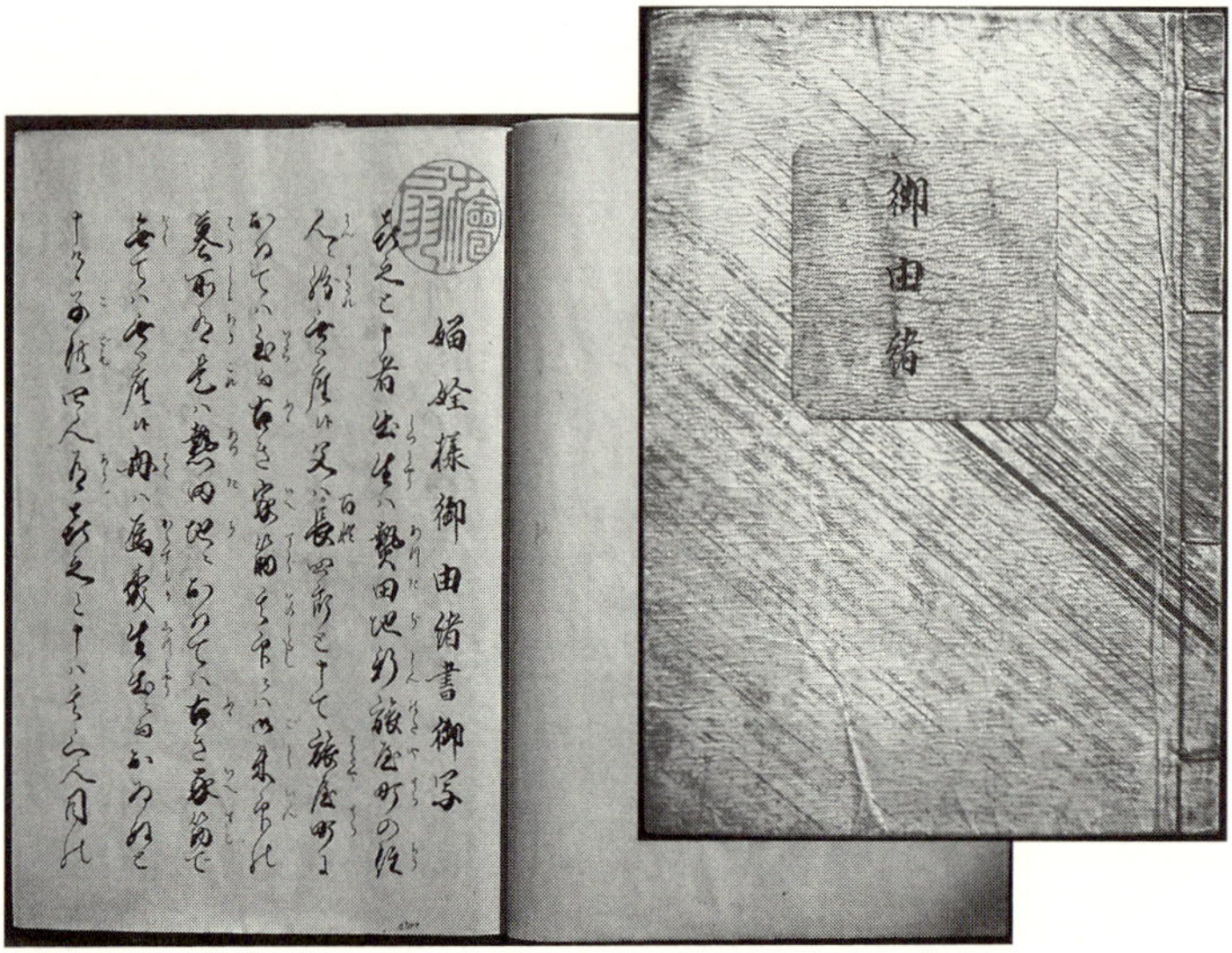

図2　『御由緒』（清水本）の表紙（右上）と本文冒頭
『御由緒』は教祖喜之在世中の文政年間に成立した如来教の教祖伝で，清水本の本文冒頭には「嫋娗様御由緒書御写」の内題が記され，御本元蔵本を証する「檜扇」の丸朱印が捺印されている。

申者、腹痛にて家職成難《なりがた》く、難渋仕《つかまつ》りけるに依《よつ》て、右の次第承《うけたまわ》り及び、御願申上候所《おねがいもうしあげそうろうところ》、十日立《たた》ぬ中《うち》に速《すみやか》に全快に及びける。余り〳〵尊《とうと》き事に思ひ、右之由《よし》を荒々承《うけたまわ》り、書記《かきしる》し置候也《おきそうろうなり》」という記事があり、服部本の末尾にもほぼ同文の記事がある。そして、それらの記事に見える「愛知郡御器所村の住人彦左衛門と申者」とは、『お経様』（「文化六年巳二月四日伊右衛門宅」M四二）に、「御器所村彦左衛門変死」と書かれている人物を指すと考えられる。その一方、文政七年（一八二四）以降、教祖喜之が江戸の信者に向けて口述筆記を送らせた書簡の写しである『文政年中御手紙』（『史料集成』第四巻に収載）にも、書簡の筆録者の一人として実は「彦左衛門」の名前が記されている。二つの史料にそれぞれ登場する「彦左衛門」は、生存年代から当然別人のはずだが、居村が同じ御器所村（名古屋城下南東部に隣接し、村域が現在の名古屋市昭和区とほぼ重なっていた大村）であることからすれば、後者が前者の息子で、その間に襲名が行われたと推察するのが合理的であろう。つまり、「腹痛にて家職成難《なりがた》く、難渋仕《つかまつ》りけるに依て、右の次第承《うけたまわ》り及び、御願申上候所《おねがいもうしあげそうろうところ》、十日立《たた》ぬ中《うち》に速《すみやか》に全快に及」んだというのが父の彦左衛門で、その事実を「余り〳〵尊《とうと》き事に思ひ、右之由《(よし)》を荒々承《うけたまわ》り」、『御由緒』という形で「書記し置《(かきしる)》」たのが息子の彦左衛門だと推定できるのである。

実は、これも詳しくは後述するように、教祖喜之の最初の神憑りから一八年後に当たる文政三年(一八二〇)の四月、尾張藩は喜之とその側近であった覚善を喚問し、当時の如来教にはじめて本格的な統制を加えている。またその統制の直前ごろ愛知郡御器所村に隠居所を寄進された喜之は、熱田新旗屋町からその隠居所へ転居しており、以来、同九年五月の入滅まで、同村の住民であった彦左衛門(息子の彦左衛門で、屋号は清水屋)や美濃屋善吉(『お経様』では「米屋善吉」とも呼ばれている)らに支えられながら晩年の日々を過ごしたことも知られている。したがって『御由緒』は、尾張藩当局者に向けて、教祖喜之の出自や、疑わしい信仰でないことをアピールする必要を視野に入れつつ、彦左衛門が喜之の由緒書きとしてまとめた文書だと推察するのが合理的であろう。

なお、『御由緒』の成立事情をさらに明らかにするためには、記事内容の構成を検討することがきわめて重要になる。すなわち、『御由緒』を通読するとすぐ気づくのは、その記事内容に、きわめて詳細な部分とほとんど何も言及がない部分とが併存していることで、そのことはおそらく、彦左衛門が直接喜之自身から聴き取った回想を含んで『御由緒』がまとめられていることに由来している。たとえば、最後の奉公先だとされる石河主水家で同家の隠居と喜之が交わした会話はきわめて詳しく記録されているのに対して、幼少時における喜之の成長過程や、主水邦命の病没後石河主水家を辞去するまでの喜之の消息についてはまったく記事がない。そしてそれらの諸事実は、教祖喜之が、自らの生涯でもっとも意味があると信じた部分を中心に回想を語ったことを表しているように思われる。そこで、そうした記事内容からさらに推測すると、『御由緒』原本の成立年代は、尾張藩による最初の本格的な如来教統制(文政三年四月)以降「文政八歳酉七月」以前のうち、むしろ喜之の入滅にちかい時期、おそらく最晩年の文政七年以降ではないかと考えられる。

『御由緒』が年代記としては扱えない史料だというのはおよそ右のような意味からなのだが、実は教典である『お経様』諸篇についても、われわれは同様の事情に注意を払う必要がある。つまり、教祖の口から紡ぎ出されるのは、救いを求めてきた人々の困難への対処に焦点を合わせた、物語性を纏った発言なのであり、そうした教祖の発言を、それが求められた社会の構造とともに描き出し、それら全体の歴史的意義を考察することが、民衆宗教を対象とする研究にとっての重要課題となるのである。以下、右のような事情に十分な注意を払いながら、教祖喜之の伝記をめぐる諸史料の記事を検証しなおしてみよう。

二　神憑り以前に関する伝記事項の再検証

1　焦点としての喜之の奉公と結婚

教祖喜之の伝記事項のうち、最初の神憑りを喜之が経験する前の時期に関して、『御由緒』と近代史料（『教団ノ由緒及沿革概要』がその代表）の間にとくに異同が目立つのは、喜之の奉公や結婚に関することがらである。そして、とくに事実の確定が困難なのは、①喜之の初奉公の時期や年齢、②喜之の結婚の年齢や期間、③漢方医橋本大進方へ再奉公した時期や年齢、④石河主水家へ奉公先を移した時期や年齢・奉公の期間、の四項目にわたる。

ところで、教団史料の記事内容が相互にいくつもの異同を含むのに対して、まず動かせない年代を伝えている史料として、徳川林政史研究所蔵の石河主水家の家譜『系譜　石河式三郎』が存在する。すなわち、その家譜のうち「系譜　石河杢左衛門」の部分によると、石河主水家では、主水邦命《もんどくになが》、主水直澄《なおずみ》の父子が二代にわたって「主水」を名乗っていたことのほか、父の主水邦命が、安永六年（一七七七）二月十九日、願いを認められて隠居し、半年あまり後の同年九月十二日に六十九歳で没したこと、子息の主水直澄は、父の隠居と同じ日付で尾張藩から家督相続を認められ、その後、寛政六年（一七九四）正月十二日に四十八歳で没したこと、などを確認できるのである。

ところが、『御由緒』をはじめとするすべての教団史料（近代史料を含む）には、喜之は石河主水家で「主水」という名前の隠居一代に仕えてその看病に当たったように記されている。そしてそのことは、いちばんもとになっているはずの喜之の回想が、死に至る病床を看護した人物の記憶を中心に語られた、という事情に由来するものと推察できる。また、石河主水家でこの当時、隠居の経歴をもつ人物は主水邦命だけであることが右の家譜から明らかなため、『御由緒』の記事で喜之が「御隠居様」と呼んでいる人物が邦命を指すことは間違いない。

前節の冒頭に掲げた「享和三年にいたる前半生の主な筋道」は、右の石河主水家家譜（『系譜　石河式三郎』）の記事から判明した事実を前提に、さらに諸史料の記事を突き合わせて描き出したものであり、それはおおむね、『如来教・一尊教団関係史料集成』第一巻の解説執筆にさいして編者両名（神田と浅野）が共有していた見解である。その両名共有の見解には『御由緒』や近代史料に直接記載がない事項を付け加えているほか、それらの記事とは理解が異なる内容も盛り込んでいるのだが、そのさい、諸史料の記事に批判を加えたポイントは次の三点である。

(イ)　喜之がはじめて奉公に出たのは十三歳の時点ではなく、さらに幼少のとき（十歳未満）だったと推察できる。

(ロ)　喜之の結婚は近代史料が「二十三歳」としているような晩婚ではなく、むしろ貧しい叔父の家の事情から、十代半ばで嫁に出されていた可能性が高い。

(ハ)　喜之の漢方医橋本家への再奉公やそこから石河主水家への移籍が二十三歳（安永七年〈一七七八〉）以降だとする説は、その前年（安永六年）に石河主水邦命が死去したという石河家家譜の記事と矛盾し、明白な間違いである。

実は、『史料集成』第一巻の解説では、筆者が執筆した章でも教祖喜之の生涯にふれているのだが、その生涯の描出は基本的には浅野が分担していた。そこで同巻解説第二章「媹姾如来喜之の生涯（一）」の「1．喜之の結婚と奉公」で浅野は、教団所蔵の伝記史料ではただ一つ教祖の生前に成立している『御由緒』の記事こそ他に優先して信頼すべきだ、との立場を明らかにしたうえで、『御由緒』と近代史料に含まれる異同をめぐって大意次のような理解を提起している。

喜之が生家を買い戻して熱田へ帰郷したという部分だけは、『御由緒』と近代史料の記事内容が一致する。また、その時点での喜之の年齢を四十歳（寛政七年＝一七九五）とする近代史料の記事は、石河主水家の家譜に見られる主水直澄の没年とほぼ符合するから、喜之は四十歳で熱田へ帰郷したとして間違いない。その一方、喜之が十三歳（明和五年＝一七六八）で漢方医橋本家へ奉公したとする近代史料（『教団ノ由緒及沿革概要』など）の説には、幼少者は就労しないとする近代的常識（価値観）に立って喜之の生涯を描こうとする姿勢が認められ、信憑性が低い。そこで数え年十三歳が成女年齢であることを考慮すると、その年に喜之は蟹江村の百姓庄次郎へ嫁したと解した方が辻褄が合う。そしてそれらの仮定がすべて成り立つとして、さらに『御由緒』に見える、喜之は蟹江村の庄次郎の家に「七年程」暮らしたという記事（「七年程」は足かけ七年と解する）と、同じく喜之は石河主水家に「四、五年程」奉公したという記事がともに間違いないとすると、喜之が庄次郎の家を出て橋本家へ再奉公し、すぐに石河主水家へ移ったのは十九歳（安永三年＝一七七四）ごろ、その後「四、五年程」主水邦命を看病してその死を看取ったのは安永七年ごろとなり、その年代も石河主水家家譜にある主水邦命の没年とおおむね符合する。それゆえ『御由緒』に記されている経過年数は信憑性がきわめて高い。（以上、神田による要約）

右のような浅野の理解には、近代史料が掲げる「齢十三歳」という年（成女年齢）は必ず何か人生上の大きな節目になったはずだという判断と、しかもそれが嫁入りだったとする判断、さらに『御由緒』に記されている経過年数には間違いがないという判断がすべて前提とされており、細部（とくに経過年数）に小さくない無理を含む立論だというのが現時点での筆者の考えである。(9) しかし、右の浅野説が、喜之の幼年期や成人の過程を近代的な価値観のもとに描こうとした近代史料の矛盾点を突いていることはたしかであり、とくに庄次郎への喜之の嫁入りが十代であったことは間違いがないと言えよう。

なお、『御由緒』や『お経様』諸篇を探索すると、その中には、およそ次のように、喜之の初奉公に出た年齢を示唆する記事が見出せる。たとえば『御由緒』服部本には、「尤《もつとも》、大進様は、先《せん》年、とは幼少の時、奉公いたしける先《せん》主《しゅ》の事に候らへば」とあり、(10) 喜之は「幼少の時」すでに同家への奉公を経験していたとされている。また年月日不詳の『お経様』（「御利益始りの御事」M二五六）には、「此女八才の年、二親《おや》が一ケ月の中《うち》に死す。女は八才にて父母に離れ、叔父《おぢ》娵《よめ》の世話にて養育せられ、上り下りの難儀も折々させ給ふ」（傍点は引用者）とあり、同じく『お経様』（「無実講の由来御語の事」M二五七）には、釈迦の出山を迎える老婆に擬した喜之の発言として、「私は渡世が行《ゆか》ぬゆへ、あそこの内《うち》へもはいり、爰《ここ》の内《うち》へも這入《はいり》升《まし》た」という言葉が記されていて、それらはいずれも、喜之が幼少時以来、いくつもの奉公先を経験していたことを示唆している。さらに、後述するように、『お経様』諸篇には喜之の出自の貧しさがしばしば強調されているから、喜之が十三歳以前の幼少時から奉公に出ていたと解することは、喜之の前半生の特徴を正しく捉えるうえでむしろ不可欠な前提になると言えよう。

ところで、先述のように石河主水家家譜の記事に誤りがないとすれば、石河主水家で喜之は、主水邦命・主水直澄父子の二代にわたる主人に仕えたと解するほかはない。しかし武家社会における通常の下女奉公を想定するかぎり、そうした理解を採ることはかなり困難である。というのは、主水邦命に対して喜之がいかに献身的な看病をしたのだとしても、看病役・介護役の下女を、その看病の対象者であった隠居の死後、当主である子息が雇い続けることは、普通はありえないと考えられるからである。また、喜之が邦命の死を看取った後に子息直澄の死まで石河家に仕えたとすると、その期間は安永六年から寛政六年までの一七年（邦命に仕えた期間の三倍以上）にもわたることになるのだが、『御由緒』の記事には直澄への言及がまったく認められず、そのこともきわめて不可解な事実なのである。そこで次に、『史料集成』刊行の時点で筆者らが抱えていた、そのような疑問点についてさらに究明を試みてみよう。

2　石河主水家における奉公体験の社会的意味

右に確認したように、前掲の「享和三年にいたる前半生の主な筋道」は、武家の主人とその下女との間に、今日の学問的常識から想像される主従関係とはかなり異なる内実があったことを想定しないと、にわかに信じられない側面をもっている。しかし、『お経様』諸篇を丁寧に探索してゆくと、そのいく篇かには、先述のような喜之の前半生の筋道が、当時、十分にありえたことを示唆する記事を見出すことができる。そこでそうした記事を紹介しながら、当時の石河主水家の人々のほか、邦命の看病役を務めたという喜之の噂に接した尾張藩士たちは、喜之をどのような存在として見ていたのかに迫ることにしよう。まず、石河主水邦命の病気に関する筆者の仮説から提示してみよう。

『御由緒』によると、主水邦命が病を得たのは、喜之が石河主水家の下屋敷に四、五年勤めてからで、その発病の時点で喜之は、もし病状が進んで歩けなくなったとしても、手押し車を作らせてそれに隠居（邦命）を乗せ、廷内を巡って慰めると約束したという。そしてそのさいに邦命は、涙を流し、「扨《（さて）》も、我《われ》（汝）は深《しん》（親）切《せつ》に能《よう》いって呉《（くれ）》るなあ。我（汝）をおれが麁《そ》（粗）末《まつ》に思つたら、おれに罰《ばち》が当《あた》るで有《（あろ）》ふ」と感謝したという。その後、邦命の足腰が立たなくなったため、喜之は約束をそのとおりに実行したが、その頃、邸内に霊芝《れいし》（万年茸）が生えているのを喜之が見つけると、邦命は、「己《おれ》は、十六の年より、我《われ》が屋敷に此れいし（霊芝）はやし度《たい》と、是斗《ばか》りの心願《しんぐわん》で御座つたが、漸《やうやう》此年《このとし》に成《なつ》てはへた」と語って喜んだ。そして、翌年も喜之が邸内に霊芝を発見すると、邦命は、「今、己《おれ》は主《ぬし》に介抱《かいほう》して貰《もら》ふが、己はどふ言《いう》因縁《いんゑん》だしらぬ。主が御影《かげ》に、己は今度《こんど》助かると見へる」と喜びを語り、喜之に心からの礼を述べたという。その後、さらに病状が重くなって死期を覚った邦命は、病床に喜之を呼んで給金とは別にかなりの金子を与え、「是を米や（屋）何《なに》がしと申す者へ預《あづ》け置《おけ》やう」と、その保管方法までを指示したという。邦命の病気に関わる『御由緒』の記事はおよそそれだけなのだが、ここで何よりも確認しておきたいのは、再起不能の病であることを本人も周囲も承知していた重病だった、という事実にほかならない。

ちなみに、既述の石河主水家の家譜によると、邦命が隠居願いを認められたのは安永六年（一七七七）二月であり、その七か月後の同年九月、邦命は六十九歳で没している。その年に喜之は数え年二十二歳のはずだから、石河主水家に四、五年勤めた後に邦命が発病し、その後の二年間、邦命の看病に当たったとすると、喜之が最初に石河主水家へ奉公したのは、約六年ほど前の十六歳の時点に遡ってしまう。先述のとおり、『御由緒』記載の回想で喜之が語っている奉公の年数には疑問の余地があるのだが(11)、ともあれたしかなことは、喜之が邦命を看病してその死を看取ったのはおよそ二十代のはじめだったということだろう。それから四〇年あまりを経た六十代になって喜之が回想を語ることを求められたという事情を考慮すれば、そのさい、喜之が何より語りたかったのは主水邦命との間に築いた具体的な信頼関係だったはずで、その間の経過年月を正確に語ることに喜之の意識が向かなかったとしても、それは無理のないことだと言えよう。なお、石河家家譜の記事に誤りがないとすれば、邦命は、かなり病状が進んでから隠居願いを出したことになるが、喜之が、邦命のことを終始「御隠居様」と呼んでいるのは、もちろん、命終を看取った時点での邦命が隠居の身だったからなのであろう。

ここで、年月日不詳の『お経様』（「富永内左衛門病気御願」M二五一）[12]の記事を紹介することで、以上のような仮説が単なる憶説でないことを示してみよう。ちなみに、先述の家譜によると、石河主水家は尾張藩家老の石河伊賀守家の分家に当たり、本家の禄高一万石から二〇〇〇石を付与される大身だったのだが、後述するように、富永内左衛門家も石河主水家の禄高にちかい一〇〇〇石の大身であった。そして、「富永内左衛門病気御願」（M二五一）には、同家の当主内左衛門が、自らの病気の平癒を喜之に願い、少なくともいったんはたすけられていた事情が、大略次のように伝えられているのである。

名古屋城外郭南端沿いの一等地に邸宅を構えていた富永内左衛門は、「中気半身《ちゅうきはんしん》の病にて、言舌廻《ごんぜつまわ》ら」なくなったことから、その平癒を喜之に願ってきた。そのさい、神憑りした喜之は、作法を知らずに参詣した内左衛門に対して、「此度《このたび》の儀」（如来教）が「日本国中《こくちう》の高神《たかかみ》のお通辞《つふじ》」であることをよく聞いて理解し、そのうえで心身を清めて出直すことを求めたのだが、同人が、その言葉に従って四日後に参詣すると、喜之は、再度の参詣を賞賛したうえで、五七日（五週）後には全快させるので、四つ時（午前十時）に出勤せよと答えたという。そしてその当日、内左衛門は、朝七つ時（午前四時）にはまだ自邸の玄関を上れなかったが、五つ時（午前八時）には「さつぱりと病気どこへやら」という状況になり、すぐに出勤が叶った。そこで「御白洲《しらす》より使《つかい》参り、神様へ御礼。供物、御備《そなへ》（供）、御酒《さけ》、肴《さかな》、美事《みごと》に釣台《つりだい》に御紋付、晴々敷《はればれしく》御礼なり」という事態になったという。

右の「富永内左衛門」は、尾張藩士の名鑑『藩士名寄』を探索すると、宝暦十年（一七六〇）に禄高一〇〇〇石の富永内左衛門家の養子となり、安永六年に家督を嗣いだ「山澄淡路守次男音次郎」を指すことが見えてくる。[13]そして、同じ『藩士名寄』によれば、同人は文化元年（一八〇四）十一月十三日には病没したという。したがって、同人が喜之に病気平癒を願い、いったんは回復したというのは、喜之の最初の神憑りから間もない享和三年（一八〇三）か翌文化元年のできごとだったと考えられる。なお、「中気半身の病」とは脳溢血ないし脳梗塞に由来する半身不随の症状を指すから、右の「富永内左衛門」は、当時としてはきわめて重い病気を喜之にたすけられていたことになるのである。

そこで、M二五一の篇の右のような記事内容が事実を反映しているとすると、かつての主水邦命の病も脳溢血や脳梗塞、またはほぼそれにちかい病気だったと推定することが許されよう。あるいは逆に、富永内左衛門が「中気半身の病」の平癒を喜之に願ったのは、二十数年前、同様の病を患っていた石河主水邦命が喜之の献身的な看病を受けてその命終を迎えたという、おそらく名古屋では相当に有名になっていた噂に接したからだった、という解釈も成り立つことになるだろう。そこで、邦命の看病をめぐって喜之が果たしていた役割や、邦命と喜之との主従関係の内実などを、論理的に可能な推察を交えながらまとめると、およそ次のようになる。

晩年を迎えていた石河主水邦命は、発病以前から（または発病後の症状の軽いころから）、心に迷いなく死を迎えることを望んでいた。身の回りを親切に世話してくれる下女を求めて喜之を奉公させたが、その後、邦命が発病すると（または邦命の症状が重くなると）、期待どおり喜之は献身的に邦命を看病するようになった。そしておそらくその看病は、神仏への代参をも含むもので、逝く者に希望を与えつつ死を受け容れさせるような看病だったと考えられる。そうした喜之の看病に、邦命は心からの謝意を表したが、その一方、喜之もまた邦命に感謝するところが大きかった。つまり喜之は、邦命の看病役を務めたことで、自分の働きが心から感謝される機会をはじめて得たのである。また喜之は、邦命が自身の死後における喜之の身の上を心配してくれたおかげで、熱田新旗屋町の生家を買い戻すこともできた。その意味で邦命の晩年は、邦命と喜之が相互に深い信頼関係を築きあっ

た日々であり、喜之にとっては、その生涯ではじめて自分の働きが大きな意味をもちうることを実感できた日々だった。(14)

しかも、そうした喜之の体験は、単なる個人的な喜びとして、体験者の内心に秘められたままにはならなかった。つまり、家老の分家という高い家格の尾張藩士が重病の晩年をこのうえなく献身的な看病を受けることで安心裏に全うしたという噂は、当時、おそらくは石河主水家に出入りしていた藩士や町人らを介して地域社会に広まっていった。そしてそうした噂は、やがて珍しい噂以上のものとして受けとめられてゆき、喜之は、十九世紀初頭の名古屋一帯において、死を避けられないような重病者の心の安定を願ういわば「拝み屋」の役割とターミナルケアを担う貴重な存在として、社会の期待を集めるようになっていったと考えられる。

なお、喜之が邦命の子息直澄にも一七年間仕えたとみられるにもかかわらず、『御由緒』に直澄の名前がまったく現れない理由を敢えて推察すれば、そこには次のような事情があったことも考えられるのではないだろうか。すなわちそれは、邦命の遺族らからも喜之は「拝み屋」やターミナルケアの役割を果たす貴重な存在だと期待されていた可能性がある一方、そうした喜之の役割に依存していることは当事者が公言したがらない場合が多々ありえた、という事情である。(15)序章でもふれたように、後年、地域の未信者の中には、喜之の活動を両面価値的なものと受けとめ、日常生活が平穏に運んでいるかぎりむしろ関わらないでおきたいと考えていた人々も含まれていたとみられるから、主水直澄の家族や遺族らも、そのように考えていた可能性があろう。社会的な体面にこだわる大身の家ほどそうした観念にとらわれやすかったとも考えられ、事実、教団史料には、主水邦命の子孫の名前のみならず、富永内左衛門の子孫の名前もまったく登場しない。なおまた、さらに推測を加えれば、右のような事情があることを察していた教祖喜之自身が、直澄をはじめとする邦命の遺族の名を口に出さなかった可能性も否定できないように思われる。

3　覚善父子との同居の意味——民間宗教者への転生の第二の契機

寛政七年（一七九五）、喜之が四十歳で石河主水家を辞去し、生家を買い戻して熱田新旗屋町へ帰郷したという近代史料の説が正しいとすると、喜之は、石河家での奉公中、主水邦命からさまざまな援助を得たばかりでなく、出入りの商人らの協力も得て、暇を取った後の生活を設計していたと推察できよう。つまり、喜之が生家を買い戻して「一文商ひ」（駄菓子屋兼零細な雑貨店）を営んだのは、独居を前提とする老後を見据えた行動だったのだろう。だが、帰郷後に喜之が遭遇したことがらとして『御由緒』などに記されているのは、むしろそうした計画が狂わされていった話にほかならない。その主な内容は先夫庄次郎の寄食と法華行者覚善父子との同居なのだが、筆者は従来、帰郷を機に喜之が新たに抱えていった葛藤を、主に世俗社会の中で男たちから寄せられた甘え、ないしは喜之が彼らから被った抑圧の問題として意義付けようとしてきた。しかし、喜之と覚善父子との同居に問題の焦点を絞るなら、両者にとってその同居には、経済的な事情とともに、民間宗教者として活動する便宜という事情が含まれていたことは確実で、それらの事情を明らかにしておくことはきわめて重要だと考えられる。

そこで行論の便宜上、まず覚善父子が喜之との同居を望んだ理由を先に取り上げると、喜之と同居したい意向を伝えた当時、覚善は次のような状況にあったことが、最近、明らかになってきた。すなわち覚善は、寛政九年（一七九七）十一月に妻を失ったのだが[16]、その時点で覚善自身は四十九歳、息子の倉吉は六歳か七歳だった。そしてその後、父子で喜之と同居したい旨を伝えたとみられる享和元年（一八〇一）末か翌年のはじめには、覚善は五十三、四歳、息子倉吉は十一歳だった。したがって覚善は、初老とも言える年齢になってから妻と死別し、以来四年あまり、男手一つで幼い男児を養育し続けていたわけである[17]。そうした覚善が、息子の母親役を求めていたことは容易に想像できよう。

しかし、覚善が喜之との同居を望んだ理由には、法華行者という覚善の活動そのものが喜之を必要としていた事情も含まれていた。そこでその事情にふれておこう。

そもそも覚善について、『御由緒』には、尾頭橋付近（熱田新旗屋町の近隣）に住む、一人の男児をもつ「御坊主」であることと、貸し家や貸し金がある裕福な人間であることしか記されておらず、しかも『御由緒』の後半部分では、その裕福云々は事実とは言えない情報だったことが明らかにされている。その一方『嫐姾如来喜之・伝記断片A』には、覚善に関して、「中年にして法華の坊主となり、人となり強情にして短気成《なる》が、愛知郡加古村の農夫成《なり》しが、村の庄屋等が小作問題に立入り、一人引受《ひきうけ》、小作人に同情して埒《らち》を明《あけ》、村人、其強気を称賛せしといふ」という記事がある。そこに見える「愛知郡加古村」は誤りのようだが、『御由緒』には、真綱院という日蓮宗の僧侶に向けて「今村の茂左衛門」だと覚善が自己紹介する場面が記されているから、覚善は海東郡今村（現、愛知県海部郡蟹江町）の出身であった可能性が高い。また『嫐姾如来喜之・伝記断片B』には、覚善は「加持祈禱を致し、狐など遣ひし」との記事も認められる。そこで、先述の『史料集成』第一巻の解説第二章「嫐姾如来喜之の生涯（一）」のうち「2．神憑りと覚善」で浅野は、覚善の出自をおよそ次のようなものだったと推定している。

覚善は、もともとは喜之の婚家先があった海東郡蟹江村に近い同郡今村の無高の小作人であった。同村の小作人の代表者ないし扱い人として地主と交渉し、事を有利に運んだ経験をもっていたが、中年になってから農業に見切りを付けて修行をつみ、法華行者となった。尾頭橋には日蓮宗の番神堂があり、当時の法華信仰の一拠点だったとみられるから、覚善は、法華行者としての活動を生業とすべく、海東郡今村から熱田に近い尾頭橋のほとりに移り住んだのであろう。加持祈禱には、病人に取り憑いた霊を乗り移らせる加持台役の巫女が必要で、当時は祈禱師の妻がそれを努めるのが一般的だった。しかし、妻を失った覚善は加持台役を欠いていたため、霊力に優れているとの噂のある喜之の帰郷を聞きつけて、烏森村の「餅屋の婆々さ」を介して喜之のもとへ押しかけたのであろう。（以上、神田による要約）

ちなみに、『新編 一宮市史 資料編七』所収の「尾張藩村方御触書集」を参照すると、十八世紀後半の明和年間（一七六四〜七二）ごろから、尾張藩の百姓や町人の中には修験や出家になろうとする者が急増するようになり、以後、化政期にかけて、尾張藩はそうした動向を規制するための法令を相次いで発し続けたことが知られる(18)。そうした動向は、その時期における農民層分解の進行と連動して起こった事態のはずなのだが、覚善の出自が右の浅野の推定にほぼちかいとすれば、覚善は、この時代の尾張藩における零細農民の動向を具体的に体現する人物の一人だったことになると言えよう。

なお『御由緒』には、喜之に憑依現象が起きるようになったことをめぐって、覚善が、「全躰《ぜんたい》、己《おれ》が前々《まいまい》色々な事をした物でやによつて、こなたに此様《このよう》な事が出来てきて、もし気が違《ちが》ふと、世間では、己が又こなたにすゝめたやふに思ふであらあず〔尾張弁で「思うであろう」の意〕が、夫《それ》では己が済《すま》ぬ」と語ったことが記されており、そこには、同居後の覚善が喜之を加持台にしようと試みていた様子が窺われる。そしてそのことは、喜之の宗教的な力量を借りることで法華行者としての活動を円滑化させることが、喜之との同居を望んだ覚善の主目的だったことをよく表していると言えよう。

それでは、喜之が覚善父子との同居を承諾した理由はどのようなものだったのだろうか。

その間の事情をめぐって、近代史料の一つである『嬶姾如来喜之・伝記断片A』は、実子のない喜之の行く末を心配した烏森村の一老婆が、覚善の息子倉吉を養子として迎えるように勧めたために、喜之はその勧めを受け容れて倉吉を養子にしたのだが、父親の覚善は、息子が喜之の養子となった後も何かと理由をつけて喜之の家へ入り込み、ついには居すわるようになった、という解釈を記している。そしてそうした解釈は以後の教団史料にもほぼ踏襲され、村上重良らの研究者もその説に従ってきた。しかし、先述の『史料集成』第一巻の解説（第二章の「2．神憑りと覚善」）で浅野は、『嬶姾如来喜之・伝記断片A』の解釈には著者清宮秋叟の近代主義的な解釈が込められているとし、次のような独自の新解釈を提起している。すなわちそれは、教祖伝『御由緒』の記事を忠実に読むなら、「烏森（烏森村）の餅や（屋）の一人婆々さ」が取り持ったのがはじめから父子と同居するという約束であったことは明らかで、それを喜之が受け入れた目的は、死後を祀る子孫を確保するようなことではなく、むしろそれは経済的な保証を得ること、つまり「不自由はさせぬ」という覚善の言葉を信じて困窮状況を脱することにあったのだ、というものである。そして、先夫庄次郎の寄食以来、喜之が困窮の度合いを募らせていたことが『御由緒』に記されていることを考慮すれば、右の浅野説は高い説得力をもつと考えられる。

ただし、覚善との同居に関する喜之の動機は、経済的な理由だけだったわけではなく、そこには実は、法華行者としての覚善との接触を、自らが民間宗教者へ転生する新たな契機にしようとする意識も働いていたと考えてよいだろう。そしてそのことは、すでに見た『御由緒』の記事にも窺うことが可能である。すなわち、先の『御由緒』の記事では、加持台役を担わせようとした覚善の意向を喜之が拒んだ様子は認められないから、むしろ喜之は、覚善の活動に何がしかの関心をもっていたとしてよいと考えられる。「拝み屋」やターミナルケアの役割を担ってきた自らの通り来たりを、覚善の活動に重ね合わせて考える部分が喜之にあったとしても、それは何の不思議もないと言えよう。

ところで、江戸時代の名古屋や熱田一帯は、浄土真宗とならんで日蓮宗の信仰も盛んな土地柄だったのであり、名古屋城下法華寺町の妙蓮寺は、日蓮宗系の祈禱が盛んな寺としてよく知られていた。[(19)] 後述するように、享和三年（一八〇三）、喜之と覚善は当時有名だった説教僧をその妙蓮寺に訪ねてもいるのだが、妙蓮寺における祈禱の実態を伝える内容が、実は年月日不詳の『お経様』（「佐分利智香尼病気御願」M二七〇B）に記録されている。すなわちその記事によると、妙蓮寺では、縁者として武家に抱えられている女性を寄《よ》り坐《ま》しにするような祈禱が行われており、しかもその女性が憑依状態から覚めないまま乱心者として扱われて二四年もの間放置されるという事件があったという。また同篇には、その女を乱心にいたらせた原因は、尾張藩士佐分利源太左衛門の屋敷内に住んでいた狐や同家の下女を、「三代先の旦那」や「其悴《（そのせがれ）》」が殺害した因縁にあった、とする神憑り状態における喜之の発言（解釈）のほか、喜之のもとへ参詣を重ねたことで、その女性が救われ、五年後には「美事なる臨終をとげ」たという話も記録されている。

右の『お経様』（M二七〇B）は、当時の如来教信者たちの周辺に実在した法華祈禱の一端を伝えており、覚善が行っていた祈禱の内容も、右の事例からそれほど遠くないものだったことが推察できよう。またさらに、その祈禱活動の結果だとされる事態に喜之が熱心に解釈を加えていることから、喜之自身もこうした憑依現象にかなりの関心を寄せていたことが知られるのである。つまり、覚善父子との同居を喜之が承諾した理由として経済的理由以外に考えられるのは、そうした民間宗教者の活動への関心なのである。

なお、民間宗教者に対する喜之の関心に関連して、ここで、喜之の亡父長四郎の出自という問題にふれておこう。その問題について、『御由緒』の冒頭部分には、長四郎の家は旗屋町では「御朱印《ごしゅいん》の墓所《はかしょ》」をもつ「至《いたつ》て古き家筋《いえすじ》」だと記され、それに続いて「母は烏森《かすもり》出生にておゐぬと申ける。子供四人有《あり》。喜之と申は其三人目の娘なり」とあるのみで、今日では、長四郎の先祖に関する伝承をさらに探索することはきわめて困難な状況にある。だが、先述の解説論文で浅野は、喜之の生家跡だとされる現在の登和《とわ》山青大悲寺《さんせいだいひじ》（如来教本部）の位置に、近世期の熱田の町絵図には熱田神宮の境内から移転してきたと言われる常行堂が描かれていることを根拠として、喜之の先祖は退転した熱田神宮の禰宜か社僧だった可能性があると述べており、それは今日から辛うじて可能な推論だと言えよう。

また、同じく『御由緒』の冒頭ちかくには、

> 父長四郎と申者は至《いたつ》て心正当成《しやうとうなる》人にて、信心《しんしん》強く、喜の（喜之）、幼少の時心覚《おほへ》に存居《そんしおり》候所《（そうろうところ）》、近辺より、何《なん》ぞ六ツケ（難）敷事や又は病人など、「長四郎に頼め」と申て人々相頼《たのみ》に参れば、其長四郎と申者、直様手水《すぐさまてうず》を遣ひ、神前に向ひて右の次第をつぶさに相願《あいねが》はれければ、其《（その）》信心の徳に依《よつ》て何事にても速《すみやか》に成就仕《つかまつり》ける。人々喜悦至極仕《つかまつ》る程の人にて御座候。

という記事もある。すなわち、喜之の父長四郎はきわめて誠実で信仰心の篤い人物であり、幼少時に関する喜之の記憶では、何か困難な事情が起きたり病人が出た場合などに人々が来訪すると、長四郎はすぐに手を清めて快く神前に向かい、丁寧に神に願ったので、諸願はすぐに成就し、願った人々も大いに喜んだ、というのである。

後述するように、文化六年（一八〇九）、知多郡緒川村の篤信者茂兵衛の死を機に、神憑りした喜之は、茂兵衛は喜之の父長四郎の生まれ変わりだったと述べるとともに、茂兵衛がこのたび成仏したおかげで長四郎も今や如来のもとで憩っている旨を語り、以後、固有のコスモロジー（世界解釈）の構築を本格化させてゆく。先述のとおり『御由緒』は、文政期に成立したとみられる文書なので、その中にも茂兵衛と長四郎に言及した右と同様なコスモロジーが記されていても不思議はないのだが、あるいは尾張藩当局にも開示することが意図されていたために、単に篤信の民間宗教者として長四郎を顕彰するような文面になったのかもしれない。なお、年月日不詳の『お経様』（「御利益始りの御事」M二五六）にも、「長四郎、中々信者にて、社家、修験にも珍らしき長四郎」「喜之が親長四郎といふもの、禰宜、山伏にも珍らしき者」という記事が見え、その記事は、長四郎が「社家」や「修験」の修行をつんでいた可能

性を示唆している。

いずれにせよ、喜之が幼少時から民間宗教者の活動に親しんでいたことは間違いなく、そうした関心の延長上に、重病者の看病をはじめとする「拝み屋」的な活動の実践や、法華行者で祈禱師だった覚善と協働する活動が見出されていった、とみてよいと考えられる。敢えて言えば、喜之と覚善は、さまざまな確執を抱えながらも両者の同居によって民間宗教者としての新境地を切り開き、新しい活路を見出していったとも言えるのである。

三　喜之の神憑りと覚善の側近化

1　「御口開き」とその後の一年間

『御由緒』によると、享和二年（一八〇二）の八月十一日、雪隠の中で喜之は、「我（汝）はなあ、殊《こと》成《（なら）》ぬ心遣《づか》ひをせるが、何にも心遣ひをする事はない。頓《やが》て安気《あんき》に成《（なる）》ぞやう」という言葉が、自分の口からひとりでに語り出されることに気づいたという。あたかもそのころ、居直って暴言を吐く覚善に心遣いせざるをえない日々が続き、喜之は家を出ることすら考えていたのだが、翌月の十一日、裏の畑で豆を千切っていると、ふたたび喜之の口から、「これ、喜之や。我（汝）は殊成《ことなら》ぬ苦労《くろう》をせるのを、如来様が御詠《ながめ》かね被成て御座らつせるに依て、此《（この）》方《ほう》が出て来たぞやう。何にも案じる事は無《ない》ぞやう。必《かならず》気を遣うなやう。頓《やが》て安気に成ぞ様《（よう）》」という言葉が語り出されたという。[20] そして、神の言葉らしいものが口を突いて出たという、この二度にわたる喜之の体験こそ、今日も教団で「御口開《（おくちびら）》き」と呼ばれ、教祖の最初の神憑りとして扱われているできごとなのである。

ところで『御由緒』には、喜之の最初の神憑り以降に関しては実年代がかなり細かく記されている。それはおそら

表2　最初の神憑り以降における『御由緒』の記事内容

項目番号	年 月 日	喜之に天降った神名	記 事 の 概 要
1	享和2．8．11	？①	喜之は「雪隠」の中で，自分の口の中から「自然と物がいへてくる」ことを体験。(「御口開き」)
2	享和2．9．12	？②	喜之が裏の畑へ名月に供える豆を取りに行くと，また「口より物がいへてくる」ことを体験。(「二度目御口開き」)
3	夫より(上と同日か？)	京丸① 金毘羅大権現①	喜之は覚善に，口から「物がいへる」ことを告白。覚善の求めに応じて喜之が神憑りすると，神は覚善が信仰する「京丸」だと名乗るが，金毘羅か京丸か「相分らぬ身の上」だとも名乗り，このたび如来の依頼を受けて「未来成仏の事」を喜之に聞かせに来たと，喜之に天下った理由を語った。
4	其後	鬼子母神①	覚善の求めに応じて喜之がまた神憑りすると，神は「鬼子母神」だと名乗ったが，喜之はもう神憑りはいやだとの意思を述べる。
5	亦(上と同日か？)	金毘羅大権現②	覚善に促されて喜之が再度神憑りすると，神は「金毘羅大権現」であると明言し，如来の依頼で喜之に乗り移り，「未来成仏の事」を聞かせに来たと語った。神様なら病気を治してみせろ，という覚善の要求に，神は，「後世の第一の事」の使いに来たのだが求めに応じようと発言。覚善が近所の病人に一言二言語りかけると，病人の具合がよくなった。しかし，神憑りの真正性いかんについては，喜之にも疑いが晴れない。
6	其後		覚善が喜之の神憑りの真正性に疑問を表明。覚善が喜之をそそのかしたように世間に受け取られると，喜之の家に住めなくなるとして，憑依しているものを擲き出そうと，覚善は喜之を打擲する。
7	上と同日	金毘羅大権現③	覚善の乱暴な振る舞いに対し，喜之に天下った神は，自分は「正身の金毘羅」だと宣言する。覚善は悔しがり，神棚やこま犬，神酒台を叩き壊すが，疑いは晴らせない。
8	その後	金毘羅大権現④	覚善の再度の求めに応じて喜之が神憑りすると，神は，何も気を遣うなと発言。正身の金毘羅なら象頭山にあるものを証拠として出してほしいと覚善が求めると，神は，「家守」(社を預かる

			人間)の不浄のかかったものは出せないからいずれ考えるとし，喜之の神憑りの事情は「名有名僧」に尋ねよと答える。
9	享和2.11.22	金毘羅大権現？　⑤	あした喜之に「今釈迦といふ男子を，あれが口より一人出生さす」と神が発言。
10	享和2.11.23		朝の「四つ時」(10時)，喜之は床の中で「げいげい」と大声を挙げて「今釈迦出生」を実行。
11	同上	金毘羅大権現⑥	神は，「今釈迦」が生まれた今日は，めでたい，「世界建始りてより始ての終り」の大切な日だとして，魚売りが来ることとその値段を予言し，喜之と覚善父子に，その魚を買って聖餐を摂るように指示する。喜之と覚善父子は，その指示に従って，終日「御日待」をして過ごす。
12	夫より		喜之は毎夜,「御方便」を交えてさまざまな「説法」をするようになる。
13	享和3.1.7		従兄である熱田中背戸の孫助に招かれ，喜之は，覚善，従妹のりかをともなって同人方を訪れ，「御日待」をする。
14	同日	熱田太神宮①	熱田太神宮が喜之に天下り，来たる正月10日，「今釈迦といふ男子」を覚善に与えると発言する。
15	享和3.1.10		喜之，覚善，りかの三人が，神の言葉に従って熱田神宮に参詣すると，従妹のりかが，境内の金灯明の上に，丸く美しい小さな石を発見して拾う。
16	同日	熱田太神宮②	三人が熱田神宮の降臨を願って石の由来を伺うと，熱田神宮は，りかが拾った石は「天竺の霊山の御石」であり，金毘羅から依頼された自分が，入海大明神(知多郡緒川村の産土神)にさらに依頼して取り寄せたもので，喜之に正身の金毘羅が天下っている証拠として覚善に与えるものだ，入海大明神にはかつて三州志度の浦の海女の家に誕生し，龍宮城へ「面向不背の名珠」を取りに行った実績があるため，今回はその入海大明神に依頼したのだ，この石は「未来成仏疑ひなき，石に判」のような何よりの証拠だ，と答えた。
17	同日		喜之の従妹りかが，石は自分が拾ったのだからほしいと言うと，神は，覚善との約束があるので覚善に与えるから，ほしければ覚善に貰え，と答えた。

項目番号	年 月 日	喜之に天降った神名	記 事 の 概 要
18	同日～二，三日		りかは覚善に頼んで石を貰って大切にしていたが，何となく心が晴れず，覚善に返したところ，覚善は仏壇のすみに置いて大切にしない。
19	(その後の)折節	熱田太神宮③	熱田神宮が天下り，喜之の周囲の人々が石を大切にしないことに不満をもらし，知多郡緒川村の氏神入海大明神に石の由来を伺えと語る。
20	夫より(同日)	入海大明神①	入海大明神を喜之の身体に「請待(招待)」して伺うと，入海大明神は，石はお釈迦様時代の霊山の石に間違いないと答え，「御石様」と呼べと命じる。
21	享和3．1．25	熱田太神宮④	喜之は熱田中瀬戸の従兄孫助方を訪れ「日待」を営む。熱田神宮が天下り「色々御説法」がある。
22	四つ半ごろ(同日)		家へ帰る途中，喜之が「三人連」(喜之，覚善，りかの三人か？)で熱田神宮の西門脇を通りかかると，境内からこれまで聞いたことのない，たいへん澄んだ鶏の鳴き声が聞こえてきたので，喜之は地面に腰をおろして聞き惚れた。
23	夫より(同日)	熱田太神宮⑤	帰宅して熱田神宮を喜之の身体に招いて伺うと，熱田神宮は，喜之が「心淋しく帰るのを」なぐさめるために鶏を鳴かせたのだ，如来様や神々は喜之の心遣いを察して，日々泣いておられると語った。
24	享和3．2．15		朝，喜之が綿紡ぎをしようと糸車を出して座ると，庭で薪を積んでいた覚善の手元から木切れが喜之の前へ1本飛んでいった。喜之が手に取るとそれは木切れではなく金物(小刀)だったため，覚善は即座に大切なものだとみて棚の上に上げた。
25	其夜(同日)	？ ③	「神様」を喜之の身体に呼び出して伺うと，神は，その小刀は覚善の求めに応じて証拠の品として象頭山から取り寄せた「諸人の不浄の掛らぬ物」だ，研いで切れるようなら「鰹けづり」にでもせよと答えた。
26	享和3．3．10		熱田旗屋町の従妹りか方の仏壇が一部焼け焦げる。
27	「四，五日捨置，其後」	秋葉大権現①	りかが仏壇を開けて確認すると，2か所が大きく焼けていたため，覚善にその旨を伝えると，覚善は，秋葉大権現に事情を尋ねるように喜之

			に促した。喜之に天下った秋葉大権現は，りかの親の悪心のため，火元となって大火事となるところを，りかが「有難き事」だとして喜之の側に付き従っているため，大事にならないようにした，金毘羅大権現にお礼を言って疑いをはらせ，委細は「能知識」(霊能のある適切な宗教者)に尋ねよ，と語った。
28	其後	金毘羅大権現⑦	名古屋法華寺町の妙蓮寺の「千部経」で，大坂(服部本では「大垣」)の真綱院(日蓮宗の僧侶)が説法するとの情報を得て，「名僧」との噂が高い真綱院が「能知識」にあたるか，覚善は金毘羅大権現に問う。それに対し金毘羅は，真綱院を訪ねてもよいが，真綱院は自慢話をするだろうと予言する。
29	翌日		覚善と喜之が真綱院を訪ねると，金毘羅の予言どおり，真綱院は自慢の説法をしたので，両名は驚く。
30	帰宅後(同日)	金毘羅大権現⑧	再度，金毘羅を招いて伺うと，明日も自慢をするだろうが聞きに行け，そのさい，覚善に与えた石を持参して見せてみよ，と語る。喜之が，石を悪く言われると恥ずかしいからいやだと言うと，金毘羅は，もし粗末なものだというような発言をすれば，真綱院はめまいがして高座から落ちるから，心配せずに行けと語る。
31	翌日		覚善と喜之は，石と小柄を持って再度妙蓮寺へ参詣し，真綱院と面会する。真綱院は喜之を見て，神仏の言葉を語りそうな顔だと述べ，高座から「御石様」を披露して「御十弐銅」(拝観料)を取る希望はないかと聞く。覚善が，その希望はないので，石の由来さえわかればよいと答えると，真綱院は，それならいずれ大坂で，どこの話とも言わずに披露しようと答え，石の由来を確かめる目的は果たせずに終わる。
32	其後		知多郡緒川村の飴屋利七いう者が覚善方へ草鞋を買いに立ち寄り，喜之の神憑りの話を聞く。利七は，緒川村には金毘羅を信仰して10年間座禅している石道という「名僧」がいるから訪ねてみたらよい，わが家へ来れば紹介する，と語った。
33	享和3．6．14	入海大明神②	喜之と覚善は知多郡緒川村を訪れ，利七の案内で石道を訪ねる。石道は，喜之らが来ることはあらかじめ分かっていたと，はったりを言う。

項目番号	年 月 日	喜之に天降った神名	記 事 の 概 要
			喜之がどう言われるかと案じていると，入海大明神は，石道も覚善も同じ「坊主」だから心配するな，と語った。
34	其夜(同日)	伊勢太神宮①	利七の家で神を招いて伺うと，伊勢神宮が天下り，昼間は入海大明神が氏子の石道を「一口」に軽く扱ったそうだが，どうか腹を立てずに喜之らに金毘羅の由来を聞かせてやってくれ，と語った。そこで石道は「蚊ばしらの立のもいとはず」喜之と覚善に金毘羅の由来を語った。
35	翌日		「御石様」を見せると石道は，これは間違いなく「天竺の霊山の御石」だ，その証拠には，石面に仏面がすわる，放っておくと水気を吸って重くなると述べたので，喜之と覚善は安心して熱田新旗屋町へ帰った。
36	其後	金毘羅大権現⑨	金毘羅大権現が喜之に下がり，男子倉吉と一所にいると覚善にとって「後世の妨」になるから，倉吉を金毘羅にくれ，と語った。殺すためだと神が言うので，覚善は「余り御無躰」だと抗議するが，承知しなければ「無間地獄」へやると言われ，やむなく承知する。すると金毘羅は，「出かした」と賞賛し，牛頭天王に頼んで「三日目に死去さす」と語った。
37	三日目	牛頭天王①	緒川村の飴屋利七が喜之を訪れてきて，それは変わったお話だ，牛頭天王をお呼び出しして事情を聞こうと言うので，覚善も賛成し喜之に降臨を求める。喜之に天下った牛頭天王は，金毘羅大権現の依頼を受けたので，今日，眷属に言い付けて倉吉を殺すところだったが，あまり不憫なので利七に預けるから，利七の家へ連れて行け，と語った。牛頭天王の言葉どおり，利七は倉吉を養子としたが，それを機に，利七は喜之の家に「心安く」出入りするようになった。
38	同年(享和 3) 8月中旬		緒川村の利七が喜之を訪れて来たのを機に，「御石様」を取り出して計量すると6匁5分増えており，よく見ると仏面が座っているようにも見えた。
39	享和 3．8．17	金毘羅大権現⑩	再度「御石様」を拝見すると，いよいよ仏面が座っているので，それで周囲の人々は疑いを晴らした。覚善は金毘羅大権現にそれまでの失礼を詫び，「諸人の念晴しに，病人少々御直し」

			を願った。金毘羅は，かねて言うとおり，このたびは「釈尊様」のご依頼を受け，大小の神仏が喜之に下がられて「未来成仏」を勧めるのだが，疑念晴らしの願いに応じよう，と答えた。
40	夫より（同日以降）		覚善がこれまでの事情を人々に話し伝えると，聞き伝えに話が広まり，五，六人の病人が集まって七日のうちに全快した。
41	夫より（同日以降）		だんだんに噂が諸方へ広まり，病人が多く集まるようになったので，やむなく以後は隔日に金毘羅大権現の「御下り」を願うことになり，病人にこと寄せて，「忠孝の道」や「未来成仏の御法話」を聞けるようになった。
42	享和３．７．８		愛知郡御器所村の彦左衛門という者が腹痛で仕事ができずに難渋していたため，噂を聞いて願ったところ，10日（服部本では「7日」）経たずに全快した。（この項の掲出が時系列順でないのは，『御由緒』の筆者が遠慮して，身内が救われた記事を最後に掲げるかたちで，執筆意図を説明したためか？）
43	？		余りに尊い話だと思い，以上のような経緯をここに書き記しておく。（なお，服部本には，末尾に「文政八歳酉七月拝書」とある）

※　「喜之に天降った神名」欄の丸付数字は各神名の登場回目。

く、喜之の回想に加えて信者たちの記憶や伝承が記述の素材とされたためなのだが、その意味で『御由緒』は、民衆宗教の一宗派が成立した経緯を具体的に伝えているまことに希有な史料だと言える。そこで本節では、記事の全項目を一覧表（表２）に整理して掲げ、そこに付した項目番号を挙げながら、事実展開の筋道をいくつかに区分して紹介しておこう。それでは、『御由緒』後半の記事からは、如来教の成立に関してどのような特徴点を読み出すことができるだろうか。[21]

右の「御口開き」（享和二年八月）以降について、『御由緒』には翌享和三年（一八〇三）八月までのできごとが記録されており、その記事内容の大筋は、何よりも、喜之が同居人である覚善に対して宗教活動の主導権を確立していった過程として捉えることができる。とはいえ、表２からすぐわかるように、『御由緒』には、同じ熱田に在住する喜之の従兄妹（項目13〜23および26、27などを参照）や、知多郡緒川村の住民（とくに「飴屋利七」と修行僧石道：項目32〜38などを参照）、日蓮宗の説教僧真綱院（項目28〜31）などが登場しており、そのことは、喜之の主導権獲得が、熱田や名古屋、緒川村一帯の地域社会と関わる中で進められていったことを表している。また、同じく表2の「喜之に天降った神名」欄を参照すると、その間に喜之の身体には、京丸、鬼子母神、金毘羅大権現、熱田太神宮、入海大明神、秋葉大権現、伊勢太神宮、牛頭天王などが天降ったことを知ることができる。そして、後で詳述するように、そうしたさまざまな神仏の登場も、実は喜之と地域住民との深い交流を表現しているのである。

しかし、『御由緒』後半の記事の山場は、覚善の息子が緒川村利七方へ養子に出されることになった経緯（項目36・37）や、覚善がそれまでの無礼を神に詫びたという話（項目39）になることは明らかなので、記事全体の大筋は、覚善に喜之の神憑りを承認させ、受け容れさせていった過程として辿るのが最も適切だと考えられる。それではその過程は、およそどのように進行していっただろうか。

『御由緒』の記事からは、覚善の同意や承認を取り付けるために、喜之が無意識下にまたは意識的に（神意にしたがって）、およそ次のような手立てを講じていった事実を読み取ることができる。すなわち、⑴喜之に憑依している神の名前に関する妥協的な対応、⑵病気治し要求への対応、⑶真正な神憑りである「証拠」を示す要求への対応、⑷神憑りの真正性如何に関する覚善以外の宗教者の判定を受けること、などがそれである。以下、時系列順にそれらを具体的に確認してみよう。

2　神名と使命の告知

まず先述のように、二度の「御口開き」に際して喜之に天降った神は、その神名を明らかにしていない。当初、喜之は、神の言葉らしいものが自分の口から語り出されたことを自覚したものの、それが覚善と主導権を争うような新しい宗教活動につながるという自覚はほとんどもたなかったのであろう。それに対し、神憑りを二度経験した後、喜之がその事実を覚善に告げて事態の一歩先を探ろうとすると、喜之の神は、如来の依頼を受けて「未来成仏の事」を喜之に聞かせに来たという目的を語る一方、神名については、自分は「京丸《きょうまる》」または「鬼子母神」だと名乗っている（項目3・4）。それらの神名が覚善の呪術的活動（狐遣い）や法華信仰に関わる神名であることと、項目3では「京丸か金毘羅か、相分らぬ身の上」だとの神の言葉が語られていることを考慮すると、敢えてそのような神名が語られたのは、喜之が、覚善に理解される範囲で神憑りを続ける道を選ぼうとしたからだと推察できる。しかし、間もなく喜之の神は、「未来成仏の事」を聞かせに来たという目的とともに、「金毘羅大権現」という自らの神名を明確にしはじめる（項目5）。そこで覚善が、本当に神なら病気治しをしてみせるように求めると、神は、自分の使命は「後世《ごせ》の第一の事」を伝えることだとしつつも、覚善に、病人を探して何でも呪文のようなものを唱えてみよと答えた（同）。そこでその方法を覚善が実行すると、実際に病人がよくなったので覚善も喜之も驚くが、神憑りの真正性はまだ確認できないままであった（同）。

その後、覚善は、喜之の神憑りが自分のコントロールを逸脱してゆく気配を感じ取ったらしく、不正な狐狸の憑依だとして、喜之の身体に憑き物落としの呪術をかけようとする（項目6）が、結局は失敗し、逆に喜之の神が、自分は「正身（真）の金毘羅大権現」であることを宣言した（項目7）。そこで悔しがった覚善は神棚などを破壊してあばれるが、喜之の神憑りへの疑惑を晴らすことはできない状態が続いてゆく（同）。つまりこの時点で覚善は、喜之の神を自分の指図に従わせることには失敗し、むしろ喜之の神とどのような協働関係を築けるのかを模索せざるをえなくなったのである。

さらにその後、覚善は、あらためて喜之に神憑りさせ、「正身（真）の金毘羅」なら象頭山にあるものを証拠の品として出せと迫るが、喜之の神は、社頭にあるものには不浄がかかっていて渡せないからいずれ考えると答えた（項目8）。

3　象徴的行動と証拠物の設定

享和二年（一八〇二）十一月二十二日、神憑りした喜之は、明日、「今釈迦といふ男子を、あれ（喜之を指す）が口より一人出生さす」との神の言葉を語り（項目9）、翌日の午前十時、喜之は床の中で「げいげい」という大声をはりあげて「今釈迦出生」を実行した（項目10）。それらの行動は、前後の記事内容を考慮すると、覚善の「証拠物」要求に対応して喜之が実行した象徴的な行動であることは明らかで、喜之は、神の指示を次々に具体化することで、憑依神金毘羅大権現の存在を周囲に浸透させようとしていたのだと思われる。同日、喜之の神は、魚売りが来ることとその値段とを予言し、喜之と覚善父子に、その魚を買って聖餐を摂り、「今釈迦出生」を祝うように指示したので、三人は終日、「御日待《おひまち》」をして過ごしたという（項目11。なお「御日待」は民俗行事に由来する宗教的会合のこと。詳しくは第二章を参照）。またそのことがあってから、喜之は毎晩、「御方便」を交えてさまざまな「説法」をするようになっていったという（項目12）。

享和三年（一八〇三）正月七日、喜之は、従兄に当たる孫助に招かれ、同じく従妹のりかと覚善をともなって、熱田大瀬戸町の孫助の家へ「御日待」に出向いた（項目13）。その夜、喜之に天降った熱田太神宮が、来る十日に「今釈迦といふ男子」を覚善に与えると語った（項目14）ため、その当日、覚善、喜之、りかの三人が熱田神宮へ参詣すると、従妹のりかが、境内の金灯明上に丸く美しい小さな石が置かれているのを発見してそれを拾った（項目15）。

同日、熱田神宮の降臨を願って伺うと、神は、りかが拾った石は「天竺の霊山《れやうざん》の御石」であり、金毘羅大権現の依頼を受けて、熱田神宮が知多郡緒川村の氏神「入海《にうかい》大明神」に依頼して取り寄せたもので、喜之に金毘羅大権現が天降っている証拠として覚善に与えると答えた(22)（項目16）。

それらに続く、項目17から20に記録されているのは、「今釈迦出生」の「証拠物」として登場した石をめぐって、石を「証拠物」として覚善に受け容れさせ、喜之の神憑りを中心とする宗教活動の展開を目指す喜之の神（金毘羅大権現）と、石を「証拠物」として受け容れようとせず、大切にしない覚善との対立が続いている様子である。その間の項目20に、緒川村の氏神入海大明神が天降って当該の石の由来を語り、「御石様《おいしさま》」と呼んで大切に扱え、という趣旨を主張しているのは、この年のはじめごろから知多郡緒川村の住民と喜之との交流が深まりつつあり、その過程で喜之が、すでに入海大明神に関わる伝承を聴き取っていたという事情があったものと考えられる（項目16）。なおその動向は、さらに後述するように、項目33の喜之と覚善の緒川村訪問につながってゆくことになる。また、項目21から23は、享和三年正月までの時点では、喜之は従兄孫助の家で「日待」や「説法」などの活動を行ってはいるものの、自身の神憑りが満足のいくようには周囲から理解されず、孤独をかこっていた様子を伝えている(23)。

4　証拠物をめぐる物語の応酬と日蓮宗僧侶による審神

項目24から31には、喜之の神憑りをめぐって覚善が展開した新たな行動が二つ記録されている。その一つは、項目24と25に見られる、「御石様」以外の第二の「証拠物」の設定であり、もう一つは、喜之の神憑りや金毘羅大権現降臨の「証拠物」の真正性如何について、日蓮宗の「名僧」に鑑定を依頼しようとしたことにほかならない。なお、その間の享和三年（一八〇三）三月十日、喜之の従妹りかの家の仏壇が焼け焦げた（項目26）ことをめぐり、数日後、

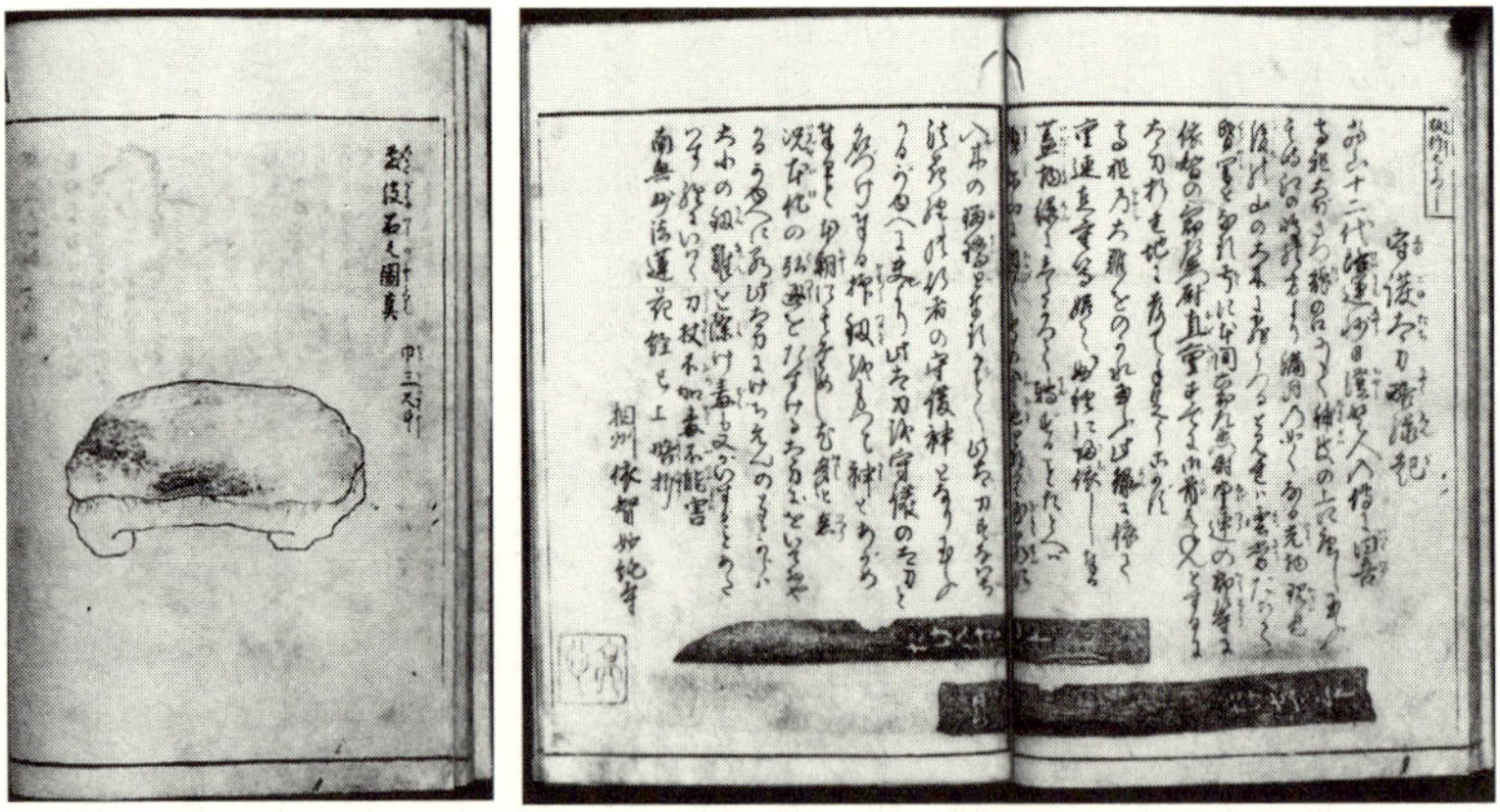

図3　日蓮宗の霊宝「敷皮石」と「守護太刀」

日蓮が鎌倉ちかくの龍ノ口で法難に遭い，処刑場で座らされたという「敷皮石《しきがわいし》」（左）と，処刑執行の直前に，江の島方向からの強力な光線で折られ，以後，日蓮を守護するようになったという「守護太刀《しゅごたち》」。ともに尾張藩士高力種信の『龍口寺霊宝開帳記』（愛知県西尾市岩瀬文庫蔵）より。

防火・鎮火の神である秋葉大権現が呼び出されているが、そのさいに喜之に下がった秋葉大権現も、金毘羅大権現の降臨に関する疑いについては、委細は適切な宗教者に尋ねよと、既成宗教者による審神を受けるように促している（項目27）。

　右の覚善の行動のうち、第二の「証拠物」の設定に関しては、同年二月十五日、喜之の自宅の庭に積んであった薪の山から小刀が飛び出したという事態（項目24）について、その夜、喜之の神は、かつて名古屋の鞘師の家の若者が象頭山に心願を掛けたさいに奉納した「小柄」で、その稚拙さから社人が関心を向けなかったために不浄を免れているものだとする解釈を示している（項目25）。しかし同時に、研いで切れるようなら「鰹けづり」にでもせよと語っており（同）、そこには喜之の神がこの「小柄」を重要視していない様子が表れている。それはおそらく、この第二の「証拠物」の設定が覚善の意向で行われようとしていたからだったのだが、実はその背後には次のような事情があった。すなわち、日蓮宗の宗祖日蓮の「龍ノ口法難」にゆかりのある霊宝として、相模国片瀬の寂光山龍口寺と同国越智の明星山妙純寺にそれぞれ伝わる「敷皮石《しきがわいし》」と「守護太刀《しゅごたち》」

が、当時、開帳を通じてかなり有名になっていたという事情がそれである。(24) おそらく覚善は、自分がよく知るそれらの霊宝になぞらえて「御石様」と「小柄」をペアの「証拠物」として設定することで、喜之と協働する宗教活動の主導権をつかもうとしたのだと推察できる。そしてそのことは、緒川村の氏神入海大明神の発言を得て金毘羅大権現と「御石様」の真正性を弁証しようとする喜之と、日蓮宗内の伝承を持ち出して「証拠物」に新たな物語を付加しようとする覚善との間で、いわば物語のせめぎ合いが繰り広げられていたことを意味すると考えられる。

一方、日蓮宗の「名僧」への鑑定の依頼とは、項目28から31に見える、当時、名古屋法華寺町妙蓮寺の千部会に来ていた、大坂（服部本では「大垣」）の僧侶真綱院を訪ねて真正性の確証を得ようとした行動のことを指している。その行動をめぐって、喜之の神も鑑定自体は拒まなかったが、当初から真綱院の「自慢話」を予測していた（項目28）。そして、喜之と面会し「御石様」にもつぶさに接した真綱院が、それらを肯定的に参集者に紹介する意向を示したものの、同時に「御拾弐銅」（拝観料）を得ることに言及したため、喜之と覚善はそれを断り、結局、真綱院による鑑定は思うような結果が得られずに終わった（項目31）。そしてそのことは、真綱院の活動がすでに宗派のシステムに組み込まれていて、喜之や覚善らの活動に新しい意味を見出すような関心をもたないものになっていることを、覚善もまた気づいたことを表していると考えられる。

5　修行僧石道による審神

項目32から39にかけての『御由緒』の記事には、飴屋利七をはじめとする知多郡緒川村の人々との交流を通じて、喜之に憑依する金毘羅大権現や「御石様」の真正性がしだいに明らかにされるようになり、やがて覚善も喜之の神憑りによって導かれる宗教活動の態勢を受け容れていった、という筋道が描かれている。

そのうち項目32から35には、緒川村の利七の勧めを受けて、喜之と覚善が熱田から数里離れた知多郡緒川村に、修行僧石道を訪ねた事情が記されている。利七の話では、石道は、金毘羅を信仰して一〇年間「座禅工夫」をしている人物だとのことであった（項目32）。享和三年（一八〇三）の六月十四日、喜之と覚善がその石道を訪ねると、事前に両名のことを聞いていたらしく、石道はさまざまにはったりをきかせて対応しようとした（項目33）。しかしそのさい、喜之の身体には入海大明神（緒川村の氏神）が天降って、石道に臆するなと喜之に告げ（同じく項目33）、同日の夜には伊勢太神宮が天降って金毘羅の由来を語り聞かせるよう石道を促したため、石道は、喜之と覚善を相手に、きわめて熱心に金毘羅の由来を語った（項目34）。そしてその翌日、喜之と覚善は、「御石様」についても納得できる説明を石道から聴き取って熱田へ戻ったのだった（項目35）。

6　俗縁破棄の要求と覚善の「降参」

さらに項目36には、喜之に下がった金毘羅大権現が、覚善に向けて、息子を殺すから差し出せと迫った事情が記されている。すなわち、息子倉吉といっしょにいると「後世の妨《さまたげ》」になる、差し出さなければ「無間地獄《むけんじごく》」へやると神が迫るので、覚善がやむなく承知すると、金毘羅は、疫病の神である牛頭天王《ごずてんのう》に頼んで「三日目に死去」させると述べた（同）。その三日目に、緒川村の利七が喜之を訪れて倉吉の話を聞き、それなら牛頭天王をお呼び出しして事情を伺ったらどうかというので、覚善も同意した（項目37）。そこで、喜之に下がった牛頭天王は、金毘羅大権現の依頼を受けたので、きょう、眷属に命じて倉吉を殺すはずだったが、あまり不憫なので利七に預けるから連れて行け、と語った（同）。そして、そのような形で倉吉を養子に迎えたことを機に、利七は喜之の家に「気安く」出入りするようになったという（同）。

神命による倉吉の殺害要求が倉吉を養子に出す話に変化していったこの一件は、おそらく誰もが次のように解釈するだろう。すなわち、母親役を押し付けられている状況を脱して宗教活動にフリーハンドを確保するために喜之の神が起こした行動だった、という解釈である。ただし、詳しくは後述するように、利七は当時、生まれたばかりの娘の順調な生育を願って喜之に縋り、その後間もなくその嬰児を失ったことが知られているから、倉吉を利七の養子にせよとの神の発言は、倉吉の継母という喜之の立場の解消とともに、利七夫婦に新たな生活への転機を与える意味が込められていた、と受けとめることができよう。

その後の享和三年（一八〇三）八月中旬、利七の来訪を機に「御石様」を取り出して計量すると、石道が語ったように重さが増えており、また石面には仏面が座っているように見えた（項目38）。さらに同月十七日、再度「御石様」を取り出すといよいよ仏面が座っているので、周囲の人々は「正身（真）の金毘羅大権現」の降臨をめぐる疑念をすっかり晴らした（項目39）。そしてそのさい、覚善もそれまでの無礼を金毘羅に詫び、「諸人の念晴しに、病人少々御直し」を願ったので、金毘羅もその願いに応じようと答えたという（同）。

その後、覚善をはじめとする周囲の人々がそれまでの経緯をさらに周辺へ語り伝えると、しだいに多くの病人が集まるようになり、やがて、隔日に金毘羅大権現の「御下り」を願うことになって、喜之は、金毘羅の憑依を受けつつ、病人にこと寄せて「忠孝の道」や「未来成仏の御法話」を語るようになっていったという（項目40、41）。

7 『御由緒』に見える教説展開の特徴

『御由緒』には、右の後に、先述の御器所村彦左衛門による『御由緒』執筆の経緯に関する記事があるのだが、喜之の神憑り以降に関する『御由緒』の本文は、おおむね右のような内容である。そしてそれらの記事の中には、とくに《如来教の確立期》（文化九〜十三年〈一八一二〜一六〉閏八月：教祖在世時代の第Ⅱ期）以降に本格化してゆく、如来教の宗教思想形成の筋道に連なる特徴がすでに表れている。そこで以下では、大きく二点に絞ってその特徴をまとめておこう。

その一つは、享和二年（一八〇二）八月と九月の「御口開き」（教祖の最初の神憑り）に際して、喜之に天降った神が「頓て安気に成ぞやう」と語ったとされていることに関わるものである。先述のように、『御由緒』が成立したのは二〇年ちかく後のことになるので、『御由緒』に記録されている神の言葉がどれだけ正確なものかはよくわからない。しかし、最初の神憑りの時点で喜之の口から直ちに神名が明かされた形跡がないことは、かえってその記事に、後年からの粉飾が少ないことを示唆していよう。そこで、「御口開き」のさいに神が語った言葉として記録されている記事が、当時、喜之の口から語られた内容をかなり忠実に伝えているという前提に立つならば、「頓て安気に成ぞやう」という言葉には、およそ次のような意味が込められていると推察できよう。すなわち、二度にわたって語られた「頓て安気に成ぞやう」という言葉は、やがて覚善が抑圧的・暴力的な態度を改めるようになって喜之に安定した生活がもたらされる、といった現実的な意味ではまったくなく、むしろ帰郷後の喜之が努力をかたむけてきたことがらのすべてが、やがて現世を超えたコスモスのなかで意味をもつようになる、という意味だと筆者は考えるのである。

もとより、享和二年当時、喜之は固有のコスモロジーを確立させていなかったに違いない。また『御由緒』に見える、「此方は病気直しには来はせぬ。後世の第一の事の使に来た」という金毘羅大権現の発言も、後に当てはめられた可能性を否定しきれない。しかし、後述するように、後年の喜之における教説展開の重要な特徴は、広大無辺な慈愛をもつ根源的創造者として如来の存在を繰り返し語ったことにある。したがって、その事実を考慮すれば、「頓て安気に成ぞやう」という神の言葉に、現世だけがコスモスではない、根源的創造者が創造した（「後世」を含めた）コスモスこそが真の世界だ、という意味が込められていたと解釈しても何らおかしくはないであろう。言い換えれば、「御口開き」の時点で喜之の口から語り出されたのは、さまざまな形で現れている抑圧的な現実が現世を超えたコスモスのなかで解消され、現に苦しみを受けている義なる者が報われるようになる、という趣旨だったと考えられるのである。

もう一つの特徴として確認しておきたいのは、先述のとおり、「御口開き」後の一年間に、喜之の身体には、京丸、鬼子母神、金毘羅大権現、熱田太神宮、入海大明神、伊勢太神宮、秋葉大権現、牛頭天王という、合計八種類もの神々が天降っていることである。すでに見たように、覚善の従来の活動と関係の深い京丸と鬼子母神の登場には、覚善に対する喜之の遠慮が表れているのだが、間もなく喜之の神は、「正身（真）の金毘羅大権現」を名乗り、至高神如来から依頼されて「後世の第一の事」を説き伝えに来たと宣言するにいたる。そしてそこには、これも詳しくは後述するように、近世後期における金毘羅信仰の流行が名古屋一帯にも及ぶ状況下で、もっとも威力ある神、果断な神として、喜之が金毘羅大権現という神格を見出した、という事情があったと考えられる。したがってその意味では、金毘羅大権現は「御口開き」の直後からすでに事実上の主神だったのだが、そうした金毘羅大権現の位置づけと喜之の神憑りを人々に受け容れさせてゆく過程で、熱田太神宮以下の諸神も呼び出されることになったと考えてよいであろう。すなわち、熱田太神宮、入海大明神、伊勢太神宮は、それぞれ熱田と知多郡緒川村の住民に向けて、喜之に憑依している金毘羅大権現の発言を納得しやすくさせるために天降ったのであり、さらに秋葉大権現（防火・鎮火の神）や牛頭天王（疫病の神）も、火災への心配や金毘羅による倉吉殺害の指示という事情に応じて、むしろ周囲の人々から願われて降臨している点が大きな特徴なのである。つまり、如来や金毘羅大権現以外で『御由緒』に登場している神々は、喜之の身辺にいた人々が日頃から持ち合わせていた宗教意識に対応して登場したのだと言えよう。

しかも、神仏の登場に関するそのような特徴は、実は『お経様』諸篇に登場する諸神仏についても同様に指摘できる。すなわち『お経様』諸篇には、『御由緒』への登場神仏以外に、熊野大権現、春日大明神、浜大明神、明智大明神、貴船大明神、一の宮、二の宮、八幡大菩薩、荒神、山の神などの諸神のほか、釈迦（釈迦牟尼仏）、善光寺仏、二十七仏、上行菩薩などの仏・菩薩、日蓮、法然、親鸞、道元の四宗祖、聖徳太子、達磨大師、西行、無住国師などの歴史上の人物・高僧が登場している。そして、それらが登場する主な理由は、喜之や信者たちの身辺にその神仏などに関わる神社・仏閣が実在する関係で言及された場合、喜之やその身辺の人物がその神仏などに対する信仰を保っていることに由来する場合（諸宗祖に関しては家の宗旨がその宗派である場合）、その両方を兼ねている場合、などがあったと考えられる。なお、『お経様』に登場する神仏等については、諸篇を通じて語られていった物語（グランド・ストーリー）という問題とともに、とくに第三章以下で詳述することにしよう。

註

（1）以下、この項の記述は『御由緒』によるのを基本とし、その場合はとくに典拠を註記しない。また、諸史料の記事の異同などに関する詳細は次項でふれる。

（2）教祖伝『御由緒』には、実は「二月二日」という誕生日は記されていない。しかし、『お経様』（「文化十二年亥二月二日　稲垣舎」M一四〇）には、同日が教祖の誕生日であることが明記されており、今日でも教団ではその日を教祖の誕生日として扱っている。なお、喜之の父長四郎を『御由緒』は「百姓長四郎」と記しているが、それは「百姓」身分であったことを表すもので、実際に長四郎が農業に従事していたか否かは不詳である。

（3）後述する『教団ノ由緒及沿革概要』等の近代史料は伝四郎を喜之の「伯父」だとするが、ここでは『お経様』（「御利益始りの御事」M二五六）の「叔父」という記事に従った。

（4）『御由緒』には二度目の神憑りは「九月十一日」と記されているが、ここでは、『お経様』（「文化十一戌年九月十二日　永田舎」M一二四）の記事に従って「十二日」とした。

(5)「新法制創設への国家的な動き」の詳細については、本書序章の「一　如来教研究の回顧と反省」のうち、「如来教像再構成の契機としての原田清泉尼伝との出会い」の項を参照。

(6) なお、iv～viの記事内容は、年代を追って改訂の跡がかなり認められるものの、基本的には早い時期に成立した史料の説を後継史料が受け継ぐ形になっている。

(7)『御由緒』は、教祖喜之の祥月命日（五月二日）にのみ、毎年、如来教本部登和山青大悲寺で、参集者に向けて読誦されてきた文書である。なお、その写本の一つである清水本は、かつて一尊教団の創設者清宮秋叟に分派前の段階で師事していた如来教信者故清水諫見氏が、昭和初年の如来教「開顕」運動に関わる中で秋叟から史料として渡されていたものであり、服部本は、同朋大学の服部斉教授が、近年、名古屋の古書店で購入されたものである。ともに神田・浅野編『如来教・一尊教団関係史料集成』の第一巻に翻刻・収載。

(8)『お経様』の写本の末尾にも年月日の記されている場合があるが、それはほとんど、写本の書写年月日を記したものである。

(9) 本文に既述のように、石河主水邦命は安永六年（一七七七）に六十九歳で没しており、その死を看取った時点で喜之は数え年二十二歳である。一方『御由緒』では、邦命が発病したのは喜之が石河主水家に「四、五年程」奉公した後だと記されており、邦命の死没は、さらにその後、喜之が足かけ二年間邦命を看病してからだとの趣旨が記されている。したがって喜之は、邦命の死没までに石河家に六年以上は奉公していたことになり、その数字は、喜之が十九歳の時点で石河家へ奉公に上がったとみている浅野の判断と符合しない（奉公の時点で十九歳であれば、邦命の死亡時には二十五歳以上でないとおかしい）。

(10) 引用中の「とは」は、『御由緒』では烏森村の庄次郎に嫁した時点で称するようになった喜之の呼び名だとされているが、「とは」の呼び名は、喜之が再奉公してからも使われていたものと考えられる。なお、『お経様』諸篇に記録されている説教の中で、喜之がもっぱら「喜之」の呼称を使い、「とは（とわ）」を使っていないところをみると、喜之自身は親から与えられた名前こそ大切だと考えていた可能性が強い。なお、教団内の伝承によれば、「喜之」には「これを喜ぶ」という意味が込められているという。

(11) 喜之の石河家への初奉公は邦命の発病後だった可能性もある。『御由緒』によると、喜之がはじめて石河主水家に奉公に上がったさい、隠居（邦命）は、「其方、能来《よくき》て呉《くれ》た。己《おれ》が面倒を見て呉さへすれば、何にても取《とら》するぞやう」と語ったとされているのだが、「己が面倒を見」るとは、看病を指すとみる方が自然なように思われる。

(12)『お経様』（「富永内左衛門病気御願」M二五一）は、年月日不詳の『お経様』諸篇中の一篇で、『史料集成』第四巻に収載。

（13）『藩士名寄』は名古屋市蓬左文庫および名古屋市鶴舞中央図書館に所蔵されている。ただし、直接には名古屋市博物館編『名古屋城下お調べ帳』（二〇一三年）のデジタル・データベースによった。同史料の第二一巻によると、知行一〇〇〇石の富永家では、数代にわたる当主が「内左衛門」を名乗っていた。そのうち、生存年代が史料番号M二五一の『お経様』の記事と合致する可能性があるのは、宝暦十年（一七六〇）に富永家に養子入りし、安永六年（一七七七）に養父の家督を嗣いで「普請組寄合」の職に就いた「実山澄淡路守次男音次郎」と、その惣領で、父の病死の翌文化二年（一八〇五）、亡父の遺跡を嗣いで「寄合」に就任した人物（幼名内匠。文化五年〈一八〇八〉八月二十一日に病死）の二人である。年月日不詳の『お経様』には、教祖の最初の神憑りから間もなくのことがらを伝えている篇が多いのだが、文化五年には実年代を記録した『お経様』諸篇がいくつも残されていることからすると、年月日不詳の『お経様』M二五一に登場している「内左衛門」は、山澄家から養子に入った「内左衛門」である可能性が高い。

（14）『お経様』（「文化十三年閏八月十九日　永田舎」M一六八）には、「下女《げじょ》でやの、召仕《めしつかへ》でやのと言てをられるが、間違《まちかひ》でやぞや。下女でも、召仕でも、一度は縁《えん》がなけらにや、其家《や》にをらぬものでや程に、『己《おれ》が召仕でや』のと、いこうそまつにおもはぬやうにせつされ。そまつにせると、今度《こんど》がまちがふぞやう」という、まことに注目すべき一節が記録されている。この一節から読み取れるのは、主人と下女または召仕の関係は「縁」によるもので、そこに前提とされるべき信頼関係をはずして権力的な対応をする主人には、来世での救済は保証されないとする主張であり、そのような主張は、もとより神憑り以前に喜之の口から語られることはなかった（その時期には下意識のレベルに抑圧されていた）はずのものである。しかしこの一節は、喜之がその前半生を通じて、石河主水家での奉公生活中に主水邦命から受けた自らの扱いこそが使用人に対する主人のあるべき扱いだとする信念を、ひそかに育んでいたことを物語っていると言えよう。

（15）『教団ノ由緒及沿革概要』には、「尾州ノ藩士石《子》〈河〉主水ニ《召出サレ》〈懇望セラレ〉、其老衰セル《実父》〈隠居〉ニ奉仕スル」という記事があるのだが、この記事は、主水邦命の看病を依頼したのが子息の直澄であった可能性を示唆している。《　》が見せ消ちによる消去部分、〈　〉が補訂された部分を表しているので、消去されてはいるのだが、《実父》とは、ここでは直澄の父邦命を指すことが明らかだからである。しかしこれはあくまでも近代史料の記事であり、成立の古い史料に同様の記事は見出せない。

（16）詳しくは後述するように、知多郡緒川村の住民で、教祖喜之にとっての最初の篤信者となった久米利七は、享和三年（一八〇三)、法華行者覚善の息子倉吉を養子に迎えたが、利七はそのころ、大黒屋の屋号で飴屋を開業し、後には倉吉にその大黒屋の経営を委ねて分家させていた。現在も子孫が和菓子商を営むその大黒屋の仏壇には繰り出し位牌が祀られており、それには覚善夫婦と倉吉夫婦の位牌が含まれている。そしてそれらには、覚善(戒名は省略、以下同じ)が「文政九丙戌年(一八二六)七月朔日」、その妻が「寛政九丁酉年(一七九七)十一月十六日〔丁酉は丁巳の誤り〕」、倉吉が「天保八丁酉年(一八三七)正月廿日」、倉吉の妻が「天保六乙未年(一八三五)七月廿五日」という、それぞれの命日が記されている。

(17) 覚善やその息子倉吉に関して、以上の各時点での年齢は、次のような各史料の記事を頼りに割り出している。『御由緒』によると、覚善父子を同居させて半年あまりが過ぎた後に、喜之はようやく覚善に対して金銭的な約束の不履行を詰るようになったとされ、さらにその後の享和二年(一八〇二)八月十一日、喜之の口からはじめて神の言葉が語り出されたとされている。したがって、その神憑りの月日から逆算すれば、覚善父子が実際に喜之と同居するようになったのは享和二年の春先ごろ、同居を希望している覚善側の意向が喜之に伝えられたのは同年早々か前年(享和元年)の末ごろだったとみられる。また、『媹姾如来喜之・伝記断片A』によると、当時の倉吉の数え年は十一歳だったというから、約四年前の寛政九年(一七九七)に母親と死別した時点で倉吉は六歳か七歳だったことになる。なお、覚善は喜之と同じ文政九年(一八二六)、数え年七十八歳で没したことが近代史料の記事で確認できるから、覚善の生没年は、それぞれ寛延二年(一七四八)、文政九年であることが確実である。そしてさらに、その生没年から数えれば、覚善は、妻との死別時(寛政九年)には四十九歳、喜之との同居時(享和二年)には五十四歳だったことになる。なお、『如来教団由緒及沿革概要』によると、如来教では、覚善の命日である七月一日を「覚善忌」として、毎年、報恩供養の法会を営んでいるという。

(18) このことについての詳細は、本書第六章第一節のうち「3 十八世紀後半以降における尾張藩領民の動向と同藩の宗教政策」の項を参照。

(19) 岸野俊彦『尾張藩社会の文化・情報・学問』(清文堂出版、二〇〇二年)の第八章「民間宗教者の地誌編纂、吉田正直の世界」を参照。なお同論考は、本文の次段落に記す、名古屋法華寺町の日蓮宗妙蓮寺で行われていた法華祈禱に言及している。

(20) なお、『お経様』(「文化十一戌年九月十二日 永田舎」M一二四)では、喜之が二度目に神憑りしたのは、享和二年九月十二日とされている。

(21) 『御由緒』の執筆者である彦左衛門に関しては、とくに同名の父親からの伝承が考えられよう。

(22)　なお、第三章で詳述するように、文化十一年（一八一四）には、この「今釈迦出生」をはじめ、「御口開き」以後に喜之の身体に起こった一連のできごとの十二周年を記念して、「御口開き十三回忌」という位置づけの、一連の説教が行われている。
(23)　項目22と23に記されている、熱田神宮の鶏の鳴き声が聞いたこともないような美しさだったという話は、当時における喜之の孤独さを伝えていると同時に、『御由緒』が喜之自身の回想を重要な素材としてまとめられていることをよく物語っている。
(24)　化政期前後の名古屋で活躍した随筆家兼挿絵画家尾張藩士高力種信（猿猴庵、一七五六〜一八三一）の作品の一つに、文政九年（一八二六）五月に名古屋城下で行われた相模国龍口寺の開帳の様子を伝える『龍口寺霊宝開帳記』（愛知県西尾市立図書館岩瀬文庫蔵）がある。同書には、「敷皮石」をはじめその開帳に陳列されたさまざまな霊宝の挿絵と説明、龍ノ口法難について僧侶が絵説きしている様子などが記され、「附録」として「守護太刀略縁起」も付加されている。なお、『龍口寺霊宝開帳記』に記録されている開帳は教祖喜之の入滅直後に開催されたものだが、「附録」の「守護太刀略縁起」は高力種信が明和年間（一七六四〜七二）に入手した木版の写しだと記されており、「敷皮石」と「守護太刀」は、ともに化政期までには龍ノ口法難に関わる日蓮宗の霊宝として有名になっていた。

第二章 「日待空間」の形成と展開

本章の課題は、《如来教の成立期》（享和二年〈一八〇二〉八月～文化八年〈一八一一〉：教祖在世時代の第Ⅰ期）のうち、喜之が宗教活動を主導する態勢が、法華行者覚善をはじめとする身辺の人々（知多郡緒川村の住民を含む）にひとまず受け入れられた享和三年（一八〇三）の秋以降について、初期における宗教活動の展開を具体的に辿り、その歴史的特性を明らかにすることである。

「一 『日待空間』の形成とその中心主題」では、民俗行事に由来する「日待」という活動形態が、当該期に教祖と信者らによって形づくられ、やがて宗教活動の中心に位置づけられてゆく経緯を明らかにする。そして、神憑り状態における教祖の説教と、信者側からの願いや伺いで成り立っていたその「日待」の場では、家族の安定的構成如何に関わる応答が「中心主題」の位置を占めるようになっていった歴史的経緯とその意義を論じる。

「二 成立期における応答を通じた教説の展開」では、自らに天降る神や神憑りという行為に向けて社会から寄せられた疑問や非難に対して、教祖喜之がどのように応えていったのかを当該期の『お経様』諸篇の記事に辿り、教祖の教説展開における基本的な神学の枠組みを明らかにする。また、如来教の事実上の主神が金毘羅大権現だとされた経緯や、当時における金毘羅信仰の流行と如来教の成立との関係を明らかにする。さらに、初期の段階から『お経様』にしばしば表明されている、亡魂が未成仏状態にあることへの信者たちの脅威感と、幕藩制仏教的な先祖供養（死者儀礼）の観念との関係について分析を加え、そうした脅威感を重要な出発点として救済思想が形成されていく見通しを展望する。

「三　教祖喜之によるコスモロジー構築と教説展開の基本的枠組み」では、文化六年（一八〇九）、複数の篤信者の死をきっかけに、教祖喜之が固有のコスモロジー構築を本格化させていった事情を明らかにする。壮年で他界した知多郡緒川村の百姓茂兵衛、初産時に世を去った尾張藩士の娘みしの死は、ともに寿命には当たらない不条理な死だったのだが、教祖喜之は、幼少時に死別した自らの父をその両名に加えて、不幸な死を遂げたと世間から見なされがちなそれらの人々が、実はいまや救われて如来のもとで憩っている旨を語っている。本節では、そうした語りがなされていった具体的な経緯を辿ると同時に、その語りに含まれている、如来教における現世観と来世観の基本的な構造を明らかにする。そして、そうしたコスモロジー構築の背後には、長い奉公生活を通じて喜之が身につけていた、奉公人としての規範意識と根源的創造者の観念があったことを、成熟期（文化十三年〈一八一六〉閏八月～文政三年〈一八二〇〉四月：教祖在世時代の第Ⅲ期）に成立した諸史料を視野に入れながら明らかにし、教祖の教説の全体が目指していた方向性を展望する。

一　「日待空間」の形成とその中心主題

1　『お経様』の膨大さの由来と如来教の「日待」

教祖伝『御由緒』は享和三年（一八〇三）夏までで記事が終わっている。そのため同年秋以降における教祖や信者らの動向を明らかにするには、教典『お経様』諸篇の追跡が不可欠となる。ところが既述のように、『お経様』の写本は二百数十篇が公開されており、その膨大さこそが何よりの外面的特徴だと言ってよい。そこで個々の内容分析に先立って、この一連の文献の全貌を概観しておくことが是非とも必要になる。

実はこれまでに筆者は、二度にわたって『お経様』諸篇の概観を試みてきた。旧著『如来教の思想と信仰』の刊行時点がその最初で、そのときは次の一〇種に諸篇の内容を類型化した。[1] その後の研究の進展を考慮すれば新たな類型を立て直すべきだが、この類型化は現在でも内容的大枠の理解を得やすいと考えられるため、便宜上そのまま次に掲げておこう。


⑴信者たちの願いや伺いに直接対応したもの。

⑵現実の社会に対する、主として否定的な認識について述べたもの（政治権力者への批判を含む）。

⑶教祖喜之の出自や開教の意義を述べたもの。

⑷金毘羅大権現（事実上の主神）の由来や釈迦に関する故事、さらに在来仏教諸宗祖の故事やその他の神々の由来、民俗行事の由来などについて述べたもの（この場合、由来や故事には固有の解釈が加えられていることが多い）。

⑸現世における人間の活動を支配しているとされる「魔道」というデーモンについて述べたもの。

⑹固有の創造神話について述べたもの。

⑺歴史上の人間は、すべて、そのままでは救済されがたい「三界万霊《さんがいばんれい》」であるとし、その「三界万霊」の救済について述べたもの。

⑻来世での人間のあり方を、地獄・極楽の観念などとともに述べたもの。

⑼信者たちの信仰態度について述べたもの。

⑽当時の如来教に対して加えられた弾圧をめぐり、それへの対処について述べたもの。


なお、一篇の内容はしばしば二つ以上の類型にわたっている。また⑽以外の類型は、ある一時期に集中して取り上げられているというよりも、むしろ年中行事的に語られている場合が多い。さらに(2)から(8)の類型は、しばしば長い説話や物語のような体裁で語られている。それらの事実から、旧著に筆者は、『お経様』が膨大な文献になった理由の一端は話題の反復性とコスモロジカルな話の展開にある、との見解を掲げたのである。

『お経様』諸篇に関する二度目の概観の試みは、『如来教・一尊教団関係史料集成』の刊行時点であった。すなわち、その第一巻の解説第一章で筆者は、『お経様』諸篇には、神憑り状態で語られた教祖の説教のほかに、説教の場に集った信者たちが教祖に投げかけたさまざまな願いや伺いと、それらに対する神仏の回答（教祖の口を通じて答えられた内容）も同時に記録されていること、その意味で『お経様』は、説教の座における教祖と信者との応答の記録として捉えるべき文献であることを指摘した。また同時に筆者は、記録対象となったその説教の座は早くから「御日待」と呼ばれていた事情があるため[(2)]、今日のわれわれが『お経様』に接するさいにもっとも適切で有益な視点は、教祖と信者たちが「日待」の場（日待空間）で展開した応答の記録としてこの文献を捉えてゆくことだ、との仮説を掲げた。そして、その仮説のもとに『お経様』諸篇の内容を分析する方針を採ったのである。その『史料集成』第一巻の解説の段階で、筆者はむしろ、「日待」の記録であること自体が『お経様』の膨大さをもたらした最大の要因だ、との認識を新たにしたと言ってよいだろう。

ところで本書では、序章に記したように、『御由緒』や『お経様』諸篇の記事を本質的に物語として捉える立場から、それらを年代記的に追究するのみならず、とくに教祖の思想形成の原点などは、記事の成立年代を超えて探索する手法を試みている。しかし、諸篇の成立に関する編年的な情報は、やはり『お経様』の全貌を捉えるには有用であり、欠かせないものである。そこで以下の本節では、「日待」が如来教の宗教活動の代表的な形態として定着していった事情、『お経様』諸篇の編年的成立状況（「日待」の編年的開催状況）、「日待」の場における応答の中心的な主題とその歴史的背景、という三点から、『お経様』諸篇の編年的傾向をあらためてまとめておきたい。

2 「日待」という活動形態の定着

既述のように教祖喜之は、享和二年（一八〇二）八月十一日にはじめて神憑りを経験した。そして文政九年（一八二六）五月二日、数え年七十一歳で生涯を閉じたのだが、その間の足かけ二五年間に、喜之はおそらく数百回を優に上まわる神憑りを経験したと考えられる。『お経様』諸篇は、その神憑りのさいに喜之の口から語られたことがらや、その場での人々との応答を四半世紀にわたって記録した文献であり、今日では文化元年（一八〇四）正月十六日の篇（史料番号M一。以下、史料番号はM〇〇と表記する。[3]なお、月日の掲出に意味が薄い場合には、煩を避けて年と史料番号だけを掲げることがある）から、喜之の入滅の前夜に当たる文政九年五月一日の篇（M二四八）までの編年順の諸篇と、成立年月日が不詳（未詳）の諸篇の、合計約二五〇篇が公開されている。

神憑りをする喜之のもとへ人々が集った目的は、とくに初期には病気治し願いが圧倒的に多かったとみられ、そのことは、教祖伝『御由緒』（清水本）末尾の享和三年（一八〇三）八月の記事に、「病人によそへて（ことよせての意）」喜之が金毘羅大権現の話を人々に語っていったと記されていることによく表れている。そして、「日待」という活動形態が定着する以前に、そうした病気治しを中心とする伝道が個別的な「代参」や「取次」の形で行われていたことは、初期における代表的な篤信者、御器所村の彦左衛門や名古屋禰宜町の油屋金蔵の事例から確認できる。

そのうち彦左衛門は、先述のとおり、教祖伝『御由緒』の末尾に登場する人物（『御由緒』の編纂者と推定できる清水屋彦左衛門の父）で、記事内容が享和三年ごろのものと推定できる史料番号M二五二の『お経様』[4]には、彼が腹痛をたすけられた経緯が次のように記されている。

御器所村吉蔵女房、去年、稲穂にて目を突《つき》、片目なし。姉の進（勧）めに依《よつ》て御祈誓《きせい》を懸《かけ》、信心の徳に依て、仏〔ママ。意味未詳〕、うみつぶれたる眼速《すみやか》に開く。「我《わが》（汝）目は直らぬ眼なれども、姉が信心に依て直し取する。是より姉を親と致し、朝晩拝をせよ」と仰られ、代参に参る人は同村彦左衛門と申者、眼病の代参致す中《うち》に、我《わが》腹痛、ぶつのやうなる煩《わづらひ》（患）、いつとなく病《やまい》退《しりぞ》く。（傍線引用者）

すなわち彦左衛門は、自らの腹痛平癒を願って教祖に縋り、同じ御器所村の「吉蔵女房」の眼病平癒の「代参」をするうちに、自らの持病を救われたのである。

一方、同様に最初期から入信していたとみられる油屋金蔵は、名古屋城下の下町に属する禰宜町で「七軒間口の大店」を営んでいたという人物である。[5] 文化二年（一八〇五）の『お経様』諸篇（M六、M七、M八、M一〇）には、同業の油屋彦兵衛の娘をはじめ、何人もの病人の平癒願いを金蔵が取り次いでいた様子が記録されており、それらの記事は、当時、同人がもっとも熱心に布教活動に取り組んだ者の一人だったことを窺わせている。[6]

右の彦左衛門と金蔵の事例にみられるように、初期の如来教信者たちは、諸々の民俗宗教（大峰講や金毘羅講等）でもよく見られた「代参」や「取次」という布教形態を採っていたことが明らかで、それらの布教形態はもちろんその後も続けられていったと推察できる。しかし、公開されている『お経様』諸篇が文化二年から急増することを考慮すると、教祖に救いを求める人が増加するにつれて、教祖や信者の自宅に人々を集めて「日待」を催す形態が、しだいに活動の主流になっていったとみてよいと考えられる。

本来、「日待」とは、前夜から潔斎して寝ずに日の出を待って拝む民俗行事を指す用語だが、江戸時代後期には、翌朝の日の出を待たずに散会する場合でも、何らかの宗教的な動機のもとに人々が参集する機会が「日待」と呼ばれるようになっていた。[7] しばしば慰霊の要素も含んで行われていたその「日待」は、ある種の非日常性を具えた、それ

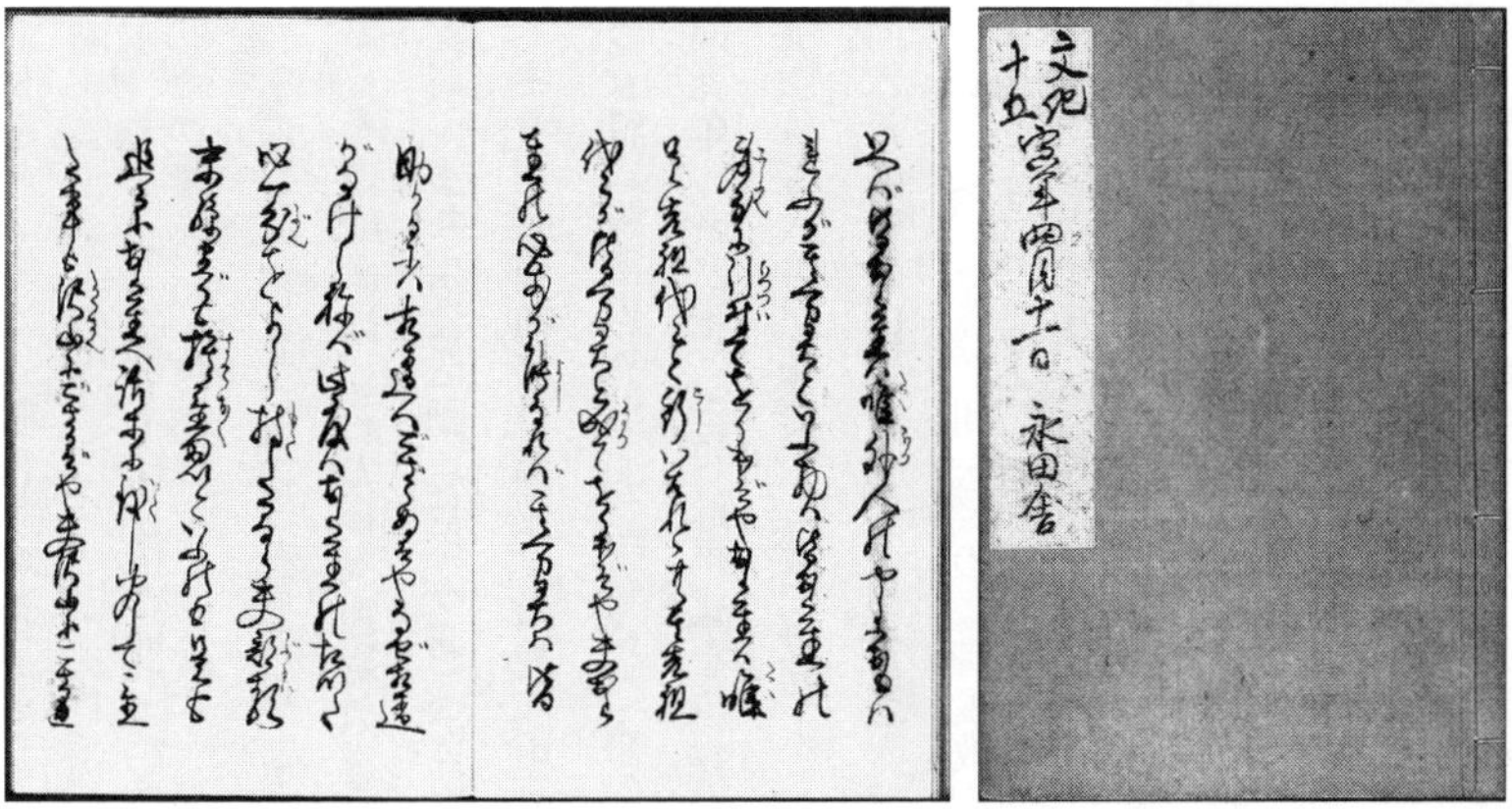

図4　『お経様』の表紙と本文

図は「文化十五＝文政元寅年四月十一日　永田舎《ながたのやどり》」（M195）の写真。本文には，子孫に菩提を祀られている霊も「万霊《ばんれい》〔未成仏霊〕」になっており，それを救うには信者たちの「心前《こころまえ》」を直すことが不可欠だとする，「三界《さんがい》万霊」救済に関する教説が説かれている（第四章第一節参照）。

でいてとくに珍しくはない集会の場として受けとめられていたらしい。如来教の「日待」は、そうした民俗的な伝統を独自に発展させたものとして理解することができる。

そうした如来教の「日待」に関しては、喜之の神憑りが、かなり早い段階から、基本的には信者たちの求めに応じて行われていったという事実がとくに重要である。『お経様』の写本には、説教が実施された年月日と会場を記した表紙題箋が貼られているのが通例で、その記事には喜之の自宅を意味する「御本元《ごほんもと》」のほか、「大工籐八宅《だいくとうはちたく》」「青木舎《あおきのやどり》」などの信者の自宅を表すものが含まれている。そしてそうした説教会場は、文化三年（一八〇六）ごろまでは「御本元」が過半数を占めるのに対して、その後は信者の自宅が占める割合が急速に高くなってゆく。そこには、一人の信者が教祖を自宅に招待し、他の信者や未信者がそこに集って教祖の説教を聴聞するという、「日待」の形態が定着してゆく様子を確認できよう。文化三年の月日不詳の『お経様』（M二七B）には、尾張藩士の稲垣庄兵衛（禄高一〇〇石。馬廻組）が、三〇〇名ちかい信者や未信者を自宅に集めて「日待」を催した様子が記録されているのだが、それは右のような「日待」の形態の定着を表す典型的な事例だと言えよう。[8]

3 「日待空間」の盛衰

『お経様』の年次別成立篇数は、教祖喜之が神憑り状態で行った説教の年次別実施回数と基本的に等しい関係にある。そこで次に、その年次別篇数を表にして掲げ（表3）、その数字にもとづいて各時期における「日待」の開催状況、つまり宗教活動（日待空間）の活発さの度合いを確認してみよう。

まず、昭和初年以降成立の教団史料（先述）によると、『お経様』の筆録は、『御由緒』にも名前が見えるりかという女性（喜之の従妹）が当初は一人で担っていたらしく、そのりかが文化七年（一八一〇）に没したことが契機となり、同九年（一八一二）には正式な筆録者集団である「御綴り連」が成立したという。[9] つまり、文化九年以降、『お経様』は五人の尾張藩士（速記役四人と記憶役一人）からなる「御綴り連」によって筆録する態勢が固められたのだが、同八年以前には、そうした筆録態勢は未整備だったわけである。

表3は、一尊教団所蔵の『御説教御目録』などをもとに、現在、存在が確認できる編年順の『お経様』について、その年次別篇数（「年次別伝存篇数」欄参照）と、実際に公開されていて『如来教・一尊教団関係史料集成』全四巻にその翻刻文を収載している篇数（「収載篇数」欄参照）、未公開＝所在未確認の篇数（「未収載篇数」欄参照）などを一覧表にまとめてみたものである。とくに表のいちばん右側の「3か月以上にわたる『お経様』の不伝存期間」欄は、三か月以上にわたって編年順の『お経様』が伝えられていない場合、その不伝存期間を具体的に表しているのだが、筆者はかねて、そうした不伝存期間の有無を最大の指標として、「御口開き」から教祖の入滅にいたる「教祖在世時代の時期区分」を立てている（表3左端の「時期区分」欄および序章の第四節を参照）。なお、表3左から二つめの「収載

表3　『お経様』編年順諸篇の年次別篇数

時期区分		収載巻	年次	西暦	干支	年次中小区分	年次別伝存篇数	同左内訳	収載篇数	未収載篇数	3か月以上にわたる『お経様』の不伝存期間
第Ⅰ期	如来教の成立期	第一巻	文化元	1804	甲子		1		1	0	1月17日～翌年2月6日
			文化2	1805	乙丑		16		13	3	5月29日～11月3日
			文化3	1806	丙寅		13		8	5	5月21日～11月22日
			文化4	1807	丁卯		9		8	1	4月17日～11月6日
			文化5	1808	戊辰		6		3	3	4月21日～翌年2月3日
			文化6	1809	己巳		8		8	0	5月26日～9月15日
			文化7	1810	庚午		4		2	2	2月29日～9月4日および11月21日～翌年9月11日
			文化8	1811	辛未		2		0	2	9月13日～12月18日
第Ⅱ期	如来教の確立期		文化9	1812	壬申		17		16	1	
			文化10	1813	癸酉		25		21	4	
		第二巻	文化11	1814	甲戌		37		32	5	
			文化12	1815	乙亥		25		22	3	
			文化13	1816	丙子	～閏8月7日	16	7	7	0	4月13日～閏8月7日
第Ⅲ期	如来教の成熟期	第三巻				閏8月8日～		9	8	1	
			文化14	1817	丁丑		16		16	0	
			文政元	1818	戊寅		19		14	5	
			文政2	1819	己卯		16		15	1	
			文政3	1820	丙辰	～4月14日	10	4	4	0	5月3日～翌年4月11日
第Ⅳ期	教祖喜之の晩年	第四巻				4月15日～		6	3	3	
			文政4	1821	丁巳		2		2	0	5月1日～翌年2月12日
			文政5	1822	戊午		5		5	0	2月12日～9月29日
			文政6	1823	己未		6		3	3	6月19日～翌年2月7日
			文政7	1824	庚申		2		2	0	4月22日～翌年8月19日
			文政8	1825	辛酉		2		1	1	8月21日～翌年4月晦日
			文政9	1826	壬戌		1		1	0	
		合計					258		215	43	

巻」欄は『史料集成』における各年次の収載巻を表している。

教祖喜之の説教活動の状況、換言すれば「日待」の開催頻度について、表3から直ちに読み取れるのは、如来教の「日待」がもっとも安定的に開催され続けたのは、《第Ⅱ期》から《第Ⅲ期》にかけてのおよそ八年あまりだということである。すなわち、《第Ⅱ期》のはじまりあたりに「御綴り連」の事実上の成立があり、後述するように《第Ⅲ期》は、文政三年（一八二〇）四月、如来教に対する尾張藩によるはじめての本格的な統制（教祖喜之と覚善の寺社方への喚問）によって終わるのだが、その間には毎年一〇回以上の「日待」が開催されている。とくに開催回数が多く最盛期だと言えるのは《第Ⅱ期》のうち文化九年から同十二年にかけてで、ことに文化十一年は年単位で最多の合計三七篇が成立していることを確認できる。そうした「日待」の活発な開催に加えて、信者数の定着・拡大や、宗教思想の基幹的な部分の形成などが認められることから、筆者はその《第Ⅱ期》を《如来教の確立期》と位置づけている。なおその時期には、最後の文化十三年（一八一六）に三か月以上にわたる『お経様』の不伝存期間が一回だけ存在するが、それは後述するように、一部の信者の信仰姿勢を批判して、教祖喜之が説教活動の中断を宣言したことによるものである。

その約六か月にわたる中断期間の後、文化十三年閏八月に教祖の説教活動（「日待」の開催）が再開された《第Ⅲ期》には、《第Ⅱ期》に比べれば「日待」の開催回数はやや少ないものの、毎年一〇回以上「日待」が開催されたという事実のほか、およそ次のような特徴あるできごとが起こっている。すなわちその一つは、江戸の金毘羅講中（一般的な金毘羅信仰の講社の一つ）が如来教に合流（集団的入信）し、そのことが説教活動の再開・推進に大きなきっかけを作ったことで、その合流は、以後、如来教の教勢が関東方面に広まる端緒となった。またこの時期は、如来教の宗教思想がもっとも深化を遂げた時期に相当しており、とくにその後半期には、教祖喜之が接していた人々に不条理な現実が相次いで生じたことなどから、教祖の教説における終末意識が急速な切迫を示している。そうした諸事実を確認できることから、筆者はこの時期を《如来教の成熟期》と位置づけている。

なお、取り上げ方が前後したが、文化八年（一八一一）までの《第Ⅰ期》について言えば、表3に明らかなとおり、実はこの時期にもかなりの篇数の『お経様』が成立している。しかし、同じ表から知られるように、この時期には毎年「3か月以上にわたる『お経様』の不伝存期間」があることも大きな特徴となっている。「御綴り連」による筆録態勢が整っていなかったこの時期の諸篇には、《第Ⅱ期》以降のそれとはやや異なって、個人的な諸願に応じた内容が比較的多いのが特徴の一つだが、記録されなかった説教が多数存在した形跡は確認できない。むしろ諸篇の記事に見られるのは、覚善その他の周囲の人々の信仰態度に教祖が不満をもっていたために、しばしば説教活動が中断されていたらしい様子である。そうした意味で《第Ⅰ期》は、「日待」の継続的開催がまだ安定しなかった時期ではあるが、その継続が模索されていた《如来教の成立期》として位置づけることができよう。

その一方、文政三年（一八二〇）四月以降の《第Ⅳ期》にも、毎年「3か月以上にわたる『お経様』の不伝存期間」がある。それはもとより尾張藩が如来教に統制を加えた結果なのだが、この時期の『お経様』の表紙題箋には尾張藩士の自宅を表す記事が見られなくなり、彼らが説教会場の提供を自粛するようになったことを窺わせている。この時期の『お経様』には、江戸・関東方面からの来訪者があった場合などに密かに実施されたことを記した篇も含まれており、「日待」の開催回数は年に数回以下であることが特徴である。ただし、この時期に教祖喜之は、訪れた少数の信者たちと、神憑りしないままの対話を行っていたことが、後述する教団史料『文政年中おはなし』の伝存から明らかで、そのことと併せて、「日待空間」は喜之の入滅までかろうじてその命脈を保ったことになろう。なおこの《第Ⅳ期》を筆者は、《教祖喜之の晩年》と位置づけている。

4　「日待空間」の中心主題――家族の安定的な構成如何

それでは、教祖在世時代におおむね四半世紀にわたって実在した「日待空間」では、どのような問題に関する応答が交わされていただろうか。ここではひとまず、人々が日常生活に直接関係して寄せた願いや伺いの内容から、「日待空間」の中心的な主題とはどのようなものだったのかを追究してみよう。そこで、日常生活に関わって寄せられた願いや伺いを、諸篇の末尾に記録された応答に求めてみると、それらは主に、病気治し、死者への追善、跡目相続、行方不明者（家出人や破船事故等による不明者）の探索、縁談、建築、家宅の移転、井戸掘り、各種の災害（火災、地震、流行病等）からの救済、などからなっていたことがわかる[10]。そして、そうした諸願中もっとも件数が多いのが病気治し願いで、死者への追善願いがそれに次いでいる。

もっとも件数の多い病気治し願いの実例を挙げると、たとえば、開教から間もない文化元年（一八〇四）の記録と推定される『お経様』（「大高村林左衛門眼病御願」M二五三）には、「知多郡大高村林左衛門、ひつ（湿）眼にて久敷《ひさしく》見へず。此節御祈誓懸《きせいかけ》、程なく全快。昔のごとく明《あきら》かに相成《あいなる》。其外《そのほか》、てんかん、乱心、医師の持扱《もちあつか》ふ病人、子年《ねどし》〔文化元年か〕一ケ年、一万弐千二百七十三人全快。いざり同様なる病人、信心に依て即座に直る」という記事がある。一年間に一万二〇〇〇人以上が全快したという数字には若干疑問の余地もあるが、ともかくここには、眼病、てんかん、乱心、医師に見放された者、歩行困難な者などが喜之に救いを求め、短期間で平癒していたことが記録されている。また、「日待」の開催回数が急増し、如来教が《確立期》を迎える文化九年（一八一二）、十年ごろの『お経様』諸篇にも、瘧《おこり》、頭痛、癪《しゃく》、徘徊癖、瘡毒（梅毒）、乱心、眼病、疱瘡などの事例が認められ[11]、病気治し願いが多かった様子はそこにもよく表れている。

しかし、そこでとくに注意を要するのは、『お経様』に記録されている病気は、今日的な意味における疾病、つまり病原や治療法がかなり明確な個人的な患いとしては、決して捉えられていないということである。『お経様』諸篇では、右のような病名が明記されている例は実はあまり多くないのであり、病気治し願いは、単に誰々の父、母、妻、息子などの「病気御願」とか、誰々引き受けの「病人御願」といった形で記されていることが多い。そしてそれらのなかには、病名を問題にするよりも、むしろ治るかどうかを問いかけているものが多く、さらには死なないかどうかを熱心に問うている例も少なくない。つまり、病名を明らかにできれば治療法にも自ずと辿り着ける、と考えるのはきわめて近代的な病気観であるのに対して、『お経様』諸篇で語られている病気は、多くの場合、かなりの重病か、快復の見込みがほとんどない事例なのである。そこには、明日の生命や生活の継続が根底から脅かされている人々の様子を読みとることができよう。第一章で見た、教祖喜之が最後に奉公した石河主水邦命や、「中気半身の病」をいったんはたすけられて間もなく没した富永内左衛門は、そうした重病者の典型であるが、教祖喜之に説教会場を提供した尾張藩士や職人、商人などのほとんども、実は、ほぼ同様な意味における本人や縁者の病気をきっかけに、救いを求めて喜之に縋るようになったと言える。

そうした事実を確認するとき、先に挙げた人々の諸願は、決して相互に無関係な別々の願いだったのではないことに気づく。すなわち、病気治し願いに次いで死者への追善願いが多い背景には、序章でもふれたように、縁者その他の霊が未成仏状態にあると、遺族や人間一般に禍がもたらされるという観念が、当時の人々の間に広く浸透していたという事実があるのであり、その意味で死者への追善願いは病気治し願いと密接な関係にある場合が多い。そして、さらに広い視野から考えてみると、病気治し、死者への追善、跡目相続、行方不明者の探索、縁談などの願いには、いずれも家族の安定的な構成如何という問題に関わる願いだという共通点を見出すことができる。したがって、これらの諸願が件数の大半を占めている事実を考慮すれば、家族の安定的な構成如何という問題こそが、まさに「日待空間」の中心主題だったと言えるのである。

なお、建築、家宅の移転、井戸掘りといった願いは、より身近な、日常生活上の決断・判断を教祖に仰ぐものであり、病気治しや死者への追善に比べれば件数自体は相対的に少ないものの、その種の願いや窺いも多くの信者たちが寄せていたに違いない。また、後述するように、喜之の説教では、人々に「定《さだめ》」を付けることを強く促す発言が繰り返されているのだが、そのことは、人々の願望のかなりの部分が、何らかの現実的な決断・判断を教祖に求めるものだったことを表している。したがって病気治し願いの件数の多さにも、実は、人々にとってそうした決断・判断が困難で、その困難さが身体的な煩いの形で現れたという事情の存在をも考慮すべきなのだろう。そこで次に、家族の安定的な構成如何という問題が「日待空間」の中心主題となった歴史的背景について考察しておこう。

5　中心主題の歴史的背景

きわめて大まかに言えば、その背景とは、如来教が創唱されて宗教活動が展開されていった時期が、社会階層を超えて家族形成の進む時代だったからだということになろう。そうした歴史的背景を典型的に表す例として、おそらくは農業の経営に行き詰まり、小商いを採り入れた家業に転換していった、知多郡緒川村の久米利七の場合を挙げることができるが、同人とその一族の動向については第三章と第四章で詳しくふれる。そこでここでは、教祖の晩年に成立した教団史料『文政年中おはなし』（『史料集成』第四巻に収載）に記録されている、これも典型的な事例を取り上げておこう。『文政年中おはなし』は、文政三年（一八二〇）、尾張藩がはじめて如来教に本格的な統制を加えた後、教祖喜之による説教の実施が困難になるなか、名古屋近郊の愛知郡御器所村新川（現、名古屋市昭和区鶴舞）へ隠居した教祖のもとを（個人または小集団で）訪れた人々を相手に、神憑りしないままで喜之が語った談話ないし対話の内容を記録した史料である。そのうち、信者と教祖とが対照的な子ども観をもっていた様子を記した複数の記事は、家族の安定的な構成如何が「日待空間」の中心主題となった歴史的背景をよく伝えている点で、とくに注目される。

まず『文政年中おはなし』のC12節には、娘を失った武家の婦人が、孝行な娘だったので忘れられないと語るのに対して、いつまでも娘の死を嘆いていてはその亡魂も残された親も「成仏」できない、親に執着を残す子どもは「大不孝者」だ、と教祖が答えている様子が記されている。しかもそこには、「先日も、神様の仰られるには、『憎い子も敵《かたき》、又可愛子も敵。其憎《にくう》も可愛もないのが、本途《ほんと》の、我にお授《さずけ》の子』と仰《おおせ》られ升《まし》た」という教祖の言葉が書き添えられており、子どもとは神から授けられるもの（ないしは預けられるもの）で、特別に憎かったり、特別に可愛かったりする子どもは「成仏」には「敵《かたき》」だとする神の意思が、その武家の婦人に向けて伝えられているのである。

また同じくC3節には、教祖伝『御由緒』の編者だと推定できる御器所村の彦左衛門が、七歳の息子の一〇年後が楽しみだと語るのに応えて、教祖喜之が、神からの「おあずかりの物」である子どもの成長を期待するばかりでは、万一その子の命が神に「引取」られた場合に対処することができず、当の彦左衛門も「成仏」できなくなると述べた様子が記されている。そしてそれに続くC4節には、「先日も、神様の御詞《おことば》に、『やい、子児人《こしひと》〔こどもの意〕め――』と仰られ升た。金銀と子児人は後世の妨《さまたげ》でござる。邪魔なものでござり升」という教祖の発言が記録されているのである。

右のようなやり取りのうち、信者側の発言に顕著なのは、子どもの成長や成人を見守りながら生涯を生きることに意味や価値がある、とする価値意識である。つまり、C3節の彦左衛門の例では、当時、教祖の身辺を世話していた同人が、一〇年後にも息子が成長し続けていることを疑わずに期待しており、C12節の例では、娘の成長が突然に途切れることをまったく予期しなかった武家の婦人が、娘の急死を受け容れられずにいる。彦左衛門は息子を失ってはいないが、両者に共通しているのは、子どもとの共生の永続を願う価値意識なのである。それに対し、教祖の回答には、「家族の安定的な構成の確保」を自己目的にすべきではないという趣旨と、子どもへの偏愛や執着は「成仏」を妨げるという趣旨のメッセージが含まれていることが明らかだろう。

対照的な子ども観の実態がおよそ右のようなものだとすると、それでは教祖の回答内容は、信者らにとってどのような意味をもっていたのだろうか。

「家族の安定的構成の確保」を焦点とする諸願が信者たちから熱心に寄せられた基本的な背景は、尾張藩社会が大きな変動期・転換期を迎えていた状況のもとで、多くの人々が新たな営業や役向きに、後継者を確保して対応しようとしていたからだ、と解することができよう。安丸良夫が指摘したように、この時代の商業や手工業、農業などは、いずれも「家」という経営体を単位として営まれるものだった(12)から、その経営体の人的構成がうまく確保できないことは、諸願の不成就に直接的に結びついていたのであり、それは藩士層の場合も事情はほぼ同様だった。そのような客観的状況があったことを考慮すれば、教祖喜之は、子どもの成長や成人を大前提とする価値意識にはとらわれない生き方を、人々に示そうとしていたとしてよいであろう。またそのことは、当時の信者たちからも期待されていたのだと考えられる。何らかの不条理な現実を抱え込むような事態は、当時の信者たちの身辺には、決して珍しいことではなかったからである。

なお、後述するように教祖喜之は、文化十年（一八〇三）から翌年にかけて、一尾張藩士の息子の病気平癒を祈願する「日待」の開催に熱心に取り組んだのであり、そのことは、子どもの成長や成人をめぐる人々の願望を、教祖が否定的に捉えてばかりはいなかったことを表している。しかし教祖喜之は、右のような時代の価値意識がひとり歩きしてイデオロギー化してゆくことを、何より退けようとしていたのだと受けとめてよいだろう。『文政年中おはなし』に次のような対話内容が記録されていることは、そのことをよく表していると言えよう。すなわち同史料のC38節では、多くの子どもに先立たれ、しかも長患いで手足に不自由を抱えたまま世を去った一女性信者について、別の一信者が、さぞや「後世」で成仏できていないだろうと教祖に問いかけている。それに対し教祖喜之は、「追々御修行が出来てお出《いで》る」という理由を挙げながら、「こちらのおもふほどの御難渋はござりますまい」と、むしろ正反対にちかい人物評価を語っているのである。

このように見て来ると、一見対照的な信者と教祖の子ども観は、前者が、この時代に叶えられる可能性が高まった「家族の安定的な構成」を確保することへの人々の願望を表しているのに対して、後者は、そうした願望（価値意識）に含まれる危うさや、遭遇のおそれがある不条理に対処しようとしたものであることが明らかだろう。したがって両者の対照性は、対立的な関係にあったというよりも、むしろ信者たちが自前では思いいたれない方向性を教祖が代わって提示する関係になっていた、と考えられるのである。

二　成立期における応答を通じた教説の展開

1　本節で取り上げる主な応答

「日待空間」における応答を主要な契機としつつ、明確な筋道をもつ宗教思想が本格的に形成されてゆくのは《確立期＝第Ⅱ期》以降のことになるが、《成立期＝第Ⅰ期》の『お経様』諸篇にも社会とのやり取りを契機とする教説の展開はすでに認められる。そこでここでは、文化初年の『お経様』諸篇を主な素材としながら、初期の教説はどのように生み出されているのかを明らかにしてみよう。そのさい、教祖喜之の神憑りと出自の正統性および基本的な神学をめぐる教説を、最初に展開された一連の教説としてまず取り上げる。次いで金毘羅大権現が事実上の主神であることに関連して、近世後期における金毘羅信仰の社会的発展と如来教の成立との相互関係を概観する。そして最後に、開教の初期から信者と教祖が共有していた生者と死者の関係をめぐる意識様態を取り上げ、《確立期》以降、その様態を前提としつつ固有の救済思想形成が本格化する事情を展望しておきたい。

2 教祖と主神をめぐる社会との応答

初期の『お経様』諸篇の大きな特徴は、利益に与ろうとする未信者や論難に訪れる者たちに対して、喜之の神憑りと出自の正統性が繰り返し主張されていることにある。今日公開されている最古の篇である文化元年（一八〇四）正月十六日の篇（M一）や、同三年二月十三日の篇（M一七）、同四年三月三日の篇（M三二）には、そうした特徴がよく表れているので、まず、それら三篇に共通する教説の大意を次に掲げてみよう。

かつて釈迦（＝如来の直接の化身）は、仏法が薄くなって世が末になったことを嘆き、すでに「能所《よいところ》〔極楽〕」にあった喜之を「娑婆」へ追い返してその身体に神仏を天降らせ、人間の終極的な救済を実現しようと考えた。そのため、まず喜之を先にこの世に出生させて、時節が至るのを待たせることにした。そしてそのさい、重要な役割を帯びた喜之のことでもあるので、本来、「天下禁裏」へも生まれさせるべきところを、金毘羅大権現の意見によって、貧しい親のもとへ出生させた。金毘羅によれば、喜之に貧しい親取りをさせてさまざまな難儀、苦行を味わわせ、真に如来のありがたさを承知させたうえでなければ諸人の救済はできない、というのである。その後、天照皇太神（伊勢神宮）がまず喜之に天降るはずであったが、喜之が中年になっても天降る様子がない。

それは天照皇太神が、喜之に天降ることについて、「日本に有ふずる人々が『伊勢太神宮』と敬ひ奉る此方《このほう》なれば、此方の名がすたるでいやでござる」と思っていたからであった。そしてまた他の神仏も、まだ「娑婆」には悪い心の人間が多いから、もう少し時節を待とうと言って、喜之に天降ることに消極的だった。そこで金毘羅大権現は、「娑婆」には悪人ばかりがいるからこそいま救済しなければならないとし、如来の心を休める者は自分しかないとして喜之に天降った。

ここには、釈迦（釈迦如来）、金毘羅大権現、天照皇太神（伊勢神宮）などの神仏、および教祖喜之に関わる教説が展開されているのだが、この時期に右のような教説展開が繰り返されたことはおよそ二つの点から注目すべきだろう。その一つは、喜之が接する人々の中に、神憑りの真実性を疑う者がまだ多かったという事情である。「御口開き」後の約一年を要して、喜之が覚善をはじめとする周囲の人々とさまざまな応答を展開し、神憑りの正統性を人々に認めさせていったことはすでにふれたとおりだが、右の要約からは、そうした喜之と地域住民との応答が、もはや不特定の聴衆を想定した応答に変貌してきていることを確認できよう。

また右の要約は、教祖喜之の出自と神学に関する固有の教説が形成されてゆく様子を表している点からも、もちろん注目される。とくに注目されるのは、金毘羅大権現に対する固有の性格づけがなされている点と、既存の民俗宗教ではあまり明確でなかった人間救済というトータルな問題が取り上げられている点である。すなわち先の要約では、金毘羅大権現が実際に済度を施す神として位置づけられ、他の諸神仏に比べて圧倒的に決断力に勝る神だとされているることが明らかだろう。しかも、貧しい出自をもつ喜之が人間救済の使命を負ったのは、その金毘羅大権現の決断によるとされ、他方、そうした決断ができなかった神々の筆頭に、伊勢神宮が挙げられているのである。

そこで、なぜそのような神学が形成されたのかを問わねばならないが、それは基本的には、幼少時に親兄弟と死別して長い苦労を重ねた前半生と、そうした経歴をもつ喜之が諸人済度を語ることとの間には大きなギャップがあり、それを埋めるためにはとりわけ威力ある神が必要だった、という事情に由来するだろう。そしてそのさい、喜之の身辺では、急速な流行を遂げつつある金毘羅信仰の主神金毘羅大権現こそがそうした神にもっともふさわしかったのに対して、伊勢神宮（天照大神）は、日常的には伊勢講という組織を通じて信仰される半ば閉鎖的な神であり、多様な庶民信仰を包摂してそれぞれに位置を与えるような性格はほとんど期待できなかったからだ、と推察することができよう。総じて如来教の神学は、右のような金毘羅大権現を事実上の主神に据えながら、この時代に信仰されていた多様な神仏に位置づけを与えつつ形成されてゆくのであり、その初期における大きな特徴は、とりわけ伊勢神宮に優越する金毘羅神の威力の強調にあると言えるのである。

なお、文化二年（一八〇五）の『お経様』（M九）には、神代における人間は、神の言葉によっていとも簡単に作られたのが真実で、決して男女の性的な結びつきによって生まれたのではない、それゆえ「書物」に記されているイザナギ・イザナミの交接をめぐる物語は神代の真相を伝えていないという趣旨の、如来教固有の人間創造神話が語り出されており、そこには明らかに、記紀神話に対する批判が含まれている。また、文化三年の『お経様』（M一六）には、神代の終了以来、人間は、妊娠そのものも、出生にいたる母体内での一〇か月の過程も、すべて「魔道」というデーモンの世話になっている、それゆえ出生後は迷うことが多く、神代に作られたようなよい人間はこの世には一人も存在しない、という趣旨が述べられている。そして、そうした両篇の内容は、《確立期》以降には一つに結びつけられ、伊勢神宮は、神代における人間創造の後、神々が天上へ引き上げて不在となった地上の支配と新たな人間の製作を、「魔道」の手に委ねてしまった神として位置づけられていくのである。

3　金毘羅信仰の社会的発展と如来教

ところで、金毘羅信仰の流行と如来教の成立・展開との関係については、次章以下で何度か論及することになる。そこでここでは、近世期における金毘羅信仰の社会的発展と如来教の成立との一般的な関係にかぎってその間の問題を概観しておこう。[13]

まず金毘羅信仰は、日本の近世社会において、およそ十八世紀以降に急速に発展した信仰の一つであり、富士信仰や成田不動信仰などと並ぶ、民俗宗教（遠隔地霊場信仰）の一形態であった。[14]通常、讃岐国那賀郡の象頭山金毘羅大権現（別当、真言宗松尾寺金光院）を本宗とする信仰を指すが、阿波国の宝珠山箸蔵寺が古くからその奥の院を称していたことは有名で、象頭山別当の金光院が「日本一社」を主張して一切の勧請を認めないなか、[15]金毘羅大権現を奉祭していると称するさまざまな宗教施設が年を追うごとに各地に簇生していった。それに対し金光院は、それらを象頭山とは無縁の「贋開帳」（私祭）であるとして、各地の領主に取り締まりを依頼していたが、その徹底はむずかしく、象頭山（金光院）による統制は金毘羅信仰流行の末端にはとうてい及ばなかった。

近世期に伊勢信仰に次ぐ規模の講組織を発達させたと言われる金毘羅信仰は、瀬戸内の海上交通の発達にともなって、およそ十八世紀後半からその流行が急速に拡大しはじめ、京・大坂では明和期ごろ（一七六〇〜七〇年代）から、江戸では天明・寛政期ごろ（一七八〇〜九〇年代）から流行が顕著化し、十九世紀の化政期から天保期（およそ一八〇〇〜三〇年代）にかけて、さらに本格的な流行が全国化していった。なお、そうした急速な流行は、金毘羅道者と呼ばれる布教者の登場と彼らによる多様な霊験の喧伝のほか、神職らも加わった各地への金毘羅神の奉祭などによって担われていたとみられるが、他方、金毘羅信仰には、三都をはじめとする大都市を中心に広まった性格も顕著だった。

江戸における金毘羅信仰の流行は、大名屋敷への金毘羅神の奉祭を機に広まったと早くから言われており、とくに高松・丸亀両藩邸に祀られた金毘羅神への参詣許可が糸口になったと見られている[16]。また近年、大坂でもほぼ同様の事情があったことが明らかにされている[17]。

名古屋を中心とする尾張地方もまた金毘羅信仰が早くから流行したとみられる地域で、名古屋城下一帯には、化政期に「金毘羅巡拝」が成立し、天保期にはそれが「金毘羅大権現巡拝三拾三所」にまで発展していたことが知られている[18]。如来教教祖喜之の自宅に近い熱田旗屋町には、教祖在世当時、後に金毘羅巡拝所一番となった延命院があり、そこにはかねて金毘羅の神像が祀られていたというから、喜之は神憑り以前からその延命院に参っていた可能性が高い。また尾張藩士をはじめ、喜之の信者となった人々のなかにも、如来教への入信以前から、どこかの金毘羅社に参詣していた者が少なくなかったと考えられる。しかしその一方、法華行者覚善をはじめ、教祖喜之に接していた人々の中には、宗派仏教などの既存の信仰に熱心で、新興の神である金毘羅神を容易に受け容れることができない場合も多々あったらしい。そうした状況に対応して、金毘羅大権現をめぐる如来教固有の教説が構築されていった様子については、後続の章で詳述する。

なお、文化十一年（一八一四）に大坂で刊行された『願懸重宝記』[19]には、当時、大坂市中の約一〇か所に金毘羅が祀られていたと記されており、『東都歳事記』[20]には、江戸にも、天保期には一〇〇か所の金毘羅巡拝所が成立していたことが記されている。そして、それらの諸事実からすると、江戸や大坂、名古屋のような幕府や御三家の大城下町では、「贋開帳」を禁止する金毘羅別当金光院の意向は、とうてい貫けていなかったと考えられる。

一般の金毘羅信仰では、十八世紀後半までにいくつかの霊験記が成立しており、その中には、「神威勇猛、金剛の通力」をもち、「世界を統御する王者の如く、慈悲を以て衆生を撫育し、猛威を以て万民を擁護」する存在として金毘羅を描いた『金毘羅神応霊法録』も含まれていた。具体的な接点は不明だが、おそらく教祖喜之は、最初の神憑り以前から、そうした威力ある神、果断な神としての金毘羅大権現のイメージに、強い印象を受けていたのだと考えられる。そして、そうした金毘羅のイメージは、後述するように、やがて喜之の説教の中で、かつての釈迦の済度に随行し、慈悲深いばかりの釈迦に代わって実質的にその済度を施した神、という形で固有の展開を遂げてゆくことになる。

なお、保元元年（一一五六）の保元の乱に敗れて讃岐へ流された崇徳上皇の御霊と金毘羅神とを一体視する説が、十八世紀後半以降、しだいに広まってゆき、ついに明治元年（一八七八）、崇徳院の神霊が京都へ還御するにいたったことは有名な事実である。[21]つまり金毘羅神の威力は、御霊・祟り神の威力でもあったのだが、後述するように、実はいく篇かの『お経様』には、軍記物の『保元物語』が描く崇徳院の御霊と西行との論争を模した場面が語られていることから、教祖喜之の金毘羅イメージには、崇徳院と一体視された祟る神としての金毘羅神が意識されていることは間違いない。なおまた喜之の教説では、文化初年の段階から、讃岐の象頭山には金毘羅大権現は鎮まっておらず、そこには金毘羅の「名代《みようだい》」（または「家守《やもり》」）がいるだけだと述べられており、[22]事実上の主神としての金毘羅大権現の固有の性格は、かなり早くから明確化の道を辿っていたことを確認できる。

4 未成仏霊をめぐる信者との応答——救済思想形成の前提

『お経様』諸篇に広く窺えることがらの一つに、人の生涯は多くの死者たちとともにあるもので、生者と死者は運命をともにするものだ、という感覚が教祖と信者集団に共有されていた様子を挙げることができる。そしてそうした感覚は、民俗学がその存在を指摘している、およそ次のような伝統的な意識構造に根ざすものだったと考えられる。

すなわち、近世から近代にかけての日本の伝統社会では、人の一生は誕生から乳幼児期、少年期、青年期、成人期、老年期を経て肉体の死にいたる生前の人生（顕界）と、死後の霊魂が子孫らによって営まれる年忌供養を重ねて祖霊としての安定を得、子孫らに多くの恵みを与えた後にやがてふたたび肉体をもってこの世に生まれ出る過程（幽界）の両者からなり、その両者が無限に循環するものと捉えられていた、と民俗学は指摘しているのである。[23]

また今日、『お経様』諸篇を通読する者がとくに驚かされることがらに、死があまりにも身近なできごととして語られている、という事実がある。そして、今日的感覚からはなかなか想像しにくいそのような十九世紀初頭の死をめぐる状況は、深谷克己『死者のはたらきと江戸時代』が描く死のありようともほぼ重なっている。[24]すなわち、同書で深谷は、江戸時代には「死は戦国時代よりも、生活者の身近な出来事」になったこと、「同じ屋根の下で、弱ってゆき、息を引き取るまで家人として看取るというのが、江戸時代の常態となった」こと、「幼くして死ぬ、若くして死ぬ、ふとした病で死に至る、難産で母親が死ぬ、というような不安定さの意味でも」「人が死と身近にあった」ことなどを指摘しているのである。『お経様』諸篇に見られる、教祖や信者たちの身辺で日常的に起こっていた人の死は、まさしくそのような近世的特徴を帯びた死だったと言えよう。

第四章で詳述するように、如来教の救済思想は、《確立期＝第Ⅱ期》以降、「三界万霊」または「万霊」の語に、順次、新たな意味づけを与えてゆくことを通じて、先祖供養ないし死者儀礼一般をめぐる当時の社会通念を解体する形で成立してゆく。そこでここでは、そうした救済思想形成の前提となった死者儀礼をめぐる当時の社会通念と、追善に熱心だった如来教信者たちの意識との関係について、あらかじめ検討しておこう。

まず、文化初年における追善願いの例として、同二年（一八〇五）のM六の『お経様』に見える「速水方三回忌精霊追善御願」に注目すると、そこには、尾張藩士の速水が、同日、三回忌にあたる縁者への追善供養を教祖に願ったのに対して、天降った金毘羅大権現が、速水の縁者の霊を見捨てない旨を語った様子が記されている。同様の事例は他のいくつかの篇にも認められるのだが、縁者の霊に対する正式な追善供養は菩提寺で営まれていたのだから、この種の願いは菩提寺と同じ手続きを喜之に期待したものではなかったはずである。だとすれば、それはむしろ、縁者の霊が未成仏状態にあるとこの世の子孫に禍が及ぶという意識に突き動かされて、そうした禍（不幸や不都合）の回避を教祖を介して願って貰おうと（喜之以外には果たせない「神仏」への願いの伝達を）期待したのが、右のような追善願いだったと考えられよう。

実は、『お経様』諸篇に記録されている追善願いはきわめて広範囲に及んでおり、それには、先祖や新たに死亡した肉親、同信者や知人などへの追善願いのほかに、変死者（事故による水死者や自殺者、殺害された者などを含む）や牢死者の成仏如何、動物（現世で動物の姿になったと考えられている霊）の成仏如何、さらには尾張藩歴代藩主や徳川家康、豊臣秀吉や源義朝一族の成仏如何に関する伺いまでが含まれている。(25) それでは、十九世紀初頭という時期に、如来教の信者たちがそれほどにも諸霊の未成仏を恐れていたのはなぜであり、またそうした意識状況には歴史的にどのような意味があると言えるだろうか。

ところで、先祖供養（死者儀礼）をめぐる当時の社会通念は、『お経様』でも言及されている『十王記』（正しくは『十王讃歎抄』）などに説かれている内容とほぼ重なるもので、死者の霊は死後ただちに安定を得ることがなく、その成仏如何は子孫がその霊の追善供養を丁重に営むか否かに大きく関わっている、とするものだった。そのような観念は、亡霊一般に対する人々の素朴な恐れを踏まえて成立したものだが、幕藩制的な宗派仏教（幕藩制仏教）の立場から喧伝されていたのは、むしろ、檀那寺に葬儀や法事の執行を依頼しさえすれば何ら亡霊を恐れる必要はなく、檀家は安心を得られるという筋道だったと考えられる。しかし右のように、『お経様』諸篇には、如来教の開教後間もない時点から、追善願いの伝達を菩提寺の僧侶ではなく教祖喜之に期待している例がいくつも記録されているのであり、そのことは、当時の如来教信者たちが、菩提寺に頼るだけではもはや未成仏の亡霊がもたらす禍は防ぎえない、と受けとめていたことを物語っている。つまり、幕藩制仏教が主張する死者儀礼をめぐる社会通念は、もはや人々に受け容れられないものになっていたわけである。

そもそも右のような社会通念は、寺請制度のイデオロギー的な部分を担っていたものであり、幕藩制的な宗教秩序の中核に位置するものだったはずである。しかし、それにもかかわらず、そうした社会通念が一〇〇年ほどの間に早くも解体に瀕するようになったのには、およそ次のような経緯があったと筆者は考える。すなわち、亡霊の働きを恐れる古くからの民衆意識は、幕藩制仏教の教化によってたしかにいったんは大きく抑圧された。しかし、近世的統一政権の成立にともなって浸透したはずの合理主義が緩み出した十八世紀初頭ごろから、人々の諸願成就の可能性がしだいに社会的な高まりを見せはじめ、同世紀後半ごろからは、諸願の不成就、不幸や不都合との遭遇があるのは亡霊が未成仏状態にあるからだ、とする民衆意識が社会の表面に顕在化していった。そして、先祖供養（死者儀礼）をめぐる先述の社会通念、つまり、死者の霊の成仏如何は子孫がその霊の追善供養を丁重に営むか否かに大きく関わるとする観念は、むしろ、先祖の霊の安定を害する危険性をもつ無縁仏（祀ってくれる縁者のない亡霊）への供養こそ、先祖供養とともに丁重にしなければならない、とする観念にしだいに移行していったと考えられる。

無縁仏への供養（施餓鬼）が必要だとする意識が、先祖供養（死者儀礼）に関する社会通念を解体していったとすると、如来教信者たちが未成仏霊の働きに極端とも言える脅威感を抱いていた事実の由来は、次のようなもう一つの背景からも説明するべきだろう。つまりそれは、十八世紀（とくにその後半）の近世社会では、全国的な飢饉や災害が相次いで多くの人命が失われていたから、未成仏霊によってさまざまな不幸がこの世にもたらされている、とする観念が流布しやすかった、というごく一般的な背景である。そして、尾張藩士高力種信の『猿猴庵随観図会』に見られる次のような記事は、そうした背景を具体的に表す尾張地域の実例にほかならない。すなわち、明和四年（一七六七）の七月、尾張一帯は大洪水と山津波に見舞われて前代未聞の被害を出したが、それらの災害で多数の死者が出た直後の同年八月から九月にかけて、名古屋城下とその周辺では大規模な施餓鬼会がたび重ねて執行され、尾張徳川家も菩提寺の建中寺に命じて施餓鬼会を執行させていた、というのである。(26)そこには、悲運な死を遂げた多数の亡霊を恐れる民衆意識を確認できるとともに、そうした意識に対応せざるをえない尾張藩当局の姿勢も窺うことができよう。

なお、文政末から天保期に成立した『尾張年中行事絵抄』によると、十八世紀前半の享保六年（一七二一）八月には、熱田の沿岸が高波に見舞われて百余人が溺死する大災害があったが、以来、熱田の僧侶らは、毎年八月十四日には船を出して「熱田沖水施餓鬼」を修するようになっていたという。(27)そこで、その右の明和四年と享保六年の事例を総合すると、名古屋城下やその周辺では、大災害が発生して多数の死者が出るたびごとに、亡霊を恐れる民衆意識が臨時の施餓鬼会の執行という形で顕在化し、なかにはその後、年中行事化された施餓鬼会もあったとみることができよう。(28)

実は、既発表の複数の論考で、筆者は、未成仏霊の働きを極端に恐れている如来教信者らの霊魂観の歴史的根拠を、近世の家族史に関する議論(29)に依拠しつつ、「家」意識が十八世紀を通じて底辺民衆のレベルにまで浸透したことに並行して多くの無縁仏を生み出す社会構造が成立した、という事情に求めてきた。つまり、「家」意識が社会の底辺にまで浸透することは、むしろ逆に、この世で結婚できない人々や自分の死後を縁者に託せない人々が正規の「家」の構成員と見なされにくくなってゆくことを意味する。したがって、十八世紀末から翌世紀初頭にかけての日本にそうした社会構造が生まれていたのならば、それは必然的に十分に祀られない亡霊の増大をもたらし、そのことが多くの民衆に未成仏霊への脅威感を深めさせた、と筆者は考えてきたのである。その捉え方自体は大きく間違っていないはずだが、すでに見たように、教祖在世時代の如来教信者たちは、次世代に囲まれ、跡取りを確保して生涯を全うするという生涯像（価値観）の実現を追求するようになっていた。そしてその反面、彼らの中にはそうした理想を叶えられずに生涯を終える人も少なくなかった。そこで、それらの現実を視野に入れるならば、未成仏霊の働きを恐れる如来教信者たちの意識の膨張は、この時代に理想とされた生涯像のイデオロギー化がもたらしていた、と理解する方がより正確で、事実に近いと考えられるのである。

諸霊の未成仏を極端に恐れる信者たちの意識が、教祖との応答を通じてしだいにひとまとまりの救済思想へと高められてゆく経緯については、あらためて第四章で詳述しよう。

三　教祖喜之によるコスモロジー構築と教説展開の基本的枠組み

1　コスモロジー構築の本格的始動

《如来教の成立期》に属する文化六年（一八〇九）は、最初の神憑りから約七年を経て、教祖の教説がかなりまとまった形で語られはじめる時期に当たっている。あたかもその年から、教祖喜之は、身近な人物の死に独自の意味づけを与える発言（コスモロジーの構築）を本格化させてゆくのだが、同年の発言内容には、喜之の教説における世界観の基本的な枠組みが、実はすでによく表現されている。そこでこの項と次項では、同年十月十八日の『お経様』（M四八）などに記録されている、コスモロジー構築の様相をひとまず辿り、その特徴を確認してみよう。

『お経様』（M四八）と、時系列順でその直前の篇に当たる『お経様』（M四七）とは、教祖喜之がコスモロジーの構築をはじめて本格化させた様子を伝えている篇であり、また同時に、「日待空間」の中心主題が「家族の安定的構成如何」にあった実態を伝えている代表的な事例である。そのうちM四七の篇には、文化六年九月二十九日から同年十月一日にかけてのできごとなど、おおむね次のような内容が記録されている。[30] すなわち、知多郡緒川村（現、同郡東浦町緒川）の百姓茂兵衛の臨終が迫ったことから、安心決定を得ようとする同人の願いを帯びて同村の利七が熱田の教祖のもとへ代参したこと、そして利七が回答を得て緒川村へ戻り、再び茂兵衛に寄り添ったために、同人が安心を得てこの世を去ったこと、また、喜之の最初の神憑り以来一〇〇人ほどの同信者が他界した中で、「浄土へ往生をした」と神が認めたのは茂兵衛一人であること、他力の信心という「一代の定《さため》の事」が人々に告知されたのは茂兵衛のおかげであること、などがその内容である。

また、それに続くM四八の篇では、いずれも死亡して間もない篤信者として、右の緒川村の百姓茂兵衛のほかに、みしという若い女性信者の「後世（来世）」における様態が同時に話題となっている。そのうちの茂兵衛は、すぐ後で見るように、熱田への帰郷後に「一文商ひ（駄菓子なども売る雑貨商）」を営んでいた喜之の家へ最初の神憑り以前から出入りしていた人物で、おそらく喜之よりはかなり若く、病弱だがまっすぐな性格の持ち主だったらしい。またみしは、産褥熱のために数え年二十二歳で亡くなった女性で、自宅を説教会場に頻繁に提供した尾張藩士永田一郎右衛門の娘であった。そして同日の説教で神憑り状態の喜之は、二人が「浄土へ往生を遂げた」ことを述べ、みしについては、「あれは如来からのお使《つかひ》の人で、此度《このたび》歳《さい》（済）度《ど》に来」ていた者だった旨を強調したのである。

その「浄土へ往生を遂げた」二人のうちの茂兵衛については、M四八の篇に、さらにいくつかのことがらが記されている。すなわちそれは、「あの茂兵衛といふは、前の世には此喜之が親でござった」という、茂兵衛を喜之の父親の生まれかわりだったとする発言と、その発言に関連して、喜之の父長四郎が、その死の前後から、この世とあの世でどのような心遣いをして今日にいたっているかを述べた、およそ次のような趣旨である。つまり長四郎は、すでに母親にも先立たれていた子どもたちの暮らしに思いを残したまま死んだために、成仏できずに転生したが、実は緒川村の茂兵衛としてこの世に出ていた。茂兵衛が長四郎と同じ風邪で死んだことは、長四郎が茂兵衛として転生していた証拠にほかならない。しかし今回、長四郎は茂兵衛として「浄土へ往生を遂げ」ることができた。

実は、ほぼ同様の内容が、教祖喜之の晩年に成立した教団史料『文政年中おはなし』（『史料集成』第四巻に収載）のC39節にも記されている。その一節は、最初の神憑り前後に関する喜之の回想を記したもので、そこには、熱田で「一文商ひ」を営んでいた喜之の家に茂兵衛がはじめて訪れて来て、喜之や覚善と翌朝まで話し込み、「私も十年已来《このかた》の病気で、色々といたし升《まし》たが、全快も致ませぬ」と語ったことがまず記されている。つまり茂兵衛は十年来の持病に苦しんでいたのだが、「色々といたし升た」というのは、祈禱や何らかの修行など、治病のための宗教的努力を重ねてきたという意味なのだろう。そして同じ一節には、その茂兵衛の来訪の約半年後に喜之の最初の神憑りが起こったという事実のほか、喜之が伺うと、「あれは喜之が親でやぞや。あれが死ぬ時、『子供斗《ばかり》残して置て、難儀をするで有ふ』とおもつて、夫《それ》で此娑婆へ出てきた」、「気を付て見よ、どこか似て居《おる》」と神が答えたことなどが、さらに記されているのである。つまり喜之にとってこの茂兵衛は、壮年で死を迎えねばならなかったことや信心深く実直な性格などから、八歳で死別してわずかな記憶しかない亡父長四郎とイメージが重なる存在だったのである。

ところで、先に見たように、当時の社会には、子どもの成長や成人を見守りながら生涯を生きることに意味や価値を見出す意識が浸透しつつあったから、子どもに先立たれたり、幼い子どもを残して死んだ者やその遺族は、哀れみの視線で見下されたり、忘れ去られたりする傾向にあったと考えられる。そのために喜之は、おそらく幼少時以来、そうした社会的価値観から疎外されている自身の身の上を実感しつつ、死別した肉親たちも世間から忘れ去られていることを肌身に感じていたと考えられる。また先述のように、教祖伝『御由緒』には、喜之の幼少時に関する記事がほとんどみられない中で、信仰心が篤く、神仏への取り次ぎをして感謝されていた下級宗教者としての父の記憶だけが呼び出され、書き留められているのである。

それらの事実を視野に入れると、文化六年の『お経様』M四七、M四八の両篇にわたって記録されている喜之の発言内容は、およそ次のような意味をもつと考えてよいであろう。すなわち喜之は、神仏に精一杯を尽くしたにもかかわらず、それでも不幸な死を遂げたと世間から見なされている人々がいることを、それまでの生涯を通じてよく知っており、そうした人々はあらためて救われるべきだとの思いを日頃から強く抱いていた。そして、深い親近感を寄せていた同信者茂兵衛やみしの死との遭遇を機に、喜之は、そうした日頃の思いに形を与える発言をしていったのである。つまりそれは、当の茂兵衛やみしに亡父長四郎を加えて、それら三人をいわば義なる人々として聖化するとともに、それらの義人たちは成仏して至高神である如来（以下、一般的な仏教用語と区別するために「至高神如来」と呼ぶことが多い）のもとで憩っているという、コスモスの再解釈をしてみせた発言にほかならない。不条理な死を遂げた人々を義なる人々として聖化し、コスモスの再解釈を示すというコスモロジー構築の筋道は、これ以後、教祖喜之の教説展開における重要なパターンとなってゆくのである。

2　喜之の教説における現世観の二側面

それでは喜之の教説は、現世の不条理を来世における救いで補償するような内容でのみ展開されるのだろうか。右にふれた『お経様』（M四八）には、茂兵衛とみしの「後世」における様態のほかに、現世はどのような世界として捉えるべきか、その現世で人間はいかに生きるべきかという問題が併せて語られており、そこには、喜之の教説における現世観の基本的な枠組みが、はじめて本格的に表明されている。そしてその現世観には、現世は「悪娑婆」だとする側面と、現世は人間にとって「修行」の場だとする側面が併存している点に、実は大きな特徴がある。したがってその二側面は、当然、相互に矛盾する性格をもつのだが、喜之の教説の基本的な構造を理解するためには、その両側面の関係を適切に捉えることが重要である。そこでここでは、M四八の篇に見られる現世観の両側面を順に確認したうえで、両者の関係について考察してみよう。

まず、現世は「悪娑婆」だと捉える第一の側面は、次の一節によく現れている。

> お主達は此しやばを、「結構《けつこう》な所でや」とおもふて、「面白《おもしろい》」と思はれるが、此しやばといふは大悪しやばでやぞや。「七十年、八十年、永事《なかいこと》でや」と思ふて、「面白」の、「金がほしい」の、「銭がほしい」のと思て、色々と罪科《つみとか》を造り、未来の事は少しも思はれぬが、可愛事でござる。「七十年、八十年、永事《なかい》でや」と思はれるが、如来様のお目からは僅《わつか》一日一夜でやぞや。其たつた一日一夜を「永事」と思て、にち〳〵暮すが、罪と言《いは》ふか科《とか》といはふか、夥《おひただ》しい事でやぞよ。其様《やう》な事をおもはずと、早く如来様の御側《そば》へ行事《ゆくこと》を勘考召《めさ》れや。如来様は、あの方で待てござらつせるぞよ。夫《（それ）》を知らずに、此悪《あく》しやばを「おもしろい所でや。能《よい》所でや」とおもつて、今度の世の永事《なかい》を知らず、地獄のおそろしい、長事《なかい》も知らぬは、不便（憫）な事でござる。

ここには、現世は「大悪しやば」であるのに、そこに住む人間は、人生を長いと思って、享楽や金銭を求めて罪を重ね、来世での救済のこと（来世に審判があること）を少しも考えていない、そのことを如来はたいへん不憫に思っているから、人間は、如来の目からはほんの短い時間に過ぎないこの世の人生に執着せずに、如来が待つ「後世」へ早く行くことを考えよ、という趣旨が語られている。そして、この篇の冒頭ちかくには、「先今《まつ》は末法の世と成《なり》、諸人が悪心と成《なる》ゆへ、如来様の殊《こと》の外御《ほかご》不便《ふびん》（憫）に思召《おほしめさ》せられ、此方も不便（憫）に存《ぞんず》る故《ゆへ》、今度《こんと》の一大事の事をも語り聞《きか》せました」という金毘羅の発言が記されており、現世を「大悪しやば」だとする現世観は、実はそうした終末意識と一体的に語られている。しかも、そうした終末意識は、すでに文化二年（一八〇五）の『お経様』以来繰り返されており、同年の『お経様』（M一三）には、現世を「八万地獄の暮《くらし》よりおとり成《なる》所」だとする観念が表明されてもいるのである。

そのような、現世を厳しく否定的に捉える観念の表出と、たび重ねての終末意識の表明は、初期における喜之の教説展開を大きく特徴づけるものである。それでは、そのような教説はなぜ説かれるようになったのだろうか。取りあえず、M四八の篇の記事を手がかりに、この現世観の性格をもう少し探ってみよう。

そこで右の引用の直前部分に注目すると、それは先述の、茂兵衛とみしの「後世」における様態を語った内容になっている。そして、とくにその末尾部分には、みしが「後世」からこの世を見ると、同信者や自分の親の顔までもがすべて「赤鬼や青鬼のやうに」見えるので、現世とはいかにも恐ろしいところだと覚り、如来に縋りついて二度と現世を見ることができなくなっている、という趣旨が記されている。したがって、現世を「大悪しやば」だと捉える現世観とは、何よりもまず、現世で不条理な死を遂げて金毘羅大権現から「成仏」した者として聖化された人間（霊）が、如来のいる「能所《よいところ》（極楽）」のすばらしさを強調し、また反対に現世の本質的な恐ろしさを語った現世観だということになろう。

だが、みしの発言を記したさらにその前に、およそ次のような趣旨が記されていることは、現世を「大悪しやば」だとするこの現世観が、貧者や病人一般の立場からのそれでもあることを表している。すなわち、至高神如来は、「諸人にうとまれ、日々夜々苦しむ事斗り《ばかり》」の「貧窮なるものや病人を、第一」に不憫に思っており、その化身である金毘羅も、そうした如来の意思を体して、彼らの来世をたすけたいと考えて語り聞かせている、というのである。

したがって、さらに言えば、そうした貧者や病人一般とは、最初の神憑り以来、ないしは石河主水家への喜之の奉公生活中以来、「拝み屋」やターミナルケアの役割を果たす者として喜之に期待を寄せてきた人々のことだ、とも言えることになろう。

次の第三項で後述するように、筆者は近年、『お経様』全体の文脈にも通底する強烈な終末意識は、むしろ、根源的創造者の慈愛を見失った結果、人間という存在の根拠が根底から脅かされ、社会そのものが危機に陥っていると捉える、如来教における宗教思想の骨格的構造から説明する必要がある、と考えるようになった。しかし、そうした終末意識が、とくに熱田への帰郷後における喜之の生活体験のなかから生み出されているのも明らかな事実で、そのことは、《確立期》の『お経様』（M七四）の記事に認められる次のような内容にもたしかに連なっている。すなわち同篇には、現世でよい（価値のある）人間だとされるのは毎日の生活に何の心配もない豊かな人間であり、日々の生活に事欠くような人間は悪い（価値のない）人間として扱われているという趣旨とともに、「後世」にいる如来は、この世での生活の成功・不成功にかかわらず、「善心」の志をもつ者、言い換えれば現世的な欲望や価値観に惑わされずに安心して生涯を全うする者（「此世界を安気安堵にくらすもの」）に対して、たとえそれが「非人、乞食」であろうと、あれはよい人間だとおっしゃるのだ、という趣旨が述べられているのである。

ところで、教祖喜之の現世観の二側面のうち現世は「悪しやば」だとする側面は、使われている言葉どおりに解すれば、義なる者が報われずに苦しみばかりを受ける世界として現世を捉えると同時に、如来のいる「後世」をそれに対置し、現世の人間に向けてその「後世」へ行くように呼びかけていることになる。それでは喜之の教説は、現世に対する人間の働きかけをまったく重要視せず、「後世」のすばらしさだけを強調する幻想に過ぎないのだろうか。

実はM四八の篇には、現世は「大悪しやば」だとしても、「後世（来世）」さえ願えばよいわけではなく、現世での

「勤《つとめ》」や「境界《けふがい》（涯）」も捨て去ってはならない、その理由は、人間が、どんな難儀も厭わないという約束を如来と交わしたうえで現世へ生まれ出ているからだという趣旨を述べた、現世は「修行」の場だとする一節が含まれている。つまり、「大悪しゃば」である現世を生きるという「修行」をして「後世」へ帰ることが人間救済の前提条件であることは、その救済を願った人間がかねて承知していることがらだというのである。だとすれば、教祖の現世観のこちらの側面には、人々をこの世の現実に関わらせようとする趣旨を読み取ることができるのであり、そのことは、喜之の説教が人々を「後世」の幻想にひたすら導こうとするものだとは言い切れないことを表していよう。喜之の説教には、日常生活上の具体的なことがらについて、人々が迷いを離れて何かを決断し、新たな行動に踏み出すことを促す発言がしばしば繰り返されているから、「修行場」として現世を位置づける右の教説に、人々の積極的な「世渡り」を求める性格が含まれていることは間違いないのである。

しかし、それにもかかわらず、喜之の教説中で「渡世」や「世渡り」は、人間が救済を得るために一元的に務めるべき行為として扱われてはいない。そしてそのことは、「世渡りは世渡、後世は後世」にせよという、後年の金毘羅の発言（『お経様』M一五六）に端的に表れているほか、『お経様』（M四八）の次のような一節にも窺うことができよう。

　天子将軍《しやうぐん》を始《はしめ》、末《すへ》々に至る迄も、皆其通り。如来様とお誓ひの上でやに依て、けふ夫々《（それぞれ）》のつとめ、其家職《かしよく》、忠儀《ちうき》（義）、孝行、太切《たいせつ》に勤《つとめ》て、後世の一大事を心にかけねばならぬ。さうせぬといふと如来様へお約束が違ふに依て、何事も間違《まちがふ》ぞや。兎角《とかく》筋道其元能々《よくよく》考《かんかへ》て、夫々《（それぞれ）》の身の上境界《けふがい》（涯）等の事を忘《わすれ》ぬやうに、能勤《よくつとめ》をして、後生《ごしやう》を願はねばならぬぞや。……

ここには、この世の「家職、忠儀（義）、孝行」を「太切に勤」めつつ、一方で「後世の一大事（来世での行き場の審判如何の意)」を如来に願うことが、人間一般が日常的に勤めるべき行為として語られている。「家職」の語句が見られることから（他の篇では「家職分」や「役義（儀）」とも表現されている）、こうした教説にはたしかに「職分論」の性格が含まれている。しかし、そのさいに重要なことは、右の引用では、「家職」（や「役義（儀）」）はすべて如来から与えられるもの、との観念が前提とされていることである。後述するように、『お経様』においては、「家職」や「役義（儀）」は、固定的に社会を成り立たせる要素として語られるのではなく、むしろ人間が輪廻転生するさいに如来によって容易に変更されうるものとして語られている。しかも、そうした「家職」や「役義（儀）」を務めることは、右に見たとおり、人間が救済を得るために実践すべき第一の行為とは見なされておらず、むしろ未成仏霊の救済を如来に願うことの方が、救済を得るための所行としては重要視されていくのである。

以上のように、M四八の篇には現世は「修行場」だと説かれてはいるものの、喜之の教説展開では、現世はあるがままの形ではとうてい肯定されていない。喜之の現世観の少なくとも外見上の特徴は、否定的な世界である現世に「後世」を対置する文脈にあるのである。

3　奉公人の規範意識と根源的創造者

そこで、そのような特徴をもつ教説展開の由来を問うために、喜之の思想形成にはどのような原点ないし出発点と言える体験があったのか、ここで考察を加えることにしよう。そのさい、根源的創造者の慈愛という観念を喜之はどのように身につけたのかが焦点になるが、その様相は、教祖伝『御由緒』や成立期の『お経様』諸篇よりも、むしろ《教祖喜之の晩年＝第Ⅳ期》に成立した史料の方によく表れている場合が多い。そこで、そうした史料をも視野に入れながら分析と考察を進めてみよう。

まず、教祖喜之の説教中で語られている日常道徳的な規範の内容が、長年にわたって喜之が身につけた奉公人としての規範意識に由来していることは、たとえば文化五年（一八〇八）の『お経様』（M三八）における、次のような一節に窺うことができよう。

……若きもの共は、此事を能聞《ようきか》れるが能《えい》ぞや。先《まづ》一番に、親を神仏同様に取扱《とりあつか》ひをしやうよ。朝起たならば、親に向つて三度づゝ、拝《はい》をいたせしなば、如来様はお歓《よろこ》びでやぞよ。二番には、主人《しゅじん》を太切《たいせつ》に致し、三番には、非人《ひにん》、乞喰《こつじき》（食）、我より目下成《めしたなる》ものを目上《めうえ》に見《み》、貧成《ひんなる》ものにても言葉を同じ様《よう》に掛《かけ》。

すなわち、「若きもの共」の心得を述べる形で語られたこの一節では、第一に敬うべき「親」を除けば、二番目に大切にすべきなのが「主人」だとされ、「非人」「乞喰（食）」「我より目下成もの」「貧成もの」が、三番目に気を配って言葉をかけるべき対象として挙げられている。そして、そのうちの「主人」は奉公先の主人を、「我より目下成もの」も奉公先の年下の朋輩を指していると考えられるから、この一節は次のようなメッセージを含んでいるとみてよい。つまり、奉公人は奉公先の主人を大切にするのはもちろん、後輩に当たる奉公仲間にも十分気を配りつつ奉公生活を送るべきだ、というのである。

他方、『文政年中御手紙』（『史料集成』第四巻に収載）という教団史料には、入滅の前年に当たる文政八年（一八二五）における喜之の発言を記録した一節（L18節）に、おそらくはその奉公生活中から、喜之が奉公人にとっての規範に込めていた意味を伝えている記事がある（同史料では、L18節のみが書簡の手控えではなく、教祖と信者との対話記録）。そこで便宜上、当該節から二つの部分を次に引用してみよう。

A．……主人の目をかすめ、親に不孝をせる人は、我一代のうちに夫能事《（それよい）》といふは出来んに、是相違のない事でやぞよ。お前も、「どうぞして此事が悦《（よろこびた）》度い。後世が助けて貰度《（もらいたい）》」と思はんすなら、是からは旦那様に、「私はかやうな事がござり升《ます》で、是々がほしうござり升に、どうぞ私に是丈お呉被成」迚《とて》、おふぼはれて〔堂々とお願いしての意〕貰ひなされ。さう仰つせたら、よもや旦那様も「いや」とは仰つせはせまいに、さう被成《なされ》よ。

……

B．……奉公する迚《とて》も、お主様《しゆうさま》〔奉公先の主人の意〕を如来様と心得て、我《わが》心真当《まつとう》に致し、何事にても正当の心をもつて取扱《とりあつかい》、日々を大切に御勤申て、何ぞ入用《いりよう》な事の有《ある》時は、差控《さしひかえ》なく、旦那様へお向《むかい》申て、「私は、今日かやう〳〵な事がござり升《ます》で、どうぞ是丈《だけ》け×私にお呉被成《くれなされ》」と言つて見され。……

これらは、江戸の大きな商家で手代を務める人物から丁稚たちの導き方を尋ねられたのに対して、喜之が信仰的な心得を答えたものである。そしてそのAの部分は、この時代の奉公人にとってのごくありふれた規範だとも言えるが、その内容の大きな特徴は、奉公人がどうしても金品が必要になったときは、間違ってもくすねたりせず、むしろ遠慮せずに主人に向かって与えてくれるように頼め、という趣旨を語っているところにある。しかも、もう一方のBの部分には、ほぼ同じ趣旨を繰り返している中に、奉公先の主人を「如来様と心得て」正直に勤めよ、という趣旨が語られていることが、さらに大きな特徴になっているのである。

そこで、教祖喜之は奉公人一般に向けてひたすら主人に服従するような、まったく従順な奉公人になることを推奨していたのか、という疑問がただちに浮上する。しかし、A・B全体の文脈は決してそのような意味の従属を推奨してはいないと受けとめるべきだろう。つまり、喜之の信念によれば、奉公先の主人とは、彼の奉公人が何かを必要とする事情があればその願いに応えるべき存在なのである。[31] なぜなら、奉公人は、そのような主人であることを信じて、日頃、主人に尽くしている存在だからである。そして喜之の信念がそのようなものだとすれば、右の発言で喜之が伝えようとしているのは、主人を信じて奉公すれば、主人の側も奉公人を一人の人間として尊重してくれるものだ、というメッセージなのだと考えられる。したがってわれわれは、奉公人が正直に主人に仕え、その指示に応えて精一杯働くことは、喜之にとっては決して非主体的・追随的なことがらではなく、むしろ大きな社会的価値の創造や実現につながることがらであり、それは「如来様」への積極的な奉公に等しいとさえ思えるものだった、と理解すべきなのである。その意味で、右に引いた『文政年中御手紙』のL18節は、根源的創造者如来という観念と奉公人にとっての世俗道徳とが架橋されている実例なのだと言えよう。

4　根源的創造者像と理想とされる人間像

ところが『お経様』諸篇には、人間の主体性のあり方に関して似たような発想を記録している篇が年代を超えて散見できる。次に引用する文化二年（一八〇五）のM二の篇の一節は、『お経様』諸篇中で儒学に言及している数少ない篇の一節だが、実はこの記事にも根源的創造者への恩頼という観念が隠れていると言えよう。

お釈迦様仰《おうせ》には、「末の世には字学《じがく》と言《いふ》が出来て気の毒に思ふ」と仰《おつしやれ》ば、「字学が出来てなぜ悪うござる」といへば、「諸人といふは、字学を力として、我《わか》利口を出して、いろ〳〵争《あらそ》ふで有《あろ》ふ」と被仰《おうせられ》た。……

引用中の「字学」は「儒学」の言い誤りだが、むしろ前後の文脈からは学問一般を指すと解するのが妥当だろう。そしてそのことを前提とすると、釈迦の発言という名目でここに主張されているのは、およそ次のようなことがらだと考えられる。すなわち、「末の世」となっているいま、「字学〔学問の意〕」がこの世に生まれたことは人間にとって気の毒なことだ、なぜならその結果、人間は学問に頼るようになり、学問で身につけた力で互いに争わざるをえなくなっているからだ、というのである。

先に見たように、喜之の現世観は、この世は「悪婆婆」だと捉えつつ、現世は人間にとって「修行場」であるとし、人々に積極的な「世渡り」を促す側面をもっていた。しかし、熱田へ帰郷後の喜之の眼には、社会はむしろ、人間が相互に我を張り合い、傷つけ合う世界として映ったのだと考えられよう。まさにそのことを表している右の一節は、実は当代を「末法の世」「末の世」だとする終末意識に明らかに連なっている。すなわち、『お経様』に特徴的な厳しい終末意識は、そもそも、古来の伝承にあるような誓願を立てた救済者の観念に、人々が素直に恩頼できなくなってしまったことに対して、喜之が抱いた危機意識の別名だと受けとめることができるのである。

しかし、右のM二の『お経様』や先の『文政年中御手紙』のL18節に描かれている人間像には、今日からはまだ了解しにくい部分が多々残されている。ところが、《確立期＝第Ⅱ期》以降に展開が本格化する如来教固有の人間創造神話は、そうした人間像の意味を解き明かす鍵を明らかに含んでいる。人間創造神話の主要部分が開示されはじめるのは文化十年（一八一三）の『お経様』（M九五）からで、神話の全貌が明かされるのは《成熟期＝第Ⅲ期》に属する文政元年（一八一八）の『お経様』（M二〇四）なのだが、その間における更新の経過はひとまず捨象し、ここでは人間創造神話の骨子だけを確認してみよう。

文化十年の『お経様』（M九五）には、原初には神々が自ら「七十五人」の人間を作ったが、その「七十五人」はやがて神々とともに天上へ昇ってしまい、その後の人間は「魔道」というデーモンによって作られている、との趣旨が記されている。それに対し、その筋道を発展させている文政元年の『お経様』（M二〇四）には、神々の手で作られた原初の「七十五人」はどこまでも素直な人間で、まったく従順に神々の言葉（如来の意思）に従った、しかし「魔道」によって作られているいまの人間には、もはや原初の「七十五人」のような素直さで如来の意思に従うことはできなくなっている、という趣旨が記されているのである。

およそそのように展開されている人間創造神話の何よりの特徴は、そこに神々の手で作られたという原初の人間が登場することである。そして、その原初の「七十五人」をめぐって語られている次のような筋道こそが、実はこの神話のエッセンスだと考えられる。すなわち原初の人間創造は、一の宮を筆頭とする神々の自己犠牲的な尽力によってなされたもので、それは根源的創造者である如来の慈愛を具現化するものだった、また「七十五人」の原初の人間は、そうした根源的創造者の慈愛を疑うことを知らず、無条件にその慈愛に恩頼する人間だった、というのである。つまり原初の人間の神仏に対する従順さとは、根源的創造者の慈愛に無条件に恩頼することにほかならない。そして、そうした従順さをもつ人間こそ、世界創造の神業に積極的に参加する人間なのであり、それこそが教祖喜之の理想とする人間像なのである。後述するように《確立期》には、重病者の平癒や亡魂への追善を集団的に祈願する場に「日待空間」が発展してゆくのだが、そうした活動形態は、喜之が理想とした人間像を希求する重要な筋道だったと受けとめることができよう。

図5　山越阿弥陀如来像と二十五菩薩来迎図
愛知県知多郡の村々で秋の彼岸会に今でも開催されている「虫供養《むしくよう》」の会場に掲げられた，軸物の絵像の一部。左の阿弥陀如来像は近年作り直されているが，右の二十五菩薩来迎図は江戸時代の製作と伝えられる（ともに知多郡阿久比町横松道場のもの）。

　なお、『お経様』諸篇には、右に見てきたような、かぎりなく慈愛に満ちた根源的創造者というイメージの由来を窺わせる記事がいくつか含まれている。たとえば、文化二年（一八〇五）の『お経様』（M二）には、「阿弥陀様といふ御方が、ぐつと遠ひ所にお出被成《いでなされ》て、『来いよ、今こいやう』迚《とて》、お招《まね》き被成てござらつせる。夫《それ》、今、命《めい》なく成《なり》し其節は、『結構や、安楽や』と勇《いさみ》悦ぶ其心は、皆此方《このほう》〔金毘羅大権現の自称〕が目に見ゆる故、善心に成《なつ》て呉《くれ》やう」という一節が認められ、また文化五年のM三八の篇には、「『誠や此度の利益有難い』と得《とく》（篤）々と承知を致せしなば、如来様は、『己《おれ》が迎《むか》ひに行《ゆく》に』とて、『静《しつか》に臨終を仕《し》様《やう》やう』とて、枕元《まくら》に出《でつ》くりとおなほり被成てお出被成《いでなされ》るぞよ」という一節がある。そしてそれらの記事は、喜之の教説の世界観的な枠組みが、枕屏風に描かれた山越の阿弥陀如来のイメージや、阿弥陀如来と諸菩薩による来迎という観念に由来する部分があることを示唆している。(32) 今日の都市生活者には相当縁遠くなっているそれらのイメージや観念は、地域の事情にばらつきはあったにせよ、おそらく江戸時代の人々が日常生活のなかでごく自然に接していたものだったのであり、そのことは、教祖喜之の教説がかなりの短期間に受け入れられた理由の一つだったと考えられよう。

なお、文化三年（一八〇六）のM二四の『お経様』には、歴史上の諸宗祖の活動はすべて釈迦の「八千八度《はっせんやたび》の済度」に含まれるとの解釈のもとに、諸宗祖が成し遂げたのは単に各宗派の開宗であったにすぎず、諸人済度という如来の本意を人間に伝えることは、結局、諸宗祖にはできなかった、という趣旨が記されている。(33) しかし、《確立期》の『お経様』諸篇では歴史上の諸宗祖の事績に高い敬意が払われていることを考慮すれば、M二四の篇における右のような主張は、むしろ江戸時代の宗派仏教の実態を批判したものと受けとめるべきだろう。つまり、個々の宗派として併存する形でのみ幕藩権力から存続を認められている近世仏教は、至高神如来の救済意思を説き伝えていない、というのである。そうした宗派仏教批判は、先述のM三八の篇（文化五年）では、如来教は「八宗九宗〔在来仏教諸宗の意〕を一方に」統合した救済を実現するものだ、との主張としてすでに語られているのだが、やがて《確立期》の諸篇では、コスモスには至高神如来の救済意思が貫かれており、諸神仏がその意思のもとで働いている、とする壮大な物語が展開されてゆくことになる。

註

（1）神田秀雄『如来教の思想と信仰』（天理大学おやさと研究所、一九九〇年）の「第二章　如来教の宗教思想」の「一　概観」を参照。

（2）前章にも見たように、喜之に天降った神仏の言葉を聞く機会そのものが「御口開き」後の早い段階から「御日待」と呼ばれていた。

（3）以下、「M」を付した史料番号は、基本的には、村上重良校注『お経様―民衆宗教の聖典・如来教―』（東洋文庫三一三。平凡社、一九七七年）に村上重良氏が掲げた史料番号を採用したものである。なお、M番号にはさまざまな不備が含まれていることから、神田・浅野編『如来教・一尊教団関係史料集成』（序章の註(8)参照）では、『お経様』を含むすべての教団史料に別途「データ番号」も付している。『史料集成』第四巻の「別冊（その二）」を参照。

（4）神田・浅野編『如来教・一尊教団関係史料集成』第四巻に収載。以下、引用ないし論及する『お経様』諸篇については原則として『史料集成』の収載巻名を掲げないが、第四巻「別冊（その2）」の「Ⅱ―1．『お経様』諸篇目録」には収載巻の情報を篇ごとに掲げているので参照されたい。

（5）油屋金蔵については、『お経様』諸篇や本章の本文でふれている『文政年中おはなし』のほか、「一尊如来教団第四回摂心会法話信仰に生る」（一尊如来教団本部東光庵発行、一九三〇年。『史料集成』第一巻に収載）にも記事がある。

（6）『文政年中おはなし』（神田・浅野編『史料集成』第四巻に収載）のＣ16節には、油屋金蔵が教祖から、お前の前生は高五〇〇石の仙台藩士で、その前生で「三人半分のうらみ」を受けたことが現在の腹痛をもたらしている、それは「地獄の責苦《せめく》」に替えて与えられた如来の慈悲だと心得て感謝せよ、とたびたび言い聞かされていたことや、そのために同人が、腹痛のもっとも激しかったある日を自分の命日と定めて油の貸付も棒引きし、以後は夫婦で箸削りを生業としながら、「後世《ごせ》」における審判の存在を信じ、売り喰いをして生涯を終えたことなどが記されている。なおその記事は、個々の信者が抱えた困難（病難等）の由来を教祖が物語的に解釈してみせたごく初期の代表的な事例として注目される。

（7）尾張藩士高力種信が著した『猿猴庵随観図会』（国立国会図書館蔵）の安永二年（一七七三）五月十三日の条には、「納屋の町家、享保九甲辰大火。今日五拾年に当るゆへ、家々日待して賑し」という記事があり、当時、名古屋城下の納屋町で、五〇年前の大火で亡くなった霊を慰めるための「日待」が行われていたことを伝えている。また、同じ著者の『猿猴庵日記』（名古屋叢書三編第一四巻『金明録』を参照）には、その化政期の記事の中に、かつての災害で死亡した霊の年忌執行に関わる内容がいくつか記されている。

（8）なお、『如来教団由緒及沿革概要』（神田・浅野編『史料集成』第一巻に収載）の「第四章 本教ノ信仰者」のうち「第五節 稲垣庄兵衛ノ信仰」によると、稲垣には男子がなく、どの女子に養子を迎えるべきかを教祖に尋ねたことが同人の入信動機だったらしい。

（9）『お経様』の正式な筆録者集団である「御綴り連」の成立事情については、昭和初年以降に成立した一連の教団史料のうち、「教団ノ由緒及沿革概要」「如来教ノ由緒及沿革概要」（以上二点は『史料集成』第四巻に収載）、「如来教団由緒及沿革概要」（『史料集成』第一巻に収載）にかなり詳しい記事がある。なお、『お経様』（「文化九年申四月廿六日 永田舎」〈M六〇〉）には、その日がりかの「三回忌正当」で、法要が営まれたことが記されている。また、『お経様』（「文化九年申十二月八日 稲垣舎」〈M七二〉）には、まる二年前に没したりかに代わる人々による『お経様』の筆録が行われていることについて、教祖喜之が神に許可を願い出て許されたことが記されている。

（10）諸願の出現傾向を実数を挙げて論じることは、未公開の諸篇の存在や、願主の記載がない場合に件数の特定がむずかしいことなどから、実はきわめて困難である。ただし、神田・浅野編『史料集成』第四巻の別冊（その一）に掲げた「索引」には、特定の用語が『お経様』のどの篇に登場するかを文書型データベースで検索した結果を表示している。そこで、編年順の『お経様』諸篇のうち既公開の二一四篇中、次の各語句が登場している篇数を参考までに掲げておこう。「病気」七七、「病人」四六、「追善」七七、「跡式・跡・相続」合計一二、「行方・家出・内出」合計一四、「転宅・家越」合計六、「普請・家作」合計三。なお、病気治しに関しては、以上のほかに特定の病名を挙げているものもある。

（11）前掲註(10)の「索引」のうち「用語索引」の「C 諸願等」を参照。

（12）安丸良夫「民衆宗教と『近代』という経験」（序章の註(39)とその本文を参照）。

（13）金毘羅信仰の流行については、神田秀雄『如来教の思想と信仰』（天理大学おやさと研究所、一九九〇年）の「第二章 如来教の宗教思想」の「2．金毘羅大権現——威力と済度の神」、および同「信心の世界の変容と新たな救い」（日本の近世一六、ひろたまさき編『民衆のこころ』〈中央公論社、一九九四年〉所収）を参照。以下、この項でとくに典拠を掲げていない部分については、右の神田「信心の世界の変容と新たな救い」を参照。

(14)「民俗宗教」は、宗教学者の島薗進らが定義した用語で、村や町の住民のみによって運営された民間信仰とは異なり、専門の宗教者に指導される側面が大きいが教祖に相当する人物は明確でなく、特定の霊場への参詣が主な活動となっている信仰形態のことを指す。

(15)金光院には宝暦十年(一七七〇)に桃園天皇から下付された「日本一社」の綸旨が伝存しており、金毘羅大権現は当初、朝廷や江戸幕府、諸大名家から信仰を集めていた。

(16)松原秀明「年表を読むにあたって」(松原秀明撰、山崎禅雄編『金毘羅庶民信仰資料集　年表編』〈金刀比羅宮社務所、一九八八年〉所収)。

(17)北川央「近世大坂周辺における金毘羅信仰の展開」(大阪府教育委員会編『歴史の道調査報告書第七集　宗教の路・舟の路』一九九一年)を参照。

(18)このことについては、前掲神田註(13)「信心の世界の変容と新たな救い」を参照。

(19)『重宝記資料集成』第三二巻「商業・地誌2」(臨川書店、二〇〇七年)所収。

(20)東洋文庫一五九『東都歳事記　1』(平凡社、一九七〇年)「正月十日」の項を参照。

(21)森山重雄『幻妖の文学上田秋成』(三一書房、一九八二年)を参照。

(22)その趣旨の主張をはじめて明確に展開しているのは、『お経様』「文化三年寅五月十八日　御本元」(M二四)である。

(23)坪井洋文「ムラ社会と通過儀礼」(日本民俗文化大系8『村と村人』小学館、一九八四年)などを参照。なお、このような死生観は、P・アリエスのいう「飼い慣らされた死」に相当するものの一つだと考えられる(P・アリエス、成瀬駒男訳『死を前にした人間』〈みすず書房、一九九〇年〉を参照)。

(24)深谷克己『死者のはたらきと江戸時代』(吉川弘文館、二〇一四年)。

(25)実は『お経様』諸篇には、人間の営みの都合・不都合を左右する不可視な力が現世の背後で多様に働いていることを、広く恐れていた信者たちの様子が窺える。それにはたとえば、方角などの禁忌の侵犯の結果やさまざまなデーモンの働きも含まれているが、とりわけ強く表明されているのが、未成仏状態にある諸霊の働きを恐れる意識なのである。

(26)高力種信の『猿猴庵随観図会』(国立国会図書館蔵)には、同年の八月から九月にかけて、次のような一連の施餓鬼会が執行された旨の記事が見える。八月十二日夜、名古屋近郊の琵琶島川の中州で城下の浄土宗東輪寺が大施餓鬼を執行(中州には多くの露店や茶店も作られ、群衆で賑わった。人々は木ぎれに灯した灯明を夜が更けてから川に流した)。同月十九日、藩命を受けた尾張徳川家菩提寺の浄土宗建中寺が、同じく近郊の矢田川原に仮屋を設け、施餓鬼会を執行(藩令による施餓鬼会執行をありがたがる遠近の老若が多数参集)。九月、日蓮宗照遠寺で、僧侶たちが七日間にわたって法華経を読誦(参詣者多数)。同月七日、照遠寺の法華経読誦が結願すると、日蓮宗徒らは熱田沖に船を出して施餓鬼会を執行。九月五日、熱田の浄土宗正覚寺が浜辺で施餓鬼会を執行し、供物を小舟に積み、沖へ出て諸魚に施した。九月七日、城下の裁断橋でも施餓鬼会を執行。

(27) このことについては、尾張藩士高力種信・小田切春江の『尾張年中行事絵抄』(名古屋叢書三編第五～七巻。名古屋市教育委員会、一九八八年)に記事があるほか、同じく尾張藩士横井時文が明和期に執筆した『張州年中行事鈔』(名古屋叢書三編第八巻。名古屋市教育委員会、一九八二年)にもほぼ同様の記事がある(ただし後者では、高波の災害があったのは享保七年とされている)。

(28) なお、ほぼ同様の状況は、浄土宗籍をもつ特異な行者で尾張一帯にも足跡を残した徳本(一七五八～一八一八)の事績にもよく表れている。天明の大飢饉以降の約二〇年間、紀州や摂州などの山中で不断念仏や断食行を続けた徳本が、文化十一年(一八一四)以降の足かけ四年間、江戸・関東・中部を化益して巡り、各地で絶大な人気を博したことや、そのさい、大火、山崩れなどの災害による多くの横死者やその他の水死者等を念仏回向することを巡錫先で求められた事情については、序章の註(7)に前掲の神田秀雄「近世後期における『救済』の《場》――民俗信仰・篤胤学・民衆宗教――」を参照。

(29) 大藤修『近世農民と家・村・国家』(吉川弘文館、一九九六年)の第一部第一章第二節(三)を参照。

(30) この篇の底本はM四四の篇との合冊になっており、表紙には「文化六年巳五月十五日　八右衛門舎　外　茂兵衛之事」と記されている。「外　茂兵衛之事」とある部分がM四七の内容に相当するが、他の諸篇とは異なり、同篇は直話体でなく叙述体で書かれている。『お経様』の正式な筆録者集団である「お綴り連」の成立以前のことがらを記録した篇であるため、リアルタイムでの記録ではなく、やや遅れた時期に誰か(喜之の従妹のりかか?)が記憶を頼りにまとめた篇だと考えられる。なお同篇には、前書きに「文化六年巳九月廿九日」、本文中に「十月朔日」の年月日が認められるが、記録内容に相当する教祖の説教の正確な実施月日は未詳である。

(31) 既述のように教祖伝『御由緒』には、石河主水家の主人(隠居)邦命の、喜之に向けた言葉として、「其方《そのほう》、能《よ》来て呉《くれ》た。己《おれ》が面倒を見て呉さへすれば、何《なに》にても取するぞやう」という発言が記録されており、その発言内容はまさに喜之が期待する主人の発言と重なる。そうした発言の背景には、すでに見たように、邦命が再起不能な病に冒されていた事情があったと考えられるが、むしろ喜之は、邦命のような発言をする主人のイメージを理想的な主人像として一般化していったとみてよいだろう。

(32) 如来教の発祥地である熱田や名古屋の近辺には、山越阿弥陀如来の図像や阿弥陀如来と諸菩薩の来迎図を掲げて営まれる民俗行事が江戸時代以来今日まで続いているほか、諸菩薩の来迎を実演する法会も同様に続けられている。知多半島東西沿岸の村々で秋の彼岸会に催される「知多虫供養」は前者の例、愛知県あま市（旧海部郡美和町）の池鈴山蓮華寺（真言宗）で、毎年四月に営まれている「二十五菩薩来迎会」は後者の例である。

(33) このような主張が、「神仏」の意思を喜之の口を通じて人々に直接伝えている（「直付《しきつけ》の歳《さい》（済）度《と》」）とする、教祖信仰としての如来教の優越性を主張するものだったことは言うまでもないが、その根底には、以下の本文に記すような喜之の意識があったと推察できよう。

第三章　如来教の組織的展開と中核的教説

本章と次章（第四章）の基本的な課題は、《如来教の確立期》（文化九〜十三年〈一八一二〜一六〉閏八月：教祖在世時代の第Ⅱ期）を主な対象期間として、その間に教祖と信者たちはどのような組織的活動を展開するようになったのか、またそれと並行してどのような宗教思想が形成・展開されていったのかを明らかにすることである。そのさい、二章にわたって《確立期》を取り上げる理由の一つは、如来教の宗教活動が当該期にもっとも活発に展開され、もっとも多くの『お経様』諸篇が記録されているからである。しかし、それはもとより、単に分析対象となる文献が多いからという意味ではない。もう一つの理由は、きわめて多岐にわたる当該期の教説展開を適切に捉えるためには、教祖を含む信者集団の活動実態を概観したうえで、説教活動を通じて教祖が発信しようとしていた物語についてもひとまずその大枠を描き出してみることが、宗教思想の全貌解明に有効だと考えられるからである。そして第四章では、同じく確立期の『お経様』諸篇を主な分析対象としつつも、より如来教固有の性格が強い二つの教説を特別に取り上げる章とすることで、当該期における教説展開の細部に立ち入ってその全体像に迫ることにしたい。なお、詳しくは後述するように、第四章であらためて論じるのは、教祖在世時代に表明された宗教思想のうち、信者集団との応答を直接的契機として形成・展開されたことがより明確な部分であり、叙述の便宜上、同章では当該の教説展開を《如来教の成熟期》まで追跡している。以下、本章の各節における論述内容の概要を掲げておこう。

「一　『日待』の恒常化・活性化と組織的展開の基本動向」では、《確立期》には、教祖の説教の正式な筆録者集団が成立して「日待」の恒常的な実施態勢が整えられ、信者集団の活動全体が急速な活発化と組織的展開を遂げてゆくことを、『お経様』諸篇の記事からまず確認する。そしてそのうえで、この時期の「日待」が重病者や死者の運命を集団的に祈願する場としての役割を担うようになるとともに、参集者を時代のイデオロギーから解き放つ機能をも果たした事情を明らかにする。

「二　教説展開の中核的筋道」では、信者たちとの信仰的交流が急速に深まったこの時期に、教祖の口から語られた金毘羅大権現の発言では、信者たちに向けて、至高神如来の意思（「ノモス（規範秩序）」）への定位（回心）を無条件に要求する内容が前面に現れることを確認する。そしてそうした定位要求が、いくつものテーマにわたる壮大な物語として表出されてゆく見通しを明らかにする。

「三　グランド・ストーリーの展開と更新」では、確立期以降の教祖の説教においては、江戸時代後期における宗教的世界の多元的な展開を前提に、世界には根源的創造者如来が主宰する現世を超えたコスモスがあり、そこには金毘羅大権現をはじめとする神仏や諸宗祖が働いている、という物語（グランド・ストーリー）がさまざまな形で開示され続けていった実態を詳細に追跡する。そして、そうしたグランド・ストーリーの展開を促した信者集団の活動は、一方では、社会との軋轢（主には在来の寺社や民間宗教者との軋轢）や信者集団の内部対立をもたらしていったことを明らかにし、そうした動向の歴史的意義について考察する。

一「日待」の恒常化・活性化と組織的展開の基本動向

1《確立期》における信者集団と教祖の行動の概要

文化九年（一八一二）十二月八日の『お経様』（M七二）には、同日、金毘羅大権現（＝神憑り状態の喜之）が、同七年に没した喜之の従妹りかに替わる『お経様』の新たな記録役を承認する旨を語ったことが記されている（正式な筆録者集団「御綴り連」の成立）。その間の足かけ三年間に実は二〇篇あまりの『お経様』が成立しており、それらの諸篇もおそらくは正式発足以前の「御綴り連」の手で筆録されていたものと推察できる[1]。本節では、およそそのような経緯の中で「日待」の開催と筆録の態勢が整えられた、文化九年以降の《確立期》の『お経様』諸篇を主に探究し、活発化する信者集団の活動と教祖の行動の基本的な特徴を概観しておこう。

既述のように筆者の時期区分では、文化九年以降の足かけ約五年間は《如来教の確立期》に相当する。しかし、教祖としての喜之の立場は、当該期のはじめに確立したわけではなく、むしろ同十二年ごろにかけて、教説展開とも連動する具体的な応答を通じてしだいに信者間に浸透していったと考えられる。たとえば、文化九年正月の『お経様』（M五六）には、「月に一度づゝもお下《さが》りを」という願いが記録されており、同年七月のM六四の篇には「如来より、女（教祖喜之の意）の寿命も是より三、四年お延《のば》し被成《なされ》たのでや」という記事が見えるのだが、それらは文化九年ごろから、信者らの期待とそれに応えようとする教祖の熱意がともに高まりつつあったことを表している[2]。また、同十年（一八一三）閏十一月の『お経様』（M九四）には、喜之の発言として、かつて従妹のりかが喜之を「神様」と呼んだことと、その後、信者たちが喜之に新たな名前（「慈尊」「一尊」などの尊称）をつけていたことのほか、喜之を呼び捨てにはできない信者らの心情を容れて、金毘羅が、以後「りうぜん」と呼べと命じたことも記されている――「りうぜん」は、釈迦が説法したことで名高い北インドの霊地で、『御由緒』にも登場する「霊山《りょうぜん》（霊鷲山）」に由来するようである。なお「媹姾《りゅうぜん》」の文字は、同日の金毘羅の指示にもとづいて、「御綴り連」が宛てたものと考えられる――。さらに、文化十二年にかけての諸篇には、喜之の従妹りか（初期の『お経様』の筆録者）の三年忌追善（文化九年：M六〇）、喜之の両親と先夫庄次郎に対する追善（同十年：M八三）、喜之の両親の五十回忌追善（同十二年：M一五八。執行は同十三年：M一六一）などの願いが記録されているのだが、そうした喜之の縁者に向けた追善願いが信者たちから寄せられたことにも、教祖としての喜之の立場の定着・浸透の様子が表れていると言えよう。

ところで、《確立期》に信者集団の活動が急速に活発化していった様子は、『お経様』諸篇の前書きに、「日待」当日の参集者数は「数十人」または「数百人」あったと記録している事例が多数登場する事実によく表れている。その種の前書きをもつ『お経様』は合計一二篇あるが、うち一〇篇が《確立期》に成立していることは、活動の急速な活発化を物語っていよう[3]。そこで、それらの諸篇を表にして掲げ（次頁以下の表4）、主にそのデータによりながら、《確立期》における信者たちや教祖の動静を概観してみよう。表4から読み取れる特徴点の一つは、名古屋から数里も隔たった知多郡緒川村（現、同郡東浦町緒川）の利七宅で、諸事例の三分の一に当たる四回も「数十人」規模の「日待」が開催されていることであり、またもう一つは、名古屋城下に所在した尾張藩士永田一郎右衛門（馬廻組、禄高一五〇石[4]）、同太田半右衛門（御先手物頭・馬術指南役、同三五〇石）、同稲垣庄兵衛（馬廻組、同一〇〇石）らの自宅で催された「日待」では、「数百人（実際は二〇〇人前後までか？）」が参集した場合もあったことである[5]。そこで、それらの特徴点に沿って考察してみよう。

《確立期》には知多郡緒川村の利七宅で「数十人」規模の「日待」が繰り返し開催されたという第一の特徴点は、

そもそも如来教が同村の住民との深い交流を通じてはじまったという、第一章で見た経緯の延長上にある事実として理解できよう。というよりも、およそ次のような諸事情を考慮すれば、そうした理解に立つことは、むしろ如来教の新展開を正しく捉えるうえで必須な前提になるのである。すなわち、文化九年のM六一の『お経様』（表4の①）は、同教固有の救済思想である「三界万霊」救済の教義形成の端緒となった「日待」の記録であること、同年のM七一（表4の③）は、遠路を教祖に同行すれば往生に近づけると信じて名古屋から利七宅へ来た人々がいた事情を記録した篇であること、翌十年のM八五（表4の④）は、利七が教祖の利益を心から大切に思って名古屋から同信者らを自宅へ招いたので、これにも大勢が赴いた様子が記録されていること、M一〇三（表4の⑦）は、後述するように、集団的祈願の対象者の死に遭遇して教祖が神仏への不信を表明する中で、教祖の正式な活動再会を願う立場から、利七が教祖と同信者を自宅に招いて催した「日待」の記録であること、などがその諸事情である。

篇一覧

『御説教御目録』の表題記事
御利益始り御勘（艱）難 授戒相伝の御話に付，三界万霊
御一尊様御寿命延に付，苦界の道理
正当の一心の御説教
日蓮様安心安堵の事 並に此所は三番目の地獄と言事
子息病気に依て御語
子息病気御引受，御不便（憫）御慈悲の御説教 末に狐の道理御説教
嬀姯様御立腹，入海様御下り，御詞
一色氏病気に付，初て御来光あらせられて御説教 能修行して再び戻らぬ様にとの御語
如来御慈悲の御詞 末に三つの和合の事
如来一命懸るとの御語 青貝屋半七万霊七百人引連行との御詞
覚善御坊親追善 末に花の終り
成仏がなるか，往生にも及ぶ身の上かと御仰

表4 「日待」の参集者数「数十人」または「数百人」の記事がある『お経様』諸

整理番号	M番号	開催年月日	開催場所	前書きに記載された参集者数に関する記事
①	M61	文化9年申 5月17日	利七舎	……(教祖の)御跡をしたひ，(名古屋から)**数十人**行けるとぞ。……
②	M65	文化9年申 9月3日	永田舎	……聞伝ふる人々，我も我もと**数百人**集り，拝伏す。
③	M71	文化9年申 11月18日	利七舎	……(教祖の)御跡をしたひ，我も我もと(名古屋から)行けるに，**数十人**集まり……
④	M85	文化10年酉 10月16日	利七舎	……(教祖の)御跡をしたひ，**数拾人**，右の舎へ集りければ……
⑤	M93	文化10年酉 閏11月12日	太田舎	……媹姾様，御不便(憫)に思召せられて，御見舞遊させられんとて入せ給へば，**人々数百**，御跡をしたひ，右の舎りへ集りける。……
⑥	M102	文化11年戌 2月27日	太田舎	……此舎になん，**人々数百**，頭をならべて御詞の流れを汲事一方ならず。……
⑦	M103	文化11年戌 3月14日	利七舎	……人共(教祖の)跡をしたひ，**数十人**集りて……
⑧	M106	文化11年戌 4月3日	一色舎	……此舎へ忍びて**数十人**集り，襖の影(陰)に拝伏す。……
⑨	M111	文化11年戌 4月23日	稲垣舎	……(教祖が)午の刻過，御出座ましましければ，**数百人**，御座に連なる皆々拝伏す。……
⑩	M149	文化12年亥 5月19日	太田舎	……(教祖が)御しとねに着せ給へば，**人々数百**，頭を双べて拝伏す。……
⑪	M171	文化13年子 10月8日	永田舎	……聞伝る人々**数百人**集り……
⑫	M177	文化14丑年 2月20日	稲垣舎	……(教祖が)右の舎へ入せ給へば，信心の面々**数百人**集りければ……

文化九年から同十一年（一八一四）にかけて、名古屋からやや隔たった知多郡緒川村で毎年「日待」が開催されたことは、地域事情の異なる信者間の交流を急速に深め、同教の宗教思想が農村住民の視点をも踏まえて形成される重要なきっかけになったと考えられる。なお、表4の①③④⑦のほか、参集者数の記録はないが、後述する文化十一年のM一二七の篇と翌年のM一四七の篇も利七宅で催された「日待」の記録であり、それらの諸篇の存在もまた、《確立期》における緒川村住民と教祖との信仰的な交流が重要な意味をもっていたことを物語っている。同村の久米利七家の人々が如来教固有の救済思想形成の直接的な契機を作り、その子孫も救済思想を熱心に受けとめる生涯を生きたことについては、第四章であらためて詳述しよう。

一方、第二の特徴点である、名古屋城下の尾張藩士の自宅で開催された「日待」に「数百人」が参集した場合があったという事実（表4の②⑤⑥⑨⑩）も、《確立期》における信者集団の活動活発化を端的に物語っている。とくに、文化九年に他界した篤信の尾張藩士速水藤右衛門への追善願い（表4の②）と、同十年から翌年にかけての、尾張藩士太田半右衛門の息子の病気平癒願い（表4の⑤⑥⑦。なお⑦は死去した子息への追善願い）は、そうした集団的活動の実態をよく伝えている。そこでそれらの事例については、次に項をあらためて詳述しよう。

2　「日待」の場における集団的祈願の展開と物語の共有

《確立期》における病気平癒願いのうち、信者たちが何度も集団的祈願を繰り返したもっとも代表的な事例は、尾張藩士太田半右衛門の息子の病気に関する願いである。文化十年（一八一三）十一月四日の『お経様』（M八七）によると、当時、大番組与頭の職にあった太田半右衛門は、同日、一人息子の病気平癒願いをはじめて教祖のもとへ寄せている。そして、同日から翌年三月の子息の死去前後にいたる『お経様』諸篇には、多くの信者たちが何度も参集して「日待」を催し、子息の病気平癒を祈願した様子のほか、子息の没後はその霊の様態を尋ね、「成仏」祈願をしていた様子が細かく記録されているのである。

その間の文化十年十一月十二日の『お経様』（M八八）によると、同日、太田半右衛門は教祖喜之をはじめて自宅へ招待して息子の全快を願ったのだが、その一か月後の同年閏十一月十二日には、ふたたび説教会場となった太田家に「人々数百」が参集し、子息の病気平癒を祈願したという（M九三）。その後の同月十六日、子息の病状がいったん小康を得たため、太田は再度喜之を招いてお礼の意志を表した（M九五）が、その後、子息の病状は本復には向かわなかった。翌文化十一年（一八一四）正月十四日、新春はじめての「日待」が太田家で催され、多くの信者が参集すると、人々の並々ならぬ願いを知る教祖の口からは、太田の息子には八十歳まで長命を保たせ、その後は「能所《よいところ》〔極楽〕」へ連れて行く旨の、金毘羅の言葉が語り出された（M九八）。だが、その後も子息の病状が好転しなかったため、二月二十七日には太田家にまたもや「人々数百」が参集して「日待」が催された（M一〇二）。そして同日、金毘羅大権現は、子息はこのたびが「定命」に当たっているが、人々の熱心な願いを容れて平癒させる旨を述べたのであった。

しかし、太田の子息は翌三月の九日には死亡してしまう。同月十四日の『お経様』（M一〇三）の前書きによると、子息の死という事態に接した教祖喜之は、立腹して神仏に不信を表明し、自分に罰を当てられてもよいとしてすべての「御降り」を拒否した。そのため、喜之を介した神仏との対話の途が断たれることを人々が怖れるなか、知多郡緒川村の利七が、何とか教祖を慰めようと、熱田から数里隔たった自宅へ教祖を招いて「日待」を催し、それには名古屋在住者を含む「数十人」の信者が集まった。そこで、喜之に降下を拒まれた金毘羅大権現に代えて同村の氏神「入海《にゆうかい》大明神」に降下を願うと、入海大明神はまず、このまま延命させておくと太田の一族が過剰な気遣いをすることになり、また子息はすでに定命だったから「此方へ呼」んだのだ、との神仏の言い分を伝えた。そしてさらに入海大明神は、太田の子息は成仏して九品の浄土の「上段の二段目」におり、現世での自分の浅ましさに気づいて嬉し涙を流していることと、喜之に立腹を収めてもらわねば如来の意思を人間に伝えることができないため、喜之には罰を当てられないこと、などを語ったのであった。

なお、その後の同年三月二十三日、教祖喜之は、子息の死去後はじめて太田家を訪れた（M一〇四）が、そのさい、「後世《ごせ》」における子息の様態を聞きたいとの当主の願いに応じ、ひそかに金毘羅に伺いを立てた。その結果、金毘羅は、子息が「天下様でもより付事はならぬ結構な所」へ行って喜んでいる旨と、子息は如来からこの世へ遣わされていた者だから戒名は不要である旨とを述べ、養子の決定を願う当主の願いも聴取した。さらに翌二十四日、尾張藩士稲垣庄兵衛宅で催された「日待」（M一〇五）では、如来と金毘羅大権現は、喜之が腹を立てながらも金毘羅を呼び出してくれたことに感謝する旨を語るとともに、ようやく時節が到来し、如来の意思の伝達役を果たす喜之という存在を得たことで今度こそ本当に諸人を成仏させたい、との抱負を明らかにしたのであった。

太田家での子息の病気平癒願いとその不成就に関わる一連の説教は、おおむね右のM一〇五の篇で一段落している。しかし、事実上の主神金毘羅大権現による全快約束の不成就という事態は、ごく普通に推量すれば、新たな創唱宗教として出発したばかりの如来教にとって、その存続が根底から揺らぐような危機だったはずである。ところが、願いの不成就に強く抗議して神仏に抵抗したのはほとんど教祖一人であり、信者たちはむしろ、そうした教祖に気遣いながら、如来教の活動継続を希望していた。厳しく不信を述べ立てた教祖の発言は、神仏に対する人々の不満を代弁してもいたはずだが、子息の没後はじめて催された「日待」の直後にも、新たに教祖を招待して説教を聴聞したいとの願いが三件も寄せられていたという（M一〇三）。つまり、太田の子息の病気平癒願いが成就しなかったという事態は、如来教の活動を停滞ないし衰退させる方向には働かなかったのである。

　では、なぜそうなったのだろうか[6]。すぐに推察できるのは、喜之のもとへは重病人の平癒願いが多く寄せられていたから、願いが叶わずに病人が死んだとしても遺族や同信者らはやむを得ない事態として受け容れるほかなかった、という事情である。しかし、《確立期》の『お経様』諸篇には、「日待」の場で活発に活動している人々の様子が窺われるのであり、それは不本意を甘んじて受け容れているだけの姿とは受けとりにくい。つまりそこには、世俗社会の常識や合理的判断よりも、むしろ「日待空間」で共有される物語に惹きつけられている信者たちの姿が表れているのである。重病や死という不条理を身近に抱えていた人々にとって、厳しい現実を身内だけで受けとめるのは過酷なことだったから、不条理が「日待」の場で共有されることは、少なくとも肩の荷が軽くなることだったのであり、また彼らは、その場で何かの光明を見出せることにも期待をかけていたのだと考えられる。

　それでは、集団的祈願に参加し続けていった信者たちが、救われたり、惹かれたりしていった物語とはどのようなものだったのだろうか。『お経様』諸篇には、実はきわめて壮大な物語が語られているのであり、その全貌を捉えるには多角的な分析が必要となる。そこでその問いは次の第二節で詳しく追究することにし、ここでは、病気治しと並ぶ集団的祈願のもう一つの形態である、追善供養の代表的な事例にふれておこう。

　話はやや前後するが、文化九年（一八一二）九月三日の『お経様』（M六五）は、当時、病死したばかりの尾張藩士速水藤右衛門への追善を願うために、同日、信者たち「数百人」が集まった「日待」の記録であり、そこには、藤右衛門の「後世」における様態をめぐる次のような金毘羅の発言が記されている。すなわち、喜之が深く信頼していたその藤右衛門について金毘羅は、同人が「後世」で「能所《よいところ》〔極楽〕」へ行ってそのすばらしさに感激し、現世にとらわれていた自分を悔やんでいることや、同人が七八二八人の「三界万霊《さんがいばんれい》」を連れて如来のもとへ帰った旨を語っているのである。その、藤右衛門の「後世」からの発言が教祖の口（金毘羅大権現）を介して伝えられたという事例は、文化六年（一八〇九）、緒川村の茂兵衛と永田一郎右衛門の娘みし、喜之の亡父長四郎らの死をめぐるコスモロジーが語られたのに続く、篤信者の「後世」における様態が語られた代表的な事例の一つであり、以後の『お経様』では、同様の物語がいくつも語られていくことになる。

第四章で詳述するように、確立期以降の如来教では、人間は未成仏霊である「三界万霊」を多くともなって如来のもとへ赴くべきだという趣旨が強調されたのだが、実際に多くの「三界万霊」とともに如来のもとへ帰ったとされたのは、その速水藤右衛門の例が最初である。同日の説教で金毘羅はまた、死者の「後世」における様態を心配してやることが現世に生きる人間にとっての「心の信《まこと》」であり、その心配りはその者自身にとってこのうえもない「徳分」になる旨を強調している。つまり、世を去った同信者の「成仏」祈願のための「日待」を営むことは、信者たち自身が救われることにつながるとされたのである。そしてさらに、後続の複数の諸篇では、そうした「日待」の開催は信者らの「部類末孫（一族・子々孫々の意）」の救済に通じる、という教説にも発展させられてゆくのである。(7)

二　教説展開の中核的筋道

1　教説展開における「ノモス（規範秩序）」の前景化

「日待空間」がしばしば右のような集団的祈願の場となった《確立期》以降の『お経様』には、きわめて多岐にわたる教説が展開されている。そこでその全貌を捉えるには、むしろそうした多岐性を超えて貫かれている中核的な主張とは何かをまず問うことが有効だと考えられる。そして実は、次に引用する文化十年（一八一三）の『お経様』（M

九一）の一節こそ、そうした意味における教祖喜之のもっとも中核的な主張を表している、と筆者は受けとめている。

……己《おれ》〔金毘羅大権現の自称〕が言詞《いふことは》を以《もつて》、お主達、此世界といふを渡られたなら、我も安堵、人も安堵、夫《それ》どこもかも安堵の心で此世界といふを暮されたなら、後世には如来が待受て、「やれ、来たかやう〳〵〳〵。能《よう》来たやう。お主は能渡《ようわたつ》て来たなあ、さあ爰へ来いやう〳〵」と、是仰《おつせ》るに間違ひはござらぬに依て、其間違《まちがは》ぬ事を此方《このほう》が能《よう》知つて居《おる》に依て、くどき事斗《ばかり》を此方《このほう》がお主達に追々語《かたつ》て聞せる事でござる程に、爰を能《よく》勘考をしてみつされや。……

この一節がもっとも中核的な主張を表している、というのは次のような意味からである。すなわち、《確立期》以降の『お経様』には、喜之の教説はこの世が始まって以来最初で最後の究極的な教えだという主張が顕著化するのだが、「我も安堵、人も安堵、夫《それ》どこもかも安堵の心で此世界といふを暮」らすことを求めている右の金毘羅の発言は、その究極的な教えをどのように受けとめて行動するべきかを、やや具体化して人々に呼びかけたものになっているのである。そこで、そうした事情についてさらに立ち入って考察しておこう。

まず、文化九年（一八一二）十一月三日の『お経様』（M六九）には、「是此度《このたび》は、何をもつて如来より仰付《おふせつけ》られて御苦労を遊ばさせられる事でや。誠《まこと》釈迦御入滅の後《のち》、此度が始《はしめ》ての終《おは》りの事でござる。先達《さきたつ》てより追々と其方達《ほうたち》にいひ聞せた事でござる」という金毘羅の発言が記録されている。その後半に見られる、如来教は最初で最後の教えだとする主張そのものは、文化初年の『お経様』にも見られるもので、M六九の篇が初出ではない(8)。しかし、《確立期》以降（文化九年以降）の『お経様』諸篇には、如来教の教えは「始《はしめ》ての終《おは》り」の究極的なものだとする主張が頻出するようになり、その傾向は教祖の晩年まで続いてゆく。そして、「我も安堵、人も安堵、夫《それ》どこもかも安堵の心で此世界といふを暮」らすことを求める金毘羅の発言は、そうした至高神如来の究極の教えが人間に要求するもっとも基本的な内容を語った発言、という性格をもっているのである。

ところで、「我も安堵、人も安堵、夫《それ》どこもかも安堵の心」を人間がもちうる状況とは、P・L・バーガーの言う「ノモス（規範秩序）」[9]に人間が定位した状況だと規定することができよう。というのは、当該期の『お経様』諸篇には、根源的創造者の意思にもとづかない人間の意思や行動は無意味なものだ、という趣旨を強調する金毘羅の発言が繰り返されており、あたかもそれらは、キリスト教的実存主義哲学者キルケゴールの「直接性」批判[10]のような様相を呈しているからである。たとえば、文化十一年（一八一四）のM一一八の篇には、人間は本来的に「魔道」というデーモンの世話を欠いては生きられない性質をもっており、そうした人間の身の上は自らの意思で統御できない他人の身体のようなものだ、だから金毘羅大権現は「諸人〔人間〕」が真の自発性を発揮して生きられるように導いている、という趣旨が語られている。つまりそこには、現世の人間は世俗的な欲望を「魔道」に操られる宿命を負っているために「ノモス（規範秩序）」を失い「アノミー（規範喪失）」に陥っている、という趣旨が主張されているのである。

また同年、知多郡緒川村で行われた説教記録であるM一二七の篇の次のような一節も、その種の発言の代表的な例である。

……「『我身《わがみ》悪《あし》きもの。我身浅ましい。誠に我《わが》体、世界になき我体』と、我身を能得道《よくとくどう》を召れて、其道理さへもつて相心得た其ものは、如来様へお渡し申上ませふ」と、此方《このほう》〔金毘羅大権現〕がかた〴〵に〔堅く〕お引合〔約束〕を申置《おき》升《まし》た……

ここで金毘羅が人間に求めている「我身《わがみ》悪《あし》きもの。我身浅ましい」という自覚は、自らの人間的判断の本質的な無力さに気づくことにほかならない。つまりそれは、人間が救済に与るためにはひたすら如来に帰依するほかはない、という堅い自覚をもって生きることだと言い換えることができよう。そして、《確立期》に展開されたほとんどすべての教説の前提とされているのが、そのように、如来への帰依（回心）を求め「ノモス」への定位を迫ることだったと考えられるのである。

第二章第三節でふれたように、喜之の思想形成の原点は奉公人としての規範意識にあり、初期以来の『お経様』諸篇では、根源的創造者（至高神如来）の慈愛に無条件に恩頼する人間が理想的な人間像だとされている。また、同じくすでに確認したように、人間はつねに利害をともにすべきものだという発想のもとに生きることを、喜之は至高の存在から命じられていると信じつつ奉公生活を営んだと考えられる。したがって、そのような生活は、「我も安堵、人も安堵、夫《それ》どこもかも安堵の心で此世界といふを暮」らすこととの実践に等しいものだった。つまり言い換えれば、至高の存在の意思（「ノモス」）に定位する実践を内面化することこそ、喜之の思想形成の原点だったと言えるのである。

しかし、教祖喜之の教説のもっとも中核的な主張が、そうした「ノモス」への定位を人々に迫ることだったとすると、如来教が人々に与える「救済財」（信者が信仰から直接得られることがらを指すM・ウェーバーの概念）[11]には気分的な要素が相当に大きいことになる。[12]また同様に、不条理な死を遂げた義なる人々が憩う世界だとされている「後世《ごせ》」ないし「能所《よいところ》」も、世俗世界に対決する世界であるよりは、むしろ逃避する対象としての「世俗の背後にある王国[13]」に相当する性格が強いことになろう。だが『お経様』の記事内容の宗教社会学的な構造解釈は、本書にとってむしろ便宜的なものであり、決して最終目的ではない。金毘羅大権現（教祖喜之）による「後世」の観念の強調が、近世後期における世俗世界の通念とは別の価値観（信念体系）にもとづく日常の組織化を人々に迫っていたのは確かなことであり、本書では、それがどのような人間相互のあり方を提起するものだったのか、なぜ人々はそうした教説に惹かれていったのかを、それらの歴史的背景（基盤）とともに解明することを目指したい。

そこで、そうした目標に近づく手立てとして、『お経様』諸篇に多用されている「成仏」や「今度の往場《ゆきば》」ないし「魂の往場」などの語句が、信者集団と教祖との間でどのような使われ方をしていたのかに注目してみよう。それらの語句は、たしかに直接には、冥界にいる一〇人の王（その五人目が閻魔王）の審判で定められるという、来世での亡者の行き場を指しており、それは『十王讃歎抄《じゅうおうさんたんしょう》』などが説く「十王信仰」の教説に由来している。(14) しかし既述のとおり、当時の如来教信者たちが何より切実に求めていたのは、不条理な死にどのように対処すべきかについての答であり、それはまた同時に、教祖がもっとも熱心に説き伝えようとしていたことがらでもあった。そして、文化九年の『お経様』（M五六）に見られる次のような一節は、喜之自身にとっても、そうした死に対する問いがきわめて切実なものだったことをよく表している。

……此度の事は、如来様より此女に、「死ぬといふ事を教《おしへ》とらせ呉《くれ》やう」とのお頼《たのみ》ゆへ、殿《どな》（何）方様《た》も〔どの神仏もの意〕お乗移り有て、この女に死ぬといふ事を教とらするのでござる。すれば夫《それ》、此女の配分《はいふん》を皆のもの〔説教聴聞者たちの意〕にさせるのでござる。なれども、人間といふは疑ひぶかきものなれば、得《えい》承知せぬ故《ゆへ》もつて、病気を取次《とりつぎ》、病気片手《かたて》に今度の縁《えん》を結びとらするのでござる。……

すなわちこの一節には、このたび諸神仏が喜之に天降ったのは、「死ぬといふ事」の意味を理解させるためであること、そして金毘羅大権現は、喜之に向けて開示されるその意味を信者ら（人間一般）にも「配分」して（説き広めて）いること、金毘羅が人々の病気治し願いに応じるのは、疑い深い人間のためのいわば方便であること、などが語られている。そこでの「死」とは、もとより、教祖や信者らがいずれ迎える死であると同時に、彼らが実際に接していた縁者や同信者らの死なのであり、それらは当然に、近世後期（十八世紀後半から十九世紀初頭）という時代性を帯びている。つまり前章第三節で見たように、この時代には、家族の安定的構成に恵まれた生活を現世で営んだ後、縁者に見送られつつ死を迎えることが人の理想的な生涯だとされつつあったから、この時代の死は、自ずからそうしたイデオロギーに縛られた死だったのである。それゆえ、喜之のように直接の肉親をまったく失った者の生涯は、もちろんその死を含めて、右のイデオロギーの立場からは一顧だに値しないものと見なされたはずなのであり、跡取りや縁者に恵まれずに死ぬ者一般の生涯も、大きく見下されていたと推察できるのである。

およそそのような事情を考慮するなら、「死ぬといふ事」を教えるとは、右のイデオロギーとはまったく異なる生涯の意味を、根源的創造者の立場から如来が人間に開示することを指すのだと言えよう。したがってまた、教祖と信者集団との間でしばしば話題となった「成仏」や、「今度の往場」ないし「魂の往場」が定まるとは、そうした至高神如来から（実際にはその化身である金毘羅大権現から）死の意味を開示されることによって、現世において個々人が営む生活実態（家族、家業、財産、社会的地位などの状況）とは無関係に、納得して死を迎えられるようになる（安心が得られる）ことを意味するのである。

2　グランド・ストーリーの表出とその主要テーマ

《確立期＝第Ⅱ期》以降の『お経様』諸篇約二〇〇篇をトータルに性格規定するならば、それは、右のような「ノモス（規範秩序）」をさまざまに分節化しつつ繰り返し語られていった、人々の人生を導く「壮大な物語」（以下、叙述の便宜上、「グランド・ストーリー」という用語を一貫して使用する）だと規定できるだろう。しかし、至高神如来から開示される物語だとされていたとしても、死の意味というものを、人々は容易に受け容れることができたのだろうか。また、死の意味を説くような教説に信者たちが惹きつけられていったとすれば、それはなぜだったのだろうか。

前項のような内容がその物語の一端だとすれば、当然、そのような疑問が生じるだろう。以下、そうした疑問を解くために、壮大な物語の成り立ちを順次分析してゆくが、そのグランド・ストーリーはおよそ二つの内容に大別できる。すなわちその一つは、人の生涯は多くの死者たちとともにあるもので、生者と死者は運命をともにするものだという、当時、教祖と信者集団が共有しつつあった感覚から出発して世界の成り立ちを説明する物語であり、またもう一つは、至高神如来や金毘羅、諸宗祖などの神仏の性格や役割（神学）を、教祖喜之の出現理由と関わらせて説く物語である。両者はもちろん別々の物語として存在したわけではなく、相互に越境しつつ全体として現世を超えたコスモスの存在を一元的に説く方向で語られており、それらの内容はおおむね次のようなテーマにわたっている。

◇人間をはじめ、生きとし生けるものはどのように生と死を繰り返しているのか。

◇根源的創造者である至高神如来は、諸神に命じてどのように世界や人間、さらには生きとし生けるものを作ったのか。

◇至高神如来は、諸宗祖を介してこれまでにどのように諸人済度を進めてきたのか。

◇至高神如来が今回、教祖喜之をこの世に出現させ、金毘羅大権現を乗り移らせる形で済度を行わせているのはなぜで、その済度とはどのようなものなのか。

◇至高神如来の創造以来、現世を超えたコスモスには諸神仏が諸人済度のために働き続けて今日にいたっているのであり、その物語をトータルに受け容れて生涯を生きることこそ、人間のあるべき姿にほかならない。

以上は、個々の話題を超えて語られているコンテキストを取り出してみたもので、右の各テーマを単独で話題にしている『お経様』はむしろ多くない。なお、筆者が如来教固有の救済思想として捉えている「三界万霊」救済の教義や、「役義（儀）」「家職」に関する教説をグランド・ストーリーに含めて捉えることも可能ではあるが、本章冒頭にも記したように、論述の便宜上、それらは第四章で取り上げる。そこで以下では、物語のトータルな構造把握を優先し、右の教義や教説以外の内容をめぐって可能なかぎり網羅的に分析を進めてみよう。

三　グランド・ストーリーの展開と更新

1　亡霊の転生という物語の語り出しと創造神話の更新

そこで第一に紹介しておきたいのが、文化十一年（一八一四）正月の『お経様』（M九九）に見られる次のような記事である。同篇には、当時、名古屋城下西辺の愛知郡広井村（現、名古屋市中村区那古野付近）に出没していた狂犬に関する話が記録されているのだが、それは、生きとし生けるものの霊が「成仏」できずに現世へ再生した経緯を語り、人々にその霊への追善を促す物語の典型である。尾張藩士高力種信の『猿猴庵日記』にも記事がある[15]その話とは、前年の暮以来くだんの狂犬が多くの人に嚙みついたため、藩命で犬殺しの人夫が多数動員されたが、犬は高塀を飛び越えて逃げ、容易には捕まらなかった、そこで狐が憑いた犬だとの噂も広まったが、結局は鉄砲で射殺されたというものである。

その事件をめぐって、右の日（犬が射殺される前日）の『お経様』（M九九）には、信者たちが犬の「正体」を教祖に問うと同時に、その寿命による自然死を願った様子が記されており、それに対する金毘羅の回答が大意次のように記されている。

その狂犬の前生は人間で、生涯に七〇〇人ほどの人を悩ませたうえ、晩年は牢獄に囚われていた。そして九年目に臨終に及んで入牢のまま死ぬことを残念に思い、「今度は我姿《わが》なくなるとも、譬《たとへ》何にならふとも儘《まま》よ。此一生の念《ねん》といふは、一度ははらそう」と、自らに誓ってこの世を去った。その人間が現世に再生した姿こそ問題の狂犬なのだが、今回は信者らの願いを容れて金毘羅が殺してやることにする。

なお、この狂犬の霊に向けては、信者たちから、一周忌（文化十二年：M一四〇）、三回忌（文化十四年：M一六三）、七回忌（文政三年〈一八二〇〉：M二二四）の三度にわたって追善願いが寄せられていたことを、当該各篇の末尾に記録された応答から知ることができる。そして実は、それらの各篇に先立つ文化九年（一八一二）三月の『お経様』（M五八）にも、屠殺されるために牽かれてゆく牛について教祖喜之が自然死を願った様子が記録されているから、信者たちが狂犬の霊に向けて何度も追善を願ったのは、そうした教祖の行動に触発された結果である可能性が高い。また同十二年のM一四一の篇には、その牛に向けても信者たちが追善願いを寄せた様子が記録されており、同篇で金毘羅は、その牛の前生は人間（寺の住持）であった旨を語ってもいるのである。

右のような意識様態を示していた信者たちは、来世の実在を弁証することに熱心だったわけではなく、むしろ現世と来世の連続という伝統的な意識を受け容れて行動していたにすぎない。ただし、なかには自身や縁者の不条理な病気や死に直面している者も含まれていたから、人の死や死後に詳細な説明を与えてくれる物語（コスモロジー）は、そうした人々にとってはとくに大きな説得力（リアリティー）をもったのだと考えられる。当時の信者たちも、一方では当然、家業の遂行に必要な合理的判断を追求してもいたはずだが、そうした家業の内外で、病気や事故などの生死に関わる事態に遭遇すると、その不条理を合理的に説明・解決できる手立てはほとんどなかったから、そこに右のような意識様態が広まる余地が大きかったのだろう。その結果、信者集団と教祖とのやり取りでは、死者の霊がその死後も「後世」にいて、この世の遺族たちに（よい意味でも悪い意味でも）何らかの影響を及ぼしている、という認識がいわば当然の前提とされていった。そして、かなり漠然と共有されていたそうした認識が出発点となり、死者（亡霊）も大きく関与して成り立っている世界こそ真のコスモスの姿だとする観念が、日常的には意識化されにくい世界

観として、人々の心の底にいわば沈殿していったのだと考えられる。(16)

ところで、広井村の狂犬がはじめて話題となったM九九の『お経様』は、あたかも、太田家の子息の病気平癒が繰り返し集団的に願われたのと重なる時期に、その件とは別に開かれた「日待」を記録した篇である。文化十年（一八一三）末から翌年春に相当するその時期には、教祖喜之の教説が急速に新展開を見せてゆくのだが、これもその時期に太田家で催された文化十年閏十一月十六日の「日待」の記録（M九五）には、如来教固有の創造神話が、大意次のように更新される形で語られている。

原初に七十五人の人間を創造したのち、至高神如来の化身としての諸神はすべて天に昇ってしまった。したがって正身の神仏は、それ以後すべて天におり、地上の「宮社塔《みやしやとう》〔神社〕」には、今は留守居役としての「家守《やもり》」がいるだけである。そしてその「家守」が、実は「魔道」という存在にほかならない。「魔道」たちは、諸神の昇天に際し、人間には悩みをかけないという結局は嘘の約束によって、諸神が不在となる地上の支配を伊勢神宮から認められた。またそれ以後彼らは、自分たちの手で人間を作ることを許された。しかし彼らには、原初に神々が創造した七五人のようなよい人間は作りえないので、伊勢神宮の身代わりとして地上の人間に「示し〔戒め〕」をする役割が与えられた。

ここから読み取れるのは、さらに要約すれば次のような趣旨だと言えよう。すなわち、原初の人間創造は、如来の化身である神々が直接七五人を作る形で行われたが、その後、神々は天上へ昇ってしまい、そのときに伊勢神宮は、以後の地上界の支配〔留守居役〕と人間の製作を「魔道」に委ねた、またそのさい、留守居役の「魔道」には原初の七五人のようなよい人間は作れないことが明らかなので、「魔道」には、地上で自分たちが作った人間を戒める役割が与えられた、というのである。

第二章第二節でふれたとおり、固有の創造神話のうち神々による人間創造譚の全貌が語られるのは、文政元年（一八一八）の『お経様』（M二〇四）においてであり、右のM九五では、むしろ「魔道」に人間の製作が委ねられた後の話が中心になっている。先述のように、すでに文化三年（一八〇六）ごろまでの初期の『お経様』でも、神代の人間は、神の言葉だけでいとも簡単に作られたのが真実で、男女の性的な結びつきによって生まれてはいないとされ（記紀神話への批判）、神代の終了後、人間は、受胎にはじまるすべての現世の営みや欲望を「魔道」という無数のデーモンに支配されている、という趣旨が述べられていた。それに対し右のM九五の篇では、「魔道」に人間の製作を委ねたのは伊勢神宮だとされ、新たな宗教活動を展開してゆくうえで、伊勢神宮は信頼するに足りない神であることがさらに明示的に語られている。そして、更新されている内容のもっとも重要な部分は、文化三年ごろまでの諸篇では、総じて人間に禍をもたらす存在として「魔道」が語られていたのに対して、右のM九五では、如来から遣わされて現世の人間に戒めをしている存在だという、新たな性格規定が「魔道」に与えられている部分だとみることができよう。

およそそのような更新が必要になったのは、確立期を迎えて信者集団がしだいに大きくなる中で、さまざまな不条理や不幸を訴えて来る人が増え、そうした多種多様な困難は、無数の「魔道」の好ましくない仕業として説明するのみではもはや十分でない、と金毘羅（教祖喜之）が考えるようになったことに由来するのだろう。また、至高神如来の救済意思（「ノモス」）を一貫して強調している《確立期》の諸篇では、人々が他人を労り「善心」を蓄えることを妨げる内心の悪（「魔道」）が何回も話題になっていることを考慮すると、その「魔道」の働きにも至高神如来の慈愛は貫かれている、という趣旨を語る必要が意識された、と解釈することもできよう。後述するように、《如来教の成熟期＝教祖在世時代の第Ⅲ期》になると、「魔道」は金毘羅の「眷属」として位置づけられ、至高神如来に諸人済度を命じられている金毘羅は、「魔道」をも統率する力量をもつ神として語られてゆくのである。

2　教祖喜之に関する物語の更新

実はこれまで、筆者や浅野美和子氏は、確立期の『お経様』諸篇を論じるさい、文化十一年（一八一四）から翌年にかけて行われた「御口開き十三回忌」の説教群に注目してきた。すなわち、最初の神憑り後の約一年間に、教祖喜之は神憑りの正当性を主張するいくつかの象徴的行動を実行したのだが、それから一二年を経て語られたのが「御口開き十三回忌」の説教群にほかならない。新たな信者が増加する中で語られたそれらの説教は、初期の神憑りとそれに関連する象徴的行動の意義をあらためて確認して信者集団にそれらの話を受け容れさせ、さらに内面化して行動するように導くことを目指すものだったと理解することができよう。一二年前の教祖の一連の行動に直接言及している『お経様』とは、「文化十一年戌八月十一日　永田舎」（M一一八）、「同年九月十一日　永田舎」（M一二四）、「同年十一月二十三日　稲垣舎」（M一三三）、「文化十二年亥正月十六日　永田舎」（M一三五）の四篇である。そのうちM一一八は喜之の「御口開き〔最初の神憑り〕」の日、M一二四は「二度目御口開き」の日、M一三三は喜之が「今釈迦出生」を実行した日に当たることを機に行われた説教、そしてM一三五は、金毘羅大権現降臨の〝証拠物〟として「御石様」が正月十日に定められたことを記念し、文化十二年（一八一五）正月最初の「日待」開催日に行われた説教の記録である。

「御口開き十三回忌」をめぐって筆者と浅野氏は、ともに、それらの四篇のほかほぼ同時期に記録された複数の『お経様』を視野に入れながら論を展開してきている。そして、『史料集成』第二巻の、浅野執筆の解説第二章「如来喜之の生涯（二）」は、先稿「如来教救済思想の特質」[17]の論旨を敷衍する形で、固有の「女人救済思想」の展開として「御口開き十三回忌」を位置づけた、たいへん読み応えのある秀作である。だが、浅野が一貫して「女人救済」の視点から「十三回忌」を論じてきているのに対し、かねて筆者は、教祖喜之の教説を女性解放思想という視角から評価すること自体にやや疑問を抱いてきた。というのは、たしかに浅野が指摘するように、『お経様』には女人非成仏説（変成男子説）を否定しつつ、女性は伊勢神宮ではなく八幡が作ったとするユニークな教説（M一三〇）が含まれてもいるのだが、そこには一方で、「産む性」としての女性のセクシュアリティーを尊重するような視点はほとんど認められないからである。そして筆者は近年、むしろ重要なことは、「ノモス（規範秩序）」にもとづく一連のグランド・ストーリーを説いているものとして《確立期》の『お経様』諸篇をより広い視野から把握することだと考えるようになった。そこで以下では、「御口開き十三回忌」の説教群を意識しつつも、むしろ《確立期》の「日待」で展開されたやり取り全体の流れに沿って諸篇の記事を取り上げ、それらの内容はなぜ語られ、信者集団にどのような物語の内面化を迫ったのか、という問題に重点を置きつつ分析を進めることにしたい。

当該期における教説展開で、神学の更新に相当する内容に言及するさい、第一に取り上げねばならないのは、教祖喜之という存在に関わる内容である。「御口開き十三回忌」の説教群の主要テーマでもあるその内容は、簡略に言えば、教祖喜之は諸人済度という如来の意思を人々に伝える役割を帯びている者であり、神仏の説得を受け容れてその役割を引き受けた喜之は他に替えられない存在だ、という主張にほかならない。そのような趣旨をとくに強調しているのはM一一八とM一二四の二篇で、そこには、最初の神憑り当時の喜之の内面的葛藤の大きさと、如来の意思の伝達役を喜之に引き受けさせるまでの「神仏の苦労」がいかに大きかったかが、およそ次のように強調されている。すなわち、「喜之めがはつ（初）にものを言《いっ》た事は、成程《なるほど》お主達の手前では何《なん》でもないやうな事なれども、此あれ（教祖喜之の意）にものをいはせる迄の、殿《とな》（何）方《た》さまとても（どの神仏もの意）御苦労といふ物は、まあ、口でいふべき道理等には相当《あひあた》りませぬ事でござるぞや」（M一一八）、「『我《（わが）》体は譬《たと》へ微塵《みじん》にならふとも、何《いつ》れ此詞《（このことば）》をば聞《（きか）》してとらしてやらふ』と思ふ、あれ〔教祖喜之の意〕が一随《ずい》の〔ひたむきなの意〕心をもつて、此度《（このたび）》是漸《やうやう》と、此やうになつた事でござるぞや」（M一二四）、「〔当初の神憑りの〕八篇（遍）が間といふ物は、『是今、体はしばられて仕舞《しまつ》て、是はまあ、体は動《うこか》ぬさうな』と思ふ事も、是八篇（遍）が間ござつたぞや」（同）といった金毘羅の発言が、その代表的な例である。

また、「十三回忌」の説教群には該当しないが、喜之の生涯でただ一度の誕生日（数え年六十歳）が祝われたことを記録したM一四〇の『お経様』にも、喜之という存在の重要性を強調する、およそ次のような教説展開が含まれている。すなわち、同篇で金毘羅は、喜之という存在があるからこそ人々は如来の救済意思を聴聞できるのであり、信者たちが喜之の誕生日を祝ってくれても金毘羅からは礼は言わない、とまず語っている。そしてさらに、「東西南北も知らない」貧しい女として喜之を出生させたのは人々がその言動を受け入れやすくするためだったとし、如来は喜之の出生以前から、喜之が日蓮上人を上まわる苦難を体験することを予期していた旨を述べたうえで、「如来様と女〔教祖喜之の意〕が体の身の上は、半分宛《づつ》わけて来たやうな身の上」だとの主張を展開しているのである。

右のような趣旨の発言が繰り返しなされたのは、さまざまな不幸や困難の訴えが相次いで寄せられる中で、それらの不幸や困難を抱える人々を導くためには、教祖を真に神仏の意思の伝達者であると受けとめさせ、金毘羅の発言に従って人生の根本的な転換に踏み出させることが必要だ、と教祖が強く実感するようになったからだと考えられる。そのことは、先にふれた文化九年（一八一二）十二月八日の『お経様』（M七二）にもすでに窺うことができるので、当該の一節を次に引用して確認しておこう。

……「お前様〔教祖喜之が金毘羅大権現を呼ぶさいの呼称〕、初《しよ》てに仰《おつせ》る事には、りかに、『己《（おれ）》がいふ事はむだになれせぬに、是でも書付《かきつけ》て置《おけ》やう』と仰《おつせ》たで、夫《（それ）》であ方《（なた）》がたもお書付被成《（なされ）》るが、能《（あい）》かへもし」といふが、能共《あいとも》〳〵、能段《あいだん》ではない。末世《まつせ》に至ると是でも結構なものに成《(なつ)》て行《(ゆく)》が、今では「何の事でやゝら」といふが、頓《やがつ》て末《すへ》へ成《なる》といふと、「扨《さて》々々々。此やうな事が有《あつ》たかいなふ。如来は其時出《そのときで》さしたかいなふ」。末へ成と、「扨《さて》も〳〵〳〵」と諸人が目を覚《さま》して、「有がたい事でやなふ。ア、、嬉しい事でや」と言て、大きに人が歓ぶ事でやに、覚《おほへ》が有《ある》なら構《かま》いないに、書付《かきつけ》て置《おけ》やう。……

この一節の前段は、喜之の従妹りかに代わる新たな記録役（「あ方がた」＝「御綴り連」）を承認する旨の金毘羅の発言である。だが、ここで注目したいのは、むしろそれに続いておよそ次のような趣旨が主張されていることである。すなわちその趣旨とは、信者たちが喜之（金毘羅大権現）の説教を頻繁に聴聞するようになったいま、世間の未信者は「何と意味不明でおろかな話をしているのだ」と言っているが、やがて世の中が終末にいたれば喜之の説教も結構なものとして扱われるようになるのだ、そのとき、ようやく真相に気づいた人々は、「さてさてこのようなことがあったのか、如来はその時この世へ済度にお出になったのか」「さて有難い」と言って喜ぶのだから、速記できていない説教でも話の中身を覚えているなら文字にしておけ、というものである。そしてそのうちの、「如来はその時この世へ済度にお出になったのか」といずれ人々が言うという部分が、神憑りする喜之こそ如来がこの世へ済度に出た姿だ、との主張であることは明白だと言えよう。つまり右の一節は、至高神如来を忠実に奉じる神（金毘羅大権現）の立場から、喜之を如来の受肉者だと位置づけた発言なのである。ただしその趣旨は、これ以後つねに正面から主張されていくわけではなく、第四章で詳述するように、『お経様』の文面に終末意識の表明が顕著化する《成熟期》の後半に、あらためて明言されてゆくことになる。

3　仏説との整合性／諸宗祖の諸人済度と金毘羅大権現によるその完成

《確立期》に進められた一連の神学更新の内容として、続いて取り上げたいのはおよそ次のような内容である。すなわち、金毘羅大権現を事実上の主神に据えている教祖の教説は仏教の教説とも当然に整合するもので、金毘羅をはじめとする諸神仏が天降る教祖喜之の活動は、かつて仏教各宗の諸宗祖が行った済度を受け継いで完成させるものだ、という趣旨の主張がそれである。そしてそのうち、仏教との整合性に関わる趣旨は、これも「御口開き十三回忌」の説教群に属する文化十一年（一九一四）のM一三三篇に、大意次のような形で説かれている。

かつて釈迦は、ある婦人の腹に飛び込んでその口から済度の言葉を語ったことがあり、今回の喜之の神憑りはその前例に倣ったものである。その前例のさい、実は釈迦は、たいへんな苦労をして婦人の腹に入ることを得心させた。今回、金毘羅大権現は、かつての釈迦と同様、やっと喜之を説得して役割を引き受けさせることができたので、「釈迦如来の身代り」として済度に臨んでいる。前回の釈迦出世にも随行した金毘羅は、当時、慈悲深いばかりの「たわけ」な釈迦の済度を代行したのだが、その金毘羅がまた今回も、「可愛、むごいが病」である柔弱な釈迦に成り代わり、「きつい〔威力あるの意〕」神として済度を行っている。

なお、右の主張はさらに、喜之の口を通じて金毘羅が伝えている内容こそ、後代の人間が釈迦に仮託して作った大乗仏典には見出せない、仏説の真髄だという主張（大乗仏典非仏説）にまで実は拡張させられている(18)。

最初の神憑り当時、喜之の身辺には覚善をはじめ、宗派仏教の信仰に馴染んでいた人々が多かった。そのため金毘羅という神は、仏教教説との整合性を確保して説明されることが重要だった。そこで釈迦の母摩耶夫人の例に倣い、床の中で喜之が大声をはりあげたのが一二年前の「今釈迦出生」という行為だった（第一章参照）。それに対しM一三三の篇では、金毘羅とはかつて釈迦に同行した実績をもつ神だ、との金毘羅霊験記にある教説が前面に出されるとともに、今回、ふたたび「釈迦如来の身代り」として済度を施しに来た、という新解釈が付加されている。そしてそうした新解釈が生まれたのは、詳しくは後述するように、金毘羅大権現は仏教諸宗派の信仰やその他の庶民信仰と整合的な神であるのみならず、如来の筆頭の化身である釈迦や諸宗祖をも凌駕する力量をもつ神だと説明することが、《確立期》を迎えた如来教の新発展のために必要になったからだと考えられる。

実際、『お経様』諸篇には、文化九年（一八一二）以降、宗派仏教（各家の宗旨）の宗祖に関わる信者からの問いかけ（出生の経緯、法難や法会の由来など）が見られるようになり、同十三年にかけてはその種の問いに答えることが教説展開の重要課題の一つになっている。たとえば文化九年には、日蓮宗のお会式と浄土真宗の報恩講がそれぞれ執行される時節に、如来の世界にいるはずの各宗祖は、いま、各信徒たちの生き方や信仰をどのように見ているのかを問う目的のもとに「日待」が催されており（M六八・M六九）、それらの「日待」では日蓮が喜之に天降っている。また翌十年にも日蓮や親鸞の教祖喜之への降下を求める願いが寄せられている（M八四・M八五・M八六）ほか、同十一年と十二年にも、各信徒の求めに応じてそれぞれ道元と日蓮が降下している（M一一三・M一五五）。

総じて編年順の『お経様』諸篇では、二四〇回ちかく天降った金毘羅大権現以外に、日蓮が五回、入海大明神が三回、秋葉大権現が二回、熊野大権現・釈迦・親鸞・道元が各一回、教祖喜之に天降っている。また、諸宗祖たちの降下はほぼ《確立期》に集中しており、その降下のさいに諸宗祖は、かつての自分たちの済度や金毘羅大権現による今回の済度について、およそ次のような趣旨を語っている。すなわち、かつて至高神如来から済度の命を受けて現世に出現した日蓮や親鸞は、種々の法難にも遭ったが、結局、自分の力では済度の役目を果たしきれなかった、それに対し今回、喜之に天降って行っている金毘羅大権現の済度は、人間の救済を究極的に成就させるものなので、尊い至高神如来の意思はむしろ金毘羅から聞くべきで、自分たちが喜之に降下する必要は最早ない、というのである。

そもそも『お経様』諸篇には、主に法華系・浄土系の教説が摂取されているのだが、覚善が法華行者だった事情からか、法華系教学の影響が実はもっとも強く、日蓮が喜之に五回天降ったのもその事情の表れである。そして、その日蓮をはじめとする諸宗祖や釈迦が喜之に天降り、その発言として右のような教説が語られたことは、世界には至高神如来を中心とするコスモスがあり、そこには金毘羅大権現その他の神仏や諸宗祖が働いている、というグランド・ストーリーの浸透に大きなきっかけを作ったと考えられる。その意味で、信者たちの右のような問いかけは、教祖の教説展開の機動力になっていたのである。

文化十一年八月のM一二一の『お経様』は、釈迦や諸宗祖と同様に如来の世界にいるはずの金毘羅大権現の立場や役割を、同時に諸宗祖にも言及しながら更新している篇として注目される。同篇は、第二章でふれた、金毘羅大権現と崇徳院の御霊を一体視する説を前提に、崇徳上皇の命日の前夜（逮夜＝八月二十五日）を意識して催された「日待」の記録らしく、そのことは、信者集団がこの時代の宗教事象によく通じていて、彼らのそうした情報蒐集がグランド・ストーリーの形成にも大きく寄与していた様子を表している。同篇の前書きに「金毘羅大権現の御千年忌御取越修行の心ばへにて」教祖を招待した旨が記されているのは、この年が崇徳院の六百五十年忌に当たっていたことを考慮すれば、信者たちがそれを「取越」の「千年忌」として執行したのだと推察できる。(19)

そのM一二一の篇で直接話題になっているのは、法事（とくに金毘羅大権現の年忌法要）の目的、一見「もだ（無駄）事」のような教祖喜之の言葉の重要性、諸宗祖がかつてこの世に出た目的、称名・題目・経が有効になる条件、などのことがらである。そしてその中では、かつて諸宗祖がこの世へ済度に出たときの状況について、「中々けふの日を送りかねて居《おる》やうな所へも御出生被成《なされ》、また二つには、非人《ひにん》、乞食《こつじき》の腹にもお舎《やど》り被成た事でござるぞや」、「『此開山は禁裏《きんり》様のお腹からお出遊《であそば》ひた。此開山は天子様のおみだい様のお腹からお出遊ひた』といはれる話も、ほんまの所は大きな大間違でござるぞや」と語られている部分がとくに注目されよう。つまり、諸宗祖は名門の出だという人々の認識はまったくの誤りであり、かつて賤しい身分に生まれて諸宗祖が味わった苦労や難渋をしっかり心に収めて修しないかぎり、称名・題目・経はいずれも無効だというのである。そして、そのような同篇で金毘羅は、人々が教祖喜之の話を素直に受け容れて「如来の思召」を共有することが、金毘羅の法要の真の目的だと強調しているのである。

およそ右のようなM一二一の篇の内容がこの時期に語られた直接的な原因は、実は翌々日の説教記録に当たる同年八月二十七日の篇（M一二二）の記事内容にかなり具体的に表れている。すなわち、同篇の前書きには、前々日の説教を聴聞した覚善が教祖の意向に背く発言をして金毘羅から厳しく批判され、同信者の家に身を寄せていた事情のほか、前々日以来稲垣家に滞在していた喜之のもとへ、その後、信者四、五人が代理として詫びに訪れたこと、その結果、ようやく許されて二十七日の「日待」に連なった覚善が、自らも教祖に詫びを申し出たこと、などが記されているのである。

そうした経緯を考慮すると、前々日（八月二十五日）の説教（M一二一）で金毘羅（教祖喜之）が、称名や題目、経などが「功力《くりき》」をもつ条件や、諸宗祖の出自の真相にもわざわざ言及したのは、自らの知識や行法の有効性を主張して教祖の方針に従おうとしない覚善の行動を抑圧し、信者集団が真に依拠できるコスモスの物語を語る必要がある、と実感したからだと解してよいだろう。そしてそのさいに金毘羅（教祖喜之）は、世間に流布している「金毘羅・崇徳院一体説」と崇徳院御霊の慰撫に、熱心家の信者たちが関心を向けていることを肯定的に捉え、「金毘羅大権現の御千年忌御取越修行」の要請に応じることで、既成仏教の知識や行法の意義を言い立てる覚善らを批判しようとしたのだと考えられる。

4　金毘羅前生譚の確立

そのM一二一の説教から二年足らず後の文化十三年（一八一六）三月十八日に催された「日待」の記録であるM一六五の篇は、現世を超えたコスモスで働く神として信者らが金毘羅を意識するようになったことを前提に、金毘羅神に関する如来教固有の性格づけを大枠で固める教説を展開した篇として注目される。同篇の前書きには、先年、金毘羅は、この日が自分の命日だと告げながら自らの前生譚（仏教でいうジャータカに相当）を語ったことがある、との趣旨が記されており、それはどうやら文化二年（一八〇五）十一月八日の篇（M一四）を指すらしい。しかしM一六五の篇の本文には、「ゑつと〔ずっと前の意〕になるで忘れた」という、金毘羅に向けた人間喜之の発言が記録されており、また一方のM一四の篇の前書きには、同篇が明治維新後の明治十三年（一八八〇）にはじめて浄書され、成立した旨が記されている。そしてそれらの事実から察すると、M一六五の篇の内容が語られた文化十三年当時、ごく初期に語られたM一四の篇の内容は信者たちも記憶していなかったと考えられる。M一六五の篇の内容はその意味で目新しいものだったはずだが、後述するように、ほぼ同様の内容は、《成熟期》のM一九四の篇にも記録されており、『お経様』諸篇では、金毘羅前生譚を述べた篇はそれら三篇に限られている。ここでは便宜上、まずM一四の篇の内容を要約して次に掲げてみよう。

かつて金毘羅大権現は「大ちゃくもの〔乱暴者の意〕」であった。釈迦の依頼によって、受肉して「娑婆」へ出ることになったが、面倒くさがって、生まれ出る先を八年間迷った末に、「天子の末孫《ばっそん》」としてこの世に現れた。しかし、わが身をさんざん持て余したあげく、自分の肉体を船に乗せて流すことを思いついた。そこで「うつろ舟」を作らせ、自らそれを漕ぎ出して水死した。そしてそのさい、魂は自ら「山」へ放り上げ、またその死骸も

「山」に埋めた。そのとき金毘羅は西行を呼んだ。そして西行の指示で、地元の「諸人」が「山」の番をすることになった。またそのさいに西行は、「諸人」の求めに応じてその「山」に「金毘羅」という名を付けた。

ここに語られているのは、かつて釈迦に頼まれて現世へ済度に出たさいの金毘羅の行動である。そして右の要約からは、そのときに金毘羅は済度に出ることに熱心ではなかったこと、自ら水死する途を選んで死骸を山に葬ったこと、そのさいに金毘羅が西行を呼んだため、呼びかけに応えた西行は、山の「番」をする「諸人」の求めに応じてその山に「金毘羅」という名前を付けたこと、などを読み取ることができよう。しかし、物語の展開がもっとも詳しいM一六五の篇では、右の要約と重なる筋道に加えて、このとき金毘羅がわれとわが身を水死させたのは、生まれ出た周囲の人間がみな上流階級の人間ばかりで、彼らが如来の思惑にまったく理解を示さなかったために、この世が如何に浅ましい世界であるかを身をもって示そうとしたからだ、という趣旨などが語られていて、話の筋道がより詳細になっている。

M一六五の篇の展開を含めた右の要約のような教説がもつ歴史的意義をめぐって、かつて筆者は、森山重雄、松原秀明両氏らの議論を援用しつつ、旧著『如来教の思想と信仰』[20]の中で、およそ次のような事実を明らかにしたことがある。

(1)当該の三篇に記されている物語は、上田秋成著『雨月物語』の「白峰」の条に見られる、崇徳院御霊と西行との対面の場面に似かよった部分を含んでいる。

(2)『雨月物語』のその場面は、実は鎌倉時代に成立した軍記物『保元物語』に見える、崇徳院御霊が恨みを西行に語ったという話にまで遡れるもので、その後、『太平記』や謡曲の「松山天狗」などにも受け継がれていた話を独自に脚色したものである。

(3)讃岐の白峰山陵に祀られていた崇徳上皇の霊は、永万元年（一一六五）には象頭山に密かに祀られたが、その事実の公表は長く憚られていた。
(4)藩祖以来、高松藩は象頭山の外護に熱心で、金毘羅別当金光院は、宝暦年間には同藩の後援で正式に勅願所となり、またその後、事実上の将軍家祈願所ともなった。
(5)幕府や高松藩は、象頭山のほか白峰山陵や白峯寺をも保護していたが、それは江戸時代にあっても崇徳院御霊がもっとも恐るべき天皇御霊だったからである。
(6)十八世紀中ごろからの「金毘羅・崇徳院一体説」の急速な広まりは、実は崇徳院御霊の威力に対する民衆の期待がもたらしたもので、平田篤胤著『玉襷』にも言及があるように、崇徳院御霊の象頭山への配祭も、実は江戸中期以降には周知の事実となっていた。
(7)宝暦十三年（一七六三）、高松藩は崇徳上皇の六百年祭を営み、文久三年（一八六三）にも七百年祭を営んだが、政治権力が崇徳院御霊を畏怖する動向は、慶応四年（一八六八）に朝廷が還御を乞い、京都に白峰宮が建てられるまで収束しなかった。

右の諸事実のうち、本書の視点からとくに重要なのは(5)(6)(7)の三つであり、これらの三項目は次のような事情が関係している点でとりわけ重要だと言えよう。すなわちそれは、M一六五の説教が行われた時点で、教祖喜之の教説には、崇徳院御霊の威力に期待する民衆意識を形象化した説話が摂取された、という事情にほかならない。既述のように、喜之の金毘羅神のイメージが「威力ある神」「果断な神」だというものだった様子は、初期の『お経様』にもすでに表れていた。しかし、リアルタイムで正式には筆録されていなかったM一四の篇の内容がM一六五の説教としてあらためて語り直されたことは、十八世紀中葉以降流布しつつあった崇徳院御霊への期待という社会意識の大潮流に、如来教の教説における金毘羅神が位置づけられたことを意味すると考えられる。

なお、『お経様』における金毘羅前生譚については、さらに次の二点を指摘することができよう。その一つは、『保元物語』や『雨月物語』では、京都への帰還のみならず、仁和寺への埋経も拒否された崇徳院御霊が、恨みを綴った血書の願文とともにその写経を海に沈め、「日本国の大魔縁」や「大魔王」となって西行の前に現れたという、壮絶な話が記されているのだが、右の三篇の『お経様』にはそうした壮絶さはほとんど受け継がれていないことである[21]。むしろその何よりの特徴は、前生譚という、菩薩や仏弟子に関する物語の形式で金毘羅の出自を語っているところにあるのであり、そこには、釈迦や諸宗祖と同様、至高神如来を奉じる金毘羅を描いたうえで、その絶大な威力が説かれているのである。

またもう一つは、右のような物語の筋道には、現世で尊ばれている高い身分の者には如来の意思を解せない「浅ましい」者が多いという趣旨とともに、そのことを見通して自らを貶めて行動した金毘羅の前生にはまさに威力が現れている、との趣旨が主張されているという事実である。『お経様』諸篇では、現世における天皇や将軍の存在が直接否定されることはないのだが、その一方で、後述するように、如来のいる「能所《よいところ》〔極楽〕」は現世で尊ばれる「国主様」や「お姫様」も存在しないこの上もなく結構なところだ、とするコスモスの説明が語られている。そしてそうしたコスモスの説明は、M一六五の篇における金毘羅前生譚の筋道と、明らかに通底していると受けとめることができるのである。

5　信仰姿勢批判から読み取れるグランド・ストーリーの成り立ち

ところで、《確立期》以降、教祖の説教には、至高神如来の意思（「ノモス」）への忠実さ如何を尺度として、金毘羅が、故人となった信者の生前の信仰姿勢を論評し、「後世」におけるその霊の収まり場所に言及する、という体裁で語られるものが多くなる。そしてそうした展開は、コスモスに関するグランド・ストーリーを拡大・浸透させる重要な要素になっている。先述の尾張藩士速水藤右衛門や太田半右衛門の子息の例はその代表的なものだが、仏師の加賀屋長左衛門、商人の難波屋仁左衛門、同じく商人の青貝屋半七などの事例も、同様の趣旨で取り上げられた事例に挙げることができよう。

そのうち加賀屋長左衛門と難波屋仁左衛門の事例は、他界の時期がほぼ重なった事情もあって、信仰姿勢が対比的に語られているのが大きな特徴である。二人の信仰姿勢に関する金毘羅と人間喜之とのやり取りは複数の篇にわたっており、一連のやり取りにはグランド・ストーリーの成り立ちとその機能がよく表れている。そこでそれらの流れを確認し、グランド・ストーリーをめぐる人々の意識構造を分析してみよう。

まず、長左衛門の霊に向けた信者たちの追善願いは、文化十一年（一八一四）十一月十一日の篇（M一三二）に初出するが、翌十二年正月十七日の篇（M一三六）には、再度の追善願いに対して金毘羅が、すぐ結論は出さずに考えておくと回答したため、人間喜之との論争に話が発展している。すなわち、長左衛門は古くからの信者だからただちに「能所」へ送ると答えてほしいと喜之が求めるのに対して、金毘羅は、長左衛門が「此度《このたび》の利益、誠尊き利益」と真に思えていなかったことを理由に、すぐには「後世」での成仏を約束できないから熟慮してから返答すると答えているのである。

その論争は、翌々日の説教（M一三七）にも続き、同篇では、信者たちの熱心な追善願いに免じて長左衛門を見捨てないとする金毘羅に対して、信者たちを代弁する人間喜之は、早々に長左衛門の収まり所を決めてほしいと金毘羅に迫っている。そしてその要求に対して金毘羅は、やがて喜之が死んで「能所」へ来るまで長左衛門の霊の処遇は如来に預けておくと述べ、喜之が「能所」へ来れば、長左衛門が生前に犯した悪を「善と変返《へんかへ》す方便」に思いいたるはずだ、と語っている。なお、その次回の説教にあたる同月二十日の篇（M一三八）には、「後世」で仮の居場所を与えられた長左衛門が、信者たちの追善願いに謝辞を述べ、自分の状況を「天下将軍の遊びせるやうな物」だと語った旨が記されている。

さらに、文化十二年正月晦日の説教記録（M一三九）には、難波屋仁左衛門が瀕死の状態に陥り、その病気平癒が願われた様子とともに、信者たちが、長左衛門の成仏が確定されないと近々に死を迎える仁左衛門が「能所」へ行かれない、と訴えた様子が記されている。そして、長左衛門の霊の成仏を重ねて求める人々に向けて金毘羅は、長左衛門と仁左衛門とでは信仰姿勢に「段の違事《ちがふ》」があるとし、「銘々心丈《たけ》〱の所へ往《ゆけ》る」のだから、長左衛門の霊の収まり場所が未確定であることは別人の成仏の妨げにはならない、と答えている。実は仁左衛門はその直後に死去したらしく、二日後の篇（M一四〇）には早くも仁左衛門の霊に向けた追善願いが見出せる。そしてその日の「日待」で、およそ人当たりがよくなかった仁左衛門が「後世」でよい収まり場所を得たと金毘羅が言うのはなぜか、と人間喜之が問うのに対して、金毘羅は、仁左衛門は神仏の意思に忠実に振舞って同信者を厳しく批判したために「根生（性）が悪」いと言われたので、生前の同人はむしろ「能種《よいたね》」を作ったのだ、だから「能《よい》もの」として評価できるのだ、と答えている。なお同篇には、仁左衛門はどれだけの「万霊」を連れて如来のもとへ行ったかを問う覚善に対して、同人は二八〇人の「万霊」を連れて行った旨の金毘羅の回答が記録されている。

これら一連の話は、多くの現代人にはまったく荒唐無稽な話にしか聞こえないだろう。しかし、人間を代表する教組喜之と金毘羅大権現との間で交わされた右のようなやり取りからは、当時の信者たちの中に、死者はその死後「能所《（よいところ）》」へ行って現世に再生しないことが理想であり、もし誰かが「能所」へ行けないとすれば、そのことは後に続く死者が「能所」へ行くのを妨げる結果になる、と強く恐れている者がいた様子を確認することができよう。そして『お経様』諸篇を通読していくと、そうした意識のありようは、実は自分たちの行動を通じて信者集団が学び摂り、身に着けていたものであること、しかしそれは、そのままの形で如来教の教義に摂取されてはいないこと、などがわかってくる。

たとえば、先述のように、太田半右衛門の子息の死去直後、緒川村の利七宅で催された「日待」（M一〇三）では、同村の氏神が、子息は成仏して「九品《くほん》の浄土」の「上段の二段目」にいる旨を語ったのだが、実は「九品の浄土」への言及は、同じ文化十一年の九月二十五日（M一二五）、十月十五日（M一二七）、同月十六日（M一二八）の各篇にも相次いで認められ、同年の秋、「九品の浄土」説は「日待」の場で大きな話題になっていたことが知られる。つまり、当時の信者集団には『観無量寿経』に説かれている「九品の浄土」説に高い関心を向けている者がおり、すでにその知識がかなり共有されていた結果、信者たちはその説に導かれる形で死者たちの状態を金毘羅に問いかけたのである。またM一二五の篇では、「九品の浄土」説と同時に「二十七仏」という如来教固有の来迎仏が話題になっており、そのことは、当時の教祖や信者集団が『阿弥陀経』に説かれている来迎仏もコスモスで働く存在として意識していたことを表している(22)。第二章第三節でふれたように、根源的創造者としての至高神如来のイメージは、地域社会の仏教民俗から摂取されていた可能性が高いのだが、思想形成の原点に遡及しつつ教説を紡ごうとした教祖の言動のみならず、さまざまな不幸や不条理な現実からの救いを求めて諸教説の間を彷徨っていた信者たちの行動も、グランド・ストーリーを生み出す原動力の一つだったことは間違いないと言えよう。

しかし、M一二七の篇で金毘羅は、「下間《げかん》」や「中段」（「九品の浄土」の品等）に言及しながらも、実は「九品の浄土」説とはまったく次元の異なる主張を語っている。すなわち、この日の「日待」で人間喜之が、どんな品等であれ浄土への往生を願う人々を代弁して、「どれ丈《だけ》な事を致《いた》たなら、下間の所〔「九品の浄土」の最下段〕までも参《まいつ》て安心の身の上と成《なる》べき事か」を金毘羅に尋ねたのに対し、金毘羅は、お経や称名を称えたり願行に励んだりしても「下間から五段下」に行けるだけだ、人々が「善心」になり、他人に「善心」を尽くすようにならなければ「能所《よいところ》」への往生は果たせない、と主張している。そして同時に、如来が待つ「能所」とは、既存の浄土説ではとうてい表現できない、結構さに満ち溢れた広大無辺な世界であり、そこにはこの世で尊ばれる「国主様」や「国王」「お姫様」などを「見たうてもない」とまで説明している。つまりこの日の金毘羅は、至高神如来が人々に求めているのは、この世からはとうてい形容できない「能所」へ行けることを得心し、世俗的な心配を忘れて他人に「善心」を尽くす生涯を全うすることだ、という趣旨でグランド・ストーリーを語ったのである。

なおM一二七の篇は、実は緒川村の利七宅で行われた「日待」の記録であり、同篇には利七の病気平癒願いが記録されている。またその翌日、同村の倉吉（利七の養子）宅で行われた「日待」の記録（M一二八の篇）には、転宅の吉凶を尋ねる倉吉の伺いが記されている。そして、後述するように、それらの願いや伺いは、利七が倉吉を独立（分家）させようとしていた事情に関わるものだと考えられる。したがってM一二七の篇における金毘羅の発言は、「能所」を観念的に説明するためのものではなく、利七・倉吉父子に迷いを離れることを促す、実践的な意味を込めたものだったと理解できるのである。

長左衛門と仁左衛門の信仰姿勢の話題に話を戻すと、M一三九の篇で金毘羅は、生前の長左衛門が、現世を超えたコスモスに根拠を置く人生へ導こうとする如来（金毘羅）の意思を理解しようとせず、信者集団に加わっただけで「後世」の保証が得られたかのように振舞っていた、と批判している。その一方、同じ篇で金毘羅は、かねて仁左衛門が、死後の審判は恐ろしい、病難などの現世のつらさや悲しさは、「後世」で救われるための引き替えにしてくださるのだから、この世でわが身がどうなっても「後世」の大切さには替えられないと決意していた、と評価している。したがってそうした金毘羅の発言は、世俗的な生活には日頃から執着せず、如来が主宰するコスモスをひたすら信じて死を迎えようとする者を評価した発言だと言えるのである。

なお、『お経様』のうちM二七〇（年月日不詳。文化初年の成立か）、M五三（文化七年〈一八一〇〉）、M一九一B（「文化年月日不知」）の各篇の記事を総合すると、加賀屋長左衛門は、息子の「労疫（結核）」平癒を願って入信したが、間もなく息子が病死したため、仏師家業の後継者を得ることを最大の目的として信仰を続けていた。そのため文化七年には、釈迦像一体を御本元へ寄進したのだが、当時、金毘羅はその寄進を信仰の本質とは関係ないものとして評価していなかった。そしてそれらの事実を総合すると、長左衛門に対する金毘羅の批判は、結局のところ、長左衛門の信仰姿勢は世俗的な価値観を離れられないものでしかない、という意味の批判だったと考えられる。

それに対し、文化十年（一八一三）正月十八日の『お経様』（M七三）によると、同日、息子の病気平癒を願って入信した青貝屋半七という商人は、難波屋仁左衛門と同様、むしろ金毘羅から高く評価されている。その息子忠次郎は、太田半右衛門の息子と同様、翌年には亡くなったらしく、またM一四二、M一四九の両篇の記事からは、半七自身も息子の死後一年ほどで発病し、同十二年（一八一五）には世を去ったことが知られる。青貝屋半七父子に関する記事はその三篇にしか見られないのだが、M一四九の篇には、半七は七〇〇人の「万霊」を連れて如来のもとへ帰ったという、生前の半七の信仰姿勢を賞賛する金毘羅の発言が記録されていて注目される。なお、一尊教団所蔵の近代史料の一つには[23]、名古屋の本町で大店を営んでいた半七は、息子の死後、無常を悟り、番頭や小僧に家財を分け与えた末に、夫婦で焼き餅の露店を営んで露命をつないでいたと記されており、その伝承は『お経様』に記録された金毘羅の発言内容とよく符合している。

死を宣告された重病でさえ何らかの延命治療が可能になっている現代の感覚からすれば、もっぱら「ノモス」への定位を救済の条件に掲げている右のような死生観や人生観は、もとより容易には受け容れ難いだろう。しかし、自分や家族の不条理な病難を機に、死を身近に予感せざるをえなくなったり、家業の遂行困難を抱えたりしていた当時の人々にとって、右のようなグランド・ストーリーはかなり大きな説得力をもったのではないだろうか。家族の安定的構成の確保という願望が徐々に叶えられつつあった当時の社会は、同時に格差がきわめて大きい社会であり、また偶然的要素に支配された社会でもあったから、そうした壮大な物語に接してはじめて生きる途を見出す人々は確実にいたのであり、それは今日からは想像できないような数にのぼっていた、と受けとめるべきなのだと言えよう。

6　社会との軋轢と信者集団の内部矛盾

グランド・ストーリーの拡大や浸透には、先に見たように、何人かの熱心家を中心とする信者集団の活動が小さくない貢献をしていた。しかし、そうした熱心家らの活動は、実は社会との軋轢を呼ぶこともあり、さらに信者集団に内部対立を生むこともあった。ここでは、そうした事例を具体的に取り上げて当時の信者集団が置かれていた状況を確認し、軋轢や内部対立がやがて如来教の活動に転機をもたらす事情を展望しておこう。

文化十一年（一八一四）正月二十一日の『お経様』（M一〇〇）には、名古屋城下北西端に位置する押切町の真言宗福満寺の住職から、当時、喜之の有力信者で大工棟梁の伊右衛門と八右衛門が呼び出されて尋問を受け、尾張藩への出訴もありうる旨を通告された様子が記されている(24)。その記事によれば、同寺の住職が二名を呼び出したのは、子息の病気平癒を願う尾張藩士太田半右衛門が、前年の十一月以来、たびたび自宅へ教祖を招いて「日待」を催したために、それに連なった人物の一人が喜之の信者集団の活動を住職に告げたのがきっかけらしい。天保期成立の名古屋の地誌『金鱗九十九之塵』によると、その福満寺は押切町榎権現の別当寺を務めており、榎権現の境内には名古屋一帯の「金毘羅大権現巡拝三十三所」の「十八番」に当たる金毘羅が祀られていたから、福満寺の住職が喜之や信者集団の無資格性を問題にして尋問に及んだのには、おそらく次のような背景があったと推察できよう。すなわち榎権現には、当時、金毘羅がすでに勧請されていて、別当福満寺の住職は、同じ金毘羅神を奉じる喜之や信者集団の活動が榎権現の金毘羅への信仰活動と競合することを嫌っていた可能性が高いのである。結果的にこの事件は訴訟にはいたらなかったらしいが、同日の篇には、未信者の参詣差し止めが必要だと主張する伊右衛門らに対して、金毘羅（教祖喜之）は、人々の心次第に参詣させよと答えている。そうした状況を考慮すると、教祖喜之とその信者集団にとって、これ以降、既存の金毘羅信仰組織との競合の調整が重要課題になっていったと考えられるのである。[25][26]

一方、「日待」開催の最盛期に当たる同じ文化十一年以降、信者集団内には、先述のとおり、法華行者覚善と教祖や他の信者との対立が目立つようになっていた。総じて言えば、信者集団の定着や拡大が目立ちはじめた如来教が、既成宗教や尾張藩から注視されるようになったことが、内部対立を深刻化させた大きな背景なのであり、覚善は、合法的な布教手段を模索していたと思われる。つまり、この時期の喜之と覚善の確執は、社会に向けて、「日待空間」をどのようなものとして表明し、コスモスに関するどのようなグランド・ストーリーを発信してゆくのかをめぐるものになっていたのである。

そうした内部対立を抱えつつ、信者集団の活動は文化十二年（一八一五）にも活発に続けられてゆく。しかし、同年十月一日の篇（M一五七）には、新たに覚善と大工伊右衛門との対立が生まれて同信者に動揺を与えた様子が記録されており、それが重要なきっかけとなって教祖と信者集団は新たな局面を迎えることになる。

M一五七の篇の中で金毘羅は、説教を聞き流し反故にしているとして、信仰歴の古い信者たちにもっとも厳しい批判の言葉を投げかけるとともに、信仰活動を再出発させるために、三、四か月は喜之の説教を停止させる旨を宣言している。その後も実際には約七か月以上、説教活動はそのまま継続され、その間、教祖と信者集団との間には、すでにふれてきたようなさまざまなやり取りが交わされている。しかし、翌十三年（一八一六）三月のM一六五の説教ではじめて本格的に金毘羅前生譚が語られ、後述する「三界万霊の命日」に当たる同年四月十二日の説教（M一六六）で固有の救済思想を更新する内容が語られた後、説教活動の停止は約五か月間にわたって実行されていったのである。

註

（1）今日、一尊教団から公開されている写本群の中には、説教の実施日には記録されず、後日、記憶を頼りにまとめられたと考えられる篇も含まれている。ただし、文化八年（一八一一）成立の諸篇の写本を一尊教団が所蔵していない事情もあって、リアルタイムで筆録されなかった諸篇の正確な特定は困難である。なお、第二章でふれた一連の近代史料（教祖喜之の伝記史料）には、文化九年以降の『お経様』は「御綴り連」の手で筆録されたと記されており、その記事内容に特段の不合理は認められない。

（2）文化五年（一八〇八）の『お経様』（M三九）では、教祖喜之の寿命は「もはや時節も一両年」と表現されており、そこには、信者たちの救済願いに広く応えていこうとする熱意や意向よりも、至高神如来の意思を社会に向けて発信すること自体の緊張感の方が、まだ大きく勝っていた様子が窺われる。なお、『お経様』（M五六）は秋葉大権現が天降る形で行われた説教の記録であるため、「月に一度づゝもお下りを」はその秋葉の降下を求めたものと解釈して当然だとも言えるが、教祖喜之の説教では発言主体（神仏等）がしばしば途中で変化・移行するため、右の「お下りを」は、むしろ金毘羅大権現の定期的な降下が願われた状況を伝えていると筆者は解釈している。

（3）ただし、『お経様』の前書きに参集者数の記録が見られない「日待」のすべてが「数十人」未満の規模で開催されたと受けとめるべきではない。後掲の註(5)を参照。

（4）尾張藩士たちの役職や禄高は、原則としては徳川林政史研究所蔵『藩士名寄』によっている。詳しくは神田・浅野編『如来教・一尊教団関係史料集成』第四巻「別冊（その2）」所収の「Ⅲ—2　『お経様』に登場する尾張藩士等に関する情報一覧」を参照。

（5）教祖在世時代の「日待」への日常的な参集者数は正確にはわからないが、主な会場提供者であった尾張藩士宅の規模から推察すると、それは今日、多くの新宗教教団の末端組織が日常的に開催している例祭や会合の規模（つまり数人から百数十人程度）と、あまり違わないものだったと考えられる。なお、「数百人」はやや誇張とも言えるが、尾張藩士の自宅では二〇〇人程度を収容できた可能性は十分あると言えよう。

（6）当時の信者たちは、何かの不条理を抱えた場合、たしかにその不幸を免れるよう熱心に願いはしたが、ただ病気の治癒のみを求めていたわけではなく、またどんな重病でも必ず治ると考えてはいなかった。太田の子息が再起不能であることは、平癒祈願に参集した信者たちにもほぼ予測できたことがらであり、そこにはおそらく、冷静な判断も含まれていた。平癒が望めない重病の事例が多かった当時の病気平癒願いは、願いが成就しない場合の対処法をも問うている、ある意味では高度に宗教的な願いだったのだと言えよう。

（7）そうした趣旨を強調している代表的な『お経様』に、文化十三年（一八一六）のM一七一、文政元年（一八一八）のM一九九、同五年のM二三四の各篇などがある。

（8）たしかに文化初年の『お経様』にも、「此度が初ての終の利益」（文化二年：M一〇）、「先此度の利益は、世界立始りてより初ての終の結構成利益でやぞよ」（文化二年：M一一）、「……娑婆の始ての是終りの事成ば……」（文化三年：M二四）などの表現が散見される。しかし、文化八年以前は筆録者集団「御綴り連」が未成立で、リアルタイムでは記録されなかった篇もあったことを考慮すると、「初ての終」のような語句が右の諸篇に記録されたのは、文化九年以降だった可能性も生じてくるのである。

（9）P・L・バーガー、園田稔訳『聖なる天蓋』（新曜社、一九七九年）の「第一章　ノモスとコスモス」を参照。

（10）S・キルケゴール、枡田啓三郎訳「死にいたる病」（『世界の名著四〇　キルケゴール』〈中央公論社、一九六六年〉所収）。

（11）M・ウェーバー「世界宗教の経済倫理　序論」（大塚久雄・生松敬三訳『宗教社会学論選』〈みすず書房、一九七二年〉所収。同書五二頁）。

（12）M・ウェーバー、武藤一雄・薗田宗人・薗田坦訳『宗教社会学』（創文社、一九七六年）の「六　アジア的宗教意識の一般的性格」を参照。同書二一五頁。

（13）M・ウェーバー、池田昭・山折哲雄・日隈威徳訳『アジア宗教の基本的性格』（勁草書房、一九七〇年）の「第五章　宗教社会学　第十節　救済方法と、生活態度へのそれの影響　七　現世逃避的、神秘主義的鑑照」を参照。同書二〇二頁。

（14）『お経様』（M五九・M六二）に言及がある『十王記』（『十王讃歎抄』）には、およそ次のような筋道が強調されている。すなわち、冥界には一〇人の王がおり（その五人目が閻魔王）、亡者は死後、その送り先を初七日から三回忌まで次々に一〇人の王によって審判されるが、極楽へ送られることはきわめてむずかしく、生前に犯した罪の軽重によって、地獄、餓鬼道、畜生道、阿修羅道、人道、天道の六道へ送られる、というのがその筋道である。

(15) 名古屋叢書三編第十四巻『金明録――猿猴庵日記』（名古屋市教育委員会、一九八六年）二九九頁。

(16) なお、『お経様』諸篇には「虫螻」「畜類」「鳥翅《とりつばさ》」「木《き》苗草木《なえそうもく》」などの生死までがしばしば話題になっており、そうした教祖の意識様態には、「草木国土悉皆成仏」を強調した世阿弥の芸能理論のような、中世以来の発想を引き継いでいる様子が表れている。教祖の説教が終始、社会的劣位者への優しさを保って語られているのは、そうした由来の古い発想を受け継いでいるからだとも考えられよう。

(17)『日本史研究』第二七四号、一九八五年。

(18)『お経様』（M一三三）に見える「お釈迦様の仰た事がたんとあれば能が、お釈迦様のいはしたのは、漸と七十枚の、八十枚のと、お主達へ話て置た」との金毘羅の発言は、その主張を表す代表的な例である。

(19) 宝暦十三年（一七六三）と文久三年（一八六三）、高松藩は崇徳上皇の六百年祭と七百年祭を営んだことが知られている（森山重雄『幻妖の文学　上田秋成』〈三一書房、一九八二年〉の一〇頁を参照）。

(20) 詳しくは序章の註(7)を参照。

(21) なお、『お経様』諸篇にしばしば登場する「魔道」と呼ばれるデーモンにはいくつかの起源があったとみられ、その一つが崇徳院御霊であった可能性は否定できない。

(22) 第二章の註(33)とその註以下の本文を参照。

(23) 一尊教団の創設者清宮秋叟の法話録で、「信仰に生る」と題する謄写版史料。末尾に「昭和五年十月八日」の日付が記されている。『史料集成』第一巻に翻刻収載。

(24)『お経様』（M一〇〇）の前書きに「万福寺」とあるのは誤記で、「福満寺」が正しい。

(25) 榎園好之著『金鱗九十九之塵』巻第八拾四（『名古屋叢書第八巻　地理編（3）』〈名古屋市教育委員会、一九六三年〉一七一頁）。

(26) 文化十三年二月の『お経様』（M一六二）には、海東郡茶屋新田村（現、名古屋市港区内）の住民から覚善が「公事の取扱ひ」を依頼された事情が記されており、彼らが「神様とやら如来様とやら」を建立したいとの願いを持ち込んできた旨も記録されている。おそらく同村の人々は、如来教を知る以前から金毘羅を信仰していて、同教への入信後、既存の金毘羅信仰組織と軋轢を抱えるようになり、それを回避するために、社を建てて何らかの公認を得る手立てにしようとしていたのではないだろうか。

第四章　応答を直接的契機とする宗教思想の形成と展開

本章では、第三章に引き続き、主に《如来教の確立期》（文化九～十三年〈一八一二～一六〉閏八月：教祖在世時代の第Ⅱ期）における宗教思想の形成・展開の様相を追跡し、その歴史的意義について考察する。ただし本章では、「日待」の場における信者集団との応答が直接の契機となって形成・展開された事情がとくに明確な、「三界万霊《さんがいばんれい》」救済の教義（如来教固有の救済思想）および「役義（儀）」・「家職」論のみに対象を限定し、それぞれの形成・展開の様相を詳細に追跡・分析する。より広い視角から言えば、それらの内容もまた第三章で論じたグランド・ストーリーに含めて捉えることが可能であり、むしろそうした議論の組み立てを採るべきかもしれない。しかし、「三界万霊」救済の教義と「役義（儀）」・「家職」論は、形成・展開の過程を個別に追跡する方がそれぞれの筋道を理解しやすいため、ここでは便宜上、敢えてそれらをグランド・ストーリーには含めずに独立させて取り上げることにした。

なお、第二章第一節でもふれたように、《確立期》の末尾には約五か月（文化十三年四月～同年閏八月）にわたる説教活動の中断期間があり、その期間は《確立期》から《成熟期》への大きな画期として捉えることができる。しかし、本章で取り上げる宗教思想の形成・展開の筋道は、むしろいったんその画期を超えて追跡する方が理解しやすい。そこで本章では、便宜上、右に挙げた宗教思想の内容やそれらに関連して展開された信者たちの活動については、《如来教の成熟期》（文化十三年閏八月～文政三年〈一八二〇〉三月：教祖在世時代の第Ⅲ期）以降についても追跡していることをお断りしておきたい。以下、本章の各節における論述内容の概要を掲げておこう。

「一　『三界万霊』の救済をめぐる応答とその深化」では、当該の教義形成の直接的端緒が知多郡緒川村の住民によって作られ、やがて「三界万霊」の救済祈願が「日待」の重要課題の一つになっていったことを考慮し、その教義形成に深く関わった緒川村利七一族の入信ないし信仰継続の経緯、さらには地域社会の変動への彼らの対応を含めて、「三界万霊」救済の教義の形成・展開の過程を詳細に追跡し、その歴史的性格を明らかにする。そして、その教義にもとづいた救済祈願の行事が、名古屋在住者たちが組織した講集団でも定例化されていった実態を追跡し、併せてその意義を明らかにする。

「二　『士《さむらい》講中』の集団的願望と『お経様』における『役義（儀）』・『家職』論」では、《確立期》から《成熟期》にかけて、一部の尾張藩士たちが組織していた「士講中」が、個々のメンバーの個別的な願望とは別に、講集団としての伺いや願望を寄せていた（大坂の陣に参戦した先祖たちの霊や尾張藩歴代藩主の霊、尾張藩祖徳川義直の霊や徳川家康の霊などの成仏如何に関する伺い、などが含まれている）実態を追跡し、それらの歴史的な意味について分析する。また同時に、そうした講中との応答の過程で、政治権力者をも含む人間は、至高神如来から「役義（儀）」や「家職」を与えられてこの世に出生しているという教説が強調されていった様子を追跡し、そうした教説展開がなされた歴史的意義を明らかにする。

一　「三界万霊」の救済をめぐる応答とその深化

1　「三界万霊」救済の教義の形成と展開

「三界万霊」の救済を掲げる如来教固有の救済思想が形成されたそもそもの発端は、教祖喜之にとって最初の篤信者となった知多郡緒川村（現、同郡東浦町緒川）の利七が、享和三年（一八〇三）、生まれたばかりの女児の順調な生育を願って教祖に縋ったことにある。「初瀬《はつせ》」という名前を神から授けられたというその女児は、結局は幾ばくもなく世を去ったのだが、後で詳述するように、その後利七は、文化二年（一八〇五）の正月、新たに生まれた男児への命名を願い出たのをはじめとして、縁者に関するさまざまな願望を教祖のもとへ寄せ続けていった。同年の『お経様』（M一二）によると、同年の五月、その男児の発病という事態を抱えた利七は、「夏《げ》の内回向《うちゑこう》」という修行を自らの意思でつとめ、その途中の節目に教祖のもとを訪れて来たという(1)。そのときの利七に対する返答として、神憑かった教祖の口から語られたのが、もっとも救われがたい無縁仏の追善を願うことは各人の先祖や縁者の成仏につながること、金毘羅は、信者たちが回向すべき対象を明確にするために、無縁仏に「三界万霊」の呼称を与えており、その「三界万霊」に回向しようと思いついた利七の志を歓迎していることなどで、その応答がこの救済思想形成のそもそもの発端になったと考えられる。

その後、如来教が確立期に入った文化九年（一八一二）の四月、緒川村海鐘山善導寺《かいしょうざんぜんどうじ》（浄土宗）の檀家だった利七は、浄土宗の授戒《じゅかい》の意義について教祖に伺いを寄せ（M六〇）、翌五月には、授戒の本来の意味は「三界万霊」をたすけることだとの回答を金毘羅から得ている（M六一）。さらにその次回の説教記録に当たる同月のM六二の篇には、前回の説教に接した利七の母が、「三界万霊の命日」を定めることを願った様子と、その母の求めに応じて金毘羅が、「三界万霊の命日」を四月十二日と定めた様子が記されている。「三界万霊」は不特定多数の亡魂なので、本来、特定の「命日」はないのだが、利七の母らが敢えて「命日」を定めることを願ったのは、「三界万霊」への追善供養を定例化して、それを日常の信仰実践に組み込むことで亡霊一般の「成仏」を促し、未成仏霊への脅威感を低減させて、自分たちも安心を得たいと考えたからなのだろう。そして、この日以降の喜之の説教では、その「三界万霊」の救済に関する教説がしだいに中心的な位置を占めるようになってゆき、尾張藩から如来教がはじめて本格的な統制を受けた文政三年（一八二〇）四月まで、この教説はそうした位置を占め続けていくのである。

ここで、その救済思想が主張していったことがらをあらかじめまとめておくと、それはおよそ次の六項目に集約できよう。

①人間が死んで「後世《ごせ》〔来世〕」へ赴くときには「万霊」を連れて如来のもとへ行くべきであり、「万霊」を連れてゆくことがその死者自身の救済の条件である。

②そうした形における「万霊」の救済こそが如来教開教の目的である。

③子孫に菩提を弔われている有縁の霊もまた未成仏の「万霊」になっている。

④人の生涯は子孫による死後の追善供養を保証されてはじめて意味をもつ、とする社会通念にとらわれているかぎり、現世に生きる人間もまた「万霊」である。

⑤多くの人間が「後世」の秩序（如来の秩序）を根拠としてこの世を生きるようになる時節が迫っている。

⑥その時節の到来によって「三界万霊」の救済が成就し、人間の主体構造の根本的な転換が起こる。

これらのうち①と②は、この救済思想の筋道が固まりはじめた文化十一年（一八一四）四月十二日の『お経様』（M一〇八：「三界万霊の命日」の篇）に見える、次のような一節から筆者が抽象したものである。

あの、今夜はなふ、万霊が命日とやら何とやらでやとて、皆々寄合《よりあつ》たさうながなふ。万霊は大《（おおい）》に塩梅《あんばい》が能《ゑい》ぞや。万霊も大に塩梅が能《ゑい》に、お主達も悦《よろこ》ばしやれ。是、お主達があっち〔「能所」＝極楽〕へ行《ゆく》時に、連《つれ》て行《ゆか》にゃならんぞや。夫《（それ）》万霊をたんと連て行ものは、如来様が、「能《よう》連て来たよ。わりゃ、惟一《うい》（愛い）奴《やつ》でやぞやう」と、如来様が斯話《（こう）》を被成るが、又得《ゐい》連て行ぬと、中には往《ゆか》まいものでもないが、其万霊を得《ゐい》連て往《ゆか》んと言と、如来様が、「此度《このたび》は、どふ言事でお主達は、己《おれ》が側へ来るのでやや。此万霊が等《とう》をばお主達に引付《ひつつけ》させて助《たすけ》させ度迚《たいとて》、此度斯言事《こういふ》が出来て来升《まし》たのに、其万霊はなぜ得《えい》連て来《こ》なんだや。其万霊を連て来ねば、お主達も、まあ一篇《へん》（遍）戻らにや成《なら》んぞや」と、斯如来様が言《いは》つせる程に、其所《そこ》を能《よく》承知をして居《おら》しやれや。

ここではまず、生きとし生ける者はみな、前世、現世、来世を次々に生まれ方を変えながら生死を繰り返している、とする輪廻転生説が大きな前提となっている。つまり如来教における救済は、論理的には、輪廻転生の世界からの解脱を意味しており、そのことは、右の引用中で、如来のもとへ行く死者の行き方が問題にされていることによく表れている。しかもそのさい、如来のもとへ行く死者に対して「万霊を連れて行く」ことが求められているように、この救済思想で一貫して希求されているのは、個々の人間ごとの解脱ではなく、むしろ成仏していない無数の亡霊とともに新たな死者が解脱する（成仏を得る）筋道である。右の一節の冒頭で金毘羅が、「万霊」たちの塩梅がよいと述べているのは、そうした「万霊」への追善供養を信者たちが願ったことを、金毘羅が歓迎しているからにほかならない。さらに、「此万霊が等《とう》をばお主達に引付《ひつつけ》させて助《たすけ》させ度迚《たいとて》、此度斯言事《こういふ》が出来て来升《まし》た」とあるのは、そのような、いわば未成仏霊をともなった往生や成仏を実現することこそが如来教開教の目的だ、と宣言している発言なのである。

それに対し、先の要約の③〜⑥は、この救済思想がもっとも深化を遂げた、《成熟期》の文政元年（一八一八）ないし同二年における複数の『お経様』を素材に、筆者がかなり抽象化してまとめたものになっている。その深化を代表するのは、「三界万霊」（未成仏状態にある存在）の概念が、かつてその成仏を根底から疑われたことのなかった有縁仏（子孫に菩提を弔われている霊）や、さらに現世に生きる人間にまで拡張されていること（③、④）なのだが、文政元年のM一九五の篇に見られる次のような一節は、有縁仏もまた未成仏の「三界万霊」だとする主張が端的に表現されている例だと言えよう。

……是「万霊〳〵」といへば、皆お主達は、唯外《ほか》人のやうにおもはれふが、其万霊といふ物は、皆お主達の身分に引付《ひつつい》てをり升《ます》ぞや。お主達は、唯是「先祖代々」と斯《こう》いはれゝ共《ども》、其先祖代々が、皆万霊と成《なつ》てをり升ぞや。
……

すなわちこの一節では、どれだけ有縁の霊（先祖や一族の霊）の成仏を願っても、そうした個々の霊が個別的に成仏することはありえない、人間というものは、それ自体が成仏困難な本質を背負っているものだ、とされているのである。そしてまた、現世に生きる人間も「万霊」と変わらない本質をもつ存在だとする教説は、実は先に引いた文化十一年のM一〇八の篇にも、

……いか程此世界で、「能人《あい》〳〵」と言れても、「今度《こんど》（来世における亡者への審判の意）」、「如来（至高神如来の意）」と言事を少しとして我《わが》腹前《はらまへ》へ承知得致《あい》さんものはみな、如来様は、「其者は是又右の通り、万霊の御取《とり》扱《あつかい》等《とう》にも、ひよつと又ならまいもの哉《かな》」と思召て、そこを殊《こと》の外《ほか》御《こ》不便《ふびん》（不憫）に思召《おぼしめさ》せられる……

という形ですでに表明されている。つまり、前節にも見たとおり、如来の意思という「ノモス」に定位しえないかぎり人間は成仏できず、「三界万霊」と何ら異なるところはない、というのである。

ただ、「先祖代々」や現世の人間も「三界万霊」と同じ本質をもつ存在だとする趣旨がとりわけ強調されてゆくのは、《成熟期》の文政元年前後の『お経様』からである。すなわち、如来教に本格的な統制が加えられる文政三年四月までの、文化末年から文政初年にかけては、喜之の説教中で終末意識の表明が急速に切迫していく時期に相当する。たとえば、次章で詳述するように、文政元年のM一九四の篇には、金毘羅（教祖喜之）の言葉はもはや「暇乞《いとまこひ》」の言葉であるにもかかわらず、人間たちは勝手な判断を加えて神の言葉に従おうとしない、しかし世界は終末を迎えており、諸宗祖や菩薩のような救済者が新たに受肉して現世に出るようなことは当分ありえない、という趣旨が語られて

いる。そして、同二年（一八一九）九月のM二一七の『お経様』には、そうした終末意識が頂点に達した様相が、次のように記録されているのである。

……後世といふ物は、是娑婆此世界は又、事と道理によれば、如来様のお心に間違《まちがへ》ば、是如来から此世界といふはお始置《はしめおか》れた此世界の趣《おもむき》なれば、事と道理によれば、其世界も又なくなりし次第も有《ある》まい物でもござらんぞや。ござらんが、是後世におゐては、「無《なく》なる」の「どふする」のといふ事はござらぬぞや。……

この年の二月には、名古屋城下に大火が起こる風評が広まり[2]、六月には濃尾一帯が大地震に見舞われていた[3]のだが、同年九月に記録された右の一節では、二つの災害を怖れる信者たちの意識に対応して、彼らがしっかりと如来に帰依しないならば、人間救済の便法として建設されたにすぎない現世は消滅することもありうる、という趣旨が主張されている。そしてまた逆に、「後世」が消滅することはありえない旨が強調されて、人間が真の救いを得られる場としての「後世」に向けた、最高度の期待が語られているのである。

それでは、教祖の終末意識がそのように切迫していった状況と並行して、この時期に、如来教の救済思想としての「三界万霊」救済の教義がしだいに深化を遂げていったことには、どのような歴史的意義があると言えるだろうか。文政元年十月のM二〇二の篇に見られる次の一節は、その問題に関する『お経様』自身の主張をもっともよく表しているので、その内容からまず確認してみよう。

……夫《（それ）》出家とて、数多《あまた》の人に尊《たつと》まれて、其栖《すみか》を致す身の上でさへもつて、今度《こんと》後世に助《（たすか）》るべき縁のなき身分でござる。夫、「此度《（このたび）》は、お主達を助《（たすけ）》てとらして、数多《あまた》の衆生《しゆしやう》を夫《（それ）》に付《つけ》てやらふ」と如来から仰出《おふせいた》されたお詞《ことは》といふものは、是以《もつて》大きな共《とも》、何《なん》とも、口に演《のべ》られぬやうな大きな事でござるぞや。……

ここには、たとえ出家として多くの人に尊まれながら暮らしている者でも、「後世」で助かる縁は本来ないのだが、今回、お前たちを成仏させて、その身に未成仏の「三界万霊」を付けてやろうと如来様が仰ったそのお言葉は、（宗教者でもない俗人を未成仏状態にある諸霊もろともに直接救済しようとするものである点で）口で表現しようもないほどに偉大なことがらだ、という趣旨が語られている。それは言い換えれば、縁者（遺族）が菩提寺の僧侶に法要を依頼することではじめて成仏が確保されるような、成仏如何を縁者や僧侶に頼ってきた人間の主体構造（存在様式）が根本的に変革される、という宗教的信念を語ったものであり、実はそれこそが如来から開示される「ノモス」にほかならない。そして、そうした人間の主体構造の根本的変革は、信者集団が心を合わせ、如来に向けて「三界万霊」の救済をともに祈願することによってはじめてもたらされるものだ、というのである。さらに言えば、それは、幕制仏教的な安心の構造（生死に関する社会通念）を根底的に改変しようとしている教説だと規定することができよう。

ところで先述のように、島薗進は、『現代救済宗教論』（青弓社、一九九二年）の中で、十九世紀から二十世紀にかけての新宗教には救済神信仰から精霊信仰への重点移行が見られるとし、そのさいの精霊信仰は、江戸時代以来の伝統的精霊信仰とは異なる、新しい都市的精霊信仰として捉えるべきだ、と主張している。そして、大正・昭和戦前期の新宗教におけるそうした重点移行の背景には「技術的思考や操作的態度の浸透」があったとし、「すべての現象の背後に神の意志を見ようとする傾向（救済神信仰）」は「個々の現象についての因果関係の知識に基づいて環境を統御して支配することに関心を集中する」ことに取って代わられるようになる、と記している。また、さらに島薗は、江戸時代には「迷える霊や祟る霊」への供養はもっぱら職業的宗教家に委ねられがちだったのに対して、大正・昭和期に発展したいくつかの新宗教教団では、「僧侶などの専門的宗教家の媒介を経ない、個々の人（信者）の（亡霊供養の）実践を定式化した」とする見解をも記している。

およそ新宗教の展開が近代に本格化するものであることを認めるかぎり、そうした島薗の見解は妥当だとすべきだろう。しかし、第二章第二節の「未成仏霊をめぐる信者との応答」の項や本節で論じてきたことから明らかなとおり、如来教の教祖や信者たちは、すでに十九世紀初頭の段階で、「迷える霊や祟る霊」への供養は「僧侶などの専門的宗教家」には委ねられないとする意識をもっていた。そして、そのような意識が江戸時代後期にはすでにかなりの広まりを示していたことは、次のような諸事実からも推察できよう。

第二章で見たように、在世時代の教祖や信者たちは、人の生涯は多くの死者たちとともにあるもので、生者と死者は運命をともにするものだ、という感覚を共有していた。そして、そうした民俗的死生観は、「三界万霊」救済の教義形成の大前提になっていたのみならず、実はほぼ同時代の思想家である平田篤胤が「幽冥界」の説を唱えた背景でもあったと考えてよいだろう。そのことに関連する議論を筆者は約二〇年前にもしたことがあるのだが(4)、当時の筆者は、その両者に共通する大きな背景に十分気づいていなかった。しかし、筆者は近年、そうした死生観こそ、近世後期における各地の民衆がもっとも広く共有していたものであり、当時の民衆思想の中には、篤胤学や如来教の宗教思想以外にもそれを基盤に展開したものがあったのではないか、と考えるようになった。本書でその問題を正面から追究する余裕はないが、如来教の「三界万霊」救済の教義と篤胤学の「幽冥界」の説がきわめてちかい土壌から生まれていることは、ここで確認しておきたい。

しかし、両者がかなり異なる性格をもつ思想であることももう一方の事実であり、その相違点は、十九世紀から二十世紀にかけての新宗教の重点移行として島薗が指摘している、救済神信仰から精霊信仰へという流れの中で、両者が占める位置に関わっている。すなわち、当時の如来教信者たちが実践していったのは、あくまでも「三界万霊」の救済を如来に祈願することであり、諸霊と直接対話することではなかった。したがって、その事実には、救済神信仰の性格が強い如来教の特徴がよく表れている。それに対し、『毎朝神拝詞記』『玉だすき』『玉襷総論追加』『出定笑語附録』『仙境異聞』などにおける平田篤胤の議論では、来世志向的な要素をいささかでも含む信仰に心を惹かれない意思を固めることが勧められており、そこではむしろ救済神信仰は忌避されていると言えるのである。

明治維新前後に、天皇制イデオロギーの形成という国家的課題が浮上し、それがしだいに果たされていったなかで、救済神信仰の性格を貫きつつ民俗的死生観の革新を推進した如来教教祖の後継者たちと、同様な民俗的死生観を前提としつつ救済神信仰を忌避した篤胤の「幽冥」論の後継者たちが、それぞれどのような独自性・固有性を確保し続けることができたのかは、もとより別途に論じるべき課題だとするほかはない。しかしここでは、かつて島薗が指摘した、救済神信仰から精霊信仰へという新宗教の流れとの関連で、如来教の宗教思想と平田篤胤の「幽冥」論の位置関係を、ひとまず右のように確認しておきたい。

2　知多郡緒川村利七の足跡と世紀転換期の地域社会

すでに何度かその動向にふれてきた知多郡緒川村の利七は、右に見たように、「三界万霊」救済の教義が形成される直接の契機をも作った、教祖在世時代における篤信者の一人である。そこでここでは、利七とその縁者ないし緒川村の住民が如来教と関係を深めるようになった経緯について、可能なかぎり詳しく追究してみよう。

まず、すでに見たように、教祖伝『御由緒』には次のような利七の足跡を辿ることができる。すなわち、享和三年（一八〇三）の春ごろ、利七は、熱田新旗屋町で「一文商ひ」を営んでいた喜之の家へ草鞋を買いに立ち寄り、そこで休息するうちに、喜之の身体に金毘羅大権現が天降るという話を聞いた。そのさいに利七は、喜之の神憑りの真正性や天降る神の由来が確かめられていないと聞いたことから、緒川村に住む修行僧で金毘羅道者でもあった石道を喜之と法華行者覚善に紹介し、両人が金毘羅大権現の由来を聴取することを仲介した。そしてその結果、覚善も喜之の神憑りの真正性を信じるようになっていった。

なお、同年四月、利七は生まれたばかりの初子「初瀬」を亡くしたのだが、彼が喜之の神憑りに強い関心をもったのは、おそらく、その嬰児（娘）との死別という不幸を乗り越える途を求めはじめたからだった。第一章で見たように、その後の同年夏、利七は、喜之と同居していた覚善の息子倉吉（当時十一歳）を、喜之に天降った牛頭天王の指示に従って養子として迎え入れた。(5) 以来、利七は喜之および覚善と懇意になり、喜之の家に気やすく出入りするようになったというが、そのような利七は、喜之にとって最初の本格的な入信者だった。

さらに『お経様』諸篇に探索を進めると、「初瀬」を失った翌々年に当たる文化二年（一八〇五）の正月、今度は利七に男子が生まれ、神に願って「菊次郎」と名付けられたという。(6) それ以降、《確立期》までの『お経様』には、利七やその関係者に関する記事がさらに三〇余篇にわたって記録されているのだが、当時、利七とその縁者が抱えていた困難やそれらに対処した彼らの行動にはどのような歴史的性格が認められるのか、以下、近世における知多郡北東部の地域的特性を確認しつつ、できるだけ詳細に論じてみよう。

先年に再編集された知多郡東浦町や半田市の自治体史によると、十八世紀以降の近世における知多郡北中部一帯は、尾張地域の中では貨幣経済の浸透がきわめて顕著な地域の一つだった。(7) ことに『新編　東浦町誌　本文編』は、旧村木村、石浜村、生地村、藤江村とともに今日では東浦町を構成している旧緒川村について、知多半島北東の三河湾最奥部沿岸に位置した同村が、徳川家康の母於大の方を出した水野氏の城下町として出発しながら、同氏の移封（慶長十一年〈一六〇六〉）後には城下町としての役割を失い、半島東岸の東浦街道の宿場町ないしは地域の在町として発展していった事情を詳述している。(8) また同書によると、この地域一帯の経済発展を大きく牽引したのは、江戸積み目的の酒造業の展開と、それと表裏の形で発達していた稲作の高い生産性であり、その酒造業発展の発端は、すでに正徳五年（一七一五）には寛文期の二〇倍ちかい酒造株高を認められていた緒川村にあったという。[9]知多酒造の中心はやがて良港を具えた半田・亀崎方面へ移ったが、酒米需要の増大は、金肥を使用した商品生産的な稲作を発達させ、尾張藩も「御払据米制度」を実施するなど、この地域の経済発展に大きな影響を及ぼした。[10]十八世紀から翌世紀初頭にかけての現東浦町域には、酒造業・廻船業・新田地主・米穀肥料商などを兼営する豪農商が成長する一方、農民は耕作を稲作に絞り込んでいたという。[11]

なお、尾張藩成立の当初から、緒川村では農地保有の格差がきわめて大きく、寛延四年（一七五一）には保有高五反未満の農民が八七％に達していたのだが、そのような下層農が自立できたのは、新たな地主小作関係の進展や各種の農間稼ぎの普及があったからだと言われる。[12]もともと知多半島一帯は、土木工事中心の黒鍬稼ぎ（出稼ぎ）を出す村が多かったことが知られているが、それに加えて酒造業の展開が各種の関連労働力を必要とし、廻船業が並行的に発達していったことなどから、十八世紀末以降の半島北中部東海岸には、家計を農外収入に頼る人々も急増していったと考えられる。そして、この当時の緒川村を中心とする在町の発展は、一方における農民層分解＝地主制の発達と並ぶ、社会変動の具体的な表れだったと見ることができよう。

寛政五年（一七九三）の調査結果によると、現東浦町域の旧五か村には、農業、黒鍬人足、酒造、大工という共通する生業があり、村木村と緒川村には素麵（地売・近村売）の店が、また緒川村、石浜村、藤江村には菓子を売る（地売・近村売）店が成立していたのだが、それらの事実は、この地域の人々がすでに相当の購買力をもっていたことの証拠だという。[13]また、教祖喜之没後の天保十三年（一八四二）、幕政改革にともなって尾張藩が実施した調査には、当時の緒川村に、旅宿屋・茶屋（飯屋）・うどん屋・まんじゅう団子屋などの飲食業、菓子屋・豆腐屋・酒小売りなどの食品販売業、さらに酒造屋などを含む、四九軒もの商工業者があったことが記録されており、そのこともまた、

緒川村が周辺地域に対して在町としての役割を十分に果たしていた様子の表れであるという。(14)

ところで、旧知多郡緒川村に寛延四年と嘉永五年（一八五二）の田畑名寄帳が残されていることは、実は旧『東浦町誌』（一九六八年刊）に詳しく紹介されていた。しかし、利七やその縁者として知られる人名がそこに見出せなかったことから、筆者は最近まで、久米利七一族の足跡を追う素材として、それらの史料を活用できないでいた。ところが近年、嘉永五年の田畑名寄帳（「神市場町」分の冊）に登場する「兵右衛門《ひようえもん》」と「兵八《へいはち》」が、利七の菩提寺である同村の浄土宗海鐘山善導寺の過去帳や所蔵文書に名前が登場する、利七の縁者であることがわかってきた。(15)そして、先述のように利七には、文化二年、男子が生まれて「菊次郎」と名付けられていたことも明らかになったため、「兵右衛門」とはその「菊次郎」を指すこと、また「兵右衛門」は安政四年（一八五七）八月十一日、直系の男子に恵まれずに没したことを過去帳で確認できるため、「兵八」とは「兵右衛門」の養子を指すことが、ともに判明したのである。

そこで、嘉永五年の『緒川村田畑名寄帳』のうち神市場組分の記事によると、その時点での「兵右衛門」の名請地（田畑）は四反一畝一二歩、「兵八」の名請地（同）は一反九畝二三歩で、「兵右衛門」のみが一反二畝一六歩の屋敷地をもっていたことが知られる。両人の田畑保有の合計は六反一畝五歩となるが、生前の利七の田畑保有高はおおむねこの数字にちかいと考えてよいはずである。そこで、旧緒川村神市場組において利七やその子孫らはどのような社会的位置にあり、彼らはどのような人生を選択しようとしていたのかを、それらの数字をたよりに考察してみよう。

先述の旧『東浦町誌』は、嘉永五年の名寄帳にもとづいて、「嘉永五年　緒川村田畑保有階層」と題する表を掲げている。(16)その表によると、「兵右衛門」と「兵八」が属していた神市場組では、まず合計一一二人いた名請人のうち、二～三町の保有者が一名、八反から一町二反の保有者が一名、五反～八反の保有者が五名、二反～五反が二五名、二反未満が八〇名いたことがわかる。そこで、実際に当該の名寄帳に名請高の順位を確認すると、「兵右衛門」の四反一畝一二歩を上まわる田畑の保有者が七名いるため、「兵右衛門」の名請高は神市場組一一二名中八位だったことが知られる。また、便宜的だが、「兵右衛門」と「兵八」の名請高合計六反余を利七の名請高と仮定してその組内順位を仮に算定すると、それは一一二名中七位という結果になる。(17)

なお、旧『東浦町誌』は、寛延四年と嘉永五年の名寄帳の記事を比較して、およそ次のような注目すべき分析結果を掲げている。すなわち、寛延四年に一一町弱の田畑保有で村内一位だった神市場組の塚本源左衛門が、嘉永五年には二町二反余の田畑保有（村内四位）に低落している、その反対に、寛延四年には一町二反余の田畑保有で村内一〇位だった下切組の日高理兵衛が、嘉永五年には五町弱の田畑保有、持高七〇石となり、村内一位に上昇している、総じて名請人は両極分解の型を示しており、村内では神市場組の分解がもっとも激しい状況にあった、などがそれである。(18)先述のように緒川村では、すでに十八世紀半ばまでに名請高五反未満の農民が九割ちかくに達し、嘉永五年に神市場組では二反未満層が三分の二以上になっていたというから、そうした地域社会の実状からすれば、組内で七位ないし八位という利七やその子孫たちの名請け高の順位は、彼らが相対的には中の上と言える位置にあったことを表している。しかし右のように、当時の緒川村は激しい農民層分解にさらされていたのであり、多くの農民が新たな地主小作関係に深く組み込まれていったと見られる一方、農業よりもむしろ在町の発展を当て込んでしだいに小商いや大工などに生業を転じる者が少なからず登場していたと考えられる。そして、教祖喜之の言葉に導かれつつ、基本的には後者の道（新しい家業）を選んでいったのが、利七や養子倉吉、長男兵右衛門、さらにその養子の勇助（兵八）らだったと受けとめてよいだろう。実は、『お経様』その他の関係史料には、そうした実態の一部を窺うことができるのである。

図6　久米利七家略系図

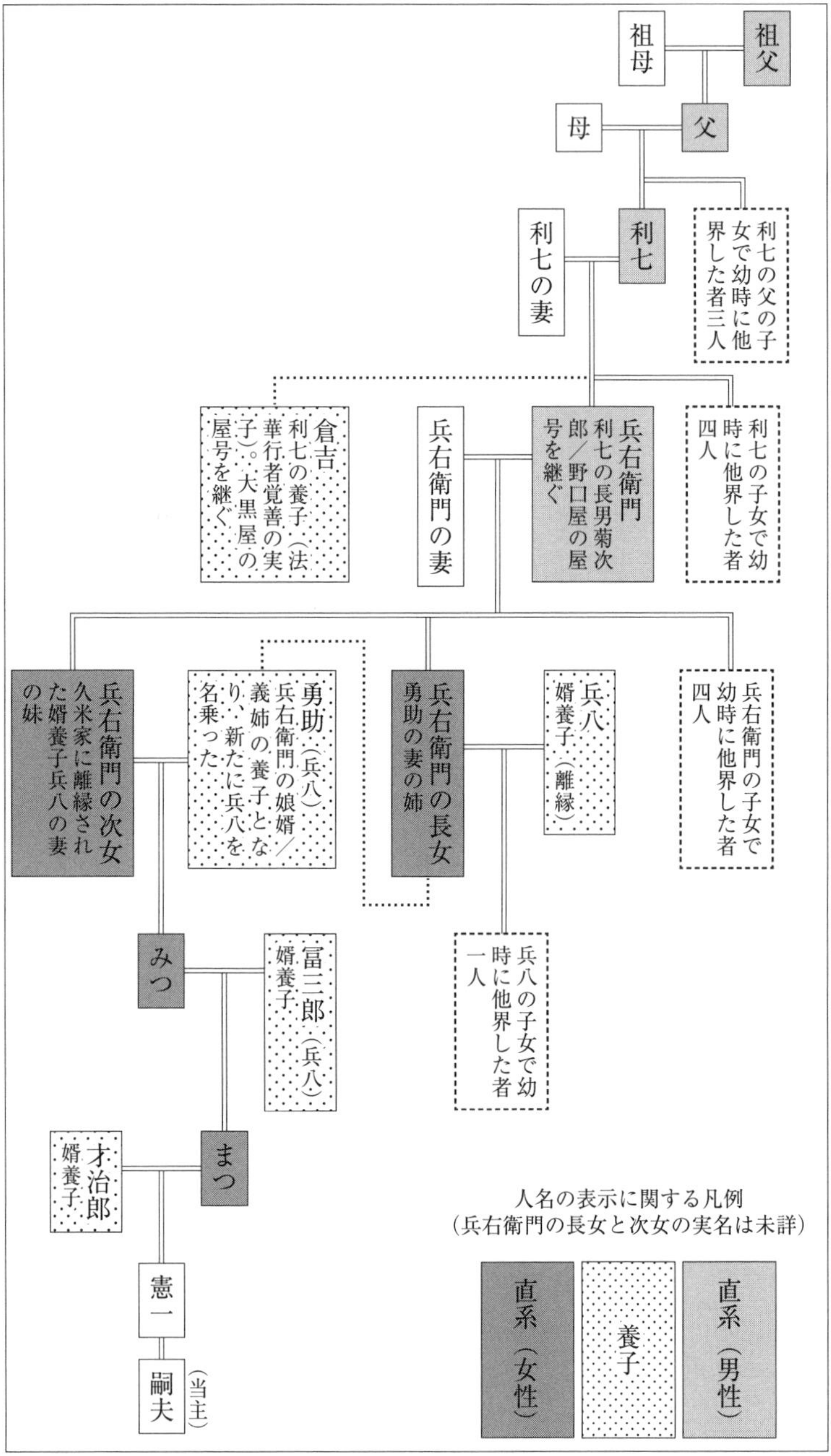
祖父
祖母
父
母
利七の父の子女で幼時に他界した者三人
利七
利七の妻
利七の子女で幼時に他界した者四人
兵右衛門 利七の長男菊次郎／野口屋の屋号を継ぐ
兵右衛門の妻
倉吉 利七の養子（法華行者覚善の実子）。大黒屋の屋号を継ぐ
兵右衛門の子女で幼時に他界した者四人
兵八 婿養子（離縁）
兵右衛門の長女 勇助の妻の姉
勇助（兵八） 兵右衛門の娘婿／義姉の養子となり、新たに兵八を名乗った
兵右衛門の次女 久米家に離縁された婿養子兵八の妻の妹
兵八の子女で幼時に他界した者一人
冨三郎（兵八） 婿養子
みつ
まつ
才治郎 婿養子
憲一
嗣夫（当主）
人名の表示に関する凡例
（兵右衛門の長女と次女の実名は未詳）
直系（男性）
養子
直系（女性）

まず、久米利七の家系の特徴を明らかにするために、祖父の代から玄孫の代までを中心に、利七の縁者の構成を図示してみよう（図6）。その図6を作成するさいに筆者が参照しえたのは、利七の子孫（当主）である久米嗣夫氏宅の過去帳の記事、および同家の菩提寺善導寺の塔頭乗林院の過去帳の記事であるが、図6では、煩を避けて戒名は原則として省略し、実名ないし利七を中心とする親族関係のみを表示して系図を復元している。

表5　久米利七の一族のうち幼時に他界した者

	戒　　名	命　　日
利七の父の子女	教運童子	?
	智演童子	?
	霜夢童子(童女？)	享和2(1802)年10月26日
利七の子女	英儀法尼(円基法師)	享和3(1803)年4月2日？
	冬岸童子(童女？)	文政12(1829)年12月13日
	短覚童女	天保3(1832)年9月19日
	嶺暁童子	天保4(1833)年2月晦日
兵右衛門の子女	長青童女(長清童女？)	天保9(1838)年6月16日
	微芳童女	天保9(1838)年6月23日
	暁岸如幻童子(童女？)	弘化4(1847)年4月2日9歳
	貞琴童女	安政4(1857)年9月3日
兵八の子女	法山貞玉童女	慶応3(1867)年6月27日

図6の四つの破線枠内から明らかなように、利七の父、利七、兵右衛門（利七の息子）、兵八（兵右衛門の娘の婿養子となるも、離縁された）の四代にわたって、久米家では、多くの子どもが幼時に他界したのが大きな特徴になっており、利七の父は三人、利七本人とその息子兵右衛門は各四人、兵右衛門の婿養子兵八は一人の子女を幼時に亡くしている（なお、それらの夭折者を一覧表にまとめたのが表5である）。先に見たように、そもそも利七が教祖喜之に深く帰依した直接の契機は初子「初瀬」を亡くしたことだったのであり、そこで牛頭天王の指示に従って養子に迎えたのが法華行者覚善の実子倉吉だった。その後、利七には長男兵右衛門（幼名菊次郎）が生まれたが、兵右衛門は四人の実子を夭折させてしまい、残った女子のうちの姉に迎えさせた婿養子兵八は離縁となったため、その妹にあらためて養子（勇助＝兵八）を迎えて家系を継がせた。その娘の子も孫も養子を迎えたが、その後はよう

やく実子が家系を継いで今日にいたっている。つまり、利七の父から利七の曽孫まで、久米家は男系の跡取りになかなか恵まれなかったのみならず、子女をすこやかに生育させること自体に大きな困難を抱えていたのである。

久米家が抱えていたそうした困難の由来は、もとより一元的には説明できない。しかし、農民層分解が激しく進行していたという先述の事情が大きな背景にあったことは間違いないだろう。というのは、利七の一家が村内では中規模以上の農地を保有していたとしても、その耕作の労働力を家族でまかなっていたとすれば、農業経営の効率は大規模な地主のそれにはとうてい太刀打ちできず、同時に、子女の養育にも十分な手をかけられなかった可能性があるからである。

実は、利七が飴屋を営んでいたことは『お経様』に記事があり[19]、またその屋号が「大黒屋」だったことも古くから知られていた[20]。ところが近年、その「大黒屋」は文化元年（一八〇四）の創業であることがわかってきた[21]。そこでその時期が確実だとすると、大黒屋の創業は、前年に初子「初瀬」を失い、倉吉を養子に貰い受けたことが契機となっていたと推察できよう。つまり、教祖喜之の最初の神憑りの翌年に当たる享和三年（一八〇三）、嬰児を失って養子を迎えた利七は、その時点から飴屋という小商いをはじめていたわけである。なお、東浦町郷土史料館には、文化二年、利七が畑地七畝を譲渡していたことを表す証文のフィルムが所蔵されている[22]。そして、その畑地の譲渡は新たな家業（飴屋）の展開に関連があると推察できるから、そのころから利七は、田畑の保有にはこだわらない人生を選択していったと解することができよう。

『お経様』諸篇には、その「大黒屋」の創業以降も、利七や倉吉が教祖のもとへさまざまな願いや伺いを寄せ続けていた様子が記録されている。利七に関しては、実子（菊次郎）の病気平癒（文化二年：M九。以下、同様に典拠となる『お経様』の成立年と史料番号のみを掲げる）、実子（菊次郎）の疱瘡平癒（文化十年：M九六）、他界した祖母への追善（文化十年：M九九）、養子倉吉に迎えさせた妻の病気平癒（文化十一年：M一〇七）、倉吉の「家越（転宅）」に関する伺い（同十一年：M一二六）、利七本人の病気平癒（文化十一年：M一二七）、他界した新生児（男子）への追善（文化十二年：M一三六）、「初瀬」の十三回忌法要執行（文化十二年：M一四七）、倉吉の妻の病気とその子どもの眼病平癒（文化十三年：M一六二）などの諸願があり、倉吉に関しては、「金神の方」への「家作《やづくり》」に関する伺い（文化九年：M六〇）と「家越（転宅）」に関する伺い（同十一年：M一二六＝利七が代参。M一二八）が主なものである。そしてそれらのうち、倉吉の処遇に関連する諸願や伺いと「初瀬」の十三回忌法要執行の願いは、右のような久米利七とその子孫における人生選択の方向性に関わってとくに注目すべきものだと言えよう。

すなわち、文化九年（一八一二）に倉吉が「家作（自宅の一部増築）」に関する伺い（M六〇）を寄せ、同十一年に利七が倉吉に迎えさせた妻の病気平癒願い（M一〇七）を寄せている事実には、養子倉吉が二十一歳になった同九年ごろ、利七が同人に所帯をもたせていた事情が背景にあったらしい。つまり利七は、実子（菊次郎）を跡取りにすることを前提としつつ、養子倉吉を独立させることにも熱意を燃やしていたのである。そして、倉吉の子孫が「大黒屋」の屋号を受け継いで今日にいたっている事実のほかに、利七の実子兵右衛門が「野口屋」を名乗り、同じく菓子屋を営んでいたことが複数の史料で確認できることなどから、倉吉を独立させるさいに利七は、それまでに得た家業の実績や「大黒屋」の屋号を倉吉に譲り、村内の街道筋に店も確保すべく探索していた、と考えられるのである。[23]なお、文化十一年（一八一四）、禁忌の侵犯を恐れる倉吉が、「家越」の当否を利七を介して教祖に問い（M一二六）、さらに自宅へも教祖を招いた（M一二八）のは、新たな家業を展開することへの倉吉の不安を表していると考えられる。また、倉吉の妻の病気（M一〇七）や利七本人の病気（M一二七）も、倉吉一家の独立がうまく運ぶか否かをめぐる、不安やストレスを表している可能性が高いのではないだろうか。

一方、文化十二年（一八一五）四月晦日の『お経様』（M一四七）は、まる一二年前に利七が「初瀬」を夭折させたことの意味をあらためて説明している点で、とくに注目される。その約四か月前の同年正月四日の篇（M一三六）に「利七悴追善御願」という一節があることを考慮すると、そのM一四七の篇は、利七が新たに遭遇した新生児（男児）の死という不条理の意味をテーマとした説教の記録だと推察できる。[24]

同篇の冒頭には、「初瀬」の十三回忌の法要執行を利七が願った様子が記されているのだが、それはおそらく、「初瀬」の霊が未成仏で、そのことが新生児の死をもたらしたのではないか、という利七の疑念を表すものだろう。しかし、それに対して教祖喜之（金毘羅大権現）は、「初瀬」の名は如来の意向を受けて自分が名付けたものであり、その「初瀬」は、当時、信仰がまったく未熟だった利七一家を導くために、如来から遣わされて利七の家に生まれ出た者であること、そうした「初瀬」の成仏を疑うことは不要で、法事も必要ないこと、利七の家は、教えを聞き分けることを確信した教祖喜之がはじめて訪れた家であり、至高神如来から利七一家のもとへ遣わされていた「初瀬」は、「円基法師」という名の菩薩であることなどの事情を開示し、そうした一連の事情をしっかり自覚して信仰を実践するように利七らに求めているのである。

3　「初瀬」に関する教説および「三界万霊」救済の教義の受容と実践

実は近年の調査で、利七やその子孫らは、少なくとも数世代にわたって次のような行動を継続していたことが明らかになってきた。すなわち、教祖喜之による右の説教（文化十二年：M一四七）以降、利七やその子孫たちは、その説教でいっそう聖化された「初瀬」に関するコスモロジーを全面的に受容して、一族の日常的な信仰実践や年中行事にもそれを組み込み、併せて「三界万霊」の救済祈願にも熱心に取り組んでいたのである。

そうした状況を今日に伝えているのは、旧緒川村善導寺墓地に所在する久米家一族の墓石の配置や、利七の子孫久米嗣夫氏宅のかつての位牌の配置、同じく過去帳の記事、それに善導寺所蔵の『歳中祠堂施餓鬼簿』の記事などである[25]。やや煩瑣にわたるが、次にそれらの大筋を紹介してみよう。

まず、久米利七一族の墓(図7参照)は、一九八二年(昭和五十七)に当主嗣夫氏によって改修されたさい、左端に「久米家先祖代々之墓」が新設されたが、「兵右衛門」の養子(次女の夫)である「勇助(兵八)」夫婦と「勇助」の義母(兵右衛門の長女)の戒名を併記した墓が中央奥に配置されているから、「久米家先祖代々之墓」以外の墓石配置は、基本的に「勇助(兵八)」の養子「富三郎」が主導してその代に整えられたと推定できる。図8は、先の図6(久米利七家略系図)と同様、「英義法尼」以外は煩を避けて戒名を省略し、生前の実名ないし利七を中心とする親族関係のみを表示した、その墓石配置の概念図である。その図8から明らかなように、「勇助(兵八)」夫婦の墓石の左右には、利七とその母、利七の長男「兵右衛門」夫婦の墓が並び、またその前には、利七の祖父母夫婦、利七の妻と夭折したその子どもたち、などの墓石が並んでいるが、ここでの行論上もっとも重要なのは、手前右手に「英義法尼」の戒名が刻まれたやや小さな墓石が配置されていることである[26]。そして久米家では、それを利七の初子「初瀬」の墓として大切に守ってきているという。なお、「英義法尼」の戒名の由来は未詳であるが、あるいは利七が菩提寺の善導寺に願って与えられたものなのかもしれない[27]。

一方、図9は、久米嗣夫氏宅(改築以前)の仏壇の位牌配置を同様に概念図にしたものである。その図9から明らかなように、中央奥に兵右衛門の長女(「勇助(兵八)」の義母)とその女子(夭折)の戒名を併記した位牌が置かれ、「勇助(兵八)」夫婦の代以降の位牌は見当たらないから[28]、この配置の全体は、「勇助(兵八)」の代に整えられたと推定できる。中央奥の左右や前には、利七の祖父母夫婦、利七とその母、兵右衛門夫婦、もっとも新しく夭折した兵右

図７　久米利七一族の墓地
愛知県知多郡東浦町緒川屋敷の海鐘山善導寺（浄土宗）内にある久米利七一族の墓地（写真中央の基壇内）。矢印が利七の初子初瀬（英義法尼＝円基法師）の墓石。

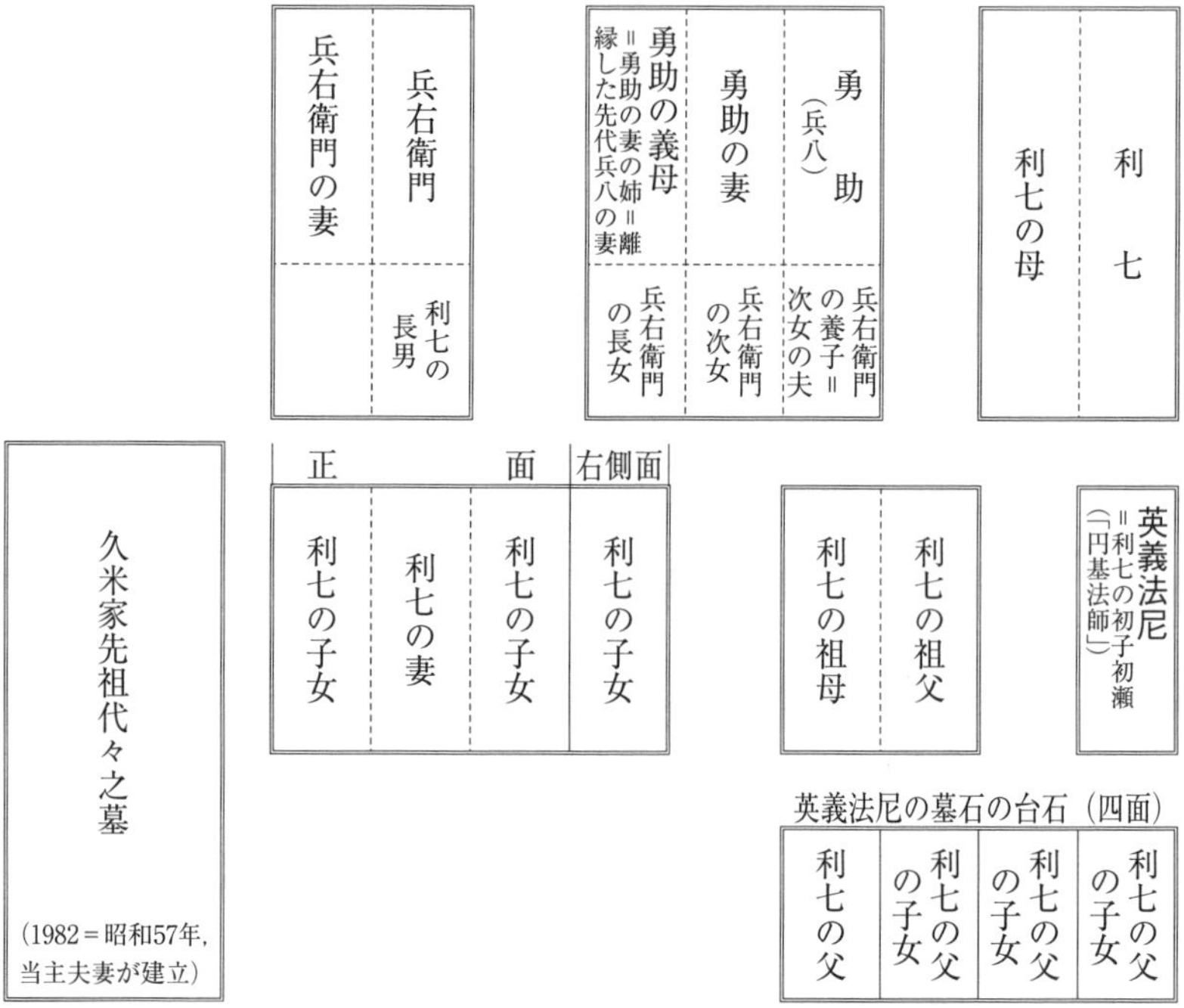

図８　久米利七一族の墓石配置概念図（被葬者の相互関係図）
※　一つの二重線内が同一の墓石を表す。各被葬者の戒名は，とくに断りのあるもの以外，墓石の正面に刻されている。

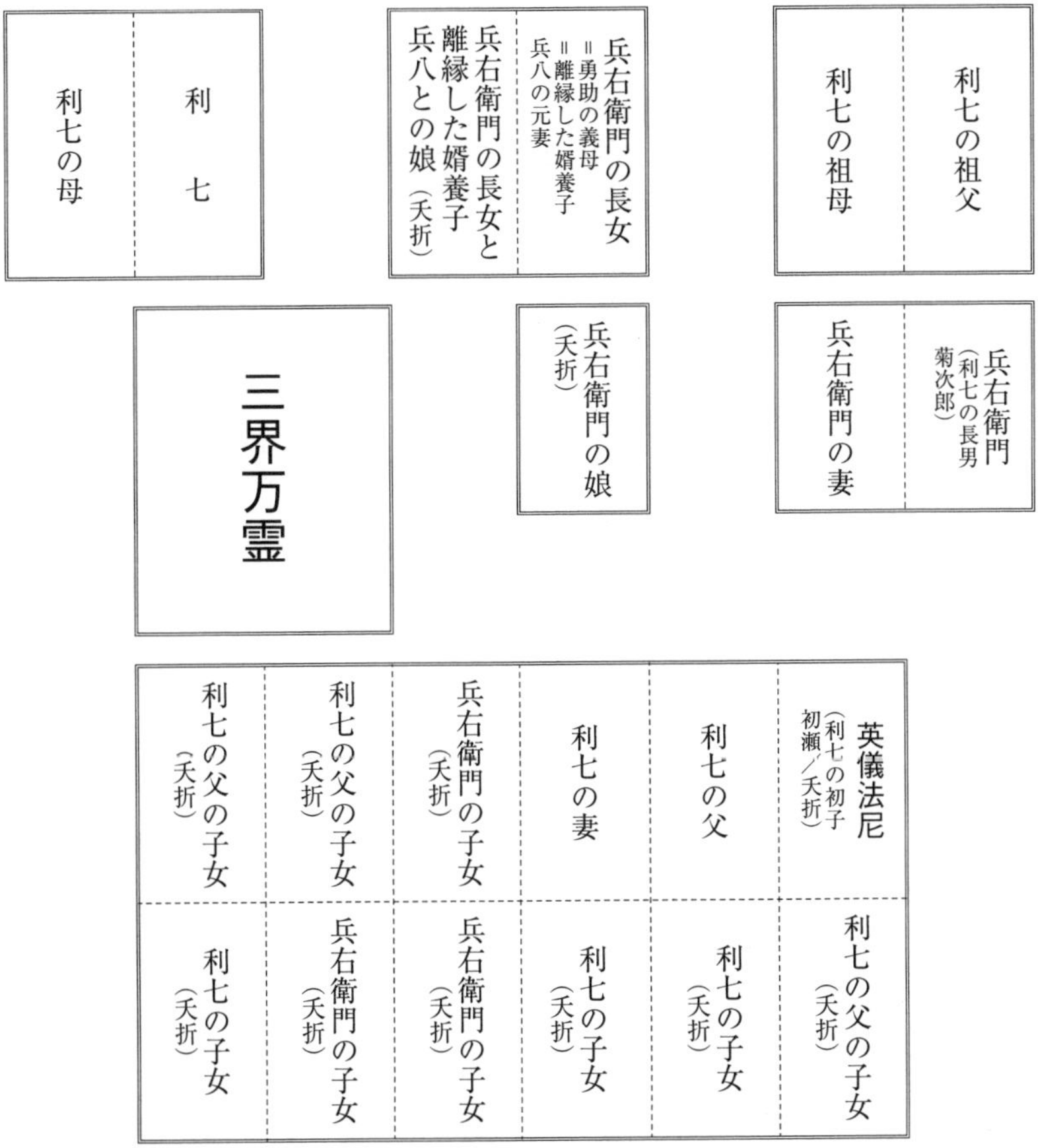

図9　久米利七一族（「勇助」の代）の位牌の配置概念図

衛門の娘などの位牌が置かれているが、ここでも重要なのは、それら以外に、中段左手に「三界万霊」の位牌があることと、手前（下段）にとりわけ大きな位牌が置かれていることである。そして、その大きな位牌には上下二段にわたって合計一二の戒名が記されているのだが、上段の右端、つまり筆頭の位置には「英儀（ママ）法尼」の戒名が記されている。そのほかは、上段右から利七の父、利七の妻、兵右衛門の子女、利七の父の子女二名、下段右から利七の父の子女、利七の子女二名、兵右衛門の子女二名、利七の子女の戒名が順に並ぶ形になっている。[29]

およそ右のような情報に共通するのは、墓地には「英義法尼」（「初瀬」）の墓石があることと、嗣夫氏宅には「英儀《ママ》法尼」の戒名を筆頭に記した位牌があることであり、それらはおそらく特別な意味をもっている。そして実は、その意味を解き明かす鍵が、善導寺文書の『歳中祠堂施餓鬼簿』の記事と、先にふれた文化十二年の『お経様』（M一四七）の記事に含まれている。そのうち、当該の施餓鬼簿は、安政二年（一八五五）、文久三年（一八六三）、慶応三年（一八六七）の三か年分が伝えられているのだが、その三冊には多くの檀家から寄せられた供養の依頼が月日順に記載されており、いずれの年分にも四月二日の部分に、久米利七家の物故者合計一四名分の戒名が、「英義法尼」を筆頭に並記されているのである。なお、『歳中祠堂施餓鬼簿』の四月二日の箇所に戒名が記載されている一四名は、久米嗣夫氏宅の大きな位牌に記されている一二名に利七の祖父母を加えた一四名である。それでは、その特別な意味とはどのようなものだろうか。

まず、嗣夫氏宅に他の位牌よりひときわ大きな位牌があったのは、位牌群の全体を配置した当時の戸主が、世代が近く日常的な追善供養は自分の責務だと感じていた物故者以外に、相対的には世代（親等）がやや遠い縁者の戒名をそこに集めて、それらの霊にも追善供養しようとしていたことを物語っている。そのさい、大きな位牌に集められた戒名の主たちの命日はもとよりまちまちだったのだが[30]、右のように、善導寺の『歳中祠堂施餓鬼簿』には、四月二日の箇所にすべての戒名が一括記載されている。そこで、嗣夫氏宅の大きな位牌の場合と同様、それらの戒名の筆頭に記されているのが「英義法尼」であることに注目しながら、さらにM一四七の『お経様』の記事内容を考慮すると、大きな位牌や施餓鬼簿の記事は、およそ次のような意味をもっていると解することができよう。

すなわち、M一四七の篇の前書きには、文化十二年四月晦日、「正当〔祥月〕」であることを理由に、利七が「初瀬」の法事を教祖に願い出たことが記録されているから、『歳中祠堂施餓鬼簿』の四月二日の箇所に「英義法尼」を筆頭とする利七家物故者一四名への追善願いが記されているのは、「初瀬」の命日が四月二日だったことを表していると推定できる。そして、その推定を前提とすれば、利七の子孫たちは、かつて利七が金毘羅大権現から告知された、「初瀬」は利七一族を済度するために如来から遣わされて久米家に出生した「菩薩の化身」だった、というコスモロジーを深く信じると同時に、その「初瀬」＝「英義法尼〈M一四七の『お経様』では「円基法師」〉」が物故者たちを含む利七一族を守護し続けていると考えていた、と解することができるのである。つまり、右のような墓地や位牌の配置は、教祖の説いたコスモロジーが受容され、それにもとづく信仰実践が続けられていた様子を表しているのである。

なお、嗣夫氏宅に「三界万霊」の位牌が祀られていたことは、「初瀬」の出生と夭折をめぐる物語以上に、実は教祖の教説が直接的に受容されていたことを表している。すなわち、久米嗣夫家での聞き取りによると、善導寺に古い位牌や過去帳の焚き上げを依頼したさい、「三界万霊」の位牌は個人の家庭に祀るものではないと言われたため、以来、祀らなくなったとのことである。しかし、すでに見たように、「三界万霊」救済の教義は、むしろ特別な身分にはない俗人を未成仏霊の救済に関与させ、未成仏霊もろともに救済しようとしている点に何よりの特徴がある。したがって、嗣夫氏宅に「三界万霊」の位牌が祀られていたことは、利七の子孫たちがそうした教祖の教説の趣旨を理解すると同時に、それを実践していたことを物語っているのである。

以上のように、「三界万霊」救済の教義は、それに付随するいくつかの教説とともに、信者らからの問いかけと教祖の回答というやり取りを契機として形成されていることが明らかだろう。しかもそれのみならず、いったん形成されたその教説は、その後も新たな応答や実践を通じて再生産され、定着し続けたと言えるのである。

4 「押切町の講中」による「三界万霊」救済祈願の定例化

ところで、《確立期》までの如来教には、名古屋城下を中心にいくつかの講が成立していたことが、当該期の『お経様』諸篇から確認できる。「土田村講中」「本町辺……其近きに住る講中」「武士の信者（士講中）」「惣講中」「岐阜講中」「東の方に住る講中（久屋町辺の講中）」「中通りの講中」「押切町の講中」「金城の東に住る講中」など（初出順）がそれであるが、それらの講は必ずしも信者組織として発展したとは限らない(31)。しかし、《成熟期＝第Ⅲ期》の『お経様』諸篇には、「押切町の講中」や「士《（さむらい）》講中」が《確立期》以来の活動を継続・発展させていた様子が窺えるほか、新たに「裏町の講中」が活動していた様子も確認できる。そのように、《確立期》から《成熟期》にかけては、如来教の講活動一般が活発化していったのだが、ここでは「三界万霊」の救済祈願を主な課題として取り組んでいた「押切町の講中」に注目してみよう。

文化十二年（一八一五）正月の『お経様』（M一三六）の前書きには、「押切丁《おしきり》の講中、毎月毎《ごと》に、世界中の精霊《せうれい》助《（たすか）》りし事を奉願《（ねがいたてまつり）》しが、年の始《はじ》めなれば、媹姾様を御請待《ごしやうたい》申上、猶《なを》も追善の事を奉願ければ、金毘羅様御下《（さが）》りあらせられて、御説教に」という記事がある。これによると「押切町の講中」は、「世界中の精霊（『三界万霊』と同義）」の救済を願って毎月の集いをもっていたのだが、教祖喜之を招待する「日待」の形でその集いを営んだのは正月だけで、それ以外の「毎月」は講中のみが参集して慰霊していたらしい。また、それより先の文化十一年（一八一四）の『お経様』（M一二一）の前書きに、「信心の面々、世界中の精霊《せうれい》助《（たすか）》らせ給ふ事を願置《ねきおか》れて、猶《なを》媹姾様の御憐《あはれみ》（出座の意）を奉願《（ねがいたてまつり）》しが」とあることからすると、「世界中の聖（精）霊」への追善を願うこの講中主催の「日待」は文化十一年にはじまっていたらしく、翌十二年には正月に営まれるようになったもののようである。そしてさらに、文政三年（一八二〇）正月のM二二二の篇の前書きからは、そうした「世界中の聖（精）霊」追善を目的とするこの講中の「日待」が、文政三年までの足かけ七年にわたって続いていたことを確認できるのである。

実は、右に見た「押切町の講中」は、篇によっては「巾下《はばした》の押切町の講中」と表現されている場合があるのだが、「巾下」は名古屋城の北西に位置するかなり広い地域の通称で、名古屋村、押切村を部分的に含み、中・下級家臣たちの屋敷が多い地域であった。また押切村（『お経様』の表記では「押切町」）は、本来の名古屋城下に付け加えられた「町続」の一つに当たり、大垣に至る美濃路が村の中央を通る、市街化が進んだ地域だった。そして、「巾下」の武家屋敷には篤信の尾張藩士であった速水藤右衛門や稲垣庄兵衛（「御綴り連」の一人）らが住んでいたことが知られており、また「押切町」にはこれも篤信者の大工藤八が住んでいた。したがって、『お経様』諸篇に見える「押切町の講中」ないし「巾下の押切町の講中」は、その地域一帯に住まいがあった、中・下級尾張藩士と町人とで構成される信者集団だったと推測される。

それでは、その「押切町の講中」が、七年にもわたって「世界中の精霊」に向けた追善供養の集会を毎月開き、正月には教祖を招待して「日待」を催していた理由はどこにあったのだろうか。すでに見てきたように、この時期の信者たちは、家族の安定的構成如何、という問題に最大の関心を寄せると同時に、多様な亡魂やデーモンのはたらきを怖れる意識をもっていた。そのことを考慮すると、亡魂による禍を逃れるためには、慰霊の行事を定例化してゆくことが、やはり彼らにとっても納得のいく方法だったのではないだろうか。既述のように、緒川村の利七らの願いを契機に、文化九年（一八一二）には「三界万霊の命日」が定められていたのだが、「押切町の講中」は、その「万霊」に向けた慰霊をさらに自分たちの日常的信仰実践に引きつけた形で定例化していったと言えるのである。

なお、後述するように、とくに《成熟期》には、教祖の教説が輪廻転生説に根拠を置く形で深化を遂げていくのだが、文政元年（一八一八）のM一九二の篇や同三年のM二二二の篇に、「押切町の講中」が放鳥を行っていた記事が見えることは、彼らもまた輪廻転生説を前提とする世界観に立っていたことをよく物語っている。また、亡魂への追善供養が尾張地方の住民に広く根付いていたことは、たとえば、当時の知多半島東西両岸の村々に「虫供養《むしくよう》」という民俗行事が営まれていたことにもよく表れている。すなわち、文政末年から天保期に成立した『尾張年中行事絵抄』[32]によると、その「虫供養」とは、日頃百姓が多くの虫を殺すために、毎年秋の彼岸には、かつてこの地に流されていた菅原道真の子息英比丸に善事を追福するという名目で、その虫を救うための仏事を村ごとに営む行事だった。しかも同書には、「近代《きんたい》〔近年の意〕に至りては此会《このゑ》を尊《たふと》みて、熱田番割新田にても、形計《かたばかり》の虫供養をはじむ。亦《また》、春日井郡の岩崎にも有由《あるよし》」と記されており、当時、この「虫供養」がさらに近隣地域へ広まる傾向にあったことがわかるのである。

以上に見てきたように、「三界万霊」救済の教義は、当時の地域社会に流布していた、未成仏の亡霊は現世の人間に不幸や不都合をもたらすという意識、および生者と死者は運命をともにすべきものだという感覚を背景として形成・展開され、その救済を至高神如来に祈願する催しの実践が定例化されるまでに深化を遂げていたと言える。つまり、教祖と信者集団の応答を通じて形成・展開された性格が強いという、如来教の宗教思想における重要な特徴は、「三界万霊」救済の教義の場合にもっとも典型的に表れているのである。

二　「士講中」の集団的願望と『お経様』における「役義（儀）」・「家職」論

如来教に救いを求めた契機に病気治しや死者への追善の願いが多いという事情は、もとより尾張藩士たちの場合も同様である。すでに名前が出た主な藩士にかぎってここで実例を確認すると、太田半右衛門は前述のように子息の病気平癒願いから、永田一郎右衛門は顔面を冒される自らの病（瘡毒）から、[33]一色覚左衛門は自身の歩行困難から入信していた。[34]また「御綴り連」の一人稲垣庄兵衛は、男子に恵まれず、どの娘に養子を迎えるべきかを教祖に尋ねたのが直接の入信動機で、[35]速水藤右衛門は二男を養子に出した後、三男を嫡男にする藩許を得ているから、[36]長男を失ったことがそもそもの入信動機だったらしい。さらにまた、子息の死去後、太田半右衛門は相続者の選定を願い出ており、文化十二年（一八一五）に他界した永田一郎右衛門の遺族も同様の願い出をしているから、尾張藩士の場合、相続者決定の願いが入信や信仰継続の大きな契機になっていたと言える。

ところが、《確立期》以降に一部の藩士層が組織したと考えられる「士《さむらい》講中」は、個々のメンバーの個人的願望とは別に、尾張徳川家や将軍家の政治体制に関連する願いを講として寄せていた点が、とくに注目される。そこで本節では、「士講中」が集団的に寄せていた願望とはどのようなものだったのか、また彼らの願望に対して教祖喜之はどのような教説を展開して応えていったのか、さらにそれらのやり取りにはどのような歴史的意義があると言えるのか、などについて検討を加えることにしたい。

まず、文化十年（一八一三）四月八日の『お経様』（M七六）の記事によれば、同日、永田一郎右衛門の自宅に集まった藩士たちは、「二百年」に当たる「精霊」、つまり二〇〇年前の大坂の陣に参戦した先祖たちへの追善を願っている。そしてその日以降、「士講中」は、尾張藩が如来教にはじめて本格的な統制を加えた文政三年（一八二〇）四月まで、少なくとも合計八回にわたって彼ら固有の願いを教祖のもとへ寄せていたことが、『お経様』諸篇の記事から確認できるのである。

大坂の陣に参戦した先祖たちへの追善願い（M七六）に続くのは、尾張藩歴代藩主の霊の成仏如何に関する伺い

（文化十年：M九四）、尾張藩祖徳川義直の霊に対する追善願いと前回の伺いに対する返答願い（文化十一年：M一一四）、徳川家康の成仏如何に関する伺い（文化十二年：M一四四、文政元年：M一九七、同年：M一九八、同三年：M二三四、同年：M二三五）、源義朝の成仏如何に関する伺い（文政三年：M二三四）などであり、とくに徳川家康の成仏如何に関する伺いが五回にもわたっているのが大きな特徴である。そこで、その種の願いを記録した代表的な一篇として、文化十二年（一八一五）三月十三日の篇（M一四四）の内容を具体的に検討してみよう。

M一四四の篇が代表的な一篇だというのは、同篇が記録された文化十二年が徳川家康の二百回忌の年に当たるからで、同年の四月十五日から十八日にかけては、尾張藩でも「東照宮二百年御神忌」が営まれていた。[37]そして、その「御神忌」の約一か月前に当たる同年三月十三日、「士講中」が「あの人」の「年回」、すなわち徳川家康の二百回忌追善法要の私的な執行を講として教祖に依頼して催されたのが、M一四四の『お経様』に記録されている「日待」なのである。次にその記事内容を現代語訳で要約してみよう。

教祖が神憑りするようになって間もないころ、教祖の口からはしばしば「後世《ごせ》」における死者の様態が語られるので、それを幸いに、藩士の信者たちが、喜之を介して「あの人〔徳川家康を指す〕」の様態を神に尋ねたことがあった。そしてその当時、喜之や藩士たちは、「あの人」がいらしたからこそ今の自分たちの生活があると考えていたのだが、それは浅ましい考えだった。というのは、「あの人」はたしかによい業績もたくさん残しはしたが、また「あの人」の起こした戦乱によって悲しむ者も多かったからである。そのため「あの人」は、今でも「後世《ごせ》」で「如来様への御対面所《どころ》が未出来《まんた》」ないでいる。「あの人」の成仏如何は藩士たちの信仰如何にかかっているので、藩士たちはしっかりと信仰を固めて如来によくお願いしなければならない。

右の要約のうち、まず、徳川家康という方がいらしたからこそ今の自分たちの生活があるという人間喜之の家康観は、近世民衆の家康観としてはかなり平凡なものだと言えよう。というのは、それは泰平の御代をもたらしたという家康観にほかならないからである。しかし、一方で喜之の教説に、家康の起こした戦乱によって悲しむ者も多かったという趣旨が含まれているのは、民間仏教的な地獄・極楽の観念に喜之が親しく接していて、その感化を受けていた表れだとみてよいだろう。そして、それらの家康観のうち後者の側面が、「後世」における家康の様態をめぐる教説展開につながっていると考えられる。そこで、藩士たちの意識の由来はひとまず保留し、他界後二〇〇年を経た当時でも、家康が「後世」で「如来様への御対面」がまだできないでいると述べたり、「後世」における家康の立場の改善如何は尾張藩士らの信仰如何だとしている要約の後半部分では、教祖はどのような筋道を語ろうとしたのか、から考察してみよう。

その後の事実経過を明らかにしておくと、繰り返される藩士たちの追善願いに対して金毘羅（教祖喜之）は、家康の「後世」における様態が徐々に改善されているという趣旨を答えている。すなわち、文政元年（一八一八）には、家康の霊の様態は、「娑婆の有様の次第で譬聞《たとえきか》すると、弐百石位《くらい》な所」になったとされ（M一九七）、また、いずれ藩士たちが世を去って「後世」へ赴く暁には、家康が、自分への追善を願ってくれた藩士たちを二階へ上げておいて、自らは「土田《どた》へ下りて三拝を被成《なされ》る」ようになる、とも語られている（M一九八）。さらに二年後の同三年に金毘羅は、藩士たちによる追善祈願のおかげで家康は「漸《ようよう》と天下〔将軍の意〕位《くらい》」の地位になったと語るとともに、「天下」と言えば「さぞや如来や神の化身」と思うだろうが、「天下」は決して「如来の化身」ではない、とも語っているのである（M二二五）。

家康の霊が未成仏状態にある旨を強調することで教祖喜之は何を問題にしようとしていたのか、という視点から右のような一連の教説展開を見渡すと、そこに一貫しているのは、実は第二章第三節の「喜之の教説における現世観の二側面」でふれた、教祖の教説のもっとも基本的な枠組みであることに気付く。そこで、文化六年（一八〇九）のM四八の篇から当該部分をあらためて次に掲げ、再確認してみよう。

天子将軍《しやうぐん》を始《はしめ》、末々《すへ》に至る迄も、皆其通り。如来様とお誓ひの上でやに依て、けふ夫々《（それぞれ）》のつとめ、其家職《かしよく》、忠儀《ちうき》（義）、孝行、太切《たいせつ》に勤《つとめ》て、後世の一大事を心にかけねばならぬ。さうせぬといふと如来様へお約束が違ふに依て、何事も間違《まちがふ》ぞや。兎角《とかく》筋道其元能々考《よくよくかんかへ》て、夫々《（それぞれ）》の身の上境界《けふがい》（涯）等の事を忘《わすれ》ぬやうに、能勤《よくつとめ》をして、後生《ごしやう》を願はねばならぬぞや。……

ここから読み取れるのは、人間は如来からこの世へ修行に出されており、この世での「家職」の勤め方や「忠儀（義）」（他の篇では「役義（儀）」とも表現されている）の如何によって「後世《（ごせ）》」における処遇が決定される、すべての人間は、人間を創造した如来の意思に従うことによってのみはじめて救われるのであり、それは「天子将軍」といえども同様だ、というメッセージにほかならない。つまり、家康の未成仏を敢えて言挙げする金毘羅（教祖喜之）の発言は、コスモスには如来という至高の存在があり、根源的創造者としての如来の力によらなければどのような人間も救われることはない、という趣旨を最大限強調することに、その主眼があったと解せるのである。

「士講中」の集団的祈願の記録ではないが、ほぼ同様の主張は、太田の子息が死去した直後、藩士の一色覚左衛門がはじめて自宅へ教祖を招いて開いた「日待」の記録（M一〇六）の次のような一節にも、実はよく表れている。

是、女が口の中から出る事なら、言《いひ》度《（たい）》事が有ても、是でも余程《よつほと》差控《さしひかへ》て言のでござる。そんならさ、夫《（それ）》「天下禁裏様《（てんかきんり）》」とお主達は尊《たつと》まにやならんが、「天下禁裏様」といはれても、誰がお蔭《（かげ）》で此《（この）》世界へ出《（で）》さした物でや。其《（その）》人共《（ども）》に、如来様から、「出《て》て来《（こ）》ひやう。我《（われ）》（汝）は世界へ出てあの役義《やくぎ》（儀）を勤《つとめ》て来《こい》やう。其役義（儀）を勤て来たなら、又其上では」と、斯仰《こうおつせ》る其お詞《ことば》が有のでやぞや。

ここには、喜之という一介の老婆の口を通じて伝えることをかなり憚りつつ語られた、およそ次のような趣旨の金毘羅大権現の発言が記録されている。すなわち、輪廻転生を遂げている人間は、すべて至高神如来から「役義（儀）」を与えられてこの世に出ているのであり、それぞれの「役義（儀）」の勤め方に応じて次の転生先が決定される、つまり、その勤め方如何によって成仏を得ることもあるが、また地獄に堕ちたり人間以外の身の上に転生することもある、そしてそのことは、この世で人々に跪拝させている「天下禁裏様」のような権力者と言えども決して例外でない、というのである。

そうした趣旨からも十分推察できるように、「士講中」による一連の集団的祈願に応えた金毘羅の発言の背後には、第三章で見た、およそ次のようなグランド・ストーリーが前提とされている。すなわち、世界には、至高神如来の創造以来、現世を超えたコスモスが実在し、そこには諸神仏が諸人済度のために働いている、また同時に、至高神如来からそれぞれの役割を与えられて現世へ遣わされている人間は、その役割をどれだけ誠実に果たすかによって、死後、「能所」へ送られる（成仏する）か、あるいは、良くも悪くも次の転生先が決定される、という物語がそれである。

ところで近年、江戸時代の社会はそれほど合理主義が顕著な社会だったわけではなく、徳川将軍の始祖神話や正統性神話が熱心に形づくられた、むしろ宗教的性格の濃厚な社会だったとする説が主張されている。大桑斉「徳川将軍権力と宗教―王権神話の創出」[38]はそうした議論を代表する論考の一つだが、同論考では、徳川将軍権力にとって権力の始祖神話と正統性神話はともに不可欠だった、という趣旨の議論が展開されているのである。すなわち、徳川家康は阿弥陀仏が現世に現れ出た姿だとするのが始祖神話であり、徳川の政権（将軍権力）は阿弥陀如来から授けられたものだとするのが正統性神話（天下弥陀授与説）にほかならない。そして実は、如来教の宗教思想を構造的に理解するうえでも、そのような始祖神話や正統性神話が徳川将軍権力にとって不可欠だったとの説を前提にする方が、より整合的な説明が可能になる。というのは、世界には阿弥陀如来を中心とするコスモスが実在し、その阿弥陀如来が世俗的権力者に姿を変えてこの世に出現することもありうる、という感覚を被支配者層が広く共有していたことを想定しないかぎり、徳川将軍権力が右のような権力神話を必要とした理由の説明は困難だからである。

およそそのような理解に立つなら、徳川家康の「後世」における様態に関する先述のような金毘羅の返答や、M四八、M一〇六、M二二五の各篇に展開されている『お経様』の政治権力への言及（「役義（儀）」論）は、明らかに徳川将軍権力の始祖神話や正統性神話に対する異端に相当することになるだろう。とりわけM二二五の篇における、「天下〔将軍〕」は決して「如来の化身」ではないとする金毘羅の発言は、前章でふれたM七二の篇に見られる、教祖喜之は如来の受肉者だとする観念の存在と併せて、将軍を弥陀の意思の執行者ないし弥陀そのものの現世への顕現（「転輪聖王《てんりんじょうおう》」）だとする始祖神話を根底から否定する、まさに異端的教説を展開したものだと言えよう。

ただし、後述するように、教祖在世中から幕末期を経て近代にいたるまで、如来教が何度かの統制を受けたのは事実だとしても、同教は、右のような異端的教説を正面から掲げて自ら権力に挑むような事件を引き起こしはしなかった。また明治時代の同教の指導者で、序章でもふれた小寺大拙（一八三八〜一九一三）は、これも後述するように、天皇制国家としての近代日本を賛美する国粋主義者の性格を強くもっていた。したがって、教祖在世時代の如来教における右のような異端的教説は、同教に救いを求める人間（故人や権力者を含む）に向けて、すべての人間は如来によってこの世へ送り出されているのであり、等しく現世での活動を審判される存在だ、という趣旨の強調を目的に語られた教説として理解するべきなのである。

ここで、歴代尾張藩主や徳川家康などまでが未成仏状態にある可能性を「士講中」はなぜ危惧するようになったのかという、先に保留していた問題に戻ろう。その答えとしてすぐ浮かぶのは、寛政十一年（一七九九）、藩祖徳川義直の直系が絶え、同時に十七世紀半ば以来中止されていた禄高の世襲制（世禄制）が復活させられて、家格の問題が喧しく取り沙汰されていたという、尾張藩政史上の大きなできごとである。すなわち、番方職の中・下士層を中心に結成されていたとみられる「士講中」は、将軍家系の人物の藩主職就任を尾張藩の独自性が失われる事態として憂え、そうした事態に対する先祖や歴代藩主の霊の不満が自分たちの病難などにつながっているのではないか、との疑念を抱くようになっていったと考えられるのである。そして、その種の疑念こそが、さらに徳川家康の霊の成仏如何をも確かめようとする意識にまで発展していったのだと受けとめることができよう。

しかし近年、寛政十一年の世禄制復活は、幕藩制国家の外防問題との関係で現実的な意味をもつ政策だったことが明らかにされている。すなわち、『新修 名古屋市史』第四巻によると、松平定信政権の外防方針を受けた尾張藩は、寛政四年（一七九二）には知多郡の海防態勢を固め、翌五年から六年にかけては、軍事力の主力をなす大番組・寄合組・馬廻組の再編を進めていったという。同藩は、寛政六年九月には軍役令を改定し、同年十一月には京坂の異変に備える出動計画をも策定したから、そうした相次ぐ軍制改革は、長く名目化していた軍備の常備を求める結果となり、家中の負担は急速に増大していった。したがって寛政十一年の世禄制復活は、家中負担の軽減と軍制改革の実を期することの両方を目的として執行された政策だった、と捉えなければならないというのである(39)。

それらの事情を考慮すると、「士講中」の集団的願望は、尾張徳川家の血筋を維持することをめぐる藩士らの感情的・情動的な問題のみならず、彼らの日常生活に直接関わる現実問題をも背景としていたと受けとめる必要が明らかになってくる。つまり、形骸化していた軍備の常備を彼らが求められたのだとすれば、そのことは、経済的負担のみならず、当主や跡取りが実際に軍役に従事できる態勢の整備を迫られたことも意味するからである。そしてそのような事情は、自身や跡取りの病気平癒を真剣に願う藩士が多かったという事実の背景になっていた可能性も高いと言えよう[40]。

註

(1) この年は先に夭折した「初瀬」の三回忌にあたっていたから、利七は、その「初瀬」の成仏を願うことで、同時に新生児（男子）の病気回復を願おうとしたのだと推察できる。

(2) 文政二年（一八一九）二月八日の『お経様』（M二〇七）の前書きに、「于時文政二年卯二月上旬、火事にたゝりし由を所々にていひふらしければ」とあり、この日の「日待」では、風評への怖れの解消が主な話題になっている。

(3) 文政二年（一八一九）年六月十二日、濃尾一帯に大地震が起こったことについては、高力種信の『金明録』（名古屋叢書三編第十四巻『金明録――猿猴庵日記』〈名古屋市教育委員会、一九八六年〉所収）に記事があるほか、同年のM二一六、M二一七の『お経様』にも記事がある。

(4) 神田秀雄「近世後期における『救済』の《場》――民俗信仰・篤胤学・民衆宗教」（『江戸の思想』№1、ぺりかん社、一九九五年）。

(5) その養子縁組については、第一章の「三　喜之の神憑りと覚善の側近化」を参照。

(6) その事情は、文化二年（一八〇五）年正月四日の『お経様』（M三）に記されているとのことであるが、実は一尊教団が当該の写本を所蔵しておらず、現在、研究者は直接披見できない。しかし、この篇が教団内で読み上げられるのを聴聞したという如来教関係者の証言によると、この篇には本文に記したような内容が記録されているという。

(7) 『新修　半田市誌　上巻』（愛知県半田市、一九八九年）の第三編近世の第二章第二節「醸造業の発展」、および『新編　東浦町誌　本文編』（愛知県知多郡東浦町、一九九八年）の第五編近世の第四章第三節「新産業の開発」、同第五章第一節「貨幣経済の浸透」を参照。とくに『新編　東浦町誌　本文編』は、尾張藩関係の名地・名人・名物を列挙した『安永本邦万姓司記』という史料における「農家名家」の項を紹介し、尾張藩在方の富裕者は知多半島北半に集中していたと論じている（同書三一一頁）。

(8) 前掲『新編　東浦町誌　本文編』二二七頁、同三三〇～三三三頁などを参照。

(9) 同右、三一四～三一六頁。

(10) 同右、三一七～三二一頁。

(11) 同右、三二七～三二八頁。
(12) 同右、三三八～三三九頁。
(13) 同右、三三〇頁。
(14) 以上、この段落は同右、三三〇～三三二頁による。
(15) 一九七〇年代以来、旧知多郡緒川村へは筆者も何度か足を運び、利七の養子倉吉（覚善の実子）の子孫が代々営んできた大黒屋（和菓子商）の現存は確認していたが、その他の利七の子孫に関する詳しい消息はつかめていなかった。しかし二〇一三年、利七の娘「初瀬」の墓に参りたいので、その所在を知りたい旨の問い合わせが一信者の方から寄せられたことが機縁となって、その後、筆者は旧緒川村をあらためて訪問することができた。そして後述するように、東浦町郷土史料館の方々のご協力も得て、利七の子孫久米嗣夫氏宅と同家の墓地を調査する機会を得たのである。
(16) 『東浦町誌』（愛知県知多郡東浦町、一九六八年）九五頁。
(17) 利七の名請け高は、死没の二四年後のデータをもとに仮に算定したものなので、もとより正確ではない。しかしそれほど大きな誤差はないとしてよいと考えられる。
(18) 前掲註(16)『東浦町誌』八七～九七頁。なお、この当時、緒川村で名請高を減らした農民は、必ずしも没落したとはかぎらず、商業などの別の営業に経営形態の重点を移行させていた可能性がある。以下でふれている久米利七一族の場合とは持高のレベルがもちろん異なるが、神市場組の源左衛門に久米家と似通った状況を想定することも、あながち無理とは言えないだろう。
(19) 『お経様』（「文化九年申十一月十八日　利七舎」M七二）、同（「同十一年戌十月十五日　利七舎」M一二七）に「飴屋の利七」ないし「あめやの利七」という表現が見える。
(20) 清水諫見「同行列伝(1)　利七さんの信仰」（『このたび』第二巻第三号〈昭和十一年九月一日発行〉）による。なお、同論考は、神田・浅野編『如来教・一尊教団関係史料集成』第一巻に収載。
(21) 東浦町緒川で、現在も「大黒屋」の屋号で和菓子商を営む、倉吉の子孫久米寛則氏のご教示、および同店のホームページによる。
(22) 東浦町郷土史料館蔵「日高理兵衛家文書」そのG、YB21。
(23) 久米家の菩提寺善導寺と久米嗣夫氏宅に所蔵されている過去帳の記事などから、利七の実子兵右衛門が「野口屋」を名乗っていたことが明らかとなった。なお、天保十三年（一八四二）、尾張藩が領内の諸商売を実態調査をしたさい、同村の庄屋が鳴海陣屋に報告した文書の留め書き（東浦町町史編纂室蔵『竹内家文書』(3)ＹＢ13）には、「兵右衛門」と「倉吉」の名前が、当時の緒川村に三軒あった菓子屋のうちの二軒として記録されている。

(24)　この新生児については、久米家の過去帳にも善導寺の過去帳にも記載がない。生後すぐに他界したために、戒名も与えられずに葬られたのかもしれない。

(25)　近年の自宅の改築で位牌の配置は変わったとのことだが、かつての配置図と過去帳は写しが残されているので、以下の議論はそれにもとづいている。

(26)　この一族の墓の配置がどのような原則にもとづくのかを理解することはなかなかむずかしい。夫婦で一つの墓標を建てることは必ずしも原則になってはおらず、親子二代の範囲で他界した者の戒名を年代順に右から左へ墓標に刻し、一つの墓に埋葬している例も見られる。なお、夭折した子どもは父か母とともに埋葬されている。

(27)　「英義法尼」と刻された墓標の右と左の側面には、判読が相当困難だが、それぞれ「文化元子天」「五（九？）月十日」と読める文字が刻されており、右側面の文字は「文化元子年」を意味すると考えられる。本文に後述するように、「英義法尼」＝「初瀬」であるとすれば、その命日は四月二日だと考えられるから、「文化元子年五（九？）月十日」は墓標を建てた日にちの可能性がある。

(28)　直接確認できていないが、別に繰り出し位牌のようなものがあるのだと推定できる。

(29)　これらの戒名も、どのような原則で配置されているのかを理解することは容易でない。墓石と同じ物故者の組み合わせで作られている位牌がある一方、とくに夭折した子どもや親等の遠い物故者は、大きな位牌に一括されているようである。

(30)　現在、久米嗣夫氏宅には、それらの命日をメモしたものだけが保存されている。

(31)　『お経様』諸篇に使われている「講中」の語は、信者組織を指して使われる場合以外に、実は単数または複数の信者を指して使われる場合もあったようである。なお、本文にカッコ書きして掲げたのは、『お経様』諸篇自体ではなく、一尊教団所蔵の『御説教御目録』に記載されている講名である。

(32)　『尾張年中行事絵抄』については、第二章の註(27)を参照。

(33)　永田一郎右衛門の「瘡毒」については、文化九年のＭ七〇の篇を参照。

(34)　一色覚左衛門の歩行困難については、文化十一年のＭ一〇六の篇を参照。

(35)　第二章の註(8)を参照。

(36) 名古屋市蓬左文庫蔵『藩士名寄』(ただし、直接には名古屋市博物館制作『尾張藩便利帳』〈デジタル版〉所収の「藩士大全」)による。
(37) 前掲註(3)『金明録』の文化十二年四月の条による。
(38) 大桑斉「徳川将軍権力と宗教——王権神話の創出」〈岩波講座 天皇と王権を考える第四巻『宗教と権威』所収、二〇〇二年〉を参照。
(39) 以上、世禄制復活問題への新解釈については、『新修 名古屋市史 第四巻』(名古屋市、一九九九年)の二六九~二七八頁を参照。
(40) 同右書の第四章第三節「幕府要路と相続問題」は、尾張藩の第十一代藩主斉温《なりはる》が死去した天保十年(一八三九)、将軍家斉の十一男斉荘《なりたか》がその跡継ぎに定められたさい、大番組や馬廻組などの番方層から斉荘の相続に反対する請願書や訴状が相次いで提出された事情を克明に辿っている。そして、斉荘の藩主就任に反対した番方中堅層を中心に、嘉永期には金鉄党《きんてつとう》が結成され、その後、藩校明倫堂の関係者や在野の国学者を巻き込む形で金鉄党が成長していったという筋道を描いている。如来教の《確立期》から《成熟期》にかけて積極的な活動を展開した「士講中」やその子孫たちが、後年、金鉄党に加わったのかどうかは未詳であるが、彼らが、禄高や役職、藩の成り立ちに関する考え方などの点で、金鉄党を結成した藩士たちと重なる社会的立場にあったことは、教祖のもとへ彼らが寄せていた集団的願望の内容とともに、記憶しておくべきことがらだと言えよう。

第五章　如来教の成熟

本章の課題は、《如来教の成熟期》〈文化十三年〈一八一六〉閏八月～文政三年〈一八二〇〉三月：教祖在世時代の第Ⅲ期〉には、同教の信者集団およびその活動はどのような変化を遂げてゆくのか、また教祖の口から表明される神学や宗教思想はどのような深化を示すのか、を明らかにすることである。宗教思想の形成・展開については、すでに第三章と第四章で詳しく追跡しているが、組織的な活動の本格化《確立期》を経た後、江戸・関東在住の金毘羅講の人々が如来教に合流（入信）し、同教は近世社会との関わりをいっそう拡大してゆく。そこで本章では、そうした新しい動向を迎える中で、教祖在世時代の如来教の固有の性格がもっとも明確化していった様相を追跡し、その歴史的意義を論じる。

「一　説教活動の中断から『日待空間』の再構築へ」では、文化十三年四月から約五か月にわたって教祖喜之の説教活動が中断された事情、および同年閏八月にそれが再開されていった事情を、その間の中断が教祖在世時代の大きな画期の一つとして捉えられる理由とともにまず明らかにする。

「二　神学体系の更新と成熟」では、江戸の金毘羅講中の参入を機に、すでに語られてきたグランド・ストーリーのうち、創造神話と固有の神学の更新があらためて重要課題となった事情を追跡し、その歴史的意義を明らかにする。具体的には、至高神如来の救済意思（「ノモス」）を体した神々の自己犠牲的な苦労を通じて人間が創造されたという趣旨のもとに創造神話が更新された経緯のほか、同じく如来の意を体して働く事実上の主神金毘羅大権現を、他の神仏や諸宗祖たちが担ってきた役割や多様なデーモンの統御をも独力で果たす力量をもつ神として位置づけてゆく経緯をも明らかにし、そうした教説展開の歴史的意義を論じる。

「三　成熟期における信者集団の行動と救済思想の到達点」では、当該期には、「家族の安定的構成如何」が「日待空間」の中心主題として決定的な位置を占める一方、社会変動にともなう人の移動をめぐる諸願が急増すること、そうした状況のもとで、第四章で詳述した「三界万霊」救済の教義が、如来教固有の来迎仏である「二十七仏」による還相回向論という形で深化の到達点を迎えること、などを具体的に追跡し、それらの諸事実の歴史的意義を明らかにする。そしてまた、市場的経済関係が急速に浸透しつつあった尾張藩社会において、地域社会と共存できる経営や生涯を目指していた一部の米穀商たちが、直系の相続者に恵まれない事情などを契機として、教祖晩年の日常を支援する態勢の構築に尽力していった経緯とその歴史的意義を明らかにする。

一　説教活動の中断から「日待空間」の再構築へ

文化十三年（一八一六）閏八月八日の『お経様』（M一六七）は、同年の四月十二日以来約五か月間も中断されていた教祖喜之の説教活動が再開された様子を伝えている。その前書きによれば、同日の説教は次のような状況下に行われたという。すなわち、その日のかなり以前から、信者たちの中には「いつとなく禅派《せんは》にて致せし以心伝心不立文字《いしんでんしんふりゅうもんじ》の修行」をする者が現れていたのだが、教祖喜之はそのことに憤って、もはや神仏には降臨を願わない旨を信者らに表明していた。それに対し、教祖の口を介した神仏とのやり取りが不可能になることを多くの信者が怖れ嘆いたので、そうした意向を代表する数名が教祖のもとを訪れて信者仲間による勝手な修行の実践を詫びた結果、この日、教祖の説教が再開されるようになったという。それでは教祖喜之は、「以心伝心不立文字の修行」をどのような意味で批判し、なぜ説教活動を中断したのだろうか。

第二章第一節ですでにふれたように、如来教の主要な活動形態としての「日待」は、《確立期》には「御綴り連」の成立とともにその開催が恒常化し、多くの人々が寄り集って病気の平癒や死者への追善などを願う場に育っていた。ところが喜之の信者集団には、既存の仏教宗派や民俗宗教の行儀などにかねて深い関心を寄せていた熱心家が含まれており、彼らの存在は、「日待」の場で共有されるグランド・ストーリーの形成に寄与することがあった反面、既存の僧侶や民間宗教家などとの軋轢を生み出し、さらには信者集団に内部対立を生じさせてもいた。「以心伝心不立文字の修行」をどのような人々が実践していたのかは具体的にはわからないが、おそらく教祖喜之は、既成宗教の行法に頼ろうとするそうした行動に、如来教の独自性を拡散させ、求心力を失わせる危険を感じて説教活動の中断に踏み切ったものと考えられる。

覚善が法華行者だったことを考慮すると、右の「以心伝心不立文字の修行」をめぐる紛争は、これも第二章第二節の末尾でふれた、文化十二年（一八一五）のM一五七の篇に見られる取次役覚善と信者伊右衛門との対立とは、おそらく別のできごとだったと推測される。しかしこの紛争が、当時の信者集団に大きな影響を及ぼしていた様子は、M一六七の篇に続く文化十三年閏八月十九日（M一六八）、同年九月二十日（M一六九）、同年十一月十一日（M一七四）などの諸篇よくに表れている。そのうちとくに、M一六九の篇の前書きには、「去月十九日の夜、永田の舎りにおゐて自力の修行いたせし面々、御叱り奉《たてまつっ》レ請《うけ》りしより、皆々右の修行を打捨《すて》ければ、拝方《おがみかた》おだやかになりける」という記事があり、この「修行」が何か激しい礼拝方法をともなう行法だったことを窺わせている。この「修行」についてはそれ以上は未詳だが、禅宗寺院で大般若経が転読されるような機会に行われていた何らかの行儀を範とするものだったのではないだろうか。そして、同じ前書きのすぐ後の部分に、「依て〔拝み方が穏やかになったのでの意〕其歓《よろこ》びとして御日待《おひまち》をなし、……媚娢様御請待申上ければ」と記されていることからも、教祖喜之はそうした麗々しい行儀を嫌っていたことが明らかである。というよりも、教祖喜之は、説教の場が特定の行法を身に付けた人々によって事実上主導されてしまい、素朴に諸願の成就を願おうとする人々が近づきにくい場になることを避けようとしていたと考えられるのである。

そのような教祖の意思のもとに中断されていた説教活動は、江戸の金毘羅講中の参入を機に、本格的に再開されていったと言える。再開直後の『お経様』に何より顕著な特徴は、喜之に天降った金毘羅大権現が、信者たちに「日待」の意義を再確認させる発言を繰り返していることである。文化十三年（一八一六）九月のM一六九の篇とそれに続くM一七〇の篇にはその種の発言がもっとも詳細に記録されているのだが、前書きに「日待」への言及があることをすでにふれたM一六九の篇には、実は説教の本文にも次のような一節が記されていて注目される。

お日待といふ物は、如来様や神様の為にはなれせぬなふ。日待といふ物は、如来様の事を尊《たつと》んで、皆諸人が集《あつま》つて、心正当《しやうとう》にして、如来の慈悲を歓《よろこ》ぶとての日待といふ物でござる。又日待といふはなぜさう言事《いふ》なれば、如来様の、初《はじめ》の節に思召事《おぼしめす》には、「諸人《しよにん》どもやう、我《わか》（汝）等《と》は心得が悪いものでや程に、心を改て寄合て、心《しん》悩《のう》をとる思ひを懸た時は、如来はお主達の何か亦あしい事の出来る奴を、そこを一つ、まあ如来様がお取成《とりなし》をなされるやうな物でやてなふ」。夫ゆへもつて、「此日待といふ物は悪い事でやないに、日待をしよやう」といふのは、如来様の為になるとおもはれると間違《まちかふ》ぞや。皆我《われ》（汝）々《われ》の身分の太切《たいせつ》な事でござる。……此利益の最初の時に、「我《わか》（汝）等《と》が己《おれ》を呼出すなれば、心正当に成《なつ》て日待をしたなら、其日待を縁として、何ぞかぞ己がはないて聞《きか》せふが、日待なくては得《えい》はなさぬぞやう」と、是もこれ、先達《さきだつ》ての時に皆聞せ置た事でござる。……

この一節の前半は、およそ次のように解釈できよう。すなわち、信者たちは、「日待」を如来や神のために営むものだと（あたかも御利益の代価のように）考えているが、それはまったくの誤りである。「日待」はむしろ、人々が集まって、その心を「正当」にして、「如来の慈悲を歓ぶ」ためのものである。この教えがはじまった当初、如来は、人間というものは心得が悪いものだから、「心を改て寄合て、心悩《しんのう》をとる思ひを懸」るならば、個々の人間にとっての何か悪い事態も何とか取りなしをしようと約束していた。それゆえ、金毘羅が「日待」を催すように奨めるのは、あくまでも人間のためである。

右のような趣旨は、実は文化十年の『お経様』（M八八）にもすでに見られていたのだが、この時期にあらためてそうした内容が強調されたのは、信者集団に内部対立がしばしば起こるようになっていた当時、教祖喜之が、そうした「日待」の内実が失われていると感じたからなのであろう。また、右の引用の中略以降に見える、人々が正しい心で「日待」を催せば神仏の話を語り聞かせるが、そうした「日待」が開かれなければ話はできないという趣旨は、むしろこの時期から前面に出されるようになった主張だと思われる。というのは、引用には最初の神憑り以来そのことを人々に伝えてきたと記されているのだが、《確立期＝第Ⅱ期》以前の諸篇には、そのような趣旨を述べた篇が見当たらないからである。そして、そのように、「日待」の開催を条件にしなければ神仏の話は語らない旨が強調されたのは、実際に、教祖喜之の説教の座が、「如来の慈悲」に照らして個々の参集者が各自の日常を省みる機会とは相当にかけ離れたものになりつつあったからなのであろう。

次回の説教に当たる文化十三年九月のM一七〇の篇の前書きには、「過《すぎ》し廿日の夜の御説教に、『御日待《おひまち》といふは、諸人集りて心正当《しょうとう》にして、如来の御慈悲を歓ぶを日待といふ』とも説《とか》せ給ふ事のあれば、太田の主《あるじ》、文化十三年子の九月廿八日の夜、日待と言事をせんとて、媹姾様を御請待《ごしようたい》申上られければ、いと安々と入せ給ひ」と記されており、M一六九の篇における金毘羅の発言を、信者たちが受け容れて実行していたことが明らかである。また、同年のM一七四の篇の前書きに「自力《じりき》の修行《しゆきやう》致せし面《めん》々、御示《しめ》しを蒙《かふむ》り、御降参為《ごこうさんのため》、御日待をなし、媹姾様を御請待《ごしやうたい》申上ければ」とあることは、「以心伝心不立文字の修行」を実践していた一部の信者たちが、「日待」の意義を強調する金毘羅の一連の発言に触発されて、教祖の方針に従っていったことを表していると言えよう。(1)

総じて言えば、「日待」の意義の再確認を求める金毘羅大権現の発言がこの時期に繰り返されたのは、教祖喜之が、説教の場に独断を持ち込んで既存の行法の意義を主張する行動を排除し、「日待空間」を誰もが平等に参加できる信仰活動の場に組み立て直そうとしていたからなのだと言えよう。しかも、江戸の金毘羅講中が参入したことは、金毘羅大権現が喜之に天降った経緯をはじめとして、第三章第二節で詳述した、コスモスの真相に関わるグランド・ストーリーをあらためて信者たちに語りかける必然性が生まれたことを意味している。そしてそのことは、「日待」への多くの参集者とともに、そうしたグランド・ストーリーに照らして、それぞれが抱えるさまざまな問題や困難を捉えかえすことこそもっとも重要なことがらだと主張する、絶好の機会になっていったと考えられる。

二　神学体系の更新と成熟

1　創造神話の更新と金毘羅信仰の原理的革新

本節では、江戸からの金毘羅講中の参入という新事態を大きな契機として、如来教固有の神学体系はどのような方向で更新・整備されていったのかを明らかにしてみよう。

文化十三年（一八一六）閏八月に如来教に参入した江戸の金毘羅講中の人々には、それ以前から名古屋を営業の舞台としていた商人が何人か含まれていたらしく、彼らと如来教との交流は、当初から、臨時的な江戸からの来訪には留まらない性格をもっていたようである。同年十一月のＭ一七四の篇と同十四年二月のＭ一七七の篇には、江戸から名古屋へ派遣されて江戸の商人向けの現地労働力を確保する仕事に従事していたとみられる亀三郎という人物[2]と、江戸の商家へ奉公中に病を得て尾張へ帰郷していた平右衛門という人物が寄せた願いが記録されているのだが、江戸在住の金毘羅講中の名古屋への集団的再訪が確認できるのは、同十四年（一八一七）三月のＭ一七八の篇である。

一尊教団所蔵の『御説教御目録』は、そのＭ一七八の篇について、「一の宮様人間御拵《おこしら》へ、岩屋の毛虫と云ふ事、金木市正《かねきいちのかみ》始《はじめ》て参詣御目通り」という表題を掲げている。そしてその表題のとおり、この篇で教祖喜之は、如来教固有の人間創造神話をめぐっておよそ以下のような新たな教説を展開しているのである。[3]

すでに第二章第二節で見たように、如来教の人間創造神話は、開教後間もない文化二年（一八〇五）のＭ九の篇に、神代《かみよ》における人間は、神の言葉によっていとも簡単に作られたのが真実で、決して男女の性的な結びつきによって生まれたのではない、それゆえ「書物（記紀神話）」に記されているイザナギ・イザナミの交接をめぐる物語は神代の真相を伝えていない、という趣旨が記録されているのが『お経様』への初出である。そして翌文化三年のＭ一六の篇には、神代の終了以来、人間は、妊娠そのものも、出生にいたる母体内での一〇か月の過程も、すべて「魔道」の世話になっている、それゆえ出生後は迷うことが多く、神代に作られたようなよい人間はこの世には一人も存在しない、という趣旨が記されて、「魔道」というデーモンが新たな要素として創造神話に付け加えられていた。すなわち、現世の人間は「魔道」というデーモンに支配されている存在だとされ、至高神如来に縋ってその「魔道」の支配を免れることこそ人間にとって最大の課題だ、とする主張がその時点で教祖喜之の教説の基本に据えられたのである。さらに、《確立期》に入った後の、文化十年（一八一三）のM九五の篇では、原初に神々によって創造された七五人という人間の数と、その後「魔道」によって五人の人間が作られたのが、神代の終了後いまにいたる現世の人間のはじまりだとする教説が開示されていた。しかしそれ以来、『お経様』諸篇には、人間創造譚の新展開は見られないままになっていた。

それに対し、江戸の金毘羅講中が如来教に合流した後の、文化十四年三月のM一七八の篇では、人間は、岩屋の中に住んでいた毛虫を素材として一の宮をはじめとする神々が作ったとする物語が付け加えられ、創造神話の筋道が更新されている。それはあたかも、文化二年のM九の篇で語られていた、男女の祖神に人間創造の始原を認める「書物（記紀神話）」を批判した教説に具体的な内容を与えるものになっているのだが、それのみならず、この篇における新展開としてとくに注目されるのは、如来の意を受けて原初に「七十五人」を創造した神々の「辛労苦労」は並大抵なものでなかったことが、およそ次のように強調されていることである。すなわち、神々を代表する一の宮は、まだ食物を知らない原初の「七十五人」の人間を、一の宮自身の肌を嘗めさせて育てたがために、すっかり痩せ衰えて「有やらないやら知れぬ」ようになり、やがて他の神々や「七十五人」とともに如来のもと（天上界）へ帰ったのだが、帰るとすぐさま、如来から、その労を多として「隠居」を申し渡されたというのである。したがってこの篇には、如来はどこまでも人間に恵みを与える根源的な創造者なのであり、その意を体して人間創造に当たったかぎり、一の宮以下の神々もまた如来の慈愛を完全に体現した存在だ、というメッセージが語られていると考えられる。そしてそのことは、《成熟期》における創造神話の展開が、《確立期》の『お経様』諸篇で前面に出されるようになった、至高神如来の意思＝「ノモス（規範秩序）」という観念と、以後、波長を合わせて進められていくことを意味する、と言い換えることができよう。

また、同じM一七八の篇でさらに特徴的なのは、象頭山には金毘羅大権現は鎮まっていないのでそこへ参詣する必要はない、象頭山には死骸が葬ってあるだけで、金毘羅はいま、ほかならぬ教祖喜之に天降って人々に語りかけている、という趣旨があらためて強調されていることである。その後者の趣旨は、地元名古屋の人々に向けては、文化三年（一八一六）のM二四の篇以来主張されているものであり、同十三年閏八月十九日の篇（M一六八）によれば、江戸の講中がはじめて教祖を訪れた同日にも一度主張されている。しかし、次に引くM一七八の篇冒頭ちかくの一節は、江戸の講中たちが、長年、金毘羅信仰の本宗は象頭山にあると考え、象頭山参詣を信仰活動の最大の焦点としてきたのに対して、その認識の更改を求めた金毘羅大権現の強力なメッセージとして注目すべきだと言えよう。

……お主達は「金毘羅〱」とて、皆々打寄《うちよつ》て歓ぶ心前《（こころまえ）》で御座るぞや。其金毘羅は、今まで此世界へ出て来て此諸人に話等《はなしなど》をして聞《きか》した事は、まあ今まで、此しやば（娑婆）が始《はじまつ》てからは終《つい》に、諸人と、たんと人数《かず》をよせて話なぞをして聞した事は、今まで一度もなかつてござるなふ。一度もなかつたなれ共《（ども）》、此度《（このたび）》は如来様の仰《おつせ》る事には、「金毘羅やう、ぬしでやなけらにやならぬ程に、どふぞ、此世界へは女一人出《たい》て置《おい》てござる程に、おぬし、どふぞ其女に乗移《のりうつつ》て、諸人に後世といふ大事を一つ、事訳《ことわけ》ならぬ苦労では有《あら》ふなれ共《（ども）》、此度は誰有て、女の体が貧《まつし》い身の上成《なれ》ば、「斯《こう》」の「あゝ」のと皆言《いは》つしやる程に、お主《ぬし》、あれに乗移て、己《（おれ）》が心前《まへ》の所をば、諸人《（しよにん）》共《（ども）》に事訳を能話《ようはなし》をして置て呉《くれ》やう」と、如来様が頼《たのま》したお詞《ことは》をもつて、此度是、女に乗移て、お主達を引請《ひきうけ》て話をして聞してとらすのでござるぞや。

すなわちここには、金毘羅大権現が多くの人間に「直接」語りかけるのはこれがはじめてである、しかもこのたびの金毘羅は、至高神如来から、その人間救済の意思を、喜之という貧しい女の口を通じて人々に伝えるように命じられて天降っているのであり、人々はそのことを素直に受け入れて教祖の話を聞くべきだ、というメッセージが語られているのである。そもそも、象頭山参詣を焦点とする従来の金毘羅講でも、人々はさまざまな利益を得ていたにちがいない。しかし、教祖の口を通して金毘羅大権現と〝直接〟応答できる如来教は、既存の金毘羅信仰とは異次元の信仰形態なのだ、というのが右の発言の趣旨なのであり、それは教祖信仰の決定的な優位性を主張したものだと見ることができよう。

ところで、先述の『御説教御目録』が、この日喜之のもとへ初参詣した旨を記している金木市正《かねきいちのかみ》（一七八四〜一八四九）という人物は、当時、江戸日本橋佐内町《さないちょう》にあった金毘羅社の神職で、教祖喜之の晩年から天保期にかけて、江戸の講中の指導者としてもっとも活躍したと言える人物である。(4) そして、最初の教祖訪問の約七か月後に、その金木を含む江戸の講中があらためて名古屋を訪れたことは、右のような説教内容をはじめとして、教祖喜之に新たな教説の展開を促す大きなきっかけとなり、また、民俗宗教や神道界に関する新たな情報を、教祖喜之が金木から提供される結果になったと思われる。

次回の説教記録にあたる同年のM一七九の篇によると、このとき来名した江戸の講中は、あまりにも公然と行われている喜之の説教に接して、取り締まりに遭う可能性を心配し、その休止を提案している。それに対し教祖喜之は、江戸の講中の心配に謝意を述べるとともに、説教の休止も考えたい旨を語っている。しかし、そうした説教活動の休止は、信仰歴の古い信者らに向けて、各自の信仰態度に反省を促す言葉としてその可能性がほのめかされたのみで、文政三年（一八二〇）に尾張藩の統制を受けるまで、結局は実行されなかった。むしろ当該期における教祖喜之の口からは、右のような、更新された人間創造神話や、金毘羅大権現に関する固有の神学を含めて、世界の成り立ちに関わる教説がつぎつぎに語り出され、人間創造の始原における如来の意思を開示するという論理のもとに、固有のコスモロジー（グランド・ストーリー）が全面的に展開されていったのである。

文化十三年（一八一六）閏八月の説教再開から翌々年の文政元年（一八一八）ごろまでの『お経様』諸篇には、実は先述の「日待」のほかに、如来教における「願行」の〝本来の意義〟をはじめとして、さまざまな既成信仰の信仰様式や民俗行事の〝本来の意義〟または民間で信仰されてきた諸神の〝真の由来〟などをめぐって、独自の解釈を展開している篇が目立っている（以上、〝　〟で囲んでいる二語は、『お経様』の用語そのものではなく、論述の便宜上、筆者がその文意を勘案して造語したものである。以下も同じ）。そこで、いくつかの具体例を挙げながら、そうした教説展開が目指していたものに迫ってみよう。

2　統一的世界像の開示

まず、説教活動再開後二度目の説教に当たる文化十三年のM一六八の篇には、「自力の修行」を導入しようとしていた一部の信者たちに向けて、如来教における「願」とは、「我より目下成者《めしたなるもの》なれば、我より目上のものと取上て取扱ひをせるのが、是を願と唱《となへ》る」とし、同じく「行」とは、「諸人を可愛とおもふて、人を太切《（たいせつ）》にして、我《（わが）》腹に是を一随《ずい》にするのが、是が行」であるとする、「願行」をめぐる独自の解釈が強調されている。そして、かぎりない如来の慈愛に帰依しつつ金毘羅大権現の言葉に従って人を労ること以外に「願行」というものはありえないという趣旨のこの解釈には、いかなる既存の行儀も、如来への真の帰依をともなわないならばそれ自体としては無効である、という主張が込められていると考えられる。

また、翌文化十四年（一八一七）四月のM一八一の篇には、「（如来が）諸人のために日待といふを遊《あそは》いて、諸人の其体《からだ》を祭《まつり》被成《（なされ）》たが、日待といふの始《はしま》りで御座る」という、「日待」に対する新たな意義づけを付加する話が語られたうえで、それとは別に、熊野権現の由来をめぐる物語が語られている[5]。その物語は、中世以来、熊野比丘尼によって広められてきた『熊野本地絵巻』などの縁起譚に触発されて語られたものと推測できるが、物語の筋道にはかなり独自な展開が認められる。すなわち金毘羅が、当時に流布していた熊野権現の縁起譚について、「あれとても、まんざら空言《うそ》（嘘）でもござらぬてなふ。啌《うそ》（嘘）ではなけらね共《ども》、そこには少々の間違もござるなふ」としたうえで語っていることや、熊野権現を至高神如来の意思にもとづいて行動する存在として描いている点などに、とくに独自性が認められるのである。

〝本来の意義〟や〝真の由来〟について述べている『お経様』は、これら以外にも、釈迦十大弟子の一人である目連尊者（摩訶目犍連）が、餓鬼道に苦しむ母を救うために僧に供養し、それが盂蘭盆会の起源になったという『盂蘭盆経』の説話にかなり独自な解釈を加えて、座禅の独自な意義にも言及した文化十三年九月のM一六九の篇や、江戸で「お見くじさま」という呼び名で流行している神の〝真の由来〟を述べた同年十二月のM一七五の篇、早くから成立していた正月に関する独自の意義づけをあらためて強調した文政元年正月のM一九二の篇、さらには防火・鎮火の神として名高い遠江国秋葉山の秋葉三尺坊大権現の〝真の由来〟を述べた同年十一月のM二〇四の篇などがある。

そのような一連の独自な解釈や意義づけの展開は、巷間に流布しているさまざまな教説を教祖喜之が逐一に調べ上げて語った類の話ではなく、むしろ信者たちから次々に寄せられる諸神仏等に関する問いかけに応えていったものにほかならない。そしてそのさい、教祖がすべての回答の前提としていたものが、世界には至高神如来を中心とするコスモスがあり、そこには金毘羅大権現その他の神仏や諸宗祖が働いているという、信者たちとの応答を通じて長年にわたって築かれてきたグランド・ストーリーだったと言える。次に引く文化十四年四月のM一八一篇の一節は、そのことをもっともよく表していると言えよう。

……すれば夫《それ》、あなた〔至高神如来〕のお始め置《おか》れた此《この》娑婆有来《あり》たりし事は、あ方《なた》のお心道理とは、少々は今ではそこは亦間違等《（まちがいとう）》もござれ共《（とも）》、皆是何もかも、娑婆に有し事は、如来より、最初の時に、皆後世《（ごせ）》を結ばせんが為《ため》に、皆これおはじめ置《（おか）》れた事でござるぞや。

ここではまず、「此《（この）》娑婆有来《あり》たりし事」、つまりすべての在来信仰や民俗行事などは、いずれも始原において至高神如来が創始したものだという主張が述べられている。またそれに加えて、それらの信仰や行事などには、本来、人間に「後世《（こせ）》を結ばせんが為」という共通の目的が込められていたのだが、いまやそれらには、如来が創始した当時の意味が失われている部分がある、と主張されている。そして、実はさらに、同じ篇の別の一節には、「神は神、如来は如来」と別な秩序体系があるかのように考えるのは誤りで、神仏はすべて至高神如来に統括される存在であることが、次のように述べられてもいるのである。

又、神々とて分《わけ》て念じられても、其神様は、「扨《さて》も気の毒な事をいふべき事かな。我は此度《（このたび）》、如来様よりもお詞《ことは》を請て、我《（われ）》（汝）々《われ》〔人間たちの意〕の守り〳〵を致すべきやうに、如来様が仰付《おふせつけ》られて、『我《（われ）》（汝）は神と顕《あらは》れて、此世界で我《（われ）》（汝）々《われ》に尊《たつと》まして来いやう』と仰《おふせ》られた、其如来のお心道理とは露程《つゆほと》も誰有《（あつ）》て存《（ぞんじ）》たものもなき故に、余り是残念」に思召《おぼしめす》お心道理でござるぞや。夫、神は皆、如来の仕《つか》ひものでござるぞや。如来の仕《つか》ひ物なれば、如来とさへおもつてお主達が信じられてをられゝば、どの神々とても皆お歓《よろこ》びのお心道理に是相違のない事でござる。

この一節では、人間が、至高神如来とは別に神に祈りを捧げても、その祈られた神は、自分は人間を守るために如来からの依頼を受けてこの世に出ているのに、その慈愛深い如来の心をまったく知らない人間は気の毒だとお考えになる、すべての神は如来に仕えているものなので、人間がただひたすら如来に帰依する心になればどの神もみな喜ばれるのだ、とされている。そしてそこには、諸神を個別に拝することよりも、至高神如来に帰依し、如来に祈願することが何より大切なのだ、との主張が語られているのだと考えられる。

ところで、《成熟期＝第Ⅲ期》の『お経様』諸篇に顕著な動向の一つは、右のような統一的世界秩序の枠組みを前提に、如来教固有の神学体系が整えられ、成熟を遂げていることである。そしてその整備と成熟は、一言で言えば、至高神如来の意思を受けた金毘羅大権現が、すべての神仏の力量を兼ね備えた存在として描かれる方向を辿っている。ただし、その過程をめぐってとくに留意すべきことは、如来教の神学が、当時の社会の中で信者たちが広く受け容れていた神仏観や霊魂観を出発点にしつつ、あくまでもそれらに再解釈を加える形で展開されているという事実である。すでに何度もふれてきたように、『お経様』には、きわめて多岐にわたる神仏が登場するのみならず、いく種類ものデーモンが登場するのだが、教祖喜之や信者たちにとってそれらの表象は、世界の全体像をリアルに捉えるうえで不可欠な要素だったのだと考えられる。言い換えれば、如来教の神学は、一方では慈悲深い諸宗祖や釈迦のイメージを造形しながら、他方では個々の神仏の力量に余る次元にも広く言及し、そうしたコスモスの中で実際に人間を済度している神として金毘羅大権現を描き出す方向で語られているのである。

3　菩薩的救済者像の深化と「慈悲」の神としての金毘羅大権現

先述のように、『お経様』諸篇には日蓮、親鸞、道元、法然といった既成仏教の宗祖がしばしば登場している。そしてその登場は、各宗派を家の宗旨にもつ信者たちが、それぞれの宗祖の降臨を教祖に願ったという事情に由来しており、それが頻繁になるのは《確立期》以降である。その《確立期》までの『お経様』諸篇には、諸宗祖は各宗派を創始したのみで、結局のところほとんど人間を済度しえなかったが、如来教は「八宗九宗を一方に」統合した教えを説き、諸人済度を実現する教えなのだ、とする趣旨が繰り返し語られていた。また同時に、石に古わらじを巻いた枕で旅寝したり、「非人、乞食」となって行脚する宗祖のイメージが語られ、そうした宗祖の業績を如来教は大成するのだ、という趣旨も述べられていた(6)。それに対し、諸宗祖に言及した《成熟期＝第Ⅲ期》の諸篇に顕著なのは、代受苦行をする菩薩的救済者として諸宗祖を描こうとする語り口であり、日蓮が登場する文化十三年（一八一六）十月のM一七二の篇や、親鸞が登場する文政元年（一八一八）十一月のM二〇三の篇などは、そうした『お経様』の代表例だと言える。

　そのうち、M一七二の篇は、日蓮の祥月命日を名目に行われ、日蓮が天降った最後の説教の筆録で、日蓮と金毘羅との対話の様子を日蓮が語った体裁になっている。同篇の何よりの特徴は、日蓮が、諸人は済度しようとする者の言葉に従わないので救済に値しないと主張するのに対して、金毘羅が、如来の依頼にもとづいてあくまでも諸人を救済する意思を明らかにしていることにある。すなわちそこには、かつては釈迦と対比したさいの金毘羅の「きつさ（厳しさの意）」が強調されたのに対して、今度は、日蓮の厳しさに対比しての金毘羅の慈愛深さが語られているのである。そうした金毘羅の慈愛深さは、むしろ意思の強さ、粘り強さなどと表現すべきものなのかもしれないが、至高神如来の慈愛深さを強調する『お経様』諸篇のコンテキストを受けて、金毘羅大権現にも如来の慈愛を人間に媒介する神としての慈愛深さが新たに加わったのだと考えられる。

　M一七二の篇には、金毘羅大権現の無限の慈愛について、金毘羅は、「骨は骨、皮は皮」となるまで、つまりわが身がどんな状態になっても、あくまで済度を遂行する神だと表現されている。また、親鸞が登場するM二〇三の篇では、「我身《(わがみ)》はいかやうに有《あら》ふ共《(とも)》、誰有《あつ》て此《(この)》趣《おもむき》さへ聞《きい》て呉たなら、夫《(それ)》を今度《こんと》の如来様への土産《みやげ》として帰《かへ》らふ」という言葉を、金毘羅が親鸞の言葉として伝えている。さらに、釈迦の成道会《じょうどうえ》の日の説教を記録した、文化十四年（一八一七）十二月のM一九一の篇には、かつて釈迦が、自らの骨を砕き、血汐で経文を書き、頭を割り、骨を粉にして空へ舞い上げ、それを降らせることで救済の縁を作ろうとしたという話が記されているのだが、これら三篇の説教内容は、明らかに関連があるものとして捉えるべきだと思われる。つまりこれらの篇は、いずれも代受苦行者または贖罪者としての救済者のイメージを語っているのであり、金毘羅の慈愛深さもまた、そうしたイメージの造形と連動して打ち出されていると考えられるのである。

諸宗祖のうち日蓮については、成熟期には、毎年十月十二日の御会式のほか、龍ノ口法難や小松原法難、さらには五百五十遠忌の取り越し執行などを機に、日蓮宗を家の宗旨とする信者たちが、教祖への降臨を願っている。また親鸞については、毎年十一月の報恩講を機に、同様に真宗を宗旨とする信者たちが、教祖への降臨願いを寄せている。さらに釈迦については、文化十一年（一八一四）、同十二年、同十四年、文政二年（一八一九）の四回にわたり、成道会の日（毎年十二月八日）にその苦行を話題とする説教が行われている。(7) しかし実際には、文化十三年十月十三日のM一七二の篇に、同日、日蓮が天降ったことが記されているだけで、それ以降の篇には諸宗祖や釈迦が直接教祖に天降った様子は見られなくなる。つまり、《成熟期》の『お経様』諸篇では、信者たちからの要求にも応える形で、諸宗祖や釈迦の菩薩的救済者としてのイメージが語られる一方、実際には、諸宗祖と同等以上の力量を備えた救済者としての金毘羅大権現のイメージが語られていったのである。文化十四年十月のM一八九の篇（日蓮の正当逮夜の『お経様』）に、全面的に金毘羅に依頼しているので正当逮夜でももはや自らが天降る必要はない、という日蓮の言葉が金毘羅によって伝達され、日蓮自身が天降っていないことは、そのことをよく物語っている。また、後述するように、文政二年二月のM二〇七の篇では、信者たちの身辺に起こった火災をめぐって、防火・鎮火の神として、当時、世上に広まっていた秋葉大権現が天降っているのだが、そのさいの秋葉は、金毘羅が「殊ならぬ御苦労」をしてくれているので、すべては金毘羅大権現にお願いせよと発言している。そしてその例を最後に、喜之の説教には、金毘羅以外の神仏は一切天降ることがなくなるのである。

なお、文化十三年のM一七一と文政元年のM二〇一の両篇には、金毘羅が教祖喜之に天降って説く言葉こそ、かつて釈迦が説き残したもっとも重要な経文（「お経の真木《しんぼく》」ないし「四部《しぶ》の経文《きょうもん》」）である、という教説が語られている。そしてその教説は、後に喜之の教えが「四部経《しぶきょう》」と呼ばれる起源となっている。第三章で見たように、喜之の教えの究極性は《成立期》以来だんだんに強調されてきていたのだが、「真木」や「四部」という象徴的な表現が、菩薩的救済者像や「慈悲」の神としての金毘羅という観念の深化とほぼ同時期に現れたことは、十分注目すべきことがらだと言えよう。

4　デーモンを統括・制御する力量を備えた金毘羅大権現

如来教の「魔道」に関する教説については、それを原罪説の表れだとする議論をはじめとして、石橋智信による最初の研究以来さまざまな議論が行われてきた。しかし筆者は、如来教の神学にはなぜ「魔道」というデーモンが登場するのかを次の二側面から考察してゆくことが、今日、「魔道」に関する教説を論じるうえでもっとも重要な課題だと考えている。すなわちその一つは、「魔道」という表象は歴史的にどのような観念の系譜を継承して『お経様』に登場しているのかという問題であり、またもう一つは、教祖喜之やその信者たちはなぜデーモンが登場するコスモロジーを必要としたのかという問題である。

浅野美和子氏は、かつて『史料集成』第三巻の解説第二章で(8)、その一つ目の問題にかなり画期的と言える解答を提起した。すなわち浅野によれば、江戸時代までの日本に流布していた「中世日本紀」と呼ばれる一連の神話群では、近世後期以降の神道論とは異なって、天照大神（伊勢神宮）が信頼するに足りない神として描かれるとともに、第六天魔王というデーモンに活動を支えられている存在としても描かれており、『お経様』のコスモロジーはまさにそうした「中世日本紀」の世界観を受け継いで組み立てられている、というのである。しかし、浅野の探求によって如来教が継承した観念の系譜関係はかなり明らかになったとしても、何のためにそうした観念が受け継がれたのかは、系譜関係とは別に問われるべき問題である。そこでここでは、その二つ目の問題を念頭におきながら、「魔道」に関する教説を、むしろ金毘羅大権現や至高神如来の性格規定そのものに関わる問題として考察してみよう。

「魔道」に関する教説の（とくに確立期までの）発展経過は、前章でふれたように、ごく大まかに言えば、「禍をもたらす『魔道』」から「如来の使者としての『魔道』」への重点移行として捉えることが可能である。それに対し、《成熟期》の『お経様』諸篇では、文化十三年（一八一六）閏八月のM一六八の篇をはじめとして、「魔道」に言及した諸篇が合計約一五篇にも及ぶのだが、[9] M二〇二やM二〇五の各篇に相当する説教が行われた文政元年（一八一八）の後半あたりが、この教説の展開にとって大きな画期だと考えられる。すなわちM二〇二の篇では、「魔道」というデーモンについて、人間創造に関わった神々が天上へ昇るさいに地上の支配を委ねた存在であること、「宮社搭《みやしゃとう》（頭）に栖《すみか》をして居《おる》もの（神々がいなくなった各地の神社に留守居役として居住している存在の意）」であること、人間の「体に引付《ひっつい》て居《おる》」ものであること、などがまとまって説明されている。そして、その居場所が「宮社搭（地上の神社）」と人間の身体の両方にわたることについては、「千も万も有《ある》」という「魔道」というデーモンの膨大さが根拠に挙げられている。さらにこの篇では、つねに人間の生活を監視していてその結果を至高神如来に「お通辞（報告の意）」するという「魔道」の役割が、明確に述べられているのである。

しかし、《成熟期》における「魔道」に関する新たな教説展開としてむしろ筆者が注目したいのは、およそ次のような内容である。すなわち、文政二年（一八一九）二月ごろに名古屋城下に大火が起こるという噂が流れ、六月には濃尾地方を含む東海・近畿一帯に大地震が現実に起こった状況のもとで、火を司る神として知られる秋葉大権現の「眷属」や、地下にいて地震を起こすとされる多くの「如来〔魔道などのデーモンがそう表現されている〕」に対して、金毘羅大権現や至高神如来には、それらの行動を統括・制御する力量が備わっているとされてゆく。そしてまた、同年正月二十日のM二〇六、二月八日のM二〇七、同月十一日のM二〇八、八月五日のM二一六、九月四日のM二一七の各篇では、必ずしも「魔道」に等置・限定されないさまざまなデーモンに言及する形で、大火や地震という災害をもコントロールしうる神仏の力量が語られているのである。

ところで、教祖在世時代に如来教信者となった人々は、総じて言えば、十九世紀初頭における尾張藩社会の繁栄と変動の渦中にあって、さまざまな世俗的成功の可能性を手にしつつあると同時に、思いのままにならない運命と遭遇する蓋然性をもつねに抱える人々だった。そして、そうした不幸な運命をもたらす要因の一つが、当時における高い幼児死亡率や今日に比べれば低い医療水準などにあったことは間違いない。しかし、より基本的には、上昇機運にある社会の中で、人々がさまざまな新しい可能性に挑戦していたことが、従来は経験されなかった多くの問題を新たに浮上させていたと受けとめるべきではないだろうか。いずれにせよ、当時、如来教に救いを求めた人々は、思いのままにならない多くの事情を抱えていたのだが、そうした人々にとって、世界は、幸不幸のどちらをもたらすともしれない神仏が働く世界であり、さらには、その背後にさまざまな亡霊やデーモンが働いている世界として捉えられやすかったと考えられる。そして、多くの信者が教祖に問いかけていたのは、個々に体験している不条理の由来や理由だったのであり、その問いに教祖が答えていった筋道の一つが、「魔道」に関する教説だったとみることができよう。

すでに前章で詳述したように、教祖が説いた教説のうち、「三界万霊」の救済に関する教説は、明らかに、そうした信者たちの意識様態との応答を通じて形成されているのだが、「魔道」に関する教説は、浅野が言うような「中世日本紀」の枠組みを摂り込みながら、むしろ教祖の側から語り出されていった性格が強いと言えよう。

そこで再度、《成熟期》における神学体系の更新という問題に戻ると、この時期の『お経様』諸篇に「魔道」に関する話題が多くなったのは、基本的には、信者側から寄せられる諸願や伺いの件数が多くなり、「日待」の場において不条理の根拠をより詳細に語ることが必要になったからだ考えられる。そしてその応答の中で、人々に不条理を受け容れさせそれを乗り越えさせるために、しだいに細かく展開されていったのが、「魔道」には如来の使者としての側面がある、とする教説だったとみることができよう。

またさらに、文政二年のいく篇かの『お経様』に、秋葉大権現の「眷属」や、地震を起こして人間に戒めをする役割を帯びた、地下にいる多くの「如来〈デーモンの意〉」に関する話題が取り上げられているのは、直接には、火災の噂や現実に起こった大地震を前提として、それらの状況や成り行きを人々に説明する必要が生じたからだと考えられる。(10) そしてそのさい、災害を起こす主体として言及されている「眷属」や「如来〈デーモン〉」は、先述の解説論文で浅野がふれている第六天魔王や崇徳院御霊、牛頭天王などの、禍をもたらす性格をもつ神々や御霊が、いずれも「眷属」を率いているとされていることから、教祖が類推的に言及した可能性が高いようにも思われる。

ただし、それら一連の諸篇に関して何より重要なのは、デーモン的な存在に関する言及が、至高神如来や金毘羅大権現の力量〈結局は金毘羅大権現の力量に収束する〉をさらに高める効果を生んでいる点である。そして、そうした言及が神学体系の到達点を表しているとするなら、如来教の神学は、世界に多様な神仏やデーモンが働いていることを当然視する民衆の意識構造を前提として、そうしたデモーニッシュな次元の活力を意識的に吸収しながら成熟を遂げているところに、実は大きな特徴があると考えられるのである。

なお、金毘羅大権現という神が、一方では、既存の社会秩序に縛られないある種の粗暴さをもつ神で、そのことがこの神の果断な行動力の源泉になっているという趣旨は、いく篇もの『お経様』に繰り返されている主張であるが、そうした主張をもっともよく表しているのが、第三章第三節でふれた如来教固有の金毘羅前生譚にほかならない。そして、文化十三年のM一六五の篇ではじめて信者集団に向けて広く開示されたその前生譚は、あたかも右のような神学の更新が重ねられていた文政二年の、三月十八日の篇（M一九四）でもっとも詳細な展開を見せているのである。前章でもふれたとおり、同篇には、このたび金毘羅が教祖喜之に天降っているのは究極の済度が施される姿だ、という趣旨が語られているのだが、次にその一節をあらためて引いておこう。

……もふ是、娑婆に栖《すみか》を召《めさ》れる其《（その）》諸人の身の上では、是でお暇乞《いとまこひ》の詞《ことは》でござる。其暇乞の詞共《（とも）》知らず、お主達は、又づら『どふか』『斯《こう》か』と、又そこには少々の分別を付《つけ》てみられまい物でもござらね共《（ども）》、もふ是、世界も漸《やうやう》と成升《なり（まし）》てござる。ござれ共《（ども）》、もふ殿《との》（何）方《た》様とてもお出遊《いてあそは》す事はお休《やすみ》でござる程に、能《よく》承知を召れや。

ここに見られるのは、如来からこの世に遣わされた金毘羅が、如来の受肉者である教祖喜之の口を通して語るのは、喜之の生命が続く間だけのことであり、喜之がもはや老年を迎えていることからすれば、それはつねに「暇乞」の言葉なのだ、終末を迎えている現世には、諸宗祖が受肉して世に出るようなことも当分はありえないことを人々は自覚すべきだ、という主張にほかならない。すなわち、《成熟期》における如来教の神学体系は、多様なデーモンや「眷属」を含めて、至高神如来の救済意思のもとに諸神仏が働くコスモスの実質的な統括者として金毘羅大権現を位置づけると同時に、その金毘羅が教祖喜之に天降って施している済度の希有な性格をどこまでも強調する方向で、更新がはかられているのである。

三　成熟期における信者集団の行動と救済思想の到達点

1　諸願の増加とその内容的特徴

それでは、《成熟期》における信者たちの行動にはおよそどのような特徴が認められ、彼らの行動と連動して、救済思想ないしグランド・ストーリーはどのような深化を遂げたと言えるだろうか。

文化十四年（一八一七）のM一七七の篇には、既公開の『お経様』諸篇中でもっとも件数の多い、合計一七件にものぼる願望や伺いが記録されており、その事実は《成熟期》に諸願が急増した様子を典型的に表している。そして、そうした《成熟期》における諸願の特徴として、「家族の安定的な構成如何」こそ「日待空間」の中心主題だという事情がいっそう明確（決定的）になる、という事実を第一に挙げることができよう。というのは、当該期の『お経様』には、一人の家族員の運命（生死）がその家族全体の運命を大きく左右している例がいくつも見出せるからである。文化十四年（一八一七）八月のM一八五とM一八六の両篇にわたって記録されている、清洲の「信濃屋の女房」という人物の事例は、そうした例を代表するものにほかならない。

M一八五の篇には、何人もの子どもを残して世を去った信濃屋の女房が、「娑婆」の浅ましさを如来から見せられてあきれかえっている様子や、「娑婆」の境涯は如来の目からは「目叩（瞬）き」の間で、現世からは長く見える「九十年」「百年」の生涯も、「後世」の基準ではたった一日半にすぎないこと、また「後世」では、わが子や他人の子の区別はないことなどが語られたうえで、次のような一節が掲げられている。

「夫《それ》でもお前様、外様《ほか》では、『お子様に迷ひ被成た』のなんのといふこともござり升《ます》が、あれはどふでやへもし」と〔教祖喜之が〕いふが、を、さ、さうでやあらあず〔尾張弁で「うーん、そうだなあ」ほどの意〕。そりや、「今度助《こんどたすか》らぬに依て、其《その》子と成《なつ》て来て呉《くれ》たを縁として、少《ちつ》とはいき（息）をさせんかなあ」と思ふに依て、其思ひが其子に懸《かか》るのでや。我《われ》（汝）〔金毘羅が教祖喜之を指して呼ぶ呼称〕が能所《よいところ》へ往《いつ》ては、其やうな心は懸らぬぞや。今度《こんど》、我《わが》身の悲しさ、つらさに余り〳〵した其残りを、我《わが》子と成《なつ》て来たものなれば、我《わが》つらさを、「どふぞして我子と成たを縁として、捨《すて》て置《おい》て呉るかなあ。つらいぞなあ。かなしいぞなあ。扨《さて》、むたいなぞなあ」と、まあ口でいへば此様《よう》な事でやぞや。

我身のつらさ、かなしさのやり場がないに依《よつ》て、「子に心が残つたさうな」の、「あの子に心が残つたさうな」と言《いふ》のは、夫《それ》我子に、跡式《あとしき》を守るものに、其心がとどまつて来るに依てさま〴〵な事が出来るので御座るぞや。

すなわちこの一節では、本当に成仏して如来のもとへ行った者は、この世に残した子どもを心配したりすることは決してない、子どもに心が残るのは、如来のもとへ行けず、中有《ちゆうう》に迷うことになった霊が、自らの「後世」における状態の改善を子孫による追善供養に期待するからだ、という趣旨が述べられている。また同日の篇には、信濃屋の女房は、残された子どもへの思いを免れて二度とふたたび「娑婆」へは戻らないこと、遺族は如来によって守られること、女房の成仏は遺族の成仏の導きとなること、などが強調されている。そして、次回の説教にあたる同月十八日の篇（M一八六）には、信濃屋の女房は「万霊」八三〇人を連れて如来のもとへ行った旨が強調されているのである。

なお、昭和初年に成立した『清宮秋叟覚書』の025節には、質屋の内儀だったその信濃屋の女房について、「正月や節句に、近所の貧者の子供の着物を、御自身の着物を代りに入て、夫《それ》を持《もた》してやられしと。御自身のたんすハ、悉《ことごとく》からに成《なつ》て居《おり》しと。米などこそ〳〵持《もた》して遣《やり》しといふ」という伝承が記されているのだが、そうした伝承をも視野に入れるなら、同人の死をめぐる教祖喜之の一連の対応には、およそ次のような意味が込められていたものと推察することができよう。すなわち、世俗的な利害からかけ離れた信濃屋の女房の生き方は、教祖喜之が理想としていた人間の生き方とほぼ重なるもので、それは第二章・第三章でふれてきた油屋金蔵や難波屋仁左衛門、青貝屋半七らの生き方にも通じるものだった。したがって教祖喜之は、いわば「正当」な生き方を全うした人々が、不条理な死を相次いで遂げた現実に遭遇して、それらの義なる人々がかぎりなく慈愛深い如来のいる「後世」でしかるべき居場所を与えられ、報われて法悦に浸っていることを語らずにはいられなかったのだと考えられる。そこには、不条理な死を受け容れざるをえない家族に対する教祖の深い同情と共感が示されていると言えよう。

当該期に寄せられた諸願のもう一つの特徴は、行方不明者の探索願いが目立つようになることで、今日公開されている『お経様』諸篇に合計約一〇件記録されているその種の願望のうち、七件、延べ八回が《成熟期》の諸篇に集中している。

合計約一〇件のうち、確立期（第Ⅱ期）に属する文化十一年（一八一四）十月に二日連続で寄せられている一件（M一一八とM一一九）は、伊勢国四日市の九歳の障害児に関するもので、言語不通のその障害児万次郎を両親が名古屋の医師のもとへ連れてきたところ、突然、万次郎が行方不明になったという。その一件がその後どうなったのかは『お経様』諸篇に記事が見られないが、右の二篇には、障害をもつ子どものために奔走している両親の姿がよく表れており、この一件もまた、家族の安定的な構成如何が「日待空間」の中心主題の位置を占めていたことを典型的に表している。

文化十四年のM一七七、M一七八、M一八〇、文政元年（一八一八）のM二〇五、同二年のM二二一、同六年のM二四四の各篇延べ七回にわたって記録されている探索願いは、多様な階層にわたる成人の家出に関わる願いである（町人三件、武士階級二件、百姓一件）。事情の詳細は不明だが、総じてそれらの記事は、新たな生活の途を求めるためか、何かの不都合を起こしたかで、従来の住所を離れざるをえなくなった諸事例らしい。そしてそれらは、いずれも人の移動が激しくなった時代の雰囲気をよく表していると同時に、そこに奉公人の探索願いまでが含まれていることは、当時の人々の生活が肉親以外の者をも含む家族の安定的な構成に支えられて成り立つものだったことをよく表している。なおそれらのうち、M一八〇とM二〇五の篇の二回記録されている尾張藩士の娘の事例は、当時、念仏授与で人気を博していた浄土宗捨世派の徳本行者の跡を追って家出し、文化十三年（一八一六）以来二年あまりにわたって探索が願われ続けた、特徴のある事例となっている。

M二〇八の篇に見える探索願いは、熱田白鳥町の廻船問屋、師崎《もろさき》屋善三郎が寄せたもので、文政二年（一八一九）正月に伊豆の港から出航した船の行方を尋ねたものである。しかし、その後の諸篇にこの船に関する記事が見られないことからすると、この願いには、難船して死んだ可能性のある人々への追善の意図も込められていたように思われる。というのは、文化十四年のM一八〇の篇に、遠州灘で破船した知多郡半田の漁船の乗組員に向けた追善願いが記録されているからである。なおこの当時、流行の最中だった讃岐国象頭山を本宗とする金毘羅信仰では、海上安全願いが主要な願望に成長しつつあったが、右の二件の記事は、同じ金毘羅大権現を主神とする如来教にも、新時代に相応しい業種に従事する人々が救いを求めはじめていたことを表していると言えよう。

2　救済思想の到達点

すでに見たように、「三界万霊」救済の教義がもっとも成熟を遂げた文政初年の『お経様』諸篇には、教祖喜之の終末意識が昂揚していった様子が表れている。すなわち、文政元年（一八一八）三月のM一九四の篇や同二年九月のM二一七の篇には、金毘羅の言葉は「暇乞《いとまこひ》」の言葉だとする発言や、「娑婆〔現世〕」消滅の可能性を強調する発言が相次いで語り出され、さらに同年十月のM二〇二の篇には、縁者による追善供養に成仏如何を依存し続ける人間の主体構造（存在様式）が、「三界万霊」救済の成就によって根底から変革される、という幻想が語られている。

それでは教祖喜之の教説は、この世の人間を、実際にはどのような方向に導こうとしていたと言えるだろうか。それは言い換えれば、第三章第三節で追跡した、人々の人生を導く壮大な物語（グランド・ストーリー）を開示する教説や、第四章第一節で追跡した、「三界万霊」救済の教義は、成熟期にはどのような地点にまで到達していたのか、という問いでもある。そこで、それらの問題を明らかにする前提として、文化末年から文政初年にかけて昂揚していった教祖における終末意識の内実を、さらに詳細に見ておくことにしよう。

実は、この時期における教祖喜之の説教には、生きとし生けるものはみな、さまざまな生あるものに姿を変えながら、前世、現世、後世を無限に「経廻」っているとする、輪廻転生説を前面に掲げて説くものが目立つようになっている。『お経様』諸篇に特徴的な教説展開の一形態であるその「経廻り」論は、《確立期＝第Ⅱ期》の文化十年（一八一三）三月の篇（M七七）あたりから現れるのだが、同期には、「経廻り」という言葉は合計四篇に登場するに止まったのに対して、《成熟期＝第Ⅲ期》には、同十四年正月のM一七六の篇以降、計一〇篇にもわたって登場しているのである。次に引くM一九五の篇の一節は、そうした「経廻り」論の代表的な事例にほかならない。

……お主達は今、親類でやの兄弟でやの思はれるが、是、世界に有《ある》べき者に、縁《えん》なきものは一人もござらぬぞや。皆すれば、此度《(このたび)》の利益を聴聞を召《めさ》れぬ人は、定《さため》つや他《た》のやうにおもはれふが、夫《(それ)》他のものではござらぬぞや。皆お主達は、何《いつ》れ一度、一家《け》ともなり、親《おや》共《(とも)》なり、兄弟共なり、子ともなりして参つたものには相違はござらぬぞや。なぜ相違がござらねば、此世界建始《たちはしま》り升《(まし)》て以来《このかた》より、又づら〳〵経廻《へめく》り〳〵参られたお主達の身の上でござる。……

文政元年四月の「三界万霊の命日」前夜の説教記録に相当する篇から引いた右の一節には、教祖喜之の説教を聴聞したことのない人でも、信者たちにとって他人だと言える人はいない、なぜなら人間は、長い輪廻転生の過程で、一度は一家や親子、兄弟の関係を取り結んできた者ばかりだからだ、という趣旨が主張されている。また、翌文政二年十月のM二一八の篇に見える次の一節は、教祖喜之の説く救済が、長年にわたる説教活動を通じて構築されてきたグランド・ストーリーの全面的な受容を迫るものであることを、もっともよく物語っている。

　又お主達さへ以《もつて》、腹を直いて能心《よい》に成《なれ》ば、夫《(それ)》に付《つい》て部類末孫迄《ぶるいばつそんまで》助かるに相違はござらぬぞや。……部類末孫といふは、八千年が間《あひた》の部類末孫でやぞや。今の部類末孫では御座らぬぞや。八千年が間《あひた》の部類末孫でやぞや。八千年が間《あひた》、経《へ》廻《めく》り〱召《めさ》れた夫《(それ)》部類末孫から、皆お片付《かたつけ》を被成下《(なされくだ)》される此度の如来の慈悲の思召《おほしめし》道理成《(なれ)》ば、夫《(それ)》大きなものでや有《(あろ)》ふがや。夫《(それ)》大きな共《(とも)》、何《なん》共《(とも)》か共《(とも)》、口で演《のへ》られぬやうな事でござる。夫《(それ)》其部類末孫を我に引《ひつ》付《つけ》て助被下《(たすけくだされ)》る利益成《(なれ)》ば、どふぞして我心《(わがこころ)》は直ららんじや成《なる》まいがや。直《なを》らぬじや、夫《(それ)》其《(その)》部類末孫にどれ丈《たけ》な恨《うらみ》を受《うけ》るやら知れぬぞや。

ここには、この世に生きている信者たちが「能心《よい》」になれば「部類末孫《ぶるいばつそん》」までを助ける、と説いてきたその「部類末孫」とは、輪廻転生を繰り返してきた「八千年が間《あひた》の部類末孫」なのであって、現世の人間が想像しがちな身内の範囲を指すものではない、そうした膨大な未成仏霊のすべてを（この世の人間もろともに）成仏させようという如来の意思は、空前絶後の無限の慈悲に満ちたものである、今回の済度（＝如来教）は、この世の人間の身体に引きつけて未成仏霊を助けようとしているのだから、この世の人間が心を直さなければ、未成仏状態にある「部類末孫」（「三界万霊」）からどれだけの恨みを受けることになるか知れない、という趣旨が述べられている。したがってこの教説は、通俗的な心の持ち方の修正を求めている教説では決してなく、教祖の口から表出されているグランド・ストーリーに明確に定位する人生の選択を人々に迫っている教説なのである。

それでは、グランド・ストーリーへの定位とは具体的には何を意味するだろうか。

右の一節にも見られるように、喜之の説教では、「能心《よい》」になること、または「善心」になることが信者に向けて求められているのだが、信者へのそうした教義的要請は、広大無辺な慈悲の如来という表象と並んで、初期の『お経様』以来説かれ続けているものである。そこで言う「能心《よい》」ないし「善心」とは、文化九年（一八一二）九月のM六五の篇に、

……先達《(さきだつ)》てよりいひし通り、善心といふは何をもつて善心といふや。夫《(それ)》善心といふは、譬《たとへ》て言《いは》ふなら、諸人難渋致《いたす》なら、「ア、、痛《いたは》しや。あれも心の行届《(ゆきとどか)》ぬ者哉《かな》」とおもふて、なぜ如来のお心をさつ（察）して取扱ひ召《めさ》れぬぞや。……「如来様はどのやうに御苦労におぼしめされふ」とおもつて、なぜ可愛がつてやられぬぞや。人を憎み、仇《あだ》をなせば、善心の事は扨置《さておき》、大悪道に落《おち》るぞや。……

とあるように、現世的な基準に立てば憎悪や復讐の対象となりうるような人間に対しても、そうした人間にかける如来の慈悲と苦労を察して、哀れみと愛情をもって接することだとされている。しかし、かねて毎回のように繰り返されてきたそうした「善心」の要請に加えて、《成熟期》の『お経様』諸篇に「経廻り」論が顕著に登場してきたのは、人間に向けて求めるものが、もはや世俗的な善行のような次元にはとうてい留まりえなくなったことを表していよう。文化末年から文政初年にかけての教祖の説教に認められる終末意識の切迫はむしろコスモロジーの次元で語られているのであり、そのことは、この時期のいく篇かの『お経様』に見られる「二十七仏」による還相回向論に端的に表れている。

その「二十七仏」とは教祖喜之の説教に登場する来迎仏で、《確立期》のM一二五の篇には、教祖が語ったそれら

諸仏の名前について、後述する美濃屋善吉が浄書して軸に仕立て、開眼を願ったことが記録されている。それに対し、《成熟期》の文化十四年（一八一七）五月の篇（M一八二）には、その「二十七仏」がかつてこの世に現れたさいの俗名を、今度は教祖側近の覚善が尋ねた様子が記されている。そしてその応答では、かつてこの世に出た「二十七仏」が、唐《から》の王家から日本の商家や貧家にいたるさまざまな出生先で、そこに暮らす者たちの済度にあたり、その後、十歳未満から二十代そこそこまでの年齢で如来のもとへ帰った旨を、金毘羅大権現が答えているのである。

ところで、教祖喜之の教説には、若年で世を去ったり、幼児を残して他界するなどの不条理な死を遂げた人々は、実は如来から遣わされてこの世に済度に来ていた者だった、との解釈が語られている例が少なくない。すでに見てきたように、喜之の最初の神憑り直後に嬰児のまま亡くなった知多郡緒川村の利七の娘初瀬や、文化六年（一八〇九）に産褥熱で死去した永田一郎右衛門の娘みしはその代表的な例である。そのことを考慮すると、右のような「二十七仏」に関する教説には、若年で世を去った人々の中に、諸人済度のためにかつて如来からこの世に遣わされてその役割を果たし、如来のもとへ戻った後に、いまでは来迎仏となっている者たちがいる、という観念が含まれているのだと受けとめることができよう。したがってそこには、至高神如来に心から帰依しながら不条理な死を遂げた人々は、「後世」で救われ、やがて来迎仏となってこの世に還相するのだ、というメッセージが込められているのだと考えられる。そしてそうしたメッセージこそ、教祖喜之が説いたグランド・ストーリーないしは救済思想の到達点だと理解することができよう。

それでは、文化末年から文政初年にかけて、教祖喜之の終末意識がそうした究極のコスモロジーを含む形で切迫していったのはなぜだろうか。また、そのようなコスモロジーを、信者たちは受け容れることができたのだろうか。

結論から先に言えば、寄せられる諸願の件数が急増する一方で、不条理な死や死別を経験する人々が相次いだことが、《成熟期》に教祖の終末意識が切迫していった何よりの理由だと筆者は考える。というのは、切実な救済願望が寄せられながらそれが遂げられない現実を数多く体験した教祖喜之が、なおかつ救済を希求したとき、人々が救われるべき場所は、現世を超えたコスモスに求めるほかはなかったと考えられるからである。先に第一章第三節に記したように、享和二年（一八〇二）の最初の神憑りに際して喜之の口から語り出された「頓《やが》て安気に成《なる》ぞやう」という神の言葉には、現世だけがコスモスではない、根源的創造者が創造した（「後世」を含む）コスモスこそが真の世界だ、という意味が込められていたと考えられる。したがって、右のような「二十七仏」の還相回向論は、その「御口開き」以来の発想が最高度に深化した姿だと解することができるのである。

3　有力町人らによる支援態勢の構築

第一章で見たとおり、教祖伝『御由緒』には、尾張藩士石河《いしこ》主水《もんど》家に奉公していた教祖喜之が、奉公先の主人であった主水邦命《くにながの》の臨終にあたって、貯えた給金などを「米や（屋）何がし」に預けておくように指示されていたことが記されている。そして近年、その「米や（屋）何がし」とは、文化十一年（一八一四）九月の『お経様』（M一二五）に名前が初出する「米屋善吉」であることが明らかになってきたのだが[11]、文政元年（一八一八）十月二十一日の篇（M二〇二）には、その米屋（美濃屋）善吉に関係する、次のような前書きが付されていて注目される。

文政元年寅十月廿一日未《ひつじ》の刻《こく》、御器所村《ごきそ》美濃屋善吉といふ人の舎《やとり》にて御説教有し故《ゆへ》は、右善吉は門前《もんぜん》町といふに住居《すまい》せしが、繁花《はんくわ》（華）の地《ち》をう（憂）き事におもひて引移《ひきうつ》りしが、右買求《かひもとめ》し家の先主《せんしゆ》は出家成《なり》しが、其人の後世追善《ついせん》を営《いとなみ》ければ、

金毘羅大権現御下《さが》りありて、

御慈悲《しひ》のお辞《ことは》に。

引用中に見える「門前町」は、当時、名古屋城下の中央を南北に貫く本町筋に面しており、一帯には大須観音をはじめ、有名寺社が立ち並んでいた。そして善吉は、その門前町に店を構えていたのだから、米穀商として相当な成功を収めていたものと推察できる。ところが右の前書きによれば、彼はその門前町が「繁花（華）の地」であることを「う（憂）き事」に思い、当時は名古屋城下の郊外に当たっていた御器所村（現、名古屋市昭和区鶴舞付近）へ転居したのだという。(12)そこで、社会的には成功者だったはずの善吉がなぜ「繁花（華）の地」を「う（憂）き事におも」うようになったのかが疑問点として浮上するが、実はその理由についても、筆者がかねて立てていた仮説に間違いがないことがわかってきた。すなわち、美濃屋善吉が御器所村への転居（事実上の隠居）を思い立ったのは、後継者の欠如という事情からであり、善吉はその身代を、後に小寺一夢《こでらいちむ》を名乗るようになる名古屋の元屋根葺師で、米の先物取引を手がけていた佐兵衛《さへえ》という人物に譲渡したのである。以下、その経緯を順次解き明かし、美濃屋善吉とその後継者佐兵衛が、教祖の有力な支援者になっていった事情を明らかにしてみよう。

美濃屋善吉の名は、文化十一年九月のM一二五の篇以降、合計一二篇の『お経様』に登場している。それらの諸篇には、彼の母や舅に向けた追善願いが含まれているのだが、「舅」への追善願いがあることからすると、善吉は美濃屋へ婿養子に入った人物だと考えてよいだろう。そして、彼が寄せていた諸願のうちもっとも内容が具体的にわかるのが、先述の文政元年十月のM二〇二の篇に見える、御器所村への転居に関わる願いである。この日の説教の座で善吉は、取得した家の先主であった「出家」の追善供養を願っているのだが、その「出家」が合計八篇の『お経様』に登場する「菊仙院和尚《きくせんいん》」（用字はモトノママ）を指すことは、同年三月のM一九四の篇に、「菊仙院和尚の追善、美濃屋善吉より御願申上ければ、御辞に」という見出しではじまる一節があることから明らかである。そしてその「菊仙院」とは、海東郡二ツ寺村（現、愛知県あま市）の「瑞祥山菊泉院《きくせんいん》」（曹洞宗）を指すことが、同村には同音名称の寺院が他にないことからまず確実である。

「菊仙院和尚」の記事を含んでいる、文化十一年十一月のＭ一三二の篇から文政二年（一八一九）二月のＭ二〇九の篇にいたる計八篇の『お経様』[13]の記事内容を追跡すると、まず同和尚は、文化十一年までには「瑞祥山菊泉院」の住職を引退し、御器所村に隠居所のような住居を与えられていたらしい。そして、弟子の世話を受けながら生活していたのだが、同十三年には病を得たらしく、Ｍ一七二の篇にはその平癒願いが記されている。その一方、善吉とその「菊仙院和尚」とがかなり懇意であったことは、善吉が教祖のもとへ寄せた同和尚の霊への追善願いが、先のＭ一九四、Ｍ二〇二の両篇に見え、さらにＭ二〇九の篇にも善吉が願主らしい同じ願いが記されていることに表れている。Ｍ一九四の記事から推察すると、「菊仙院和尚」の願いはすべて善吉が教祖へ取り次いでいたらしいのだが、さらにＭ二〇二の篇に、善吉が取得した家の先主を「此家《いへ》に付《つい》てお出《いて》被成《（なされ）》た御隠居さま」と表現した記事があることは、とりわけ注目に値しよう。というのは、両者が右のように懇意だったらしい様子を考慮すると、その記事は、善吉が「菊仙院和尚」の住居を買い取ったうえで、そこに「和尚」を住まわせたままその晩年を看取ったことを表している、と解するのが自然だと思われるからである。

そのように、美濃屋善吉が「菊仙院和尚」の晩年を世話するようになった最大の契機は、具体的な事実関係は後述するように、彼が跡を継がせるべき直系の親族に恵まれなかったことにあると推察できる。またそれに加えて、「文化年月日不詳」と冒頭に記された史料番号Ｍ一九一Ｂの『お経様』[14]には、善吉が（のみならず同じ御器所村の住民だった彦左衛門も）、隠居した老僧の晩年を世話しても不思議でない人物だったことをよく表す記事がある。そしてその記事によると、善吉や彦左衛門は、一方では米穀商としてかなりの成功を収めながら、他方では、地域の百姓に貸した金銭の返済も容易に請求できない心性の持ち主だったことが明らかなのである。つまり、彼らにとって重要だったのは、家業の繁栄や利殖のみではなく、地域住民から受け入れられるような生涯を生きることだったのであり、彼らの行動は、地域社会の成り立ちを前提とする範囲に枠づけられていたのである。(15)

ところで、教祖喜之の没後、如来教は相次いで尾張藩の統制に遭い、明治維新前後には極端に衰微した状態に陥ったのだが、その四散した信者集団を維新後に立て直して如来教「中興の祖」と仰がれたのが序章でふれた小寺大拙《こでらだいせつ》（一八三八～一九一三）という人物であり、同人は、明治十五年（一八八二）五月二十一日付で、当時、東京に住んでいた一信者に宛てた書簡を残している。(16) そして小寺大拙は、教祖在世時代以来の（江戸＝東京在住の）信者の子孫（長く音信が途絶えていたという）に向けて送ったその書簡の中で、自分の父小寺一夢《こでらいちむ》（一七九七～一八六二。幼名新蔵、長じて佐兵衛。一夢は出家後の呼称）について説明している。その説明によると、大拙の父一夢は出家以前には「美濃屋佐兵衛」を名乗っていたとのことだが、一方、一夢（佐兵衛）には、延米商いの成功を機に急速に富を蓄えたという伝承がある。(17) そこでそれらの情報を総合すると、出家前の一夢（佐兵衛）は、美濃屋善吉が城下の門前町から郊外の御器所村新川端へ転居した文政元年前後に、善吉から美濃屋の身代を譲り受けていたと推定できるのである。

なお、文政三年（一八二〇）正月十五日の『お経様』（M二二二）には、教祖喜之が、金毘羅大権現に向けて「私は在郷《さいこう》の方へ宅替《たくかへ》をいたしたい」という希望を語った様子とともに、「皆が太儀《たいぎ》でよう召れたや。お主達（信者たちを指す）も『太儀な事をした』と思はぬやうに、『扨《さて》後世の綱に取付《とりつい》たか』と、『扨《さて》々』と歓ばしやれや」という金毘羅大権現の発言が記録されている。そして、同篇におけるそうした金毘羅の発言は、当時、名古屋郊外御器所村の新川端に、喜之の希望する家（隠居所）をすでに建設、寄進していた人々に向けての、ねぎらいの言葉であると同時に、その隠居所への喜之の移住に同意する発言を兼ねてもいる。つまり美濃屋善吉は、文政元年に御器所村へ自らが転居した前後、当時、二十代前半だった同信者の佐兵衛が延米商いに成功しつつあることを知り、その力量に期待して米穀商としての美濃屋の屋号と身代を佐兵衛に譲渡する一方、教祖喜之の転居願いにも応じて、同村内に教祖の隠居所を建設し、寄進することにも大きな貢献をしていたのである(18)。

なお、故水谷盛光氏の詳細な考証(19)によると、美濃屋佐兵衛は幕末期に尾張藩士小寺氏の名義を買い取って「御具足方同心」になったという。したがって、明治維新以降、如来教の信者集団で中心的な役割を果たすようになる小寺家は、米穀商美濃屋の身代と尾張藩士小寺氏の名跡をともに受け継いだ家系なのであり、そうした新しい小寺家誕生の発端は、美濃屋善吉が直系の後継者に恵まれなかった事情にあったと理解できるのである。

4　裏町の講中の活動

ところで、《成熟期》の『お経様』諸篇には、一部の信者集団を指して「裏町の講中」と呼んでいる事例が散見される。そのさいの「裏町」とは、名古屋城下を南北に貫く運河堀川とさらにその西を流れる江川に挟まれた地域（北は押切村、南は日置村に接する範囲）を漠然と指すものだったようで、いわば名古屋城下の下町に相当する。そのうちとくに、堀川西岸の大船町、船入町、納屋町、西水主町などには、穀物や肥料をはじめ、名古屋一帯で消費される諸物資を貯蔵する倉庫が建ち並び（年貢米の藩庫は堀川東岸に設けられていた）、その裏手の道筋には諸荷物を扱う日庸取りたちの住居もあったと考えられる。したがって「裏町の講中」は、地域社会の発展を先端で担う人々が居住する地域に生まれた講だったと考えてよいであろう。

その「裏町の講中」の語は、文化十四年（一八一七）四月のM一八一一の篇の前書きに、「名古屋の裏町《うらまち》といへる所に住《すみ》し、油屋彦兵衛といふ人の宅におゐて　御説教〔この「御説教」は引用史料の底本でも一字空け表記〕有し其故は」とあるのが初見で、その後は同年六月のＭ一八三の篇と文政二年（一八一九）二月のＭ二〇七の篇に、「日待」を催した様子が二回記録されているにすぎない。つまり「裏町の講中」は、第四章第一節で見た「押切町の講中」とは異なって、講としての定期的な集会はほとんどもたない信者集団だったらしい。しかし、この地域の住民にも早い段階で入信していた者が何人か含まれていたことは、たとえば次のような事実に現れている。すなわち、この講中のために「日待」の会場を提供した油屋彦兵衛は、すでに文化二年（一八〇五）五月のＭ七の篇に名前が初出しており、その記事によると同人は、同業者の油屋金蔵に導かれ、娘の病気をたすけられたことを機に入信したらしい。また油屋金蔵は、同月のＭ六の篇に名前が初出するのだが、第二章第一節で見たように、彼が「裏町」に属する禰宜町（現、名古屋市中村区名駅南一丁目）に住んでいたことは、『文政年中おはなし』のＣ16節の記事で確認できるのである。

それでは、「裏町の講中」の願望や活動とはどのようなものだっただろうか。

油屋彦兵衛宅での説教記録であるＭ一八一の篇の前書きには、先に挙げた引用箇所にすぐ続いて、「右の辺《ほとり》に七年已前《いせん》出火有し年回なれば、同所の講中、心を合せて御日待《（おひまち）》をなし」と記されている。また、教祖喜之に金毘羅大権現以外の神仏が天降った最後の説教記録に当たる文政二年二月のＭ二〇七の篇には、同じくその前書きに、

于時《（ときに）》文政二年卯二月上旬《じゅん》、火事にたゝりし由《（よし）》を所々にていひふらしければ、広井《（ひろい）》の内《（うち）》裏町の講中打寄《（うち）より》、同八日の夜、柏屋善右衛門に舎《（やど）》りを乞《こふ》て、嬼姾《（りゅうぜん）》様を御請待《ごしやうたい》申上ければ、御慈悲《じひ》余《あま》りて、「さあらば秋葉大権現の御下《（さが）》りを願ふて、右の由《よし》を伺《うかか》ひ奉《（たてまつ）》らむ」とて、則《すなはち》御下り願はせ給へば、頓《やがつ》て御下り有《（あり）》て、御辞に。（傍線引用者）

と記されている。つまり、「裏町の講中」の願望の一つは、火難を逃れることだったのだが、近世の城下町では火災

こそがもっとも怖れられた災害だったから、彼らのこの願望は、名古屋の下町の住民にきわめて相応しいものだった。しかも、文化十三年十月のM一七二の説教を最後に、金毘羅以外の神仏は教祖に天降らなくなっていたことを考慮すると、M二〇七の説教は、火災の噂を怖れるこの地域の人々のために教祖が特段の配慮を加え、防火の神である秋葉大権現が天降る形になったことが明らかであろう。

さらに、文化十四年六月のM一八三の篇の前書きには、「広井の内裏《うら》町におゐて悪《あし》き風《かぜ》（風邪）流行《はやり》、人死す事多し。依《よっ》て、其辺《へん》の信者、心を合せて御日待《おひまち》をなして、何《いつ》れも、右の流行《はやり》病ひを遁《のか》る、やうにと、媹姾様へ願ひければ」と記されており、この日の「日待」が流行風邪の蔓延防止を願って開かれていたことが明らかである。その約二か月前に当たる同年四月のM一八〇の篇によると、当時、流行病に関する噂が名古屋城下に広まっていたのだが、流行病もまた、火災と並んで城下町住民からひろく怖れられる禍だった。したがって、「裏町の講中」が「日待」の場に寄せた願望は、いずれも大城下町の住民に相応しい願望だったと言えるのである。そして、その「日待」に会場を提供した油屋彦兵衛と柏屋善右衛門がともにこの地域で営業する商人だったことや、この地域には大工や日庸取りの信者がいたことを確認できることからすると、「裏町の講中」は、熱心に布教活動を展開していた商人らが中心となって、底辺層を含む多様な地域住民に呼びかけて活動していた講組織だったとみることができよう。

《確立期》までの『お経様』諸篇には、おそらくは名古屋城下の碁盤割りに住む町人や中級以上の藩士層を意味する、「本町辺……其近きに住《すめ》る講中」や「中通りの講中」、「金城の東に住る講中」などの用語が登場する。しかし、右に見た「裏町の講中」は、第四章第一節で見た「押切町の講中」とともに、《成熟期》に活発な活動を展開した講で、両者はむしろ、名古屋城下の下町や縁辺に結成されていた講だった。そして、下級藩士や職人たち、名古屋一帯の日常的な流通機構を末端で担っていた商人やその配下にいる人々などが、そうした講に属しながらこの時期の信仰活動を実際に担い、その他の幅広い階層にわたる信者たちを導いていたものと考えられる。

註

（1）　しかしこれ以後も、信者たちの中に教祖のいう「自力の修行」を試みる者がいなくなりはしなかった様子は、文化十四年のＭ一八八の篇、文政元年のＭ一九二、Ｍ一九三の両篇、同二年のＭ二一九の篇などに窺うことができる。

（2）　一尊教団の創設者清宮秋叟が昭和三年（一九二八）ごろ執筆した草稿『清宮秋叟覚書』（『史料集成』第四巻に収載）の021節によると、亀三郎（『お経様』では「亀吉」とも呼ばれている）は、名古屋の西水主町《にしかこまち》で「人入《ひといれ》」（近代の人材周旋業に相当）を家業としており、後述する江戸の金毘羅社の神職金木市正は、彼が如来教に導いたのだという。

（3）　年月日不詳の『お経様』には人間創造神話をまとめた「日本の始り星御物語の事」（Ｍ二五九）が含まれており、同篇にはＭ一七八の篇と内容的に重なる部分も少なくない。しかし同篇はその成立事情が未詳で、後年にまとめられた可能性も否定しきれない。

（4）　金木市正については、前掲註(2)『清宮秋叟覚書』の021、037、041、043、044、048、051、052の各節などに記事がある。

（5）　熊野権現については、文化三年（一八〇六）のＭ二〇の篇にも、喜之の父長四郎がその生前に何らかの「祈誓」をかけたという話とともに、その由来譚が一度語られている。

（6）　石に古わらじを巻いた枕で旅寝する宗祖とは親鸞のことで、文化十一年の『お経様』（Ｍ一二六）に言及がある。なお当時、名古屋城下では親鸞聖人二十四輩の常陸国大門山伝灯院枕石寺に伝わる「石枕の像」の開帳が行われていた。

（7）　成熟期の『お経様』で、日蓮、親鸞、釈迦に関する話題を取り上げている諸篇の詳細については、神田・浅野編『史料集成』第四巻の「別冊（その2）」に収載した「Ⅱ—1.『お経様』諸篇目録」を参照。

（8）　浅野「魔道観念形象化とその系譜」（序章註(8)に前掲の神田・浅野編『史料集成』第三巻解説第二章）。

（9）　「魔道」に言及している成熟期の主な『お経様』は、Ｍ一六八（文化十三年閏八月）、Ｍ一七一（同年十月）、Ｍ二〇二（文政元年十月）、Ｍ二〇四（同年十一月）、Ｍ二〇五（同年十二月）、Ｍ二一六（同二年八月）、Ｍ二一七（同年九月）、Ｍ二二四（同三年四月）などである。

（10）　この時期の『お経様』における、地下にいる多くの「如来」への言及は、より直接には、『法華経』の「従地涌出品第十五」の中に、地下から湧き出す菩薩への言及があることと関係しているものと考えられる。

(11) 米屋善吉については、『史料集成』第三巻（序章の註(8)参照）の解説第一章第5節に筆者の仮説を掲げたが、その後、一信者の方から間違いがない旨のご教示をいただいた。

(12) 文政元年（一八一八）正月十九日の『お経様』（M一九二）に、美濃屋善吉が、門前町から「御器所村の新川」へ転宅するにあたって、教祖に「地祭」を願い出た様子が記録されているから、善吉の転居はその後の同年十月以前だったことが確実である。

(13) 該当する『お経様』には、M一三二、M一四二、M一六四、M一七二、M一七八、M一九四、M二〇二、M二〇九の各篇がある。

(14) 『史料集成』第三巻に収載。

(15) これまで筆者は、教祖における終末観念や「三界万霊」の救済祈願を広く呼びかけた教説の由来を、北原糸子『安政大地震と民衆』（三一書房、一九八三年。のち、同『地震の社会史』〈講談社学術文庫、二〇〇〇年〉における「施行の功徳＝互恵性」ないしは「施行―勧進関係における『交歓』」という捉え方を借用して説明してきた。すなわち、江戸後期における社会意識の底流には、市場的経済関係に支配された表層の秩序とは別に、社会の存立が根底から脅かされるような事態が発生したときには「施行―勧進」関係が発動されて当然だ、という観念が広く伏在しており、如来教教祖在世時代の「日待空間」で交わされた諸々の言説も、そのことを表す事例として捉えうる、というのが筆者の基本的な理解である（序章の註(7)のうち［神田秀雄］分のFや、『史料集成』第一巻の解説第一章を参照）。本書では、その種の議論をあらためて深めえていないが、美濃屋善吉をはじめとする多くの如来教信者の意識様態や行動も、そうした社会意識につながりをもつものとして捉えることが可能だろう。

(16) 「明治十五年五月二十一日付古川長吉宛小寺大拙書翰」（『史料集成』第四巻に収載）。

(17) 小寺一夢（佐兵衛）の出自や経歴については、名古屋の郷土史研究家水谷盛光氏（故人）が、「媹姾如来喜之覚書―隠れ農民宗教の起源について―」（名古屋郷土文化会編『郷土文化』通巻一一六号、一九七六年）と題する論考の中で、詳細な考証を行っている。

(18) 教祖喜之の隠居所の建設、寄進を中心になって進めたのが美濃屋善吉だったという事情に直接言及している教団史料として、昭和三年（一九二八）に刊行された教内誌『このたひ』第八号に収載の清水諫見「教祖の御生涯（六）」という記事がある。なお、この件の詳細については、『史料集成』第三巻の解説第一章の註(36)およびその本文をも参照。

(19) 水谷前掲註(17)論文を参照。

第六章　教祖の晩年以降における近世社会と如来教

本章の課題は、文政三年（一八二〇）四月から同九年（一八二六）五月の入滅にいたる《教祖喜之の晩年》（教祖在世時代の第Ⅳ期）と教祖入滅以降の近世期における如来教の展開を、尾張一帯と江戸・関東の両地域にわたって追跡し、その意義と歴史的基盤を明らかにすることにある。《教祖喜之の晩年》以降の如来教は、尾張一帯の地方的宗教集団から徐々に脱してゆくのだが、当該期冒頭の文政三年、尾張藩による最初の本格的統制を受け、それ以降、同九年の教祖の入滅を挟んで、その後も同教は、尾張藩と幕府による統制・圧迫を受け続けた。そのため、幕末期までの同教が高い統一性を確保して発展することは困難だったが、同教の活動に対する社会の要求は消滅せず、両地域の信者集団はそれぞれの活動を継続しつつ明治維新を迎えていった。本章では、神田・浅野編『如来教・一尊教団関係史料集成』全四巻の完結後に明らかになった事象をも踏まえて、当該期の両地域における如来教の動態に迫り、より鮮明な如来教像の再構成を期すことにしたい。

「一　文政・天保期における尾張藩社会と如来教」では、文政三年四月、尾張藩による最初の本格的な統制が如来教に加えられ、教祖側近の法華行者覚善が御本元を退去することになった事件、および教祖入滅の五年後に当たる天保二年（一八三一）と翌三年、開教から三〇年ちかくを経た同教に尾張藩がはじめて禁止令を発した事件について、各事件が起こった経緯とその歴史的意義を明らかにする。

「二　金木市正《かねきいちのかみ》と江戸・関東の信者集団」では、《成熟期》冒頭の文化十三年（一八一六）秋、既存の金毘羅信仰の講の一つが如来教に合流する形で江戸・関東における如来教の信仰活動がはじまった経緯をふまえつつ、主に次の諸点を分析し、その歴史的意義を論じる。その第一は、教祖の晩年から入滅後の天保期まで、江戸・関東の信者集団を導いた江戸日本橋の金毘羅社の神職金木市正とはおよそどのような宗教者だったのか、また第二は、金木市正のもとに結集して如来教に合流した人々とはどのような人々で、彼らの信仰活動はおよそどのような性格をもっていたのか、さらに第三は、弘化三年（一八四四）、金木市正が三宅島へ遠島に処され、間もなく同島で没したという事件は、如来教史上どのように位置づけることのできるできごとなのか、等の諸問題である。

「三　教祖入滅後の後継指導者と幕末期における信者集団の動向」では、次の二点を中心に分析を加え、幕末期における尾張一帯と江戸・関東の両地域にわたる如来教の信仰活動について、その歴史的意義を明らかにする。その第一は、文政初年、名古屋の米穀商美濃屋善吉の身代を受け継いだ佐兵衛（後の小寺一夢）が、教祖の入滅以来さまざまな縁故を求めて如来教の布教合法化を模索し続け、安政年間、御本元に熱田の名刹白鳥山法持寺の出張所という名目を獲得した経緯とその意義の問題である。また第二は、金木の信者の一人で、教祖晩年の介護役を担って教祖の後継者となった渡辺菊が、市正の遠島を機に活動拠点を関東へ移し、嘉永年間（一八四八～五三）には江戸城大奥へも布教して、蜂須賀家や池田家の家臣にも信者ができたという伝承の真相とその意義をめぐる問題である。

一　文政・天保期における尾張藩社会と如来教

1　「文政三年事件」と天保二、三年の如来教禁止令をめぐる問題群

《教祖喜之の晩年》（教祖在世時代の第Ⅳ期：文政二年四月～同九年五月）は、それ以前における講活動の昂揚を前提

として、如来教と社会との軋轢が一気に表面化し、同教の布教活動が大きく困難化していった時期に当たっている。文政三年（一八二〇）四月、諸願の教祖への取次役を務めていた法華行者覚善が御本元を退去させられたのは（以下、その事件を「文政三年事件」と呼ぶ）、当時の如来教がそうした時期を迎えていたことの象徴的な表れである。また尾張藩による統制に関しては、教祖入滅後の天保二年（一八三一）、はじめての如来教禁止令が布達され、翌年にも同様の法令が重ねて布達されたことも知られている。序章の第二節では、尾張藩はなぜ教祖喜之の最初の神憑りから一八年も経た後に如来教の統制に踏み切ったのか、禁止令の令達になぜ二九年もの時間を要したのかという問題を提起し、それらに対する仮説的解答を掲げたのだが、この項ではその仮説の妥当性を検証し、尾張藩による如来教統制の歴史的性格をあらためて分析しておこう。

まず、一尊教団所蔵の『御説教御目録』（『お経様』諸篇の目録）[1]には、「文政三年事件」に関係する記事を含むと考えられる、次の四篇の篇名が記載されている。

「文政三年四月十五日　上に呼出しの事」（M二二六）
「同年四月十六日　お主達を如来でやないかと思はせてやり度との事」（M二二七）
「同年四月十八日　御役所一件」（M二二八）
「同年四月二十一日　御坊、御役所呼出し御伺」（M二二九）

これらのうち、史料番号M二二六とM二二七の両篇は一尊教団が写本を所蔵していないため、「文政三年事件」の内容は、公開されているM二二八とM二二九の両篇を主な素材として解明するほかはない。そこで、それら二篇のほか、すでにふれてきた『お経様』諸篇の情報をも考慮しつつこの事件の筋道を描出すると、それはおよそ次のようなものになる。

教祖喜之の側近であった覚善は、喜之の神憑りにはじまる教え（如来教）について、法華行者という出自を背景とする独自の解釈をかねてからもっており、その解釈に沿う形で布教を展開しようと考えていた。ところが、在来仏教（主に日蓮宗）教学への言及を含むそうした覚善の言動は、競合関係にある他の宗教者から反発されるようになり、覚善は「御役所」へ告発されるにいたった。M二二九の篇の前書きに「于時文政三辰年四月十六日、役所よりの仰に依て、覚善御坊、緒川の里へ退けるによつて、参詣等も遠慮に相成ける」と記されていることから推察すると、同年四月十五日、呼び出しを受けた覚善は、翌十六日に役所へ出頭し、御本元（教祖喜之の自宅）を退去すべき旨を申し渡されて、同日中に知多郡緒川村の実子倉吉の家に身を寄せたらしい。また同日、覚善が、自らの活動の根拠として教祖喜之の存在を供述したために、二日後の同月十八日、今度は喜之が役所へ喚問されることになり、それには覚善も同道した。しかし教祖喜之は、すでに前年、名古屋近郊の愛知郡御器所村新川に隠居所を寄進されて熱田新旗屋町から移住していたためか、覚善のように住所退去の申し渡しを受けることはなかった。なお、喜之の御器所村への転居は、そもそも他の宗教者との軋轢を回避することが目的の一つだったとも推察できる。

ちなみに、教祖入滅後に如来教の指導者となった小寺一夢の談話記録『ある時、一夢の御はなし[2]』には、当時の名古屋の信者の中に、覚善が尾張藩当局から御本元退去を命じられたことをむしろ「能気味《ゑいきみ》でや」と受けとめた人々がいたと記されており、その記事は、少なくない同信者たちが御本元退去にいたる覚善の一連の行動に反発していた様子を伝えている。反発された覚善の行動とは、独自の法華経理解や自己の行法の意義を主張したことに関わるものだったと思われるが、そうした覚善の行動が如来教に属さない他の宗教者との軋轢を拡大させ、同教を社会からの攻撃にさらすようになったために、「能気味《ゑいきみ》でや」という反応が現れたと推測できよう。したがって「文政三年事件」は、如来教に属さない他の宗教者が、自分たちの活動の妨げになっているとして覚善の行動を告発したことを機に、むしろようやく尾張藩当局が執行した統制だった可能性が高いのである。

なお、この事件以降の『お経様』諸篇の題箋には、説教会場として尾張藩士の自宅を表す文言が見られなくなることから、「文政三年事件」が尾張藩士の信者たちに講活動への参加を自主規制させる効果を発揮したことは間違いない。また第二章第一節で見たように、当該期には編年順の『お経様』の成立篇数自体が大幅に減少するのだが、教祖の最晩年に成立した文書『文政年中おはなし』は、御器所村へ転居後の教祖喜之が、入滅にいたる数年間、多くの聴聞者を集めて神憑り状態で行う説教よりも、むしろ神憑りせずに常態のままで行う小規模な対話の方に、活動の重点を移していった様子を伝えている。

なおまた、「文政三年事件」にふれている先述の『お経様』（M二二九）には、如来教に合流した江戸の金毘羅講中の指導者で、日本橋佐内町の金毘羅社の神職だった金木市正（一七八四～一八四九）が、白川家（白川神祇伯家）や吉田家（吉田神祇管領家）に入門するよう教祖喜之に熱心に勧め、金毘羅大権現も、適切な合法化の手立てがあるのなら妨げない旨を応えた様子が記録されている。しかし、結局のところ、そうした合法化が実際に試みられた形跡は、当該期の『お経様』諸篇には見出すことができない。

一方、その「文政三年事件」から一一年後、教祖喜之の入滅からは五年後の天保二年と翌三年、尾張藩が如来教に加えた統制は、同教を禁止する法令の布達をともなっており、その意味で藩の意思を明示した統制だったと言える。その両年に発せられた如来教禁止令の骨子をまとめると、およそ次のとおりである。

［天保二年の如来教禁止令[3]］

⑴近年、「金毘羅講」（＝如来教）と称する講に入講する者が多くなっていると聞くが、今後、「金毘羅講」の活動

は厳禁する。

⑵夜分に集会を開き、「説教と唱候書物」（＝『お経様』）を用いて何かの話を聞かせていることや、重病でも服薬せず、本尊に供えた茶を飲めば病気が治るかのように主張する者がいることは、ともに「正法」にないことである（「金毘羅講」禁止の主な理由はそのことである）。

⑶『お経様』を所持する者にはその提出を命じる。

［天保三年の如来教禁止令(4)］

⑴天保二年の禁止令布達から一年を経ても、領内にはまだ教祖喜之の位牌や「やきしゃ（薬叉）神王の掛物」を隠し持って「金毘羅講」の活動を続けている者がいるとの情報がある。

⑵村々でその有無を確認し三月二十日までに代官所へ届け出よ。

二つの法令の右のような骨子からは、先の「文政三年事件」以後も尾張一帯に如来教の講活動がかなり活発に展開されていたらしいことと、天保二年に藩の禁止令が布達された翌年にもなお活動を継続している者が少なくなかったこと、を確認できよう。(5)

ところで、話は「文政三年事件」に戻るが、岸野俊彦氏は、同事件が起こった背景として、文化八年（一八一一）七月に尾張藩が発した一つの法令の存在を指摘している。そして、その法令に該当するのが、「尾張藩村方御触書集」のうち史料番号一二九〇の史料である(6)（以下、同御触書集所収の法令については同様の史料番号で表示する）。岸野のまとめに沿ってその概要を掲げると、まず同法令は、俗の身分にありながら「行者」と称して祈禱を行い、「虚談」をもって「愚俗の耳目を迷」わす者がいるとしてその行為を禁じている。また同法令は同時に、「怪しき祈禱修行」を受けた者には「病気等暫時の快気の験」もありうるが、全快した者はまれで、なかには「生涯廃人」となる者もいる、との理由を付しながら、藩士は軽輩やその子弟・懸り人に至るまでとくに慎むべきで、陪臣・百姓・浪人でも「祈禱は勿論、紛らわしき修法等」をしないように命じている。そして岸野によれば、同法令が布達された背景には、寛政十一年（一七八八）、尾張藩が藩医の浅井貞庵を医師取締試業の統督とし、文化期には浅井邸内に医学講習所（後の尾張藩「医学館」）を藩費で創設していたという事実があるという。

総じて言えば、文化八年の法令で尾張藩が進めようとした宗教統制は、内容が近世的なものから近代的なものへと移行する途上にあったにしても、いずれにせよ合理主義的な立場から非合理的な「怪しき祈禱修行」を圧迫する意図にもとづくものだった、というのが岸野説だと解してよいだろう。そしてたしかに、右に骨子を掲げた天保二、三年の如来教禁止令には、そうした合理主義的発想が顕著に表れている。ところが、すでに確認してきたように、文化八年の法令が布達された翌年の同九年（一八一二）、如来教では「御綴り連」が成立して教祖の説教の筆録態勢が整えられ、それ以降、同教の信仰活動はむしろ急速に活発化してゆく。つまり、合理主義的な立場から民間宗教者の取締まりを推進しようとする尾張藩の政策意図は、すでに文化八年、法令の文面には採り入れられていたのだが、その趣旨が如来教に向けて実際に発動されたのは、九年後（「文政三年事件」）ないしは約二〇年後（天保二、三年の禁止令）になったわけである。

そのように発動が遅れた理由として、序章で筆者は、

①如来教は、他の宗教者や医師などからは得ることが困難な救いをもたらす活動を展開していたために、（多くの尾張藩士を含む）地域住民から高い期待が寄せられており、そのことを承知していた尾張藩には、同教は、表向きは認められない存在でありながら、事実上は黙認せざるをえない対象だった。

②地域の未信者の中には、如来教を両面価値的なものと受けとめ、何か事があったときには如来教に縋るが、日常

生活が平穏に運んでいるかぎりは、同教とはむしろ関わらないでおこうと考えていた人々も含まれており、如来教に対する消極的ないし間接的な支持は、尾張藩当局の姿勢であったのみならず、地域社会の姿勢でもあったという二点を仮説として掲げておいた。そこで次項では、如来教の信者集団の成り立ちと尾張藩当局との相互関係をさらに立ち入って追跡し、右の仮説を検証してみよう。

2　武士階級および有力商人層の信者の存在と尾張藩の如来教統制

教祖在世時代における信者集団の階層的構成についてはすでに何度か部分的にふれているが、ここでは如来教の信者集団で中心的な役割を担っていた尾張藩士や商人たちとは具体的にどのような人々だったのか、さらに立ち入った分析を試みよう。そのさい、それらの人々が如来教に求めていた救いの内容と、尾張藩社会で果たしていた役割の両方に注目しながら、それらが如来教の統制をめぐる尾張藩当局の姿勢をどのように規定していたのかに迫ってみたい。

尾張藩に士籍をもつ信者たちについてすでに明らかにしてきた主な点は、信者集団内で中心的な役割を果たした藩士には、馬廻組・寄合組・大番組等の番方職に就いている者（禄高は一〇〇石〜三五〇石程度）が多かったこと、また、彼らの入信動機の多くは自身や家族の病気平癒願いに関するもので、跡目相続者の病気や死が入信の背景となる場合も多々あったこと、藩士としての彼らの所属階層は、後の嘉永年間に将軍家系の新藩主徳川斉荘《なりたか》の就任に反対して金鉄党を結成した階層と重なるものであったこと、などである。しかし彼らをめぐっては、近年、さらに次のような事情が明らかになってきた。すなわち、右のような番方職に就いていた藩士たちには、名古屋城下北西部の「巾下」と呼ばれた一帯に居住していた者が多く、彼らは家族ぐるみで相互にかなり濃密な交流を展開していた可能性が高いこと、また教祖喜之と何らかの形で関わった尾張藩士には、かなりの重職に就いていた者や大身の者も含まれていたこと、さらに尾張藩当局者は、それらの実態をかなり詳細に把握していたと考えられること、などがそれである。そこで、それらの諸事情を具体的に取り上げ、藩士の信者たちと尾張藩当局者との関係に分析を加えてみよう。

まず、教祖在世当時、如来教に入信したか、または同教とかなり深い関わりをもった武士たちのうち、禄高や役職、居住地のいずれかを知ることのできる者が約四〇名いるが、その約三分の一に相当する一三名は「巾下」に住んでいたことが判明している。(7)「巾下」とは、中・下級藩士の屋敷が集中する地域の一つで、名古屋城下の西部に位置する。「巾下」の範囲を厳密に特定することはむずかしいが、それをもっとも広く解釈しつつ、明治初年に高力全休庵（既述の高力種信＝猿猴庵の子孫）が模写した城下の地図に記載されている当該の藩士屋敷をすべて数えると、その数は約二五〇軒になる。そこで、「巾下」在住の尾張藩士総数に対する如来教信者の割合は五％（二〇軒に一軒）以上になるのだが、各藩士の子孫の実名を地図に辿ると、「巾下」在住の信者らの居住地域はそのほぼ中央に限られていたことがわかってくる。そしてそのことに加えて、第四章第一節で見た、「巾下」には「巾下の押切町の講中」が結成されて活発に活動を展開していたという事実があることをも考慮すると、「巾下」在住の尾張藩士の信者たちは、教祖在世時代、互助的な関係をかなり濃密に取り結びながら、家族ぐるみで当時の信者集団を牽引する役割を果たしていた、と見てまず間違いないと考えられるのである。(8)

また、上級の尾張藩士が教祖喜之に自ら近づいた例としては、第一章でふれた、「中気半身の病」の平癒を願った富永内左衛門（禄高一〇〇〇石）の事例があるほか、年月日不詳の『お経様』（「渡辺飛田（驒）守殿より御請待中上候節御語」M二八六）には、尾張藩年寄（家老）の渡辺飛驒守（禄高一万石。おそらくは同家の隠居）に招かれ、教祖喜之がその屋敷へ出かけたらしい様子が記録されている。

さらに、一尊教団本部如来庵所蔵の『御説教御目録』には、史料番号M七五の『お経様』について、「文化十年酉

二月十一日　水野舎」という記事があるのみだが、同教団が別に所蔵する『お経様』諸篇の篇名抄録には、同篇に記録された説教の開催場所が「水野藤兵衛宅」と記されており、尾張藩士水野藤兵衛は、明らかにその時点で教祖喜之に救いを求めていたと考えられる。(9) そして同人については、実は同年十月、尾張藩の寺社奉行に就任し、以後、如来教禁止令が発令された直後の天保二年（一八三一）五月までその職にあったことを確認できる。(10) したがって同人は、先述の「文政三年事件」や如来教禁止令発令のさいに寺社奉行の職にあったことが確実である。同人の如来教信仰がどのような内実をもっていたのかの評価はかなりむずかしいが、同人が如来教の活動実態をかなり詳細に把握していたことはまず間違いないのであり、同教によって日常を支えられている尾張藩士も少なくないことを知っていたからこそ、同人は、如来教に対する藩の統制を容易に発動できなかったのだと受けとめることができよう。

それでは、信者に有力な商人がいた事実と尾張藩の如来教統制のあり方とは、どのような関係にあっただろうか。すでに第五章第三節では、《確立期＝第Ⅱ期》の中ごろから『お経様』への名前の登場が目立つようになる米穀商の信者の一人に美濃屋善吉がおり、《成熟期＝第Ⅲ期》末の文政三年の初頭までに、同人を中心とする有志によって、名古屋近郊の御器所村に教祖喜之の隠居所が寄進されたこと、またそれ以降、善吉やその身代を受け継いだ美濃屋佐兵衛（後の小寺一夢）は、教祖喜之晩年の最有力な支援者となったこと、などを明らかにした。第一章でふれた『如来教団由緒及沿革概要』によると、その隠居所は、教祖の入滅後、その遺言により、江戸に本拠をもつ米穀商の石橋栄蔵に遺贈されたのだが、ここでは、尾張藩政に深く関わったその石橋栄蔵もまた、教祖の晩年を支えた重要人物の一人だったことを明らかにしておこう。

つとに岸野俊彦氏は、その石橋栄蔵について、名古屋の駿河町にも店をもつ江戸の豪商で、弘化三年（一八四六）には「尾張藩御用会所取締役」に就任し、同藩の財政改革にも関わった人物であることを明らかにしていた。(11) ところがその後、筆者は、尾張藩の勘定奉行所から伝達された法令等を名古屋の米穀商関戸家が書き留めた『御触流留帳』[12]の中に、その石橋栄蔵の氏名が記されているのを見出した。すなわち、『御触流留帳』には、教祖喜之入滅の年に当たる文政九年（一八二六）の九月以降に布達されたほとんどの文書の宛名人として、鬼頭八郎、関戸二郎、渡辺新兵衛と並んで、石橋栄蔵の名が記されているのである――文政十三年十月以降には内田忠蔵の名も加わる――。

それらの宛名人のうち関戸二郎については、同家が幕末期の藩財政にもっとも貢献した「三家衆」（関戸家・伊藤次郎左衛門家・内田家の三家）の一家であることが知られている。[13]また寛政四年（一七九二）、尾張藩が財政逼迫打開の目的で「米切手」の発行をはじめ、同七年には、「調達金並びに米切手金引替等、すべて金銀筋についての御用」を請け負わせるために、五名の米穀問屋をはじめて「御勝手御用達」に任命したことも明らかになっている。[14]そして、「御勝手御用達」がその後もさらに任命されていったとみられていることや、先述のように、後には石橋家が「尾張藩御用会所取締役」に就任していること等からすると、文政九年九月以降の触書で宛名人となっている、鬼頭、関戸、渡辺、石橋の四家は、そのころ「御勝手御用達」に任命されていたものと考えられる。そのさい、四家の中では唯一、石橋家のみが江戸出身の商家だったのだが、おそらく同家は、藩債の整理を含む江戸市場との円滑な取り引きの推進を期待されていたのであろう。つまり、当時の石橋家は、尾張藩からもっとも高い処遇を受けていた商家の一つだったと推測される。

ところが、当然のことだが、『御触流留帳』に書き留められている触書には、先にふれた天保二年の如来教禁止令が含まれている。そして石橋栄蔵は、その触書でも宛名人の一人になっている。したがって天保二年の如来教禁止令は、当時、尾張藩の財政運営に深く関わりながら、後には教祖生前の隠居所を遺贈された如来教の篤信者に対して、直接伝達されていたことになるのである。なお、当の石橋家がその後も尾張藩の財政に関わり続けたことは岸野が明らかにしているとおりであり、また後述する教団史料『清宮秋叟覚書』には、以後の近世期、同家が如来教の篤信者であり続けた様子が記録されている。

商人層の信者の具体例はここでは右の石橋家を挙げるにとどめるが、先述の美濃屋善吉を含めて、地元名古屋で米穀商を営んでいた信者たちは、藩士層が禄米を受け取るさいの窓口になっていたと考えられ、あわせて藩士らへの金融にも携わっていたと推測される。だとすれば彼らは、藩士らの日常生活を支えるうえで、大きな役割を果たしていたことになろう。したがって、教祖喜之の晩年ごろまでに如来教の信者となった人々には、尾張藩の組織的な再生産を具体的に支えていた藩士や商人が多数含まれていたことになるのである。そしてそのことが、同藩の如来教に対する統制を鈍らせた大きな要因だったと考えられる。

3 十八世紀後半以降における尾張藩領民の動向と同藩の宗教政策

寛文五年（一七六五）、「出家、山伏、行人、願人」に対して幕府が布達した触書[15]は、以後長く、民間宗教者の扱いに関する幕府法令の基本になったことでよく知られている。すなわち、当該の触書では、民間宗教者が仏壇を構えたり看板や梵天を戸口に掲げたりしながら恒常的な宗教活動をすることを禁じると同時に、町中で法談や説法をしたり、同じく念仏講や題目講を催したりすることを禁じているのである。その二年後の同七年、おそらくは幕府の方針に触発されて、尾張藩も領内の町在に「廿四ヶ条物」を布達し[16]、以後、同藩ではそれが民間宗教者の扱いに関する基本法となった。しかし、非定住宗教者の存在を全否定はしていない点に共通点が認められるものの、幕府の触書がそうした宗教者の活動内容に踏み込んで規制を加えているのに対して、尾張藩の「廿四ヶ条物」は、彼らを五人組に組み込む原則を村や町に命じるだけのものだった。そしてそこには、巨大都市化しつつある江戸を抱える幕府が、多様な宗教者の江戸滞留という問題を早期から抱えていたのに対して、尾張藩では名古屋城下の規模がそれほど大きくはなく、町在を一体のものとして宗教秩序が捉えられていた、という事情の相違があったと考えられる。そして次に見るように、尾張藩では、およそ十八世紀後半から、民間宗教者の増大とその統制が宗教政策上の重要問題となっていくのである。

文化八年（一八一一）に尾張藩が布達した先述の法令（「尾張藩村方御触書集」一二九〇史料）は、俗人の身で「行者」を称して祈禱を行い、「虚談」をもって「愚俗の耳目を迷」わすことを禁じた点に大きな特徴があった。そしてその点に着目すると、尾張藩がその種の行為を具体的に統制しようとした端緒は、明和二年（一七六五）の法令（四七五史料）あたりになるらしい。すなわち四七五史料には、町人や百姓が修験道の修行をする「組合」を作り、そのもとで祈禱等の活動を行うことを、はじめて同藩が禁じようとした様子が窺えるのである。その後の天明四年（一七八四）、尾張藩は、百姓身分の者が修験や出家になるさい、以後はかならず願い出て吟味を受けよと命じており（七二七史料）、以下に見るように、そうした規制を加える藩の方針は、その後も幕末まで長く維持されていったことが明らかである。しかしそのような規制は、実はなかなか困難なのが実状だった。

同じく「尾張藩村方御触書集」の記事を追跡すると、その後の寛政期から翌世紀の文政期（《教祖喜之の晩年》）にかけて、尾張藩の領民と尾張藩当局とがそれぞれどのような動向を示していたのかの大筋が見えてくる。そこでここでは、その概要にふれておこう。

寛政期以降、化政・天保期にかけて、尾張藩は、領内各地の寺社や村々の堂等についてさまざまな調査を命ずる法令を頻発してゆく。つまり、その時期の尾張藩にとって、僧侶や神職のような本来的な宗教者に加えて、さまざまな民間宗教者（何らかの免許を得た者や無免許の者を含む）を具体的に把握し、一定の原則のもとに規制を加えることが大きな課題になったのである。寛政二年（一七九〇）六月の「村扣之堂」に関する書き出し（有無、名称、堂守の名や出生地、勤めている年数、師匠の名、袈裟着用の免許を得た本所等）を命ずる法令（九一五史料）、文化四年（一八一七）十一月の「寺号堂号并社人山伏」の調査（一二二四史料）、同八年三月の「村々神社神躰等之儀」調査（一二八五史料）は、そうした事情の具体例として挙げることができよう。

そのうちとくに、文化八年の一二八五史料には、専属の神職がいない小社に関する管轄責任の所在を明確化させると同時に、その小社から得られる利権の帰属をも明らかにして、起こりうる宗教者間の紛争を未然に防止しようとする藩当局の意図が現れていて注目される。岸野が注目した先の法令（一二九〇史料）と同じ文化八年に布達したこの法令で、尾張藩は、領内各地の小社について徹底した情報収集を進めようとしていたのである。なお、ほぼ同趣旨の法令は、同十一年（一八一四）六月にも重ねて布達され、そのさいには、新規の神仏の勧請等を寺社奉行の許可制とする方針も令達されている（一三五二史料）。

小社等の取り扱いに関わるそうした一連の法令の帰結点として注目されるのが、さらに一五年後の文政十二年（一八二九）八月の法令（一九二六史料）である。すなわち、一九二六史料によると、名古屋一帯の社家や修験には、すでにそれ以前から、株を獲得して「神子」を抱え、その「神子」を城下や周辺の村々の神祭に派遣して奉仕させる「引附」（＝契約）を結ぶことが一般化していたらしい。ところがこのころ、新規に契約を結ぶことでその神祭の管轄権を横領しようとする者が現れてきたため、尾張藩は、新規に契約を開拓する場合以外、かねて取得している株にもとづいて神祭を務めるように命じ、無株での「神子」の神祭奉仕は、以後、認めない旨を併せて明確にしたのである。

実は「尾張藩村方御触書集」には、文化八年ごろから、寺社に関わる公事やその手続きに関する法令が頻発されていた様子が窺える。そしてその事実と、寛政期以降の約四〇年にわたる右のような事態の推移とを考慮すると、およそ化政期前後の尾張藩社会は、本来の僧侶や神職、修験等のほかに民間宗教者等も加わって、多様な宗教者が競合し、場合によっては深刻な訴訟が繰り広げられるような社会になっていたものと考えられる。それは、市場的経済関係が急速に浸透し家族の形成が階層を越えて進む中で、従来の生業では生活を維持することができず、下級宗教者としての活動に活路を見出そうとする者が急増しつつあった、という事情の表れとして理解することもできよう。

先にふれた文化八年の法令（一二九〇史料）は、およそそのような社会状況下に発せられた法令なのであり、俗人が「行者」になることを規制しようとするその趣旨には、たしかに合理主義的な判断が含まれている。しかし、右のような明和期以来の諸法令には、多様な宗教者の競合はもはや留めることが困難なのが時代の趨勢であり、社会秩序を維持するためにはそれが大きな争いに発展するような事態だけは阻止せねばならないという、尾張藩当局のもう一つの認識も表現されていると言えよう。つまり、そうした事態が生じないかぎりは現実を容認し、領民の生活実態に妥協しておくというのが、この時期の宗教的世界に対する尾張藩の基本姿勢であり、最大の原則だったと考えられるのである。

そうした化政期における尾張藩社会の状況と同藩の宗教政策執行の実態をもっともよく表しているのが、文政元年（一八一八）九月、愛知郡古井《こい》村（現、名古屋市千種区今池付近）の神主が「五里外追放」になったという事件である。同事件については、尾張藩士高力種信（猿猴庵）が残した『猿猴庵日記』(17)の文化九年（一八一二）九月の条と、同じく文政元年六月および九月の条に関連記事があるのだが、それらの記事は、化政期の尾張藩領に一人の民間宗教者が誕生した具体的な筋道と、同人に対して藩の取り締まりが発動された経緯をつぶさに伝えている。当該記事の詳細な紹介はここでは割愛するが(18)、この事件に関してとくに注目されるのは次の点である。

その一つは、この事件では、藤蔵という一百姓が唱え出した信仰に、尾張藩士を含む多くの信者が短期間に集まった点が、如来教の場合と近似していることである。もちろん、如来教は今日もその組織が続いているのに対し、藤蔵の信者集団は早々に消滅したとみられるから、宗教史的意義には大きな相違があるのだが、この藤蔵の事例は、何らかの祈禱や神憑りに病気や事情の解決を期待することこそが、当時の名古屋住民にとって階層を越えた願望になっていた様子を伝えている。そして、家族をもつ私人としては尾張藩士もその例外ではなかったという点が、如来教との明らかな共通点なのである。

またもう一つは、宗教活動をめぐる古井村の住民と藤蔵との不和が、藩の統制を招いたとみられることである。知多郡名和村（現、東海市名和）から古井村へ移住した当初、藤蔵の活動には特段の統制は加えられなかったのだが、文政元年、古井村八幡宮の神職という立場の継続如何と「高山大権現」の勧請をめぐって村人たちと争論になったことが、尾張藩を藤蔵の活動の統制に踏み切らせたと考えられる。そしてそこには、多様な宗教者が競合する社会にあって、その競合が大きな争いに発展するような場合にだけ権力を発動して統制するという、先述の、尾張藩の基本姿勢がよく現れているのである。

なお、この名和村の藤蔵は、実は白川神祇伯家の門人になっていたことが『白川家門人帳』で確認できる(19)。既述のように、白川家に入門していた金木市正は、「文政三年事件」に際し、白川家または吉田家への入門を教祖喜之に勧めたのだが、藤蔵の事例は、白川家門人という社会的権威の確保によって宗教活動の有利な展開をはかろうとする動向が、「文政三年事件」以前から尾張一帯にも広まりつつあったことを物語っている。尾張国の門人の筆頭に名前が記録されている藤蔵の事例は、当時の尾張藩社会が、まさに民間宗教者の競合する社会になっていたことをよく物語っているのである。

二　金木市正と江戸・関東の信者集団

1　白川派「社人」としての金木市正

すでにふれたように、文化十三年（一八一六）閏八月、讃岐の象頭山金毘羅大権現を信仰する江戸在住の人々数名が教祖喜之のもとをはじめて訪れた。また翌十四年には、彼らが所属する金毘羅講の先達で、日本橋佐内町の金毘羅社の神職金木市正（一七八四～一八四九）が喜之のもとへ初参詣し、市正が導いていた江戸・関東方面の金毘羅講の人々は、以後、如来教の信仰活動に合流していった。後述するように、金木市正は、教祖喜之の入滅の二〇年後に当たる弘化三年（一八四六）、伊豆の三宅島へ遠島処分となり、嘉永二年（一八四九）には同島で没したのだが、それ以降、名古屋と江戸・関東の信者集団との連絡はしだいに薄くなり、後には三〇年以上も途絶えてしまう。そうした如来教の歩みには、幕藩権力の宗教政策に規定されている側面が大きいこともたしかだが、幕末期までの同教においては、江戸・関東の信者集団の活動が、名古屋・尾張一帯の信者集団のそれとはやや異なる性格をもっていたとみる方が、事実に即した捉え方になりそうである。そこで本節では、白川派の「社人《しゃにん》」として活躍した金木市正の経歴を辿ったうえで、同人の活動に大きな期待を寄せつつ如来教に合流した江戸・関東の講中の歴史的性格を明らかにすることにしよう。

金木市正に関してとくに注目すべき教団史料の記事の一つは、一尊教団の創設者清宮秋叟（一八六三～一九四一）が残した『清宮秋叟覚書』（一九二八＝昭和三年ごろ成立。『史料集成』第四巻に収載）に見られるもので、同史料の051節には、「水野越前守〔忠邦〕」が布達した「町道場廃止の義〔儀〕」のために、金木の金毘羅社が日本橋佐内町から浅草天文原へ移った旨が記されている。その「町道場廃止の義（儀）」とは、天保十三年（一八四二）六月に幕府が布達した「出家社人山伏等町住居新規ノ神事仏事停止ノ触書」[20]にもとづく宗教者の移住命令を指している。そして、その幕令布達にともなう民間宗教者の強制移住については、近年、何人もの研究者によって研究が進められており[21]、そうした研究者の一人である井上智勝氏は、「神道者」ないし「社人」という概念枠組みを設定しつつこの問題を分析している。その井上の枠組みに従えば、金木市正は「社人」の一人に数えられることになるが、まず、「社人」や「神道者」に関する井上の議論の枠組みを確認しつつその研究成果を援用し、金木市正の人物像を探究してみよう。

「神道者」を再定義しようとする井上の議論[22]によると、古くは、弟子をとって神典を講じる者が「神道者」と呼ばれていたが、享保期ごろからは、市中や村に住んで祈禱を生業とする者も「神道者」と呼ばれるようになり、さらに後には、門に立って鈴を振り少額の礼銭を得ながら祈禱を行う「乞食同然」の者も「神道者」と呼ばれていったらしい。ただし、時代が進むにつれて「神道者」の様態は多様化し、十九世紀には、得意の檀家を毎月回って少額の米銭を得る者や、市中の自宅に神壇を設けて賽銭を得る者、町持ちの小祠への奉仕を請け負う者などのほか、毎月弟子を回檀させてかなりの礼金を集める成功者もいた可能性があるという。なお井上は、この時代の神祇奉仕者を、当時の寺社奉行阿部正弘の分類に従って、①専属の奉仕神社（境内地が「除地」として認められているもの）をもち、主体となって祭神への奉仕や神社の運営に関与する人々（神主クラス）、②専属の神社はもつが、①に従属的な位置にあり、補助的な仕事に携わる人々（社人クラス）、③専属の神社をもたず、しかし神祇への奉仕で活計を立てている人々（神道者）、の三種に分けているが、とくに②と③には截然と区別できない部分が残るという。

それでは、「社人」や「神道者」は、そもそも近世社会においてどのような存在として位置づけられ、彼らに対する幕府の扱いはどのように変化していったのだろうか。同じく井上によると、「社人」や「神道者」の存在が幕府当局に問題視されるようになった最大の要因は、彼らの身分的な位置づけがもともと曖昧なものだったことにあるという。すなわち、社人クラスの人々には、人別改めが町方の管轄になっていた者が多く、彼らは民生面では宗教者として扱われていなかった。また神道者も、もちろん身分的には町方の支配に属していた。一方彼らは、京都の吉田家や白川家、土御門家のような「本所」の配下となることで、宗教者としては「本所」を介して幕府の支配を受ける場合が多かった。そして十八世紀以降、彼らのような下級宗教者がしだいに増えていったために、幕府にとっては彼らの身分を一元的に把握することが大きな課題となった。そこで天保改革に際し、老中水野忠邦は、経営の不安定な下級宗教者たちを神主クラスの者たちに引きとらせようとしたのだが、反対も多く、結果的には江戸の周縁部四か所に設置した「神職屋敷」に「社人」と「神道者」を強制移住させることになったのだという。

　まさにその強制移住の対象となったことを想起すれば、金木市正という人物は、白川家を本所とする「社人」の典型だったことが見えてくる。そこで教団史料に表れている「社人」金木市正の活動の一端から確認してみよう。

　まず、『清宮秋叟覚書』の021節には、金木市正について、「金毘羅様、稀な信心者といふが、是ハ白川派金毘羅様。未明に白衣を着、水をかぶり、荒菰の上にて鈴を振、御祈禱致《いたす》。精進ハ勿論、断喰《だんじき》、火の物断《だち》、月の十日ハ火の物断、斯言《こういう》金毘羅様御信心」という記事があり、その記事はおそらく、昭和初年当時の教団内の伝承をほぼそのまま文字にしたものと考えられる。そしてそこには、市正が祈禱者的な「社人」であると同時に、日常的にかなりの荒行を実践する行者でもあった様子が伝えられている。一方、「文政三年事件」の約一年後にあたる文政四年（一八二一）四月十二日の『お経様』（M二三二）によると、日本橋佐内町の市正の金毘羅社は、金毘羅大権現が天降るとされる教祖喜之の信者集団へ講として加入したとの噂が広まったためか、その当時、「日《ひ》毎《こと》に御利益を戴《いただか》れし事大方《かた》ならず」という盛況になっていたという。また同日の篇には、市正が、江戸の信者たちから託された多くの供え物を持参しつつ、「何所《とこ》やらの殿様とやら、何とやら」からの火難除けの願いを預かって名古屋に上ってきたことも記されており、そこには、市正の布教が武士階級を含むかなり上層の人士に及んでいた様子が表れている。さらに、翌文政五年のM二三六の篇の前書きには、金木の金毘羅社が「御利益」があがって日夜多数の参詣者が訪れるようになった一方、その繁栄ぶりが疎まれて、その筋では金木を捉えようとしていること、などが記されている。つまり、文政四、五年の『お経様』諸篇には、金木が「社人」として相当な成功をおさめていた様子とともに、取り調べや逮捕が懸念されていた様子が窺われるのである。それでは、そうした「社人」金木市正の成功はどのようにもたらされ、なぜ取り調べや逮捕が心配されるようになったのだろうか。

ところで今日、金木市正と白川家との関わりをもっとも詳細に辿りうる史料は、前節でふれた白川神祇伯家の公式な記録『白川家門人帳』である。同書の丙のうち「武蔵国」の部分（以下、単に『白川家門人帳』と略記する）によると、市正の関係者で最初に白川家へ入門したのは、彼の師匠「金木豊後」だったらしく、それは文化十三年（一八一六）九月のことであった。そのとき「豊後」は、「御礼金一両一歩」を納めて「風折浄衣」を得ている。しかし、その後間もなく「豊後」は没してしまう（「表6　金木豊後門流の白川神道への参入経過」を参照。同表は、便宜上、『白川家門人帳』の記事を整理したもので、「整理番号:i」が金木豊後に関する記事の抄出に相当。以下、ローマ数字のみで「整理番号」を掲げる。なお、表6中の〔　〕内は表作成者の註。また「図10　金木豊後門流図」は、金木豊後門流の人々の相互関係および受領名の改名経過をまとめたもの）。そこで文政元年（一八一八）九月、「豊後」の忰「安芸」が「継目」を認められ、「御礼金二百疋」を納めて「風折浄衣」の免許を得た（ii）のだが、そのさい、「安芸幼少ニ付」という理由で「金木市正」が「安芸」の「後見」として同時に白川家へ初入門を果たし、「御礼金五百疋」を納めて同じく「風折浄衣」の免許を得た（iii）。後述するように、金木市正は嘉永二年に数え歳六十六歳で没したことが知られている

表6　金木豊後門流の白川神道への参入経過

整理 番号	年 月 日	記事の種類	免許内容と御礼金	住所と受領名
i	文化13年 (1816)子9月	初入門	風折浄衣 御礼金壱両壱歩	江戸日本橋佐内町 死　金木豊後
ii	文政元年 (1818)寅9月	継目	風折浄衣　御礼金弐百疋 〔500文〕	((江戸日本橋左内町))(ママ) 金木豊後　倅 金木安芸
iii	同上	初入門	同断　御礼金五百疋 〔1,250文〕	右安芸幼少ニ付 後見　金木市正
iv	文政6年 (1823)未3月	初入門	風折浄衣	日本橋左(ママ)内町 金本(ママ)故豊後　弟子 金木遠江
v	文政13年 (1830)寅 11月20日	継目	神拝式 風折浄衣	江戸日本橋佐内町 金木出雲　倅　左京事 金木石見 申次　江戸御役所
vi	天保14年 (1843)卯 5月10日	•「公儀諸事御改革ニ付，御府内神職并修験等，町住居停止被仰出」 •「右ニ付御家〔白川家〕之分，浅草於測量所脇ニ百四拾六坪余・雑司ケ谷感応寺上ケ地之内七百坪，金六百廿八両，内執役之者江四拾八両被下置候事」 •「但右被下金，執役江御渡ニ付，同人ヨリ御配下之者人別金廿両ツヽ配分之由」		**【右測量所脇　通用名称　浅草鳥越ト　住居ノ分】** 金木石見 梅本大和 河本播磨 浅見相模 鶴見筑後 設楽筑後〔筑前〕 中田近江
vii	上記記事中「金木石見」の項目に対する後年の追記	•「辰〔弘化元＝1844〕正月大隅と改名，冠緌斎服御免許」 •「石見義病気ニ付休職，父大隅再職之儀，巳〔弘化2年〕十月執役所ヨリ届来ル」 •「弘化三午年六月大隅義不筋之儀共有之，遠嶋被仰付，家財闕所ニ相成」		
viii	天保15(弘化元＝1844)辰 2月	継目	神拝式 冠緌斎服浅黄差貫 御礼金弐千疋〔5,000文〕	江戸浅草鳥越住 金木石見 申次　前同所 〔江戸執役所〕

※　『白川家門人帳』の丙「武蔵国」の記事より抜粋。

から、白川家への初入門の時点で同人は三十五歳、それは熱田の教祖喜之のもとへ彼が初参詣した翌年のできごとであった。ちなみに、そのとき「豊後」の「継目」を認められた「安芸」の名は、以後、『白川家門人帳』には登場しない。

図10　金木豊後門流図

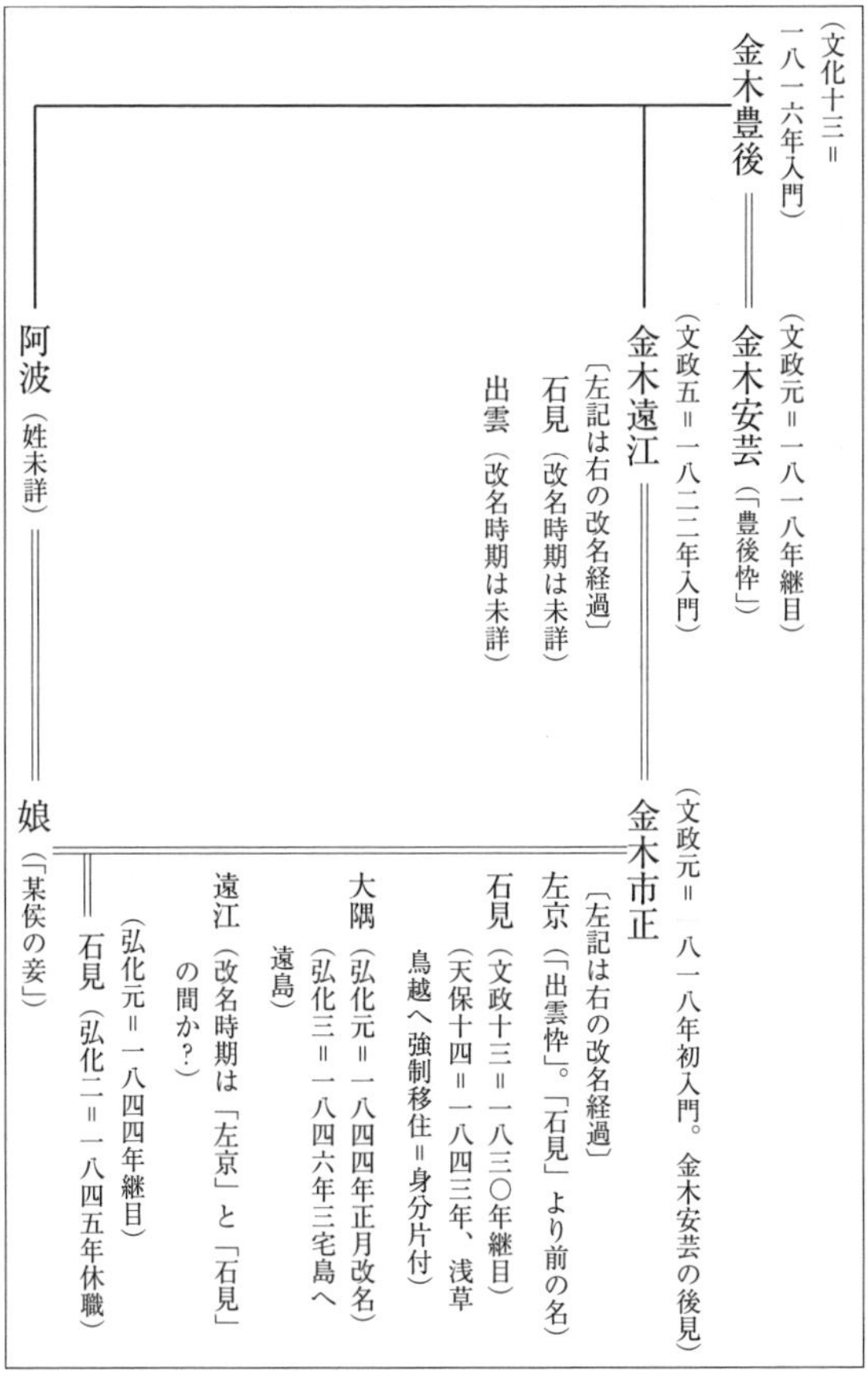

※『白川家門人帳』の丙「武蔵国」の記事および教団史料による。
※実線は師弟関係、二重線は親子および夫婦関係を表す。

以上のような流れの中で、「豊後」の悴「安芸」の「継目」相続に際し、本人の倍以上の「御礼金」を納めて「市正」が白川家へ初入門したこと自体、すでに特別な事情を感じさせる。詳しくは後述するが、以後の「市正」の行動から察すると、どうやら「安芸」の「後見」を名乗った時点で、「市正」は「金木豊後」門流の実質的な継承者になろうとしていたと考えられるのである(23)。以下、そうした推察を跡づけてみよう。

「安芸」の「継目」継承と「市正」の初入門の後、「金木豊後」門流に関する記事として『白川家門人帳』に年代順で続くのは、文政六年（一八二三）三月、「日本橋左内町《ママ》」に住む、「金本故豊後《ママ》」の弟子「金木遠江」が初入門して「風折浄衣」の免許を得た記事（iv）であり、さらにそれに続くのは、七年後の同十三年（一八三〇）十一月二十日、同じく「日本橋佐内町」の「金木出雲悴左京事　金木石見」が父「金木出雲」の「継目」を認められ、「神拝式」「風折浄衣」の免許を得た記事（v）である。そして実は、「市正」にも「遠江」を名乗った時期があることを教団史料で確認できるから、文政六年に初入門した「金木遠江」とは「市正」の父を指し、文政十三年の記事に見える「金木出雲」は、「市正」の父が「金木遠江」から改名した受領名であることがわかってくる。またしたがって、「左京→石見」は「市正」を指すことになり、文政十三年十一月二十日の記事（v）は、当時「左京」を名乗っていた「市正」が、父「出雲」の「継目」を「石見」の名で認められたことを表すことになる。そして、そのような事実関係を確認できるとすれば、「市正」は父「遠江」より五年も早く白川家へ入門し、しかも父を差し置いて「金木安芸」の「後見」役に就いていたことになり、「市正」は「社人」として相当な辣腕家だったと言えることになろう。

金木市正に関わる『白川家門人帳』の記事で次に年代順で続くのは、一三年後の天保十四年（一八四三）の記事（vi はその抄録）であり、それは先述の同十三年六月二十五日の幕令「出家社人山伏等町住居新規ノ神事仏事停止ノ触書」にもとづいて、白川家や吉田家、修験等の配下にあった江戸在住の下級宗教者たちが、一斉に「神職屋敷」等への移住を強制された事件に関するものである。すなわち、その記事によると、天保十四年五月十日、寺社奉行戸田日向守から白川家、吉田家、修験の「執役」「触頭」が呼び出され、「此度格別之御仁恵を以、執役所並配下之者共江、地所・普請御手当金等、被下置之旨」を伝えられたという。そのさい、白川家については、「浅草於測量所脇ニ百四拾六坪余・雑司ケ谷感応寺上ケ地之内七百坪、金六百二十八両、内執役之者江四拾八両被下置候事」になったのだが、同家の配下として江戸市中で活動していた下級宗教者合計二九名は、全員が御手当金の均分額二〇両を渡され、「浅草測量所脇（浅草鳥越）」へ七名、「雑司ケ谷感応寺上ケ地」へ二二名が移住することに決まったという。そして「浅草測量所脇（浅草鳥越）」へ各八坪を与えられて移住する七名の筆頭に、実は「金木石見（＝市正）」の名が記されているのである（viの右端欄を参照）。

ところが、右の天保十四年五月十日の記事のうち、移住を命じられる一人として名前が挙がっている「金木石見」の部分には、後日に次のような三つの記事が追記されている（vii）。

辰〔弘化元＝一八四四年〕正月大隅と改名、冠絹斎服御免許。

石見義病気ニ付休職、父大隅再職之儀、巳〔弘化二年〕十月執役所ヨリ届来ル。

弘化三午年六月大隅義不筋之儀共有之、遠嶋被仰付、家財闕所ニ相成。

しかも、追記を含む右の記事の後、『白川家門人帳』には、「金木豊後」門流に関する最後の記事として、「江戸浅草鳥越住」の「金木石見（＝市正の息子）」が、「御礼金弐千疋」を納めて、天保十五年（弘化元＝一八四四）二月付で「継目」を認められ、「神拝式」と「冠絹斎服浅黄差貫」の免許を得たことが記されている（viii）のである。(25)

そこで、文政十三年十一月二十日の「金木石見＝市正」の「継目」承認以降に生起した事態の筋道について、右の三つの追記の意味から解読してみよう。まず、三つの追記に共通して書かれている「大隅」という受領名が「金木市正」を指すことは、教団史料『悆侮《（りょうぜん）》院法師書翰写』(26)の中に、市正自身が「金木大隅」と署名していることから明らかである。次いで一つ目の追記から単純に読みとれるのは、「金木石見（＝市正）」が「浅草鳥越」へ移住させられた翌弘化元年（一八四四）の正月に、受領名を「石見」から「大隅」に改め、そのとき同時に「冠絹斎服御免許」を受けたことである。ところが、右に記したように、そのわずか一か月後の同年二月、「金木石見（＝市正の息子）」が

「継目」を認められている。そして、二つ目の追記には、その「継目」が認められた翌年（弘化二年）の十月、今度は「石見義病気ニ付休職、父大隅再職」となったことが記されているのである。

そのように時系列順に記事を追うと、この間の事実経過としておよそ次のような筋道が見えてくる。

まず「金木市正」は、文政元年九月、故「金木豊後」の悴「安芸」の「後見」役となった（iii）。その後の文政六年三月、「市正」の父は、「金本《（ママ）》故豊後」の「弟子」として「金木遠江」の名前で白川家へ初入門していた（iv）が、文政十三年十一月二十日、当時は「左京」を名乗っていた「市正」は、同じく当時は「出雲」を名乗っていた父の「継目」を「石見」の名で白川家に認められた（v）。その後の天保十四年（一八四三）五月、寺社奉行の命によって白川家、吉田家、修験配下の者が一斉に移住を命じられる（vi）と、「石見＝市正」は「日本橋佐内町」から「浅草鳥越」の「神職屋敷」へ移住を余儀なくされたが、その翌弘化元年（一八四四）の正月には「大隅」を名乗り（vii）、同年二月には息子に跡を継がせて「石見」を襲名させた（viii）。しかし、さらにその翌年の十月、襲名した悴「石見」が病に倒れたとの理由で、「大隅＝市正」は、白川家配下として「浅草鳥越」の「神職屋敷」に詰める職に復帰した（vii）。そして、翌弘化三年六月には、後で詳述するように、「大隅＝市正」はついに「遠島」「家財闕所」の処分を受ける結果となった（vii）。なおその間、「市正」は「左京」「石見」「大隅」と受領名を変え、時期は未詳だが「遠江」も名乗っていたことが明らかである（図4参照）。

このように見てくると、金木市正は、本所である白川神祇伯家の権威と縁故を最大限に活用しながら広く活動していた「社人」だったことが見えてくる。天保十四年、「浅草鳥越」への強制移住に遭った後、市正がすぐに跡を息子に譲ったのは、「隠居」の名目を得ることで幕府の統制に縛られない立場を確保し、江戸市中での活動を継続しやすくしようと考えた結果だった可能性が高い。またその翌年、今度は市正が復職したのも、統制の網を逃れようとした言わば偽装隠居を咎められた結果だった可能性が高い。いずれにせよ金木市正は、「金木豊後」門流を継承する強い意志をもちつつ白川家神祇伯家に連なり、「金木豊後」門流の檀家の維持拡大に生涯をかけていたと理解して間違いないだろう。

なお、文政四年四月十二日の『お経様』（M一三三二）には、市正の親族に、「我は是よりも日本の土となりたい」と言って「内出」した人物がいた旨が記されている。そしてその人物に関して、『清宮秋叟覚書』の041節には、「是ハ市正の姑（舅）阿波といふ老人、則隠居さまと言ひし人で、〈ちと〉家内に申分有て、『我身ハ相果《あいはて》る』など丶言て出て行れしといふ。市正の家庭ハ余程こみ入て居たもの。妻となられし人ハ、某侯の妾で有たといふ」との記事があるのだが、そこに見える市正の姑（舅）「阿波」は、明らかに、同じ「金木豊後」門流で活動していた「社人」か「神道者」だったと考えられる。なおまた、市正の妻、つまり「阿波」の娘が「某侯の妾」だったとする右の記事は、実は市正の布教ないし社交の範囲を窺わせている。井上智勝は、「社人」や「神道者」には浪人ないし没落武士に出自をもつ者が多く、彼らは旗本その他の武家とも交流して身分的に上昇する可能性をもっていたことを指摘しているが、市正の妻に関する右の記事は、市正もまたそうした可能性の周辺で行動する人物だったことを示唆していると言えよう。(27)

2　江戸・関東の信者集団と金木市正

ここで再度教団史料に視点を戻し、金木市正に導かれていた江戸・関東の信者集団はおよそどのような人々で構成され、どのような活動を展開していたのかに迫ってみよう。

文化十三年（一八一六）閏八月十九日の『お経様』（M一六八）の記事から、同日、教祖喜之のもとへ初参詣したこ

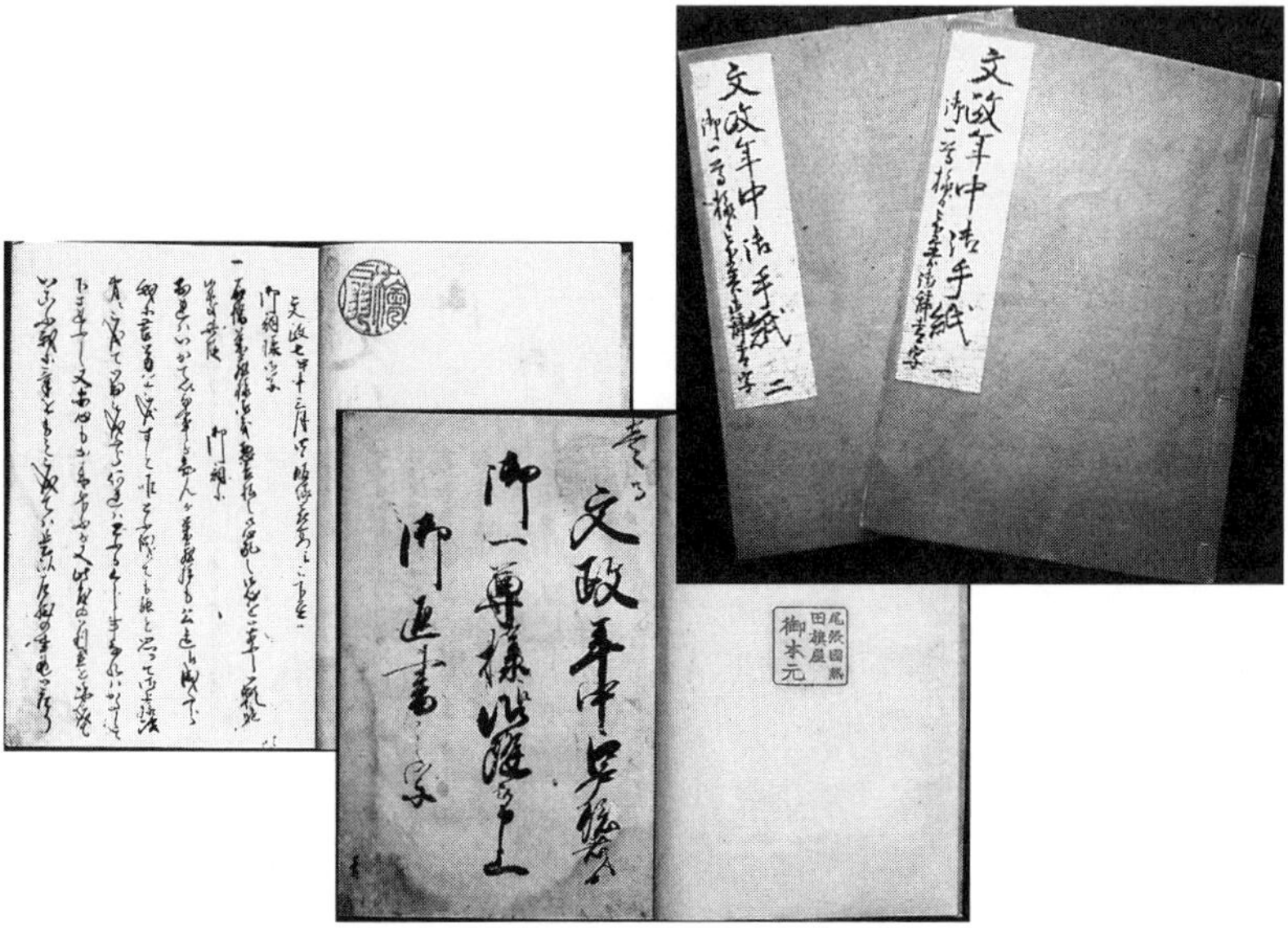

図 11　『文政年中御手紙』の表紙・内表紙・本文冒頭

『文政年中御手紙』（一，二）は，『お経様』や『御由緒』と並ぶ如来教の重要史料。表紙裏と本文冒頭には，御本元所蔵を表す「尾張国熱田旗屋御本元」の角朱印と「檜扇」の丸朱印がそれぞれ捺印されている。

とを確認できる江戸の金毘羅講中は、堀川沿いの西水主町に住んでいた亀三郎という人物（亀吉とも。翌十四年のM一七八の『お経様』によると、同人は当時、現地労働力を調達するために江戸から名古屋に派遣されていたようである）に導かれてその参詣を果たしたらしい。そして、第二章でふれた『文政年中御手紙』や文政八年秋の『お経様』M二四七B[28]などによると、そのときの江戸からの初参詣者の一人が、日本橋伊勢町で大店を営んでいた和泉屋喜左衛門という商人で、同人が教祖喜之の情報を伝えたことから、講中の先達役だった金木市正も、文化十四年三月八日に喜之のもとへ初参詣する結果になったようである。

　その金木の信者で『お経様』に名前が直接登場するのは、右の和泉屋喜左衛門を除けば、文政三年（一八二〇）四月のM二二四の篇に初出する大村屋儀助と、同五年二月のM二三四の篇に見える武州上尾宿の志水市右衛門だけなのだが、『文政年中御手紙』をはじめ、『お経様』以外のいくつかの教団史料には、当時、如来教の信者集団に関わっていた江戸・関東の在住者三〇名あまりの名前が見出せる。そこでここでは、文政七年（一八二四）から教祖喜之の入滅までの足かけ三年間に、江戸・関東の信者たちから寄せられた書簡に対する教祖の返信を口述筆記した『文政年中御手紙』（一と二の二冊からなる）の記事を主な素材にしながら、教祖喜之の晩年から幕末期にいたる江戸・関東の信者集団の基本的な性格を明らかにしてみよう。

まず、『文政年中御手紙』に登場する人名とその住所、家業ないし立場などをまとめると二八〇頁の表7のようになる。この表は、当主とみられる人物の登場順を考慮しつつ、経営単位ごとの関係者を各破線枠内に集めて列挙してみたもので、右端の欄には、全部で四〇通の書簡（教祖と信者との対話記録一篇を含む）のうち、当該の人名が本文中に登場する書簡の数を掲げている。したがって、この表から直ちに読み取れるのは、『文政年中御手紙』に記録された書簡には、石橋惣吉とその親族や使用人などへの言及がきわめて多い、という事実である。その石橋惣吉とは、先にもふれた江戸に本拠をもつ米穀商で、尾張藩の御用商人となった石橋栄蔵の息子なのだが、実際、惣吉宛の書簡が一七通あり、父栄蔵や妻のみさ、使用人宛を含めると、総数の四分の三ちかい二七通が石橋家関係者宛になっている。(29) そのうち、文政七年十月二十八日付の石橋惣吉宛書簡（書簡番号L13。以下、書簡番号はL13のように略記する）に同人の「御転役」にふれた記事があることから、教祖の最晩年、惣吉は、新たに同家が尾張藩から負った「御用」を、父栄蔵から受け継ぎつつあったと考えられる。先述のように当時の石橋家は、教祖喜之のもっとも有力な支援者になりつつあったのだが、実はそのしばらく前から、金木市正が導く江戸の金毘羅講中の有力メンバーにもなっていたとみて間違いないだろう。

石橋栄蔵・惣吉一族に次いで『文政年中御手紙』への登場が目立つのは、先述の和泉屋（飯塚）喜左衛門とその関

表7　『文政年中御手紙』に登場する江戸・関東の信者

名　　前	住所・家業または立場など	登場回数
大村屋儀助	江戸？の商人	1
和泉屋(飯塚)喜左衛門	江戸日本橋伊勢町の米穀商か塩商。のちに家業をたたみ，本所元町で炭団商を営んだ。	4
きく(渡辺菊)	泉屋喜左衛門女中。最晩年の教祖を介護。	1
勘兵衛	泉屋喜左衛門手代	2
信濃屋伊之吉	戸塚宿(東海道)の商人か？	1
石橋栄蔵	江戸日本橋南茅場町の米穀商。名古屋では駿河町に店があった。尾張藩御用会所取締役。	2
石橋惣吉	栄蔵の息子(後継者)	29
おみさ	惣吉女房	2
小児	惣吉の子ども。重い眼病患者。	2
おたか	惣吉の女子で疱瘡を助けられた。	1
石橋内(谷部)金八	石橋店の手代。名古屋在住。	28
石橋内(三沢)定吉	石橋店の手代	4
石橋内(三沢)勇助	石橋店の手代	2
恢応禅師	石橋家が支援する禅僧	4
政右衛門	石橋店の使用人か？	1
おちか	石橋店の使用人か？	1
半兵衛	石橋店の使用人か？	1
名張屋治助	江戸？の商人	1
名張屋利三郎	江戸？の商人	1
清七	名張屋利三郎の奉公人	1
おいよ	元加賀町家主次助事茂助(方)。後家？	1
悉悔院尊師	江戸の講中の指導者金木市正を指す。	1
明石屋七郎兵衛	深川佐賀町の商人	1
おてる	明石屋七郎兵衛方(妻？)	1
政之助	明石屋七郎兵衛方(家族？)	1
旭屋治助	商人？名張屋治助とは別人？	1
八橋屋佐兵衛	佐助とも。商人？	1
田中善太郎	商人？	1
加賀屋治助	商人？	1
山田屋金右衛門	商人？	1

※　総計40通の書簡（内1つは書簡ではなく対話記録）の各文面に登場する全人名を拾った。同じ商家などに属すると推定できる人々の範囲を破線で囲んだ。

係者である。同史料所載のL27書簡以下の三通には、後でもふれるように、それまでの商家経営を放棄した喜左衛門を教祖喜之が賞賛している様子のほか、暇を取った二人の奉公人（女中と手代）にも教祖が賛辞を送らせた様子が記録されている。なおL27書簡には、喜左衛門が伊勢町（現、中央区日本橋本町・室町）から本所元町（現、墨田区両国付近）へ移住した旨が記されているのだが、伊勢町が米河岸と塩河岸からなり[30]、日本橋のほぼ中心部に位置していたことを考慮すると、喜左衛門は、もともとは米穀ないし塩を商う有力商人だったと推定することができよう。

そのほか、表7に金木市正以外で名前を確認できるのは、『お経様』にも登場する大村屋儀助（住所未詳）のほか、東海道戸塚宿の信濃屋伊之吉、元加賀町（現、新宿区市谷加賀町）家主の関係者（後家？）おいよ、深川佐賀町（現、江東区佐賀）の明石屋七郎兵衛とその妻、その他住所未詳の旭屋治助、八橋屋佐兵衛、田中善太郎、加賀屋治助、山田屋金右衛門ら、いずれも商家ないし町場の家持ちやその縁者・使用人たちである。

なお、教団史料には名前が現れないが、江戸蔵前の札差として有名な伊勢屋四郎左衛門家（青地姓）が市正の信者であったことは、その子孫で如来教信者の青地弥一郎氏（故人）が、市正の子孫から譲渡された金毘羅神像（図12はその拡大写真）を収めた厨子や金毘羅社の御神体（図13）等を受け継いできた事実があることから明らかである[31]。青地家に関する記事が『お経様』等に見えないのは、入信の時期が関係する可能性が高いが、石橋栄蔵家のような米穀商が市正の信者だったことを想起すれば、青地家の入信も十分に納得できよう。また、一九四二年ごろ成立の『如来教団由緒及沿革概要』には、江戸の講中の一人に歌舞伎役者三代目助高屋《すけたかや》高助《たかすけ》がおり、しばしば熱田の教祖のもとを訪れて熱心に信仰していたことも記されている。そしてその記事は、東京都練馬区の浄土宗田島山受用院（関東大震災後、浅草から現在地へ移転）の青地家墓地の一角に、同人の墓が現存することから、間違いがないと考えられる[32]。

江戸・関東の信者集団が金木市正のもとへ寄せていた諸願の内容は、『文政年中御手紙』のほか、『お経様』の記事

図 12　金毘羅大権現の像
文政 5 年（1822），名古屋滞在中の金木市正が，釈迦の「八千八度の済度」に同行した金毘羅の姿を教祖に尋ね，その結果，制作されたという金毘羅神像（東京都北区の故青地彌一郎氏旧蔵）。本体は像長 167㎜だが，深山で修行中の金毘羅を表しており，鋭い眼の金毘羅大権現が，右手に柄杓を携え，左手で傍らの岩をつかみながら滝壺に臨んで素足で立っている。現在は名古屋市熱田区の御本元に収められているという。

にもその一端が窺える。そしてその特徴は、尾張地方の信者集団の場合と同様、不条理な病気の平癒願いが多いという事実にある。たとえば、『文政年中御手紙』のL8節やL20節には、江戸と名古屋の両地域にわたるもっとも有力な支援者となった石橋惣吉（おそらくは教祖在世中に父栄蔵の名義を襲名）に眼の見えない子どもがおり、その平癒願いが同人の基本的な願望だった様子を窺うことができる。

また、『清宮秋叟覚書』の051節によると、和泉屋喜左衛門は、金木市正の信者となってから商いに大成功し、市正の活動拠点の普請に大金を寄進したほか、教祖喜之にも多額の献金をしたという。しかし、右の記事に続いて同じ051節には、「後にハとんと落ぶれ、炭団をつくり、元、吉原にて大門を打し程の豪遊なしたる人が、其吉原へたどん（炭団）を売に行《ゆか》れしといふ。かくの病にかかり、御降参申て、『私のやうなものハ、斯有《こうあり》さうな事なり』と言しといふ。遂ニ命終せり」と記されており、そこには、喜左衛門が教祖喜之に深く帰依するようになった事情が語られている。すなわち同人は、「かくの病〔胃癌ないし食道癌〕」を患ったことを機に、教祖喜之が名古屋の商人たちにもしばしば勧めていた商家経営の放棄を実践し、多くの使用人にも暇を出して、ひたすら如来教の信仰に縋る決意をしたと推察できるのである。なお、『文政年中御手紙』のL28、L29の両書

図 13　金毘羅大権現の社とそのご神体

写真右の社は東京都北区の故青地彌一郎氏邸内に祀られているもの（1978 年造替）だが，もともと青地家の先祖は，金木市正の子孫から委ねられて金毘羅大権現を祀りはじめたという。左のご神体を収める木箱の裏には，天保 2 年（1831）正月 20 日，京都の白川神祇伯家「雅壽王」が「勧遷」した旨が，また表には「金毘羅大権現」の文字が記されている。

簡は、和泉屋から暇を取った二人の奉公人に向けた教祖の返信で、そこには主人の方針に忠実な身の振り方を決めた彼らを賞賛する喜之の言葉が記録されている。さらに『清宮秋叟覚書』の046節には、その奉公人の一人（女中）で武州川越出身の渡辺菊が、和泉屋を辞した後、病臥していた晩年の教祖を看病すべく、名古屋近郊御器所村の教祖の隠居所へ、夫とともに移住した事情のほか、最晩年の教祖喜之が、その渡辺菊を宗教活動の後継者にする意向をもっていた様子も記録されている。(33)

このように見てくると、市正の信者たちは、石橋家や和泉屋、伊勢屋四郎左衛門（青地）家のように、日本橋や蔵前に大店を構えていた商人をはじめ、山の手から下町にかけての江戸一帯に店をもつ商人のほか、中山道や東海道の沿道で家業を営む者などからなっていたことが明らかになる。彼らの家業の実態は一部しかわからないが、飛脚による手紙のやり取りができ、讃岐の象頭山へも参詣できる財力を備えた人々だったことは間違いない。そしてその中には、「金木豊後」門流の檀家として市正が受け継いだ人々がもちろん含まれていたと考えられる。したがって市正は、そうしたかなり裕福な町人たちや、おそらくは奥筋を含む上層武家をも対象にして、江戸中心部から郊外の街道筋におよぶ広範な地域にわたって講活動や布教活動を展開していたと考えられる。そしてその活動は、檀家の維持や獲得をめぐって他の宗教者とはげしく競合する側面ももっていたのだと推測される。

ところで金木市正は、個人の屋敷神の神祭を務めるような活動を主に展開していたものと考えられ、その信仰は、「後世を歓ぶ」ことを目的に掲げる教祖喜之の信仰とは明らかに異質な要素をはじめからもっていた。文政七年二月八日の篇（M二四五）の前書きには、教祖の説教を数回聴聞したにもかかわらず、「誠に後世へ心よりがたなくして心得違成事」を金毘羅に批判され、市正が「難渋」していた（おそらくは教祖のもとへの参詣禁止を指す）旨が記されているのだが、教祖喜之が目指していたのは、世界には至高神如来を中心とするコスモスがあり、そこには金毘羅大権現その他の神仏や諸宗祖が働いている、というグランド・ストーリーを人々に受容させることだったから、両者の信仰姿勢には、かなり大きな隔たりが含まれていたと言えるのである。[34]

このころのいくつかの教団史料には、実は市正の身辺に、他の宗教集団との新たな軋轢や内部対立が生じていた様子が窺える。たとえば、『文政年中御手紙』の文政七年三月の和泉屋喜左衛門宛書簡（L1）には、事態が「公辺え成たら」「くじ（公事）事なれば」という喜之の発言が認められ、当時、江戸の講中が何かの訴訟に巻き込まれつつあったことがわかる。また同年四月の喜左衛門宛書簡（L2）には、「旧冬、金木様御勘当御請被成」との文言が見え、市正は文政六年の暮に金毘羅から「勘当」を受けていたことが知られる。さらに、同じ書簡からは、当時、「御信心二行に相成居」、つまり江戸の講中が二つに分裂していた様子が窺われ、同時に大村屋儀助らから、金木の勘当を解いて欲しい旨の願いが寄せられていたこと、などが読みとれるのである。

文政八年（一八二五）十一月以降、『文政年中御手紙』所収の書簡には、病臥した教祖の容体に関する内容が多くなり、それは最後の書簡（翌九年四月十八日付の明石屋七郎兵衛夫妻宛の書簡：L40）まで計八通にわたっている。そしてそこには、江戸方面の信者に向けて、一進一退を繰り返す教祖の病状を詳しく報告していた様子が記録されている。

3 金木市正の三宅島遠島

教祖喜之の入滅から二〇年後の弘化三年（一八四六）、金木市正が幕府の手で伊豆の三宅島へ遠島処分になったことは、既述の『白川家門人帳』の丙「武蔵国」の部分に、「弘化三午年六月大隅義不筋之儀共有之、遠嶋被申付、家財闕所ニ相成」とあることから確認できる。また『三宅島流人帳控』[35]にも、次のような記事がある。

十二代将軍家慶　　弘化三午年九月二十八日　　三宅島江流罪

藤沢孫兵衛様御掛り　　新島藤右衛門船　　合三人

浅草社下地、神職、入墨、新兵衛事

門徒宗　　金木　大隅　　六十六歳

（阿　古　村）

御疑を受け候御科にて遠島

嘉永二年二月二日病死

（以下、二名の記事は省略）

右の二史料には遠島の時期について記事に異同があるが、それはおそらく、処分の決定日と執行日の違いなのであろう。また、前者の記事からは、市正が「家財闕所」となったこと、後者からは、同人の本名が「新兵衛」であったことや「入墨」を入れられていたこと、宗旨は真宗で、嘉永二年（一八四九）二月二日に病没したことなどを確認できる。しかし、遠島処分の理由については、それぞれ「不筋之義共有之」「御疑を受け候御科にて」とあるのみで、詳細はよくわからない。一方、この事件に関しては、教団史料の『惷悔《りょうぜん》院法師書翰写』と『清宮秋叟覚書』の052

節にも若干の記事があるが、遠島処分の理由についてはそれらにも立ち入った記述は見られない。それではこの事件は、如来教史上、また幕府の宗教政策史上、どのように位置づけるべき事件なのだろうか。

それらを考えるさいに考慮すべきなのが、先述の、天保十三年（一八四二）六月の幕令にもとづいて、翌十四年五月、白川家、吉田家、修験配下の下級宗教者が一斉に江戸の周縁部四か所の「神職屋敷」へ強制移住を命じられた事件との関連である。そして、その考察のために大きな手がかりを提供してくれるのが、林淳氏の「天保十三年の宗教者市中取締の触れをめぐる諸問題」と題する論考である[36]。同十四年の宗教者の強制移住と白川家執役との関係について、同論考に林は、大略次のような見解を掲げている。

白川家では、天保十四年、幕命によって配下の宗教者が強制移住させられて以降、執役南大路左兵衛が同年閏九月に重追放となり、次いで後任として同家が推挙した竹尾正鞆も幕府から就任を拒否された。さらに同年十二月、執役に就任した内藤織部も、弘化二年（一八四五）四月に不正が発覚し、翌年五月には軽追放の処分を受けた。相次いだ執役の処分は偶然ではなく、寺社奉行が白川家に対して警戒の念を抱いていたことを示唆している。また天保十四年二月に遠島処分となった、配下の井上式部（正鉄。禊教教祖）の事例もほぼ同時期のできごとである。同十三年十一月二十九日に寺社奉行が老中水野忠邦に上申した伺書で、白川家配下は古跡拝領地の神社神主でないことが指摘されていることからも、寺社奉行は白川家の間口の広い配下支配を警戒していたのではなかったか。（以上、神田による要約）

あらためて『白川家門人帳』を確認すると、天保十四年（一八四三）五月十日、江戸市中からの強制移住を命じられた二九人の白川家門人中、金木市正以外にもう一人、「雑司ケ谷感応寺上ケ地」へ移住させられた植木近江が、後日、罪に問われている。実はその植木についても、「嘉永二酉年九月、不筋の儀ニ付、遠島被仰付」とあるのみで、市正と同様、その処分理由は記されていないのだが、両名はともに、林が描いた文脈の中で処分されたことは間違いないのではなかろうか。しかも、白川家執役内藤織部が軽追放に処せられた弘化三年閏五月は、市正が遠島処分となった同年六月の直前である。内藤織部の軽追放と市正の遠島処分は関連がある、とみる方がむしろ自然だと言えよう。なお、『白川家門人帳』の天保十四年十二月五日の条には、内藤織部の出自に関するかなり詳細な記事があり、それによると同人は、関東における白川家配下やその布教先にかなり顔の利く人物だったと推察できる。そしてそのことを考慮すれば、活発な布教を展開していた金木市正が、白川家江戸執役所の内藤織部から期待をかけられていたとしても何ら不思議はない。いずれにせよ、天保期から弘化期にかけて、金木市正が江戸における白川家配下の隆盛を最先端で担った有力な「社人」だったことは間違いないのであり、同人が遠島処分となった基本的な理由は、まさにその点にあったと考えられる。

さらに付言すると、先述の論考で林淳は、天保十三年六月の幕令について、「この触れは、従来の法令を統合しつつ、網羅的に多くの宗教者を規制の対象にした点で画期的なものであった」と述べており、その歴史的評価は納得できるものである。しかし、そうであればなおのこと、金木市正のような布教実績をもつ宗教者には、代替地への移住は統制そのものだったと推察できよう。既述のように、移住後の市正はすぐに跡を息子に譲っているのだが、それが統制を免れる方便だったとすれば、弘化三年（一八四六）の遠島処分は、統制を顧みない市正自身の行動が招いたとも言えるように思われる。

およそ以上のように、金木市正の三宅島遠島は、如来教信者が受けた弾圧事件というよりも、むしろ白川家配下の宗教者が蒙った一連の弾圧・統制の一部として捉えるべき事件だと言えよう。後述するようにこの事件は、江戸・関東にも教勢を拡大しつつあった当時の如来教にとって、統一性を保ちつつ信者集団を発展させる途を阻害する大きな要因になったと言える。しかし先述のように、当時の如来教には、求める救いをめぐってさまざまな発想が同居している状況だったのであり、幕末期までの如来教は、その意味で寄り合い所帯にちかかった。逆に言えば、如来教教祖喜之という存在は、相当に多様な活動を展開していた人々からその活動の拠り所として期待されたのであり、象徴的な意味では、そうした状況は入滅後も続いていったと言えるのである。

三　教祖入滅後の後継指導者と幕末期における信者集団の動向

1　小寺一夢による合法化の模索と幕末期尾張における信者集団の動向

文政九年（一八二六）五月二日の教祖喜之の入滅については、編年順で最後の篇に相当する同年五月一日の『お経様』（M二四八）に克明に記録されており、同日の篇については、次に引用する部分がかねて注目を集めてきた。

あ、、じゆつない。ころいて〔殺しての意〕お呉の。どうせるでやよ〰〰。どふぞしておくれの。

（中略）

みんなの苦《くるし》みを、おれ一人して引請《うけ》るのでや。さうでや〰〰。

（中略）

みんなの代りを、己一人してせるのでや。我身一分《わがみいちぶん》なら、こんなくるしみはないが、みんなの苦《くるしみ》を、おれ一人で苦むのでや。さうでや〰〰。

（中略）

死にしま〔死ぬ間際の意〕になつて、怖しいといふ事を能《よく》承知した。ア、、怖敷《おそろしい》事でや。人間といふは、容易には助《たすか》れんものでやなあ。助れぬといふ事を能承知した。ア、、おそがい事でや。

（中略）

娘が多ふござり升で、罪が多ふござり升。こちらにも居升《おります》〳〵〳〵〳〵〳〵〳〵〳〵〳〵〳〵。お滅し下されましよ。不数知《かずしれず》。

引用中の「じゆつない」は苦しい、「ころいてお呉の」は殺しておくれ、「死にしま」は死ぬ間際、「おそがい」は恐ろしいの意味である。また「娘」とは信者たち、延いては人間一般を指し、「お滅し下されましよ」とは、救われがたい本質をもつ人間のすべての罪を、喜之自身の入滅と引き替えに滅して下さいという意味である。そしてここには、死に臨んだ喜之が、自らの死は、あらゆる人間の罪とそれゆえに人間が受けるべき苦しみとを一身に引き受けた死である旨を語った様子が記録されている。つまりここには、戦前の研究以来指摘されているように、教祖喜之が自身を贖罪者として位置づけた様子が窺われるのである。

しかし、すでに述べてきたように、如来教の宗教思想に対するキリシタンまたはカトリック神学の影響はまず考えられない。その一方、贖罪者としての喜之の立場を、中世以前からの伝統的な本地垂迹説に由来する「代受苦」という概念で捉えることは十分可能である。(37) そして、旧著『如来教の思想と信仰』以来強調してきたように、筆者は、右のような贖罪者としての喜之の表象には、地蔵菩薩信仰の影響を認めるべきだと考えている。すなわち、『文政年中御手紙』のL39書簡に見られる、最晩年の喜之が自らの容体を「ねつてつ（熱鉄）をつぎこむやうな塩梅でや」と語った発言は、地蔵菩薩信仰を説く書物として当時流布していた『十王讃歎修善鈔』に見られる、地蔵菩薩は「昼夜旦暮に銅涌鉄状の苦に交り八寒八熱の罪人の苦に代て済給う」という表現にきわめて近似している、というのがその何よりの理由である。(38) また、第三章第二節でふれたように、行き場が定まっていない加賀屋長左衛門の「後世」における様態について金毘羅は、いずれ喜之が「後世」へ赴くときには長左衛門の「悪を善に変返す方便」を思いいたるはずだとの発言をしているのだが、そこには、「悪業を転じて善となす」という、地蔵菩薩信仰の原初以来の観念が含まれていると考えられるからでもある。

ともあれ教祖喜之は、文政九年五月二日、右のような最期の言葉を残し、御器所村の隠居所で、俗体のまま数え年七十一歳の生涯を閉じた。『清宮秋叟覚書』050節によれば、同月十一日に御本元で教祖喜之の葬儀が執行され、遺体は蛇塚（現、名古屋市瑞穂区豆田町内。今日では、後述する大悲堂が所在）へ送られて火葬に付されたという。またその葬儀には、「文政三年事件」以来知多郡緒川村に退居していた法華行者の覚善が、同村の利七とともに駆けつけたほか、尾張藩士を含むかなり多数の会葬者があったという。

ところで、同じ050節によると、右の葬儀を事実上主宰者したのが、有力支援者米屋（美濃屋）善吉の後継者で、当時、ようやく三十代を迎えていた佐兵衛（一七九七～一八六二。後の小寺一夢。以下、煩を避けて「小寺一夢」と呼ぶ）だったという。先述の『如来教団由緒及沿革概要』が「本教功労者」の筆頭に挙げているその小寺一夢は、教祖喜之の入滅後、幕末期までの名古屋の信者集団の財政面と布教の合法化に大きな貢献をした人物だが、その生涯にはまだ不明な点も多い。名古屋市瑞穂区豆田町に所在する如来教の末庵大悲堂の「一夢塔」碑文は、現状では、同人の生涯と功績を公式に記録したほぼ唯一の史料であり、細野要斎編『碑叢』には次のようなその文面が記録されているという(39)。

一夢塔

鉄地蔵堂中興開基、如々／庵月中一夢上座者、寛政／九巳五月朔、生於小寺氏、／克興其家、三十九歳志入／禅門称居士、善護仏戒、五／十齢遥登高野、而薙染後、法／持寺玄中和尚有約師資、而為／堂主再改観、文久二壬戊秋閏／八月十一日、六十六歳、晏然而／寂矣、葬于白鳥山中云爾。

生没年月日のほかにここから読みとれるのは、三十九歳の天保八年（一八三七）に禅門に入ったこと、五十歳の弘化三年（一八四六）に高野山で出家し、その後、熱田白鳥町の曹洞宗の名刹白鳥山法持寺の玄中和尚と師弟関係を結んで堂宇を建立したことなどにかぎられる。しかし、『お経様』でただ一つ、一夢に関わる記事があるM二五三の篇や、第一章第一節で紹介した近代史料群（教団史料）によりながら再構成すると、小寺一夢は、およそ以下のような生涯を歩んだと考えられる。

幼少時は新蔵の名で呼ばれ、名古屋城下の下町に当たる禰宜町江川端に住んでいた一夢は、はじめ屋根葺きを生業として貧しい暮らしを送っていたが、十六歳の文化九年（一八一二）、首筋にできた瘤を教祖にたすけられ、以来、教祖のためには一命を捧げる決意をしたという。[40]やがて同人は、延米商いに転じてしだいに富を貯え、教祖晩年の文政期には江戸に出て商いを拡大していた。[41]そして文政九年の教祖入滅のさいには、すでに相当な財をなしていた数え年三十歳の一夢が、その葬儀を取り仕切ったという。

その後の一夢の行動について、明確な年代とともに伝えられているのは、天保八年に禅門に入ったことと、弘化三年、五十歳で高野山に登り、僧侶の資格を得たことのみなのだが、それらはいずれも、如来教の信仰活動を合法化する目的で実行した行動だったと推察できる。そしてとくに、天保八年に禅門に入ったというのは、禅宗の寺院ないし僧侶に、一夢が合法化の伝手を求めたことを意味する可能性が高い。

あたかもその前後の名古屋における信者集団の動向については、実は『如来教団由緒及沿革概要』の冒頭に掲げられている三七枚の写真のうち、最後の三枚がその一端を伝えている。すなわち、そのうちの一枚（「第三十五号」写真）は、名古屋郊外の八事村（現、名古屋市天白区八事天道）高照寺の関係者から如来教の「惣講中」に宛てた、文政十一年（一八二八）十一月付の証文を写したもので、そこには、「媹姾様御旧跡」（教祖の旧居「御本元」を指す）を同寺の「通所之名目」にすることを受諾し、「御礼金参拾両」の受領と引き替えに、以後「媹姾様御旧跡」における「惣講中」の活動には容喙しない旨を誓約した文言が記されている。また他の二点は、いずれも翌十二年十二月付で、熱田白鳥町の成福寺から、如来教の講中の代表者「寄木高照寺代官稲葉市正」に宛てて、当時、成福寺に属していた「鉄地蔵」およびその堂宇の譲渡を約した証文の写真である。そして、先に本章第一節でふれた、寛政期以降に布達された尾張藩の諸法令の傾向を考慮すると、これら三点の文書は、およそ次のような事情を表していると考えられる。

すなわち、寛政期から文政期にかけて尾張藩は、管轄する寺社や修験等が明らかでない堂や小社を一貫して規制しようとしていたのだが、その立場からすれば御本元はまさにその種の堂の一つにほかならない。右の第一の文書で、如来教の講中がかなりの大金を納めてまで高照寺の「通所之名目」を獲得しようとしたのは、その誹りを免れるためである。一方、成福寺から「鉄地蔵」とその堂宇の譲渡を受けたのは、「尾張六地蔵」の一つとして名高い「鉄地蔵」を近隣の成福寺から買い受けることによって、御本元への参詣は「鉄地蔵」への参詣だとの名目を得ようとしたからだったと考えられる。なお、八事山高照寺は古くから天道信仰が盛んで、当時もその講が活動していたと考えられ、如来教の信者集団はその講とも連携を約していた可能性が高い。成福寺の証文が「寄木高照寺代官稲葉市正」宛になっているのは、高照寺の後援のもとに「鉄地蔵」の譲渡交渉が行われたことを示唆すると同時に、講組織相互の協力関係を反映していると考えられる。

そのように、信仰活動合法化のための模索は、教祖の入滅後間もなくからはじめられていたのだが、小寺一夢こそそうした模索を推し進めた中心人物だった。『如来教団由緒及沿革概要』は、尾張藩による先述の天保二、三年の如来教禁止令の令達を「天保十年」の出来事と誤って記してはいるが、「此ノ時ニ当リ一夢ハ、コノ一大聖教ノ滅亡センコトヲ嘆キ、血涙ヲ奮ヒ、起ツテ法難ニ当リ信徒ヲ激励シ」たと強調している。

また同じ史料には、「第二章　伝灯捧持者及功労者」の部分に、「然ルニ本教団ハ教祖遷化後、未ダ一宗教トシテ独立ノ認可ヲ得居ラザルノ故ヲ以テ、形式上ノ体制ヲ保ツ為、時ノ高僧風外禅師ニ依頼シ、久屋町瑠璃光寺支配所トナシ、又或ル時ハ、八事山高照寺ノ隠居所ニ、又或ル時ハ名古屋万松寺ニ受持ヲ依頼スル等、所有困難ニ遭遇セリ」という記事がある。そして、そこに見える「八事山高照寺」との間には、文政十一年以来、先述のような契約が結ばれていた。さらに「久屋町瑠璃光寺」については、およそ文政期以降、同寺は、名古屋城下における金毘羅信仰の拠点として発展していったとみられるから、幕末期までに如来教の講中が同寺に「支配」を依頼したのだとすれば、それは、瑠璃光寺の境内に文政二年（一八一九）に勧請されていた金毘羅宮があり、その金毘羅宮が瑠璃光寺の配下となることで合法化を果たしていたからだと推察できよう。(42)

なお、右の引用に見える「時ノ高僧風外禅師」とは、天保期に三河国足助の飯盛山香積寺《はんせいざんこうじゃくじ》（曹洞宗）の住職であった風外本高《ふうがいほんこう》（一七七九〜一八四七）を指している。画僧としても名高かった風外本高と一夢との関わりは具体的に確認できていないが、『清宮秋叟覚書』の149節には、「中興、白鳥山玄中和尚に委嘱して、鉄地蔵堂と号し、堂、寺院の形に成たハ、今より七十年前なり」とあり、一夢が熱田の白鳥山法持寺の玄中和尚と師弟関係を結んで堂宇を建立したことはたしかなようである。右の149節が書かれたのは一九二八年（昭和三）とみられるから、「今より七十年前」は安政四年（一八五七）ということになる。ただし、当時の堂宇建立は、右の「鉄地蔵堂」の修復ないし改築を指すもので、かなり小規模なものだったと考えられる。(43)なおまた、これまでに知られている一夢の述作には、とくに深い禅思想が述べられているとは言いがたいが、(44)一夢の禅への接近が、後に如来教「中興の祖」と仰がれた一夢の次男大拙に影響を与え、(45)近代の如来教が禅系の宗教として発展する契機の一つになったことは間違いないと言えよう。

一方、実年代が明確なもう一つの伝承である、弘化三年（一八四六）に一夢が高野山に登って出家したという所伝に間違いがないとすれば、それは本章第二節で見た、同年における金木市正の三宅島遠島処分という事態に関係している可能性が高い。すなわち一夢は、市正の遠島処分の影響が名古屋の信者集団に及ぶことを恐れ、自ら正式な僧侶となって合法的な布教態勢を整えようとしたのではなかろうか。

およそ右のような、布教の合法化を目指した僧侶や寺院への接近ないし交流のほかに、小寺一夢に関しては、同人が、名古屋一帯の商人や尾張藩士、国学者等とも、相当に幅広い交流を繰り広げていたことが、これまでに明らかになっている。

名古屋の商人たちとの交流についてはすでにふれたのでここでは割愛するが、尾張藩士らとの交流については、およそ次のような諸事実が知られている。すなわち一夢は、安政期以降、息子たちのために「御具足方同心」という藩士の株を買い、質屋業を手広く営んで藩士層との交流を深めていたこと、[46] 自らの晩年に当たる幕末期に、禅戒と知定という二人の尾張藩奥女中出身の女性を、御霊場（教祖生前の隠居所）と御本元の庵主にそれぞれ就けたこと、[47] 等がそれである。なお、尾張藩士層と一夢とのそうした交流は、江戸の信者集団における上層武士階級との交流の実績（後述）とともに、如来教が近代教団として発展を遂げるさいに、重要な契機の一つになったと考えられる。

さらに一夢は、桑名の国学者で、本居大平の養嗣となったことで知られる富樫広蔭に入門し、同門の歌集に和歌を寄せていた。[48] また、既述の尾張藩御用商人の篤信者石橋惣吉は、その弟伊之助（友数、蘿窓）とともに、本居宣長の二代後の養嗣内遠の門人で、弟伊之助は江戸で前田夏蔭、橘守部らの国学者にも学んだ人物だという。[49] 一方、『清宮秋叟覚書』の059節には、その伊之助が信者として一夢の指導を受けた旨が記されているから、一夢の社交範囲に複数の国学者が含まれていたことは確実だと言えよう。

今日、具体的に確認できる一夢の人的交流の範囲はおよそ右のようなものだが、そうした人的交流を背景にしつつ幕末期に如来教の法統を守った小寺一夢は、明治維新を五年後に控えた文久二年（一八六二）、六十六歳で生涯を閉じた。[50]

2　渡辺菊による布教活動と幕末期関東における信者集団の動向

金木市正の遠島後、関東の講中はいくつかのグループに分かれて活動を続けたとみられるが、最晩年の教祖の看病役を務めた渡辺菊（生没年未詳）については、そのうちの一集団を導いて活躍したことが知られている。同人は、教祖の入滅後、その生前の指名によって御本元を相続していたが、[51]弘化三年（一八四六）、幕府が金木市正の三宅島への遠島処分を決定すると、名古屋から江戸鉄砲洲の河岸へ駆けつけ、同伴を願ったが叶わなかったという。[52]その後、名古屋へ戻った菊は、小寺一夢との折り合いがうまくゆかず、やがて嘉永のころには籤によって神意を伺い、郷里の武州川越に帰ったという。[53]

その後の渡辺菊に関しては、『清宮秋叟覚書』や『如来教団由緒及沿革概要』に、同人が江戸城の大奥へ布教していたという話がかなり詳細に記録されている。そこでここでは、主に『清宮秋叟覚書』の055節によりながら、その記事の大要を次に掲げてみよう。

江戸城大奥の老女花園院の侍女浦津の部下に、渡辺菊の信者で、川越の商家から大奥へ上がっていた少女がいた。中気を病んでいた花園院が、浦津の推薦するその少女に揉ませたところ、少女は自ら信仰する「此度の御利益（如来教）」のことを話したという。そこで花園院も信仰する意志を固め、渡辺菊が召し出されたが、そのとき、花園院と対面した菊は、「御利益の道理」のほかに金毘羅大権現降臨の証拠物である「御石様」のことも語ったという。すなわち菊は、中気病みの手に触れればその震えが止まるという「御石様」の効能と、その「御石様」が天保二年（一八三一）の如来教禁止令で尾張藩に没収されている事情を話したのである。そのため花園院は、「御石様」の下げ渡しを十二代将軍家慶に願い、老中が尾張藩家老に命じて、同藩の闕所蔵から「御石様」を三日三夜で取り寄せたという。そしてその後、「御石様」は渡辺菊に下げ渡され、以来、「御石様」は、川越の渡辺家に安置されているのだという。また、その「御石様」下げ渡しのさい、同じく尾張藩によって天保期に没収されていた『お経様』諸篇も返還されたという。さらに、花園院が阿波蜂須賀家の出身だった関係から、蜂須賀家の奥筋から藩士へと如来教の信仰が広まり、それが契機となって、明治期には徳島に如来教の末庵が建てられたという。

大奥で院号を付して呼ばれるのは前将軍の妻または側室等にかぎられるはずだから、右のような『清宮秋叟覚書』の記事うち、上臈とはいえ老女に院号を付して呼んでいる点には基本的な疑義がある。[54]しかし、大奥の女性たちが世上に流行する宗教者に帰依した例は、天保改革の少し前に、十一代将軍徳川家斉の愛妾お美代の方の実父日啓が、加持祈禱の流行する大奥の女中たちにとり入って多くの信者を集めた事例のほか、古くは元禄期の大奥で人気を博した浄土宗の祐天僧正等、いくつかの有名な話も伝えられている。また十一代将軍家斉に関しては、五〇人を超える子女のうち成人した男子には外様を含む大名家の養子となった例が多く、二十二男の斉裕は阿波藩蜂須賀家の養子になっているから、右の話に蜂須賀家の関係者が登場することは、この話が決して荒唐無稽な話ではないことを意味している。[55]家斉の二十二男斉裕（蜂須賀斉裕）は、当然、多くの側近をともなって蜂須賀家の養子となったはずで、そうした側近の中にはもともと大奥と関わりの深かった女性が含まれていた可能性も高いのである。しかも、江戸城の大奥と大名家の奥向きは相互にかなり深い交流をしていたことも知られているから、[56]十二代将軍家慶の身辺に、『清宮秋叟覚書』に見られるような如来教の布教が展開されていた可能性は十分にあると言えよう。なお、家慶が嘉永六年

（一八五三）六月に没していることを考慮すれば、渡辺菊による右のような「大奥布教」は、それ以前の嘉永年間のできごとだったと考えられる。

『清宮秋叟覚書』には、実はもう一点、幕末期関東の信者集団に関する注目すべきことがらが記されている。すなわちその075節によると、中山道沿いの武州大宮宿には地元の有力者らによって如来教の講が結ばれており、栗原友右衛門家の邸内には、日明居士という宗教者（生没年未詳）が寓居してその講の指導者となっていた。ところが、安政四年（一八五七）ないし五年ごろ、他からの訴えによって日明居士は江戸小石川伝通院付近で捕縛され、「江戸構へ」となり、在所の上総国木更津へ退居させられたという。またそのさい、大宮宿の講中は「叱り置」とされ、講中が所持していた『お経様』は没収されたという。

この記事からまず明らかなことは、安政年間までに、武州大宮宿にも如来教の信仰が伝えられ、かなり活発な講活動が繰り広げられていたことである。既述のように、文政五年二月十三日の『お経様』（M二三四）には、その当時、金木市正の信者で中山道上尾宿の志水市右衛門が教祖喜之のもとへ参詣したことが記されているから、おそらくは同じ系統からその後、大宮宿にも如来教の講が生まれていたのであろう。なお、右の075節に登場する山崎喜左衛門、栗原友右衛門は、それぞれ大宮宿の本陣、脇本陣の家柄に当たり、その両名は、後の一八八七年（明治二十）、同宿の名望家四名とともに同宿東光寺の住職を教師とする「曹洞宗教会分講」の設立を埼玉県知事に出願している。明治時代に形成が進められた如来教の近代教団では、新たな布教の展開によって創建された末庵が多いのだが、尾張一帯には幕末期までに成立した講に起源を辿れる末庵もいくつか含まれている。やがて如来教の末庵の一つ日明軒に発展していったとみられる右の大宮の分講は、江戸・関東におけるめずらしい事例だと言える。

註

(1) 神田・浅野編『如来教・一尊教団関係史料集成』(序章の註(8)参照) 第四巻別冊 (その2) に収載。
(2) 前掲註(1)の『史料集成』第四巻に収載。
(3) 『新編 一宮市史 資料編七』(一宮市、一九六七年) 所収「尾張藩村方御触書集」のうち、史料番号二〇三七の史料に相当。
(4) 同右のうち、史料番号二一二八の史料に相当。
(5) 第四章第一節でふれた久米利七の子孫久米嗣雄氏宅には教祖喜之の位牌が今日も伝えられているが、それは天保三年令の(1)にいう教祖喜之の位牌の一つに相当する。
(6) 前掲註(3)『新編 一宮市史 資料編七』(一宮市、一九六七年) 所収。
(7) 前掲註(1)の『史料集成』の第四巻別冊 (その2) に掲げた「Ⅲ—2.『お経様』に登場する尾張藩士等に関する情報一覧」を参照。
(8) このことに関する詳細は、前掲註(1)の『史料集成』第四巻の解説第一章 (神田執筆) の「2. 文政・天保期における如来教の信者集団と尾張藩の宗教政策」のうち、「武士階級および有力商人層の信者の存在と尾張藩の如来教統制」を参照。
(9) なお現在、一尊教団では同篇が散逸しているようであるが、同篇の読誦を聴聞した如来教信者の方のご教示によると、同篇には、水野藤兵衛の妻や嫁などの病気平癒に関する願いが記録されているという。
(10) 名古屋市博物館編『尾張史料のおもしろさ 原典を調べる』(名古屋市博物館、二〇〇四年) 所載の「尾張藩役職者一覧」を参照 (同書、二六一頁)。
(11) 『新修 名古屋市史 第四巻』(名古屋市、一九九九年) の「第三章 新文化の発達」のうち、岸野俊彦執筆の「第四節 新宗教の成立」を参照。
(12) 『御触流留帳』は名古屋市鶴舞中央図書館郷土資料室が所蔵する「市史編纂史料」の一つである。
(13) 前掲註(11)の三六六頁を参照。
(14) 同右、三五九頁を参照。
(15) 『御触書寛保集成』一一七六史料、同書六一〇頁。
(16) 前掲註(3)の「尾張藩村方御触書集」のうち、史料番号三の史料に相当。なお、この法令が町方にも令達されていたことは「町中諸事御仕置帳」（『名古屋叢書　第三巻　法制編2』〈名古屋市教育委員会、一九六一年〉三八九頁）から確認できる。

(17)　名古屋叢書三編第十四巻『金明録――猿猴庵日記』（名古屋市教育委員会、一九八六年）。

(18)　この事件に関する詳細は、前掲註(1)の『史料集成』第四巻の解説第一章を参照。

(19)　近藤喜博編『白川家門人帳』（清文堂出版、一九八二年）による。同書の本文の「丙」のうち「尾張国」の部分には、文化九年（一八一二）二月十五日、知多郡名和村の「百性藤蔵」が白川家に入門し、同時に「御礼金弐両」を収めて「風折浄衣」の免許を得たこと、また同十二年正月には、同人が「愛知郡古井村　八幡社社人」になった旨を伝えてきたことなどが記されている。

(20)　『徳川禁令考』後集第一、一七二頁。

(21)　そうした動向を代表する論考として、南和男『幕末江戸社会の研究』（吉川弘文館、一九七八年）、坂本忠久『天保改革の法と政策』（創文社、一九九七年）、井上智勝「神道者」（高埜利彦編『シリーズ近世の身分的周縁1　民間に生きる宗教者』〈吉川弘文館、二〇〇〇年〉所収）、林淳『近世陰陽道の研究』（吉川弘文館、二〇〇五年）等がある。

(22)　前掲註(21)の井上の論考を参照。

(23)　前掲註(1)の『史料集成』第四巻の解説第一章で筆者は、「金木豊後」と「金木市正」、「市正」の父の「金木遠江」が同姓であることから、「市正」にとって「豊後」は伯父、「豊後」の息子「安芸」は同じく従弟と推定できるとしたが、師弟関係にある「社人」が師匠と同姓を名乗った例も少なくないことから、「金木豊後」「金木安芸」と「金木市正」との関係は、かならずしも「伯父」と「甥」、「従兄弟」同士とはかぎらないと言える。ここに訂正しておきたい。

(24)　一九四二年（昭和十七）ごろに成立した『如来教団由緒及沿革概要』に「江戸講中金木市ノ正の手紙」として収載されている写真には、「金木遠江」の署名を確認できる。

(25)　その「金木石見（＝市正の息子）」に関する記事には「弘化三午年六月、不筋之儀ニ付、遠嶋被仰付」という後年の追記があるが、それは父「市正」の経歴を誤記したものと考えられる。

(26)　弘化四年（一八四七）十月、金木市正が流刑先の三宅島から当時江戸にいた渡辺菊宛てに送った書簡の写しで、一八九〇年（明治二十三）に書写されたものだという（前掲註(1)『史料集成』第四巻に収載）。

(27)　なお、『清宮秋叟覚書』の144節には金木市正が「近江ノ人」であった旨の記事があるが、その具体的な出自は未詳である。

(28)　史料番号M二四七Bの『お経様』は、実は和泉屋喜左衛門が寄せた手紙に対して教祖喜之が語った言葉を記録した史料であり、他の『お経様』とはやや性格が異なる。

(29)『文政年中御手紙』所載書簡の宛名人等の詳細については、前掲註(1)の『史料集成』第四巻の別冊（その2）に掲げた「Ⅱ―4.『文政年中御手紙』所載書簡等一覧」を参照。

(30)『江戸名所図会』巻之一には、伊勢町の米河岸と塩河岸を描いた図が収められている（『日本名所風俗図会4　江戸の巻Ⅱ』〈角川書店、一九八〇年〉二四頁）。

(31) なお、これらのうち、金木市正が教祖喜之に願って与えられたという金毘羅大権現の像を収めた厨子は、近年、熱田の如来教本部（御本元）へ納められたという。

(32) 筆者は先年、故青地彌一郎氏のご教示で同墓地を訪れ、青地家歴代の墓石群と助高屋高助の墓石の存在を確認することができた。

(33)『清宮秋叟覚書』の046節には、「川越出のおきく、夫竹沢屋伊助同道にて、慈尊へ御礼の為登られ、其儘近隣に家を求め、おきくさハ、御宅ニ詰切と言たやうな事にて、慈尊にもこよなきものと思召たらん。故に、『是ハわしが娘でや』と御信認が厚き思召にて、『此跡を遣《つかわ》せ度《たい》』との御深意、御本元の向三軒両隣へ御連立《つれだち》、『これハわしが娘でや。何分頼む』と披露ニあるかれしと聞伝《ききつたう》」とある。

(34) なお、文政五年十二月二十日の篇（M二三八）には、金木市正が江戸の講中のために金毘羅の像を作ることを願い出て、金毘羅から、「釈迦の八千八度の済度」に同行したさいの姿について説明を受けた様子が記されている（前掲註(31)を参照）。また翌六年（一八二三）元旦の篇（M二三九）には、市正が出家を求められた場合について尋ねられた金毘羅が、その求めに応じればよいと答えるとともに、その場合の市正の戒名を「りやうぜんいん」（悉悔院）とする旨を述べたことも記されている。

(35)『三宅島流人帳控』は池田信道著『三宅島流刑史』（小金井新聞社、一九七八年）に収められている。当該記事は同書、五四二～五四三頁。

(36) 同論文は、林淳『近世陰陽道の研究』（吉川弘文館、二〇〇五年）に収載。

(37)『お経様』諸篇の文脈に「代受苦」という観念が顕著に認められることについては、浅野美和子「如来教救済思想の特質」（『日本史研究』第二七四号、一九八五年）以来の、浅野の諸論考に詳しい。

(38)『十王讃歎修善鈔図絵』は文化九年（一八一二）の『お経様』（M五九、M六二）で言及されている『十王記』（『十王讃歎抄』）の類本の一つで、本文の引用は、大八木興文堂から一九六〇年に翻刻・刊行された活字本によっている。なお、末尾の「跋」によると、その翻刻文の底本は、「天台沙門隆堯法印の撰」にかかるテキスト（永享五＝一四三三年成立）を、「龍谷釋徹外」という人物が、嘉永三年（一八五〇）、添削・付注したものだという。なおまた、国立国会図書館の古典籍資料室には享保元年（一七一六）に京都で板行された『十王讃歎修善鈔図絵』（二巻）が所蔵されており、同書の開板が十八世紀前半に遡れることは確実である。

(39) 水谷盛光「媹姾如来きの覚書―隠れ農民宗教の起源について―」（名古屋郷土文化会編『郷土文化』通巻第一一六号、一九七六年）による。

(40) 『お経様』（M二五三）のほか、水谷前掲註(39)および「信仰に生る」（神田・浅野編『如来教・一尊教団関係史料集成』第一巻に収載）による。

(41) 水谷前掲註(39)論文のほか、『清宮秋叟覚書』の046節による。

(42) 前掲註(17)『金明録』の文政二年九月の条に、「三日、久屋全泉庵に金比羅社建立成就に付、今夜遷宮」とあり、また保寂堂楳渚『金鱗九十九廼塵　巻第二十六』（『名古屋叢書　第七巻　地理編3』所収、同書一四～一五頁）には、全泉庵は文政年間に瑠璃光寺と名称変更されたことが記されている。それらの詳細については、神田秀雄『如来教の思想と信仰』（天理大学おやさと研究所、一九九〇年）の三〇三～三〇四頁を参照。

(43) 教団史料はほぼ一致して一夢が巨富を蓄えたことを強調しているが、それは延米商いの成果だと考えられる。しかし『清宮秋叟覚書』に、明治維新直後の御本元は極端に衰微した状態にあったと記されていることや、新規寺院の建立が制度上困難だった当時の事情を考慮すれば、一夢による安政期の堂宇建立はかなり小規模なものだったと考えられる。

(44) 『ある時、一夢の御はなし』『如々院一夢法師茶話』『金毘羅様御辞』の三篇の述作が知られている（ともに前掲註(1)『史料集成』第四巻に収載）。

(45) 『清宮秋叟覚書』の062節には、小寺一夢の次男善蔵（後の大拙）は、一八七六年（明治九）、名古屋西郊児玉村（現、名古屋市西区名西）の三宝山観音寺（曹洞宗）の無関和尚のもとで出家得度したと記されている。なお、同寺のご住職によると、無関は風外本高の高弟の一人だったという。

(46) 水谷前掲註(39)論文を参照。

(47) それらの事実については、『清宮秋叟覚書』の056節と058節に記事がある。

(48) 水谷盛光「媹姾如来きの覚書（補遺）」（名古屋郷土文化会編『郷土文化』通巻第一二二号、一九七八年）を参照。
(49) 前掲註(11)『新修　名古屋市史　第四巻』の岸野俊彦執筆部分を参照。
(50) 『如来教団由緒及沿革概要』の「第二章　伝灯捧持者及功労者」の「第二節　本教功労者一夢法師」には、「文久三年八月六十八才ヲ以テ没シタリ」とあるが、正しい没年は、「一夢塔」に記されているように文久二年（六十六歳）のようである。
(51) 『清宮秋叟覚書』046節、050節等による。
(52) 『清宮秋叟覚書』052節による。
(53) 『清宮秋叟覚書』053節、054節による。
(54) 清宮秋叟が校閲したとみられる『教団ノ由緒及沿革概要』（第一章第1節参照）には、「花園院」は「阿波徳島藩主蜂須賀侯ノ伯母」だとの記事があるが、後述するように、家斉の二十二男斉裕はたしかに阿波蜂須賀家の養子となっている。しかし、斉裕の伯母に当たる人物で蜂須賀家出身の人物の存在は確認できていない。また、同史料の改訂版に相当する『如来教ノ由緒及沿革概要』には、「阿波徳島藩主蜂須賀侯ノ伯母」云々の記事は見られない。なお、畑尚子『徳川政権下の奥女中』（岩波書店、二〇〇九年）によると、「上臈御年寄」と「御年寄」の源氏名は複数代にわたって使われることがままあったが、十一代将軍家斉の「上臈御年寄」に二代目の「花園」がいたという（同書、一六三頁）。
(55) 『如来教団由緒及沿革概要』の冒頭に大奥からの奉納物の写真がいくつも掲げられていることのほか、後年には徳島に如来教の末庵である「今日庵」が建立されていることも、実際にこのような「大奥布教」が行われていたことを裏づける事実だと言える。
(56) 畑尚子前掲註(54)書の「第二章　奥向と表向」のうち「第一節　儀礼における奥向の役割」等を参照。

終章　民衆宗教・新宗教の「祖型」としての如来教

本書の本論（第一章～第六章）では、生誕から入滅にいたる如来教教祖の生涯とその在世時代における宗教思想の形成・展開の様相、および同時代から幕末期にかけての信者集団の動向を、基本的には編年順に追跡・叙述してきた。筆者が本論をそのように書き進めてきたのは、如来教の教団史料は他に類例がない膨大さと精密さを備えているため、それらを追跡すれば、そこから教祖在世時代における人々の生き様を克明に読み出すことができる、と考えたからにほかならない。

本来、どのような対象を研究するにせよ、あらかじめ明確な方法を確立し、しかるべき見通しをもって対象の分析に向かうべきだろう。たしかに本書の序章でも、トータルな如来教像を再構成するための一応の見通しを立ててはいるが、それらはかなり最近になって筆者が到達したものにすぎない。如来教を研究対象にしはじめて以来、筆者はむしろ、教団史料からは何が読み取れるのかに関心を集中させ、そこから掘り起こしうる事実の積み上げに努めてきた。そのことが筆者の視野を狭くしたことは間違いないだろうが、他方で筆者は、事実の読み出しを積み上げてきたからこそ語りうることもあると考えている。そこでこの終章では、如来教の全体像はどのようなものとして受けとめうるのか、その歴史的位置づけを含めて、あらためて筆者の見解をまとめておきたい。

一　人々の生涯を導く筋道ないしは人々が生きた証としての宗教思想

とくに第二章以降、宗教思想の具体的な内容に何度も言及してきたにもかかわらず、本論で筆者は、何をもって民衆宗教や新宗教の宗教思想だと理解するのか、明確な見解を掲げてこなかった。もちろん筆者は、それは教祖個人の思想として捉えられるものでないと考えており、そのことは、如来教の宗教思想は「日待空間」における教祖と信者との応答から生み出されるものだとした第二章「『日待空間』の形成と展開」の議論からも了解されよう。しかし序章でもふれたように、如来教の宗教思想に即して言えば、その内容には、教祖の原体験的な経験に深く根ざしている部分や、教祖の側から語り出されている性格が強い部分も含まれている。実は第二章のような宗教思想の捉え方は、『史料集成』第一巻の編纂過程で筆者が辿り着いた捉え方なのだが、その後筆者は、そうした捉え方のみでは、教祖から語り出されている性格の強い部分の分析が不十分になると考えるようになった。そこで本書では、第三章「如来教の組織的展開と中核的教説」をほぼ新稿の形で書き加え、教祖側から発信された内容を明確化することに努めた。その一方、第四章「応答を直接的契機とする宗教思想の形成と展開」は、信者側の動向に関する新たな分析を書き加えつつ、複数の既発表論考を大幅に改稿して再構成し、並行させた。その結果、本書の中心的な章である第三章と第四章の叙述内容は、やや統一性を欠く印象を与えるかもしれない。しかし、この終章をまとめるに当たって筆者は、本節の表題に掲げた「人々の生涯を導く筋道ないしは人々が生きた証」として捉えることが、実は如来教の、延いては民衆宗教・新宗教における宗教思想の捉え方として、もっとも適切ではないか、と考えるようになった。そこで、そのような考えにいたった経緯を、ここで可能なかぎり詳細に説明しておこう。

近年、「宗教」という概念は近代化の過程で歴史的に成立したものであり、近世から近代にかけての宗教事象について無自覚に「宗教」の用語を使用して分析しても有効性はない、という議論が目立っている。最近の例として、たとえば桂島宣弘氏は、磯前順一氏らの一連の研究に言及しつつ、「宗教概念の定着とは、前近代までの〈宗教活動〉が取り扱ってきたかなりの領域について、それをはぎ取りつつ、（既に近代主権国家内の存在となっていた西洋のキリスト教の『Religion』を参照系としながら）信仰に依拠する限定的活動のみを宗教とする社会意識が、次第に浸透していった過程だったということである」と述べ[1]、在来の〈宗教活動〉が取り扱ってきた領域として、「外交」「軍事」「裁判」「教育」「医療」「役場」「商業都市」「娯楽」「福祉」「アジール」「葬祭」等を挙げている。

「宗教」概念に関するそのような捉え方には、用語の無自覚な使用を反省させられる面が大きいが、筆者にも基本的に異論はない。そして、そのような議論からも確認できるのは、民衆宗教ないし新宗教は、本来、内面的な信念体系（Belief）としてのみ宗教思想を形成してきたわけではなく、あくまで人々が抱える諸問題の具体的な解決を希求し、実践（Practice）と一体化された信念体系の構築と発動をこそ目指していたということである。その意味で民衆宗教や新宗教は、まさに桂島の言う〈宗教活動〉だったと言えよう。とはいえ、民衆宗教や新宗教の各宗派は、それぞれが成立した時代における権力の強制や社会秩序に規定されつつ存在した――ということは、民衆宗教や新宗教の存在そのものが、権力や社会秩序との応答・抗争だったということでもある――のだが、そうした民衆宗教や新宗教の宗教思想を論じるに当たっては、当該の宗教集団が果たそうとしていた目標（課題意識）の全体像をこそ、何よりも優先して明らかにすべきではないだろうか。

本書の本論では、およそ右のような立場に立って、（主に教祖在世時代における）宗教思想と信者集団の活動の内容を論じてきた。それらの内容はきわめて多岐にわたるが、当時の如来教を何より特徴づけているのはおよそ次の二点だというのが、この終章執筆の時点で筆者が到達した理解である。すなわちその一つは、個々の信者に（縁者や自身の死のような）不条理を受け入れさせ、それを乗り越える途を見出させようとしていた思想ないし活動だという点であり、またもう一つは、そうした目的に向けて、至高神如来の意思（ノモス＝規範秩序）のもとに諸神仏や生きとし生けるものが活動しているという物語（グランド・ストーリー）を開示し、共有し続けた思想ないし活動だという点にほかならない。そこでその二点について、さらに詳しく説明しておこう。

すでに序章でもふれたように、安丸良夫氏が「通俗道徳」の実践という尺度を設定して民衆宗教の宗教思想を分析しようとしたのは、現世における世俗的な行動（所行）の真摯な励行が救済（解放）につながる、という見通しをもつ宗教的実践事例を掘り起こそうとしたからだと受けとめてよいだろう。しかし、島薗進氏が「新宗教における倫理的主体性の促しと呪術的なものとの共存」をどう解釈すればよいのかと問題を提起したように（同じく序章参照）、民衆宗教や新宗教においては、人間中心的な思想傾向によって呪術否定を徹底させようとした宗派はそれほど多くない。ほかならぬ如来教もそうした宗派とは正反対とも言える宗派なのであり、そのことは、救済を得るための筋道として、《確立期》以降の『お経様』で強調されていったのが、「三界万霊」の救済を如来に祈願するという、むしろ神秘主義的性格の強い所行だったことからも明らかであろう。とはいえ、世俗的な合理性からはかなり遠いとしても、如来教教祖の口から説かれたさまざまな物語は、決して脈絡のないバラバラな話だったのではなく、むしろ世界の〝真相〟（成り立ち）を開示し、その〝真相〟に向かって人々の行動を喚起するものだった。したがって、そうした固有の合理性をもっていたのが当時の如来教だとするべきなのであり、その事実を離れて如来教の歴史的評価はありえないと言えよう。

ところで、既述のように島薗氏は、十九世紀から二十世紀にかけての民衆宗教ないし新宗教の動向について、救済神信仰から精霊信仰へという変遷の大筋があることを指摘している。そして、そうした大筋の実在を承認できるとすれば、如来教はさしあたりその両者の性格を兼ね備えた宗派だとみるべきだろう。同教の特徴を語るうえで、その両側面はともに重要だからである。しかし、如来教に続いて十九世紀に開教した他宗派との関連性や共通性という視角から見るかぎり、救済神信仰の側面をより重視すべきだ、というのが本書で到達した筆者の理解である。

第三章で確認したように、《確立期》以降の「日待」の場（＝如来教の言説空間）では、ひとりひとりの信者は一貫して「ノモス（規範秩序）」への定位（＝如来への回心）を迫られたのであり、そのことは、きわめて強力な救済神信仰として如来教が成立・展開したことを物語っている。しかも、そうした同教の特徴は、たとえば天理教教祖の『おふでさき』に、「このはなし　なにを月日（親神）が　ゆうたとて／どんな事でも　そむきなきやふ」（第一五号26）、「けふの日ハ　をや（親＝親神）が何ごと　ゆうたとて／どんな事でも　そむきなきよふ」（第一六号78）とあるように、すぐ後に続いた天理教にも確実に受け継がれている。さらに言えば、一八九二年（明治二十五）に開教した大本が強力な救済神信仰の性格をもっていたことも、よく知られている事実である。したがって、強力な救済神のもとで〝強烈な心直し〟が求められるというのは、十九世紀に成立した民衆宗教において相当な普遍性をもつ要素なのであり、同時に特別な重みをもつ要素だったのだと言えよう。如来教が民衆宗教ないし新宗教の「祖型」だというのは、まず何よりもそうした意味からである。

ただし、そのような議論は何らめずらしいものではなく、民衆宗教もまた近代という歴史的潮流の中に生まれた事象であることを語っているにすぎない、との批判がありうるだろう。しかし、そこで筆者があらためて注目しておきたいのが、かつて安丸良夫氏も言及している民衆宗教における説得性という問題である（序章第三節「4　安丸良夫の包括的『民衆宗教』論と本書のスタンス」を参照）。すなわち、如来教の宗教思想ないし宗教活動は、他の宗派のそれと比べて、おそらくもっとも強い「物語」性を備えている。第三章で詳述したように、それぞれに不条理を抱えていた当時の信者たちは、教祖の行動を、そうした「物語」を通じてコスモスの〝真相〟を明かし、不条理の乗り越え方を示そうとしているものと受けとめ、教祖の存在自体に強い説得力を感じ取っていた。そして、そうした説得力を実感するために不可欠だったのが、強力な救済神という表象だったと考えられるのである。

その問題に関連して、如来教の宗教思想には大桑斉氏の言う「応化《おうげ》」の観念(2)、つまり特定の人物をこの世に神仏が受肉して出現したものと受けとめる観念が含まれているという事実に、ここであらためて言及しておこう。先述（第三章～第五章）のとおり、如来教の教説には、教祖喜之は如来が受肉してこの世に現れた姿だ、とする主張が含まれているのだが、もちろんそうした観念は、如来教にのみ突然出現したものではない。徳川家康は阿弥陀仏が現世に現れた姿だとする言説を伴いつつ、徳川将軍権力の始祖神話が形成された（第四章第二節参照）という事実は、「応化」の観念の存在を表す代表的な事例にほかならないし、また、次のような事実も、江戸期の民衆にとって、「応化」の観念がきわめて身近なものだったことを物語っている。すなわち、文化十四年（一八一七）三月の『お経様』（M一七八）には、「春日井郡矢田村に弘法大師の再来有し由をいふて、人々群集をなしけるに依て、御伺ひ」が信者の側から寄せられたという記事があるのだが、如来教信者ではなかったはずの尾張藩士高力種信の『金明録』(3)（同年三月の条）にも、実は同じ話題が取り上げられているのである。

先述のとおり、家業の遂行などに関しては、この時代の人々も世俗的合理性を追求していたはずである。しかし一方で、右の「弘法大師の再来」のような、聖性を帯びているとされ、かつ何らかの現状変更を期待できそうな人物の話題に接すると、人々の関心はそうした対象に惹き付けられる傾向にあったのだと言えよう(4)。そうした民衆意識の存在を前提にすると、如来教の宗教思想が「物語」的な要素をふんだんに含んで形成された経緯はきわめて理解しやすくなる。そして、右のような「応化」の観念が近世の民衆意識の底流にあり、それが宗教思想として発現する蓋然性も低くなかったとすれば、明治維新後の新政府が神道国教化政策の直接的な確立に躓いた後、「三条の教則」を掲げた国民教化政策に転じて「教導職」を創出していった事情も、よく理解できるのではないだろうか。

なお、すでに見てきたように、如来教には、救済神信仰の側面と並んで精霊信仰の側面が顕著に認められ、その両側面からなる同教の成り立ちを適切に捉えることはなかなか困難である。そしてそのむずかしさは、如来教の精霊信仰としての側面が、当時の民衆の霊魂観とそれを更新しようとする教祖の霊魂観とが交錯する中で形成されたことに由来している。すなわち、久米利七をはじめとする複数の信者や講組織が、亡魂一般を恐れる民俗的な霊魂観から出発し、そうした発想枠組みの内部から「三界万霊」の救済を願うとともに、現世の人間の不幸や不都合を、その願いの成就を通じて低減させようとしていたのに対して、教祖喜之は、そうした信者たちの霊魂観を前提としつつも、新たに語り出すグランド・ストーリーの一部として精霊の救済を位置づけようとしていたのである。本書では、両者が交錯していた実態を第四章でかなり詳細に明らかにしてはいるが、その歴史的位置づけはとうてい十分とは言えない。当面可能なかぎり第四章で言及した平田篤胤の国学との共通性と異質性の問題、また十九世紀に生まれた諸宗派一般における精霊信仰の位置の問題については、いずれあらためて論じる機会を得たいと筆者は考えている。さらに付言しておくと、総じて如来教の精霊信仰としての側面は、在世時代の教祖が方向づけようとしたとおりに更新され続けたとは言えず、その側面における同教の固有性は、あまり近代には引き継がれていないように思われる。

民衆宗教の他の宗派や、さらにその後に成立した新宗教の宗教思想と比較すると、如来教の宗教思想はたしかにいくつかの特異性をもっている。しかし、その特異性の由来や背景はおよそ右のように説明できるのであり、また同時に、一見、如来教の固有性のように見える側面も、実は他の宗派にも何分かは共有されているものだと見る方が、むしろ事実に即していると思われる。そこで、本節の最後に次のことがらを特筆しておこう。それは、よく知られている天理教や金光教をはじめ、多くの他宗派の宗教思想においても、信者たちを救済に導くために、「物語」は程度の差こそあれ語られていたということと、それらの宗教思想もまた「呪術否定とは言えない」側面をもつとともに、そうした側面はそれぞれに固有の合理性を備えていた、ということである。そして、およそそのような事実を確認できるとすれば、民衆宗教や新宗教の宗教思想とは、人々の生涯を導く筋道として、それぞれの教祖や信者集団によって生み出され、また人々が生きた証として今日に伝えられている思想だと理解すべきではないだろうか。如来教が民衆宗教や新宗教の祖型に相当する宗教だというのは、まさにそうした意味からにほかならない。

かつて民衆思想史研究がはじめられた当時、民衆宗教は分析対象に採り上げられはしたものの、その宗教思想はやはり経験科学的な尺度から評価されがちだった。今日、その経験科学に行き詰まりが顕著だとしても、民衆宗教や新宗教が歴史的に切り開いてきた人の生きるべき筋道をそのまま現代人が摂取することは容易でないだろう。しかしわれわれは、民衆宗教や新宗教には、時代を生きるための筋道を切り開いてきた実績があることをよく記憶しておくべきであり、人間とは本来、そうした筋道を切り開く力量をもつ存在であることを、その記憶から学び続けるべきではないだろうか。

二　如来教の指導者・支援者・組織原理が抱える特異性と普遍性

前節では、民衆宗教・新宗教の宗教思想とは何をもってそう呼ぶべきかを含めて、宗教思想の視角から、新たな如来教像に関する筆者の見解を掲げてみた。そこで本節では、近代における如来教の展開を視野に入れながら、主に教祖以外の指導者や支援者らの歴史的性格と組織的特徴の側面から、如来教の特異性と普遍性に関する筆者の見解をまとめておこう。ただし、近世期までの分析に重点を置く本書では、明治維新以降の如来教史を、独立の章を立てて追跡することはできない。しかし、大正期以降については、すでに序章でかなりふれてもいる。そこでここでは、小寺大拙という指導者の事績を中心に、まずは明治期に関する史実を編年的に追跡してその意義を論じる。次いで、大正・昭和期の如来教については、およそ次のような史実とその意義を明らかにする。すなわち、当該期の如来教には、国家・社会の動向に応じて教団の近代化を進めるのか、僧尼の霊能やそれに期待を寄せる信徒らの活力に依拠して教団組織の維持・拡大再生産を目指すのか、という路線上の相克が存在していた、またそのさい、一方の路線は女性霊能者が提起したと言えるのだが、その事実は、教祖喜之の入滅後も霊能者的な女性の役割が継承されていた事情を象徴的に表している、などがその主な内容である。そして本節の最後には、近代の如来教を特徴づける出家主義の由来とその意味に分析を加え、如来教、延いては民衆宗教・新宗教一般が抱える今日的な問題に論及することで、如来教という宗教の全貌に迫ってみたい。

なお本節では、紙幅と行論上の便宜を考慮して、神田秀雄「如来教百九十年史序説」[5]、同「如来教における近代教団の形成」[6]、同「原田清泉尼伝の探究から試みる如来教像の再構成」[7]の三論考のほか、神田・浅野篇『史料集成』第四巻別冊（その2）に掲げた「Ⅲ-1. 如来教・一尊教団関係略年表」の記事をも参照しつつ、最近までの重要事項を表8にまとめ、そこに掲げた「事項番号」を挙げながら近代如来教史の要点を論じることにする。そのさい、表8の「教史事項」欄は、主に『清宮秋叟覚書』（第六章第二節を参照）と『御恩師清泉御庵主様御伝記並ニ監正院様御教示』（序章第一節を参照）の分析結果に依拠しており、各事項の典拠はすべて〈 〉内に掲げている（表8の「教史事項」欄で使用している典拠の英字略号については同表末尾の説明註を参照）。

表8　近代如来教史上の主なできごと

西暦	和暦	教　史　事　項	事項番号
1873	明治6	「御本元」は門を売り払うまでに衰微していたが，小寺一夢の次男善蔵(後の小寺大拙。1838〜1913)は，信者組織を立て直すべく，四散した信者の家を廻り「御日待」を勤めていた〈SM061〉。	1
1876	明治9	愛知郡児玉村(現，名古屋市西区名西)の曹洞宗三宝山観音寺の無関和尚に入門していた小寺善蔵は，この年，39歳で出家し，その後，無関のもとで得度，大拙と号し，無明を名乗った。同時に如来教の流布に生涯をかけることを決意したという〈SM062〉。	2
1881	明治14	江戸・東京方面の信者たちと御本元との交流は，弘化年間の金木市正の三宅島遠島以来長く途絶えていたが，この年，武州大宮宿の青年信者が，地元の篤信者たちの要請を受けて「御本元」を訪問したことを機に，約30年ぶりに再開した〈SM075〉。	3
1882	明治15	この年小寺大拙は，前年，大宮宿の青年が「御本元」を訪問したことを機に上京，神田小川町の乾物商金子佐兵衛(士族出身で病気を救われて入信した人物。後には大道を名乗った)と親交を結ぶ。金子はその直後ごろ，家を売り払い，小石川丸山新町(現，文京区白山)に畑を買って小屋を建て，「東光庵」と称した(無認可)〈SM063〉。	4
1884	明治17	御本元庵主の後継者選定をめぐって小寺一族に紛議が生じ，小寺大拙は「御本元」を追われ，東京の金子大道を再訪，「東光庵」を根拠地とした。そのことが江戸時代以来の信者を含む東京や関東一帯の信者らを結束するきっかけとなった〈以上，SM063〉。	5
1885	明治18	このころ，小寺大拙は，金子大道とともに，伊勢，大和，播磨，備前，阿波，伊予を行脚し，旧岡山藩主池田家の一族数名の病気を平癒させる(渡辺菊の大奥布教で縁を得た人々の再度の掘り起こしか？)〈「大正元年8月妙花・拙布宛て小寺大拙書簡」〉。後年，岡山県児島郡に八浜庵，徳島常三島に今日庵が建立されたが，現在は閉庵。	6
1888	明治20	このころ，東京から名古屋へ戻った大拙は対立していた一派(教祖喜之の元隠居所を根拠地とする「御霊場」派)が放棄した「御本元」に入り，21人の同志とともに如来教再興の決意を固める〈SM066〉。またこのころ，教祖時代からの篤信者柏屋某らの寄付を受けて御本元の本堂改築がなる〈SM068〉。	7
		武州大宮の信者たちが曹洞宗教会分講の設置を埼玉県知事に出願(明治32年に大宮に創建される末庵日明軒の前身か？)〈SM075,『大宮市史　第四巻』〉。	8
1890	明治23	小寺大拙，越前・越後方面へ徒弟を行脚に出し，この年，越前三国に今釈迦堂を創建。以後，篤志家の援助を得て各地に末庵が建立されていく〈以上，SM073〉。	9
1891	明治24	このころ，北海道八雲(旧尾張藩主が主導した開拓地)にも末庵の一つ妙勝庵が創建か？〈SM077〉	10

		東光庵が小石川から巣鴨庚申塚(現，北区西巣鴨)の現在地へ移転〈故清水謙見氏旧蔵「大悲教会移転換御届扣」〉。	11
1894	明治27	翌年にかけての日清戦争中に，御本元で「戦捷祈願座定念仏」を3日間執行〈SM088〉。	12
1897	明治30	小寺大拙，『四部経略語』を編述する〈SM079〉。	13
1899	明治32	小寺大拙，『座禅圓』を編述する〈SM079〉。	14
1901	明治34	眼病により約10年前に入信していた清宮秋叟(後の「一尊教団」の創設者)は，小寺大拙のもとで得度し，その後，東光庵和尚として布教に専念〈清宮秋叟の故弟子栗田尼執筆の秋叟略歴のメモによる〉。	15
		「御口開御百年」(開教百周年)の記念事業として，この年の前後に仏心閣(座禅堂)が造立される。それにともなって，「御本元」の修行者が次第に増加する〈SM074〉。	16
1904	明治37	翌年にかけての日露戦争中，小寺大拙はことのほか戦況を憂苦し，連日のように「戦捷祈願座定念仏」を執行，日本海海戦勝利の報に接すると，落涙して神に感謝したという〈SM088〉。	17
1905	明治38	小寺大拙，日露戦争終結を機に，徒弟5名とともに中部地方以東を行脚する〈SM089〉。	18
1910	明治43	この年の大逆事件に衝撃を受けた小寺大拙は，「大ニ此《日本》国(家)を思ひ」，徒弟七名(尼僧)を随行者とともに全国行脚に出す〈SM093〉。それも布教の大きな契機となる。	19
1912	明治45＝大正元	13歳で母を失い，その後，父との折り合いがうまくいかなかった東京出身の原田正子(当時満20歳。後の江石庵庵主)は，知人からの間接的な紹介がきっかけで如来教に入信・出家する〈SBP.12〉。	20
		原田正子は，平塚の月湘庵，東京の東光庵での参籠を経て，お盆過ぎには熱田の御本元へ単身で参堂し，小寺大拙から「清泉」の安名を受ける〈SBP.13〉。	21
1913	大正2	1月24日，小寺大拙，中根の介安居で没する(76歳。ただし，大拙の死没年月日については，複数の教団史料に，大正元年の9月だとする説も見られる。没年を大正2年とするのは明治天皇の没年と重なるのを憚ったものか？)〈SM116, SM144〉。	22
		原田清泉尼は，徒弟らしからぬ行動が周囲から受け入れられず，自殺未遂事件を起こし，「在堂に適さず」として平塚の月湘庵に帰される〈SBP.11～18〉。	23
1914	大正3	8月，平塚の月湘庵に在庵中の原田清泉尼は，同庵信徒惣代の家で憑霊状態となり，亡母「監正院」の霊が降下するようになる〈SBP.18～22〉。同尼の憑霊は，やがて御本元からも，小寺大拙の霊の意思を伝えているものと認められる〈SBP.129～130〉。	24
		9月，原田清泉尼は，御本元の空如庵主の支持を背景に，2年ぶりに御本元へ参堂する〈SBP.27～28〉。しかし，同輩・先輩の修行者のみならず教団幹部にも，言動に間違いがあれば遠慮会釈ない批判を浴び	25

西暦	和暦	教　史　事　項	事項番号
		せかけて協調せず，嫌がられる〈SBP.28～32〉。	
1915	大正 4	原田清泉尼は，日頃，修行仲間と容易に協調しない一方，空如庵主の特別扱いを受けていると見られて，多くの修行者から強い反発を受けていたが，春の摂心会のある日，空如庵主は，僧尼が一堂に会して朝食をとっている前で清泉尼を打擲し，清泉尼ともども修行者一同に三拝して謝罪の意を表する〈SBP.32～33〉。	26
1923	大正12	関東大震災の災厄を免れた東光庵では，9月1日以降，被災者を多数収容して援護する〈故清水諫見氏の証言による〉。	27
		平塚の月湘庵でも被災者の支援が行われ，当時，月湘庵を訪れた原田清泉尼は，震災で一時的に平塚に避難していた女学校時代の友人と再会する。そのきょうだい4人が如来教に入信・出家したが，その1人が戦後の1960年代に御本元の和尚となる安部富五郎(法名富石)で，祖父は糖商として名をはせた実業家安部幸兵衛(「安部幸商店」の創業者)だという。安部富五郎とその弟が原田清泉尼の弟子となったため，後には清泉尼の江石庵や御本元にとって，安部家は有力な支援者となった〈以上，信者の方の証言による〉。	28
1924	大正13	この年，御本元で小寺大拙の十三回忌法要が営まれる〈SM137〉。	29
1925	大正14	御本元の空如庵主が遷化し，その遺言によって，原田清泉尼が御本元の後継庵主に指名されるが，その決定手続きに異論が続出する〈SBP.40～43〉。	30
		春の摂心後，教祖遷化百年の法要が2回にわたり勤められる。またその記念行事として，教祖の霊骨を安置する八角堂や御影堂の建築も行われる〈SM137〉。	31
		同年，東光庵和尚の清宮秋叟をはじめとする東京・関東の信徒らは，教団内の改革派として，如来教の教えを広く社会に公表する「開顕」運動を開始する〈故清水諫見氏の証言による〉。	32
		原田清泉尼は，新庵主就任披露の直前に庵主辞任の意思を表明し，その後，小寺大拙の後継者浅野恵大和尚の同意のもと，「三箇年行脚」に出る(東海・関西・九州・四国・中国地方を約1年半行脚して体調を崩し，姫路市の末庵自照庵で養生)〈SBP.43～46〉。なお，御本元の後継庵主問題は，その後約4年間の係争の末，裁判所の裁定によりまったく別の尼僧に決定する〈SBP.46～48〉。	33
1926	大正15＝昭和元	姫路の自照庵に滞在中の原田清泉尼に，御本元の意向を体した清宮秋叟らが破門状を持参する〈SBP.47〉。	34
		同年，清宮秋叟を筆頭とする東京の信徒らは，「第二次宗教法案」に対応して曹洞宗からの独立公認運動を展開する必要を説き，御本元もそれに同意して運動が開始される。清宮らは如来教の「開顕」運動を並行的に推進〈以上，故清水諫見氏の証言による〉。	35

		その後，御本元の恵大和尚は破門状を撤回し，原田清泉尼を当時大阪に創建されていた江石庵の新庵主に就任させる〈SBP.47〉。	36
1927	昭和 2	清宮秋叟の依頼を受けた東京帝国大学助教授石橋智信が，論文「隠れたる日本のメシア教」を『宗教研究』誌上に発表し，学界にはじめて本格的に如来教を紹介する〈『宗教研究』新第 4 巻 4～5 号〉。	37
1928	昭和 3	東京の東光庵内に「如来教研究会」が組織され，同会から教内誌『このたひ』が刊行される〈清水諫見氏ほか旧蔵の教内誌『このたひ』による〉。	38
		『このたひ』第 5 号(同年 6 月 6 日発行)所載の「御本元及草庵所在表」などから，当時の如来教には，本部にあたる熱田の青大悲寺(御本元)を含め，合計 66 か所の寺院があったことが知られる。	39
		「第二次宗教法案」が帝国議会で廃案となったことを機に，如来教主流の独立公認運動に対する熱意は低下し，御本元が頒布を差し止めたことから，その後，『このたひ』の刊行は第 9 号までで停頓し，それ以降，如来教「開顕」運動も次第に終息する〈清水諫見氏ほか旧蔵の教内誌『このたひ』による〉。	40
1929	昭和 4	清宮秋叟は，東光庵を事務所として，大悲教会維持財団を設立し，一尊如来教(後の一尊教団)を創設する。その後，秋叟派は，金沢に如来庵，東京中野に慈尊庵，岐阜県中津川に真木庵を建立〈以上については，清宮秋叟の弟子故栗田善如尼が残された秋叟の略歴メモによる〉。	41
1936	昭和11	御本元惣代数名は，御本元と一尊如来教との関係は権力闘争にすぎないと批判し，御本元当局者に辞任を迫るも，逆に御本元側は，原田清泉尼に近かった御本元惣代 1 名を罷免し，清泉尼をあらためて破門する〈SBP.72～73〉。	42
		その後，原田清泉尼は，組織としても事実上破門された江石庵庵主の立場で戦後を迎える(如来教はこの年以降，事実上，御本元，一尊如来教，清泉派の 3 派に分かれ，御本元と清泉派は 1961 年に再度合同する)〈SBP.72～73〉。	43
1940	昭和15	清宮秋叟，この年施行の宗教団体法に基づいて宗教結社一尊如来教団を届け出る〈上掲，故栗田善如尼のメモによる〉。	44
1941	昭和16	前年の宗教団体法の施行に対応し，御本元は宗教結社如来教を届け出て，曹洞宗から独立〈昭和 17 年 4 月 12 日付『中外日報』の記事による〉。	45
		清宮秋叟，金沢市の如来庵で没する(満 78 歳)〈上掲，故栗田善如尼のメモによる〉。	46
		名古屋市熱田区の宗教結社菩提堂(宗教結社如来教の下部組織)の主宰者加藤大与ほか 4 名が，愛知県特高課によって治安維持法第七条違反容疑で検挙される。同年 11 月，治安維持法違反は起訴猶予となるが，加藤だけは「不敬罪」で起訴され，12 月，懲役 10 か月の判決を受けて服役〈以上については，『特高月報』昭和 18 年 7 月分による〉。	47

西暦	和暦	教　史　事　項	事項番号
1942	昭和17	宗教結社如来教(御本元)は，宗教団体法の下で，法的な保護を受けられる「単立教会」としての認可を文部省に申請〈同年4月12日付『中外日報』の記事による〉。その申請準備の過程で『如来教団由緒及沿革概要』ほかの申請書類が作成・編纂される。	48
1943	昭和18	5月30日：東京で如来教教学院の開校式が挙行される(宗教団体法の規定に対応)〈「如来教教学院開校式次第」による〉。	49
		6月3日：御本元の納所役2名が「治安維持法違反」容疑で検挙され，同日，御本元は家宅捜索を受ける〈『特高月報』昭和18年7月分による〉。	50
		如来教および一尊教団の本部と末庵などで，『お経様』の原本および写本が特高警察の手で押収される(清泉派の江石庵は押収を免れる)〈教団関係者の証言による〉。	51
1946	昭和21	2月：宗教法人令のもとで，如来宗が宗教法人登記される〈文化庁編『文部大臣所轄教団一覧(下)』(1975年)による〉。	52
		5月：宗教法人令のもとで，一尊教団が宗教法人登記される〈文化庁編『文部大臣所轄教団一覧(下)』(1975年)による〉。	53
1952	昭和27	6月：宗教法人法のもとで，如来宗が宗教法人登記される〈文化庁編『文部大臣所轄教団一覧(下)』(1975年)による〉。	54
1953	昭和28	4月：宗教法人法のもとで，一尊教団が宗教法人登記される〈文化庁編『文部大臣所轄教団一覧(下)』(1975年)による〉。	55
1961	昭和36	6.18：御本元と大阪の江石庵，25年にわたる対立を解消して「合同」する〈SBP.101～103〉。	56
1962	昭和37	7月14日：脳溢血のため，原田清泉尼が満71歳で他界する(〈SBP.103〉による)。	57
		11月：如来宗は如来教と改称〈『新宗教事典』(弘文堂，1990年)による〉。	58
1975	昭和50	御本元で教祖百五十年忌が営まれる〈『御本元様ご沿革史(案内記抄)』(登和山青大悲寺，1976年)による〉。	59
1983	昭和58	【両教団の教勢】〈文化庁編『宗教年鑑』昭和59年版による〉 •如 来 教：寺院68(内，法人66)，教師68，信者33,204 •一尊教団：教会3(内，法人3)，教師1，信者1,900	60
2016	平成27	【両教団の教勢】〈文化庁編『宗教年鑑』平成28年版による〉 •如 来 教：寺院33，布教所1，教師10，信者3,074 •一尊教団：教会3，教師(報告なし)，信者(報告なし)	61

※「教史事項」欄の各記事末尾の括弧書きは典拠を表す。『清宮秋叟覚書』の第061節は〈SM061〉と略記した。『御恩師清泉御庵主様御伝記並ニ監正院様御教示』の78頁は〈SBP.78〉と略記した。

1　小寺大拙の事績を中心とする明治期における如来教

維新の政変を経た明治初年の如来教は、尾張藩士をはじめとする多くの信者たちが四散し、極端に衰微した状況から出発した（表8の事項番号1。以下「事項1」のように略記する）。前章でふれたように、教祖入滅後の近世期における名古屋一帯の如来教では、延米商いで成功した小寺一夢がその合法化に尽力したが、その一夢の次男善蔵《ぜんぞう》（後の小寺大拙《だいせつ》。一八三八〜一九一三）は、維新後に名古屋西郊児玉村（現、名古屋市西区名西）三宝山観音寺の無関《むかん》和尚（三河国飯盛山香積寺《はんせいざんこうじゃくじ》の高僧風外本高《ふうがいほんこう》の高弟と伝えられる）に入門し、曹洞禅の修行を重ねていた。やがて一八七六年（明治九）、善蔵は三十九歳で出家・得度して日観《にっかん》大拙と号し、無明《むみょう》を名乗って如来教の布教に生涯をかける決意を固めたという（以上、事項2）。

先述のとおり、金木市正が伊豆の三宅島へ遠島処分となった弘化三年（一八四六）以降の如来教では、名古屋・尾張一帯の信者集団と江戸・関東の信者集団との相互関係はしだいに希薄になり、その後およそ三〇年以上にわたって両者の交流が途絶えていた（第六章第二節参照）。しかし、一八八一年（明治十四）、武州大宮宿の一青年信者が地元の篤信者らの依頼を請けて御本元を訪問したことを機に、両地域間の交流が再開された（以上、事項3）。そしてその交流再開を機として、翌一八八二年に小寺大拙は上京し、当時、病気をたすけられて入信していた士族金子佐兵衛（大道）と子弟の約束を結んだが、当時、金子は、小石川丸山新町に小屋を建てて「東光庵」と称していた（事項4）。

一八八四年（明治十七）、大拙が御本元の後継庵主に就かせようとした丹道《たんどう》という女性の出自をめぐって小寺氏一族に紛議が起こり、大拙は御本元を追われて徒歩で再度上京し、金子の東光庵にしばらく寄留した。しかしそのことは、関東一円の信者集団の結束と活動の活発化を促した（以上、事項5）。なお、翌一八八五年ごろ、大拙は金子とともに関西、中国、四国地方を行脚したが、その伝道の対象には、嘉永期以降、渡辺菊（金木市正没後の関東における指導者の一人）による大奥布教で信者となった岡山池田家や阿波蜂須賀家の旧藩主一族ないし旧家臣らも含まれていたようである（事項6）。すなわち大拙は、幕末期までに父一夢が縁を結んだ尾張藩関係者や尾張一帯の名望家に加えて、渡辺菊が取り結んでいた縁故をも最大限に活用しつつ、新たな布教の展開を模索していたのである。

かつて、教祖喜之が晩年を過ごした名古屋近郊御器所村の隠居所は、教祖入滅後、その遺言によって江戸出身の篤信者石橋栄蔵家（尾張藩御用達の米穀商）に遺贈され、「御霊場《ごれいじょう》」と呼ばれていたが、一八八五年前後には、小寺大拙の兄省斎《しょうさい》の子息たちが石橋栄蔵の弟知空《ちくう》と結んでその御霊場を拠点としていた(8)。一八八七年（明治二十）ごろ、東京から名古屋へ戻った大拙は、その甥たちが御本元を手放して分離派（御霊場派）を形成したことを契機に、若干の同志らとともに御本元へ入り、如来教の教勢再興を期す道場を作ったという(9)。またこのころ、教祖在世時代からの篤信者らの寄付を受けて御本元の本堂が改築された（以上、事項7）。

総じて、維新以降この時期までの如来教では、安政年間に小寺一夢が獲得した熱田の白鳥山法持寺の出張所鉄地蔵堂という名目は維持していたものの、まだ新たな展開の見通しはほとんど立っていなかった。そのゆえか、一八七二年（明治五）以降の文明開化期ないし国民教化政策期に天理教や丸山教などがこうむったような、「反文明」的な活動を理由とした権力の統制は、如来教の場合あまり具体的には記録されていない。また、一八七六年（明治九）には神道黒住派、同修成派の神道事務局からの独立があり、一八八二年（明治十五）には同神宮派、大社派、扶桑派、実行派、大成派、神理派も独立を遂げるという、一連の教派神道創出の政策が内務省により進められたが、禅宗の様式を摂取する方向に踏み出していた如来教では、教派神道の一宗派を目指す選択肢はすでに視野に入っていなかったと考えられる。一八八四年（明治十七）には、国家が任命する教導職が全廃され、教導職は各宗派の責任で任命する管長制度が採用されたが、そうした新制度のもとで如来教の布教者は、名目上、曹洞宗の傘下にある寺院の僧侶として活動を続けていたから、外見上は既成仏教の僧侶と区別しにくかったと推察することができよう。

一八九〇年（明治二十三）、前年来、越後北魚沼郡川口村西倉《さいぐら》（現、同郡川口町西倉）から弟子二人とともに御本元へ投宿していた素白《そはく》という尼僧（西倉で村持ちの堂を守っていたという）を越後へ送り届けることを契機として、大拙は、御本元の庵主丹道や尼僧空如らを越前、越後方面へ行脚に出したが、その行脚は近代の如来教にとって、各地における末庵建立の端緒をつくる結果となった。すなわち、越前への途次、しばらく福井に逗留した丹道らは、地元の桶職人の妻と風呂屋で知り合ったが、そのことという女性は、子どもがなかったために先祖を祀ってくれる名僧を求めており、併せてその僧侶のために小庵を建立する意志をもっていた。そして同人は、丹道らが越後へ赴いている間に熱田の御本元を訪れ、小寺大拙に草庵建立を願い出ていたという。やがて、丹道らが越後から福井へ戻ったころには大拙も福井へ出張し、地元の反対も強い中、入信した何人かの協力を得て、ことの実家がある三国に如来教の末庵「今釈迦堂」が建立されたという（以上、事項9）。

なおこの当時、越後川口村の西倉でも、子どもが誤って囲炉裏へ落ちて盲目となったことから丹道らに縋って出家した女性や、長病を「五味のお薬」（『お経様』にも言及のある五種類の薬草）でたすけられた主婦がいたことが知られている（『清宮秋叟覚書』の071節による）。

日本の近代国家体制が固められつつあった明治二十年代、末端では個々の国民を支える家の再生産が大きな焦点となり、当時の日本社会には、跡取りを産んで無事に成長させることが女性たちの務めだとする観念が浸透していたと考えられる。この時期の北陸行脚を通じて大拙の徒弟たちがあげた右のような布教の成果は、そうした社会通念との葛藤をつぶさに体験していた女性たちが、その種の苦悩からの救いを如来教に求め、同教がそれに応えたことによってもたらされたと捉えることができよう。なお一八九一年（明治二十四）には、旧尾張藩主が主導した北海道の開拓地旧山越郡八雲町にも末庵の一つとして「妙勝庵」が創建された（事項10）が、それは新天地での生活の支えを如来教に求める人々の出現として注目できよう（現在は閉庵）。また、金子大道が東京小石川に建てていた東光庵が、同じころ、巣鴨庚申塚（現、北区西ヶ原。現在地）へ移転したという事実も、如来教に救いを求める人々の増加を表していると考えられる（以上、事項11）。

一八九七年（明治三十）と一八九九年、小寺大拙は膨大な『お経様』諸篇の主要な筋道を短文に約め、それぞれ『四部経略語』と『座禅圓』というテキストを編纂している（事項13、14）。それは直接には、御本元へ参集する修行者に向けて勤行の様式がしだいに整えられていったことを意味しているが、以来それらのテキストは、教団内で使用され続けて今日にいたっている。また一九〇一年（明治三十四）は「御口開《おくちびらき》御百年」、つまりは教祖喜之の最初の神憑りから百周年に当たり（事項16）、それを記念する活動態勢の整備や建物の増築がそのころに相次いだとみられるから、その時期は、明治維新以来の如来教にとって一大画期だったとすることができよう。『清宮秋叟覚書』には正確な年代が明記されていないが、前後の記事内容を考慮すると、小寺大拙の後継者となった浅野恵《え》大《だい》（名古屋出身）と清宮秋叟《きよみやしゅうそう》（埼玉県浦和出身で後に東光庵和尚となり、一尊如来教を分離独立させた人物）の「入堂（御本元への専従奉仕）」や京都深草の日蓮宗瑞光寺の門をかたどった御本元の門の再建、仏心閣（座禅堂）の新築、小寺一夢の五十年忌取越執行などが、この時期に行われたと考えられる。

これより先の一八九四年（明治二十七）、九五年の日清戦争に際し、「御本元」では「戦捷祈願座定念仏」を三日間執行した（事項12）が、一九〇四年（明治三十七）、〇五年の日露戦争に際しては、ことのほか戦況を憂苦した大拙が連日のように「戦捷祈願座定念仏」を執行し、日本海海戦勝利の報に接すると涙を流して神に感謝したという（事項

17)。

日露戦争後、新たな布教の展開を期した大拙は、五人の徒弟をともなって東海以東への行脚を行い（事項18）、静岡県清水では、息子が出征していた老夫婦に信仰を勧めたことを機に御利益が顕著に現れて、それがやがて末庵「清水庵」や「一夢庵」（美保）の創建につながっていったという（『清宮秋叟覚書』の090節による）。また、翌年までは続いたらしいそのときの行脚では、一時、東光庵に寄留した大拙のもとへ、一老婆から神奈川県平塚に土地を提供する旨の申し出が寄せられ、「月湘庵」が創建されたという（同じく091節による）。

ところで、石橋智信による最初の如来教紹介論文「隠れたる日本のメシア教」には、一九二七年（昭和二）当時における同教の教職者（修行者）たちについて、まったくの無階級で、「万事に自給自足の簡易生活」が教団内での生活であること、服装も年二回の摂心会のさいに御本元で夏着と冬着の交換が行われること、転任を命じられた者は御本元からそのまま新任地へ趣くのが当然とされていること、などが紹介されている。前後の教団史の流れを考慮すると、修行者たちの生活スタイルがそのようなものとして定着し、各地の末庵に出家した教師（多くは尼僧）が常駐して所属信徒らを導くという如来教の活動態勢は、日露戦争期以降の小寺大拙の晩年に固まったものとみて間違いないと考えられる。

なお、古風な禅修行に傾倒しきっていたかに見える小寺大拙という人物は、先述の日本海海戦勝利への反応にも窺われるように、実は生粋のナショナリストだった。一見、伝統主義的なものに見える禅修行も、彼にとっては、如来への帰依であると同時に天皇制を根幹とする日本の近代国家に対する信頼・恩頼と表裏一体のものだったと解することができよう。あたかも、一九一〇年（明治四十三）、明治天皇の暗殺を企てたとして幸徳秋水ら二六名が逮捕され、一二名が死刑となった大逆事件が起こると、大拙は、事件の発生は仏法や神道が廃ったからであり、「黙するに忍び

〈ず〉」として、徒弟を新たに全国的な行脚に出していった（事項19）。仙台近郊高砂村（現、仙台市宮城野区高砂）の「喜之庵」、石巻（現、石巻市渡波町）の「了々庵」、同じく仙台近郊燕沢（現、仙台市宮城野区燕沢）の「大拙庵」、愛知県岩崎（現、豊橋市岩崎町）の「三石庵」、伊予八幡浜（現、愛媛県八幡浜市）の「天照庵」などは、その当時の行脚の過程で、もしくはその行脚を機としてその後に創建された末庵だという（『清宮秋叟覚書』の093節および095節による）。

2　大正・昭和期における教団体制をめぐる相克——近代化路線と「憑霊デモクラシー」

大正期から第二次世界大戦後にかけての如来教史については、序章ですでにかなり具体的な事実にふれている。そこでここでは、当該期の如来教史は教団の進むべき方向性をめぐって二つの路線が併存・相克していた歴史であると捉えることで、新たに構成する如来教像をより明確なものにしてみたい。すなわちその一つは、禅の伝統は維持しつつも、社会的に近代化が進む現実や宗教をめぐる国策の動向にむしろ積極的に対応して、教団自体の近代化をはかろうとする路線であり、またもう一つは、教祖の神憑りに準じる憑霊によって、故小寺大拙（如来教「中興の祖」）の「霊の意向」を人々に受け容れさせ、御本元や末庵における如来教の活動をその意向にもとづく内容に改革し、そうした教団活動に僧尼や信者たちを自覚的・積極的に関わらせていこうとする路線にほかならない。そのさい、一九七〇年代（如来教研究の本格的展開）以来長く存在が知られてきた前者の路線は、時代の流れに応じた如来教内の近代化路線だとみることが可能だが、最近、その様相がようやく明らかになってきた後者の路線には、いわば「憑霊デモクラシー」[10]とも呼ぶべき、かなり特徴のある内容が含まれていると筆者は考えている。そこでこの項では、大正・昭和期の如来教に原田清泉という尼僧が登場してその「憑霊デモクラシー」の実践を提起したことの歴史的意義をまとめ直し、その議論をさらに、如来教における指導者一般の歴史的性格をめぐる議論につなげてみたい。なお、この項の本文にも前掲表8の「事項番号」を掲げるので、読者には、引き続き表8を参照することと、必要に応じて、序章の「一　如来教研究史の回顧と反省」のうち「2　如来教像再構成の契機としての原田清泉尼伝との出会い」を再読することをお願いしておきたい。

序章に既述のように、東京出身の原田正子（原田清泉《せいせん》。一八九二～一九六二）は、一九二五年（大正十四）、空如前庵主の遺言により、いったんは御本元の後継庵主に指名された。しかし、教内に反対の声が強かったために、結局はその職に就くことができず、昭和初年に就任した大阪の江石庵庵主という立場で太平洋戦争の敗戦を迎え、戦後の一九六二年（昭和三十七）、七十一歳で生涯を閉じた、という人物である。とくに公的に如来教を代表したことはない同尼を、如来教史上の特徴ある指導者の一人として筆者が扱おうとするのは、およそ次のような諸事情があるからにほかならない。

(1)十三歳という思春期に母を失った清泉尼は、次々に後妻を替えて娘の成長に関心を向けなかった父親に強く反発する行動を繰り返し、如来教への入信以前には、自らいくつかの宗教的鍛錬を試みたり、精神病者として扱われたりしたこともあったというが、満二十歳で如来教に入信した当時、同尼にとっての何よりの願いは、父の家での抑圧された生活から脱することだった（序章第一節参照）。

(2)同尼が如来教を知った契機（知人の心配と紹介）には偶然の要素もあるのだが、同尼の入信動機が基本的に一家族内における構成員間の問題だったことは、明治期以降における多くの信者たちの入信動機とも重なっている（本節の前項を参照）。

(3)家庭的な安心への幻想を断ち切るように教団に入った清泉尼にとって、そこでの生活は宗教的な理想を実現するものであるべきだったが、現実にはそこにも人間の欲望や情動が渦巻いていたから、同尼はそうした組織や価値観には安易に同化できず、しばしば教団内で軋轢を引き起こしていた（事項25、26）。

⑷一九一四年（大正三）八月、平塚の月湘庵信徒総代の家で憑霊状態となってからしばらくの間、同尼は、堕地獄状態を表す行動を交えて亡母「監正院」の霊の言葉を語ったり、憑霊から覚めて語ったりした。そのうち、とくに亡母の言葉として語られた発言内容には、夫に対する非難や清泉尼への後援要求のほか、月湘庵の惣代や信徒、夫の家族・知人・兄弟・先妻やその家族らに向けた、如来教信仰（末庵への参詣）への勧誘が含まれていた（以上、事項24および序章註(7)の神田の論考Jを参照）。

⑸月湘庵の惣代や信徒らに向けて清泉尼が強調したのは、庵の許しを得て各家が定期的に僧尼を招いて催す「日待」では、「坊主の選り好み」をしてはならないことと、各庵での法会に振舞う食事は、麦九米一の割合で炊いた「九一の飯」と「茄子のへた」を具にした汁という粗食でなければならないとした、故小寺大拙の「霊の意向」だった（詳細は序章註(7)の神田の論考Jを参照）。

⑹原田清泉尼の伝記史料からは、大正期の信者たちの多くは、個々の家族員やその相互間に生起するさまざまな問題を、教団（具体的には末庵の僧尼ら）が解決してくれることに期待をかけていた様子が読み取れる（同右）。

⑺原田清泉尼が信者らに訴えていたのは、⑹のような人々の期待に教団（末庵）が応えてゆくためには、各家族の全員が如来教（末庵）に帰依して、可能なかぎり奉仕者（出家）を教団へ送り込むシステムの自覚的な維持・再生産が必要だ、ということだった（同右）。

およそ右の⑴〜⑺のような諸事情があったことを考慮すると、大正・昭和期における如来教には、原田清泉尼が提唱していた路線を支持する信者たちが実はかなり多かった、と推察する方が事実に近いと思えてくる。たしかに清泉尼には、右の(3)や事項25に表れているように、教団幹部や先輩・同輩の修行者たちと頻繁に軋轢を起こして嫌われたという経緯があり、空如庵主の遷化後、それゆえに御本元の後継庵主に就任できなかったとも言える。しかし一方では、教団内外の権威にへつらわず、『お経様』に記されている教祖の事績や物語を忠実に実践しようとする側面があったから、そうした言動に接した一般の信者らには、むしろ同尼を支持し、その言動に賛同する者も少なくなかったと考えられる[11]。清泉尼が提唱していた路線を筆者が「憑霊デモクラシー」と呼ぼうとするのは、そうした意味からにほかならない。なお、序章にも記したように、日中戦争直前の一九三六年（昭和十一）、清泉尼は御本元から破門され、以来、同尼が庵主を務める大阪の江石庵も、事実上、組織としても破門されたと考えられる。だが、太平洋戦争後の一九六一年（昭和三十六）、江石庵が御本元と合同するにいたったのは、同庵の庵主として清泉尼がさまざまな実績を積み、関係者から広い支持を得ていたことが何よりの要因になったと受けとめてよいであろう[12]。

ところで、当該期の如来教に関しては、序章にも記したように、かねて次のような諸事実も明らかになっていた。

(8)宗教統制を目的とする法制整備の国策動向とも関わって、一九二六年（昭和元）から二八年と一九四一年（昭和十六）、四二年ごろの二度にわたり、如来教では曹洞宗からの独立・公認運動が展開された。

(9)そのうち、昭和初年の運動は法案の廃案にともなって頓挫した（事項40）が、運動の推進に積極的で、如来教の社会への「開顕」も同時に果たそうとしていた東光庵和尚の清宮秋叟らは、一九二九年（昭和四）、一尊如来教（後の一尊教団）を創設して分離した（事項41）。

(10)一九三九年（昭和十四）の宗教団体法の成立を受けて、その後に御本元が展開した運動では、一九四一年、御本元はまず「宗教結社」を届け出て曹洞宗からの独立を果たした（事項45）。しかし、同年九月、傘下の信者組織の責任者らが「治安維持法違反」容疑で検挙され、うち一名は「不敬罪」を適用されて懲役一〇か月の刑に処せられた（事項47）。

⑾その間、法的な保護対象となる「単立教会」への昇格認可を得ることが次の目標となり、御本元では一九四二年（昭和十七）春、関係当局への申請に踏み切った（事項48）。そして御本元は、翌四三年三月、かつて如来教を学界に紹介した石橋智信をはじめとする多くの縁故者らをも動員した「錬成会」を開催して時局に対する教団の姿勢を示すとともに、宗教団体法が設置を義務づけている教師養成機関として「教学院」を、同年五月三十日に開校させた。しかし、そうした対応にもかかわらず、同年六月三日、御本元の納所役二名が「治安維持法違反」容疑で検挙された。その結果、如来教は結局、「単立教会」を認可されないまま敗戦を迎えたと考えられる。(13)

右の⑻〜⑾に表れているのは、大正・昭和期の如来教には、社会の近代化や国策の方向に敏感に反応し、教団の近代化を果たそうとする路線がもう一方にあったことと、太平洋戦争期には、如来教が特高警察による弾圧をこうむったことである。そのうち、同教の一布教師が「不敬罪」に問われて懲役一〇か月の刑に服した一九四一年の事件では、「我国体を否定し、神宮並に皇室の尊厳を冒瀆すべき教説を流布し」たことが検挙理由だとされ、また御本元の納所役二名が検挙された翌四二年の事件では、「所属布教師中には……『此の魔道世界は地上神の支配する処であり、如来の本願は此の魔道の現世から凡人たる人間を救ふことである』云々と教説し、如来絶対の盲信に基き、神宮並に皇室の尊厳を冒瀆すべき言動を流布し」ている者がいるとの容疑が検挙理由だとされたから、(14)如来教がこうむったこれらの法難は、まさしく近代日本国家による思想弾圧事件として記憶されるべきだと言えよう。しかしここでは、如来教内の近代化路線と「憑霊デモクラシー」路線との併存・相克という視点から、右の⑴〜⑾の事情の全体についてあらためて考察を加えてみよう。

そもそも、清宮秋叟をはじめとする東京・関東の指導者や信者集団が如来教の独立・公認運動や「開顕」運動に熱心だったのは、首都圏在住のそれらの人々が、宗教に関する国策情報に接しやすく、如来教が新時代に自らの主張を貫くためには自己の存在を「開顕」して国家・社会との共存をはかることが重要だ、と強く信じていたからであろう。その一方、昭和初年の段階から、信者たちを含む多くの如来教関係者が独立・公認運動や「開顕」運動にかなり冷淡だったのは、少し極端な言い方をすれば、行政当局や学者をはじめとする近代的な諸制度ないし人材を信頼していなかったからだ、と言えるだろう。そして筆者の理解では、そうした状況のもとで原田清泉尼が多くの如来教関係者（僧尼や信者）に向けて発信したのが、「憑霊デモクラシー」実現の呼びかけだった。すなわち同尼は、近代的な国家機関や社会組織が実現を目指しているような形式民主主義ではなく、御本元および各末庵と如来教信徒の家族が具体的に支える民主主義の実現を呼びかけたのであり、そのために「中興の祖」故小寺大拙の権威を発動させることで、一般信者を含むすべての教団関係者が自覚的な行動に立ち上がるよう訴えたのである。

国家や社会との関わりをつけていくことはどのような宗教にとっても必要であり、宗教教団も社会の変化に応じる宿命を負っていることは間違いないだろう。しかし、清宮秋叟を中心とする一尊如来教（一九二九年に如来教から分派した組織）の人々が、母教団である如来教（今日の宗教法人如来教につながる組織）の関係者と、分離後も事実上の論争を続けたという事情もあって、大正期以降日中戦争前までの如来教では、近代化路線と「憑霊デモクラシー」路線とがおよそ右のように対立していたのみならず、教団本部としての御本元も、国家・社会と関わってゆく筋道を、結局のところ明確にしえていなかった。ところが一九四〇年（昭和十五）、宗教団体法の施行という形で宗教統制法制がはじめて現実に始動したために、御本元も「宗教結社」の届け出をするとともに、法的な保護を受けられる「単立教会」の設立認可を目指すようになった。そしてその認可申請準備中の一九四一年、御本元の傘下組織の代表者が「不敬罪」に問われるという事態になったのである。

この事件における「検挙事由」として先に掲げた記事（『特高月報』同十八年〈一九四三〉七月分）から、特高警察の意図とは別に推察できるのは、第二次大本事件（一九三五年）、ひとのみち事件（一九三六年）、ほんみちの全国一斉検挙（一九三八年）、霊友会への特高警察による弾圧（一九四一年）など、よく知られている事例が相次いで起こっていた昭和十年代にも、如来教では『お経様』が引き続き教師によって日常的に読誦され、また教祖の教説を忠実に語ろうとする布教者がいたことである。一九四一年三月の治安維持法改定をきっかけに決行されたことが明らかなこの如来教弾圧で、(15)戦時体制下の国家権力にとって何より見逃せなかったのは、記紀神話とは異なる神話が語られる可能性が生き続けていたことだったと推察できよう。

如来教の指導者に関する話題に話を戻すと、明治維新以降の如来教では、小寺大拙や清宮秋叟らの男性指導者は、一面で禅という枠組みに自らを位置づけつつも、国家や社会が生み出す近代的な諸価値をほぼ肯定的に受け入れていた。一九四二年（昭和十七）ごろ、「単立教会」の認可申請のために御本元が編纂した『如来教団由緒及沿革概要』では、教祖以外に、そうした男性指導者たちの業績が強調されているのだが、そのことは、教団レベルでは近代国家の価値観が優先されていたことをよく物語っている。そこに特筆されているのは、教祖の側近だった法華行者覚善や、小寺一夢・大拙父子らが果たした役割の大きさなのである。

しかし先述のように、大正・昭和期の如来教で原田清泉尼のような尼僧が活躍していたことを踏まえると、その清泉尼を一貫して支持していた空如庵主をはじめ、御本元の歴代庵主は、やはり教祖以来の女性霊能者としての役割を受け継ごうとしていたと理解すべきだと考えられる。教団の独立認可申請と関わって編纂・印刷された近代史料にはあまり詳しい言及はないが、北陸を行脚した丹道庵主や空如尼（後の空如庵主）も、そうした霊能者的役割を継承しようとしていた尼僧だったとして間違いないだろう。なお、昭和初年に毛筆で書かれたまま伝存していた『清宮秋叟覚書』（神田・浅野編『史料集成』第四巻に収載）の中には、歴代の御本元庵主のみならず、各地の末庵で活躍した尼僧の中にもかなりの霊能力をもつ尼僧がいたことを窺わせる記事が少なからず含まれており、如来教像の再構成にはそうした諸事実をも視野に入れることが不可欠だと考えられる。

3　支援者と出家主義の歴史的性格および如来教の特異性と普遍性

ところで、第六章までに明らかにしてきたように、教祖在世時代から幕末期にかけての如来教は、信者集団の拡大につれて、米穀商など、一部の有力商人の財力に支えられて活動する傾向が強くなっていったという特徴をもっている。ただしそれは、単に有力商人の寄進が多かったというよりも、むしろ当該時代にある程度の財力を蓄えていた人物の中には、自身が抱えた事情や不条理を乗り越えるために、菩提寺の僧侶以外の宗教者に金銭的な援助をしたり、活動拠点としての建物を都合（無償提供や寄進）したりする例が多々あった、という捉え方をすべきだろう。美濃屋善吉が「菊仙院和尚」の晩年を世話したり、教祖喜之の隠居所の建築に尽力したりしたことや、石橋栄蔵家が「恢応禅師」という僧侶の世話や教祖喜之への多額の献金をしたのはまさにそのような例に相当する。そして、江戸の金毘羅社の神職だった金木市正や、同じく江戸で布教した渡辺菊も、信者たちからほぼ同様な扱いを受けていたと考えて間違いないだろう。

しかし如来教の場合、有力支援者の経済力によって教団財政が支えられているという特徴は、近代になって禅宗（曹洞宗）の信仰様式が大幅に摂り入れられ、各末庵の運営が庵主（尼僧）に担われるようになったことで、さらに顕著なものになっていった。代表的な事例を挙げておくと、一九二三年（大正十二）の関東大震災以降、原田清泉尼に縁の深い神奈川県平塚の月湘庵の近隣には、同尼の女学校時代の旧友が疎開していたのだが、その旧友は明治・大正期に糖商として名をはせた実業家安部幸兵衛（安部幸商店の創業者）の孫に当たり、しかもその人物のきょうだい四人は相次いで如来教に入信・出家したという（事項28）。なお、そのきょうだいの一人で「富石」の法名を得た安部富五郎（一九〇三〜七一）は、原田清泉尼の弟子となり、同尼が他界した後の一九六〇年代には御本元の和尚に就任した人物である。(16) 詳細はわからないが、その安部家一族が昭和期以降の如来教にかなりの財政的貢献をしたことは疑いないと考えられる。

教団が有力支援者の経済力に大きく支えられているというのは、反面、すべての信者が布教者でありかつ財政負担者だという「万民布教者主義」とは異なる組織原理を、如来教がもっていることを意味する。原田清泉尼が提起した先述の「憑霊デモクラシー」には、末庵における日々の勤行への厳格な参加を主な内容として、在俗の信者たちをさまざまに動員する意図も含まれていたとみられるが、一方で清泉尼が、教団の維持・拡大のためには出家者の継続的な確保が不可欠だ、と考えていたこともたしかだと考えられる。そこであらためて如来教における出家主義について考察を加えておこう。

まず、在世時代の教祖について言えば、喜之は出家しておらず、在俗のまま生涯をまっとうしている。しかし教祖喜之の生涯は、肉親に恵まれなかった点、言い換えれば肉親をもつことに由来する利害の外に置かれていた点に特徴があるのであり、喜之という人物には、そうした生涯のゆえに信者たちの信頼を集めた側面が大きいと考えられる。つまり教祖喜之は、在俗者でありながら、あたかも出家のような役割を果たした人物だったのである。ただし教祖喜之の教説では、人間は諸宗祖をはじめとする出家への敬意を忘れてはならないとする一方、諸人済度の「役義（儀）」を帯びて現世に出ているはずの出家にはその「役義（儀）」を果たせている者がほとんどいないとし、信者たちに向けて出家を奨励してはいいない。

そこで、それらの事情を考慮すると、如来教における出家主義の由来は、実は小寺大拙やその父一夢による禅宗への傾倒のみに帰せられるものではなく、一方では、序章や第一章でふれた諸事情と関係するものであることが見えてくる。すなわち、明治期以降における如来教の出家主義には、同教の施設（末庵）で修行を志す人々を、一般の社会から保護する発想が明らかに含まれていたと言えるのだが、同教におけるそうした発想の起源は、重症者のターミナルケアに取り組んだ神憑り以前における喜之の体験や、「日待」の場にアジール的な救いを求めた信者たちの行動にも、実は遡りうるのである。

すでに見たとおり、如来教の末庵が次々に成立していくのは明治二十年代以降のことだから、そのことを考慮すれば、如来教はむしろ、日本の近代国家が確立してさまざまな矛盾が現出する状況下に、いくつものアジールを擁する教団として発展していったとみるべきだろう。前々項でふれた、福井の桶職人の妻が、子どもがなかったために如来教に縋ったことがきっかけとなり、一八九〇年（明治二十三）、越前三国に末庵「今釈迦堂」が創建されたという話は、当時の如来教が、時代のイデオロギー（妻は跡取りを産むべきものだというイデオロギー）から当の妻を解放する心の拠り所（一種のアジール）となった様子を窺わせるものである。また越後の川口村西倉で、子どもを誤って盲目にさせたことから如来教に縋り、御本元で出家した女性がいたという話は、如来教の施設（ここでは御本元）がまさにアジールの役割を果たした代表的な事例である(17)。しかし、教祖喜之の在世時代にも、「日待」の場（とくに病気平癒や追善を願うために多くの信者が参集した「日待」）は、日常的世界とは明らかに異なる聖性を帯びた場だったのであり、幕末期の武州大宮宿で、如来教の布教者日明居士を寓居させていた脇本陣栗原家も、地域のアジール的な役割を果たしていたと考えられる（第六章第三節参照）。そして、如来教における近代の末庵建立が、教祖在世時代以来の右のような伝統を受け継ぐもので、さらに明治二十年代以降に活発化していったことを考慮するなら、その建立の契機は、教派神道の諸宗派における教会創設の契機とかなり重なるものだと解することができよう。

大正・昭和期の如来教は、教祖在世時代に遡りうるアジール的な組織の機能が、先の北陸の諸事例と同様な各地の名望家たちの入信によって、いわば全面開花した状況を表しているように思われる。あたかも一九二五年（大正十四）の空如庵主の遷化以降、如来教には、後継庵主問題や一尊如来教の分離など、先述のようなさまざまな問題が生起していたのだが、一方で同年の如来教には、「教祖遷化百年」の法要が二回にわたって勤められ、またその記念行事として、教祖の霊骨を安置する八角堂や御影堂の建築も行われるなど（事項31）、教勢が伸張する様子も十分に認められた。序章の第一節に記したように、昭和初年以降太平洋戦争初期までの一時期に、如来教が七〇か所前後にのぼる末庵を抱え、数万人から一〇万人代程度の信者を擁していたことは間違いなく、おそらくその時期は、同教の教勢が頂点に達した時期だったと考えられる。

当時の同教がそうした発展を実現していたのは、第一次世界大戦中の好景気以来、日本における各種の産業が急速な成長を遂げた結果、その成長を根底で支えていた家族に種々の問題が生じるようになり、それらの問題への対処法を問いかける多くの人々に、如来教が応えていったからだと解することができよう。大都市のサラリーマン家庭を典型とする近代家族がようやく生まれはじめた状況のもと、この時代の宗教に求められていたことがらの一つが、家族の成員間に生じる諸問題に応えることだったのである。そして、そうした問いかけに右のような由来をもつ出家主義を掲げて対応していったのが、当該期の如来教だったとみることができよう。

以上、まとめてきたように、如来教は、「物語」性のきわめて強い宗教思想を形成した点のほか、近世後期に創唱されていながら明治期以降に教派神道系の教団とはならなかった点、またきわめて多様な宗教運動の坩堝のような環境で成立した点、などに特異性をもっている。しかし、この終章でもふれてきたように、如来教の特異性のように見える特徴のいくつかは、実は如来教以外の宗派にも程度の差こそあれ見出せるものであり、その意味で如来教は、民衆宗教ないし新宗教の祖型だとみることができよう。そこで最後に、他の宗派にも決して無関係とは言えない特徴を二つ取り上げて、その普遍性についてあらためて論じてみよう。

第一に取り上げたいのは、如来教の宗教思想に「物語」的な性格が顕著だという点にほかならない。従来、とくに歴史学系の民衆宗教論では、救済を目指す行為の合理性如何に分析者の関心が集中しがちで、「物語」的な教説展開はあまり評価の対象とはされにくかった。そうした議論の一つが安丸良夫氏の「通俗道徳」説だが、安丸氏には大本開祖の評伝である『出口なお』という著作があり、そこではもちろん、開祖なおの宗教思想の「物語」的な展開がかなり詳細に追跡されている。しかし総じて言えば、そうした「物語」的な教説は、国家的なイデオロギーに対抗して構築されたものとして説明されており、それが信者たちへの「通俗道徳」の実践要請とどうつながるのかは、必ずしも明確に説明されていない。そして、大本もそうであるように、「物語」的な教説が宗教思想の中でかなり大きな位置を占める宗派は、民衆宗教ないし新宗教と呼ばれる諸宗教に決して少なくない。「物語」的な教説への注目とそれを歴史的に位置づける議論との重要性は、たとえば、代表的な民衆宗教の一宗派であり、間違いなく「通俗道徳」の実践を奨励している天理教が固有の創造神話をもっていることにも、実はよく表れているのである。

たしかに「物語」的な教説には、問題の現実的な解決よりも、むしろ直接には不条理を抱える人々への慰めのために語られた性格が強いのも事実だろう。しかし、不条理を抱える人々がそれを必要としたことも事実なのであり、実際に「物語」的な教説によってはじめて、目前の現実を乗り越えることができた人も少なくなかったと思われる。古来の口寄せの伝統を受け継いでいるとも言える如来教の事例は、およそそのような意味で普遍性をもっていると言えよう。

ところで、序章でもふれたように、かつて民衆宗教を包括的に論じた論考「民衆宗教と『近代』という経験」の中で安丸良夫は、およそ家族内に生起する諸問題の解決が多くの社会構成員の要求であり続け、それに何らかの解決を提供できるかぎり、民衆宗教は役割を果たし続けてその生命力を維持するが、近代化の進展とともにその成立基盤は切り崩される方向を辿る、という趣旨を述べていた。そのこととの関連でもう一点、あらためて注目しておきたいのが、如来教の出家主義という問題である。というのは、先に見たような如来教の出家主義を、家族内に生まれる諸問題に解決を与える筋道の一つと捉えるならば、それは必ずしも如来教に特異な問題とは言えなくなるからである。また同時に、この約一世紀の日本における家族形態の変容は、如来教の出家主義のみならず、民衆宗教や新宗教一般の成立基盤をも確実に切り崩し続けて今日にいたっているからでもある。

先述のように、如来教の教勢がおそらく頂点に達していた昭和初年から同十年代にかけて、各地には伝統的な大家族もまだ残る一方、都市部では核家族が成長しはじめていた。そしてそのような家族の存在形態は、如来教が出家主義を維持しうる基盤にもなっていた。しかしその後、太平洋戦争期からその敗戦を経て日本社会が復興を遂げ、いわゆる高度経済成長を達成するころまでには、核家族化が大きく進展し、家族単位で出家者を出して教団を支え続けられる規模の家族はほとんど見られなくなってしまった。如来教の出家主義が大きな困難を抱えるにいたったのはおよそそうした経緯があるからだが、同じ経緯はもちろん、民衆宗教や新宗教一般の成立基盤を今日も切り崩し続けている。

かつての高度成長時代、民衆宗教ないし新宗教の教会や布教所などに生まれた若者の中には、布教専従者になることを選ばず、むしろ一般企業や役所などに就職したいと考える人も少なくなかったと考えられる。それはおそらく、教会長などを継ぐことが、結婚を禁止されはしないとしても、世俗的な夢を捨てることにつながる、と受けとめられたからだろう。それに対し今日では、民衆宗教や新宗教の信者たちもすでに近代化を遂げた社会のただ中に置かれており、宗教施設の責任者を継ぐことへの抵抗感も相当に小さくなっていると思われる。だがむしろ、そうであるがゆえに、民衆宗教や新宗教のみならず、すべての宗教教団やその指導者・信者一般は、経済格差の問題や新たな政治紛争・難民問題などが噴出している現代において、どのような役割を果たせるのかを具体的に問われているのだと言えよう。

序章の冒頭で紹介した統計にも見られるように、今日も出家主義を堅持している如来教では、教師の新たな養成はかなり困難な様子である。そしてそうした現状が、アジール的伝統のような、本項で見てきた如来教に特異な事情に由来していることは間違いない。しかし、より広い視野からそのことを捉え直すなら、今日の如来教が問われているのは、教祖在世時代以来の伝統をどのように捉え直し現代に再生させていくのか、という問題だと言い換えることができよう。教祖喜之以来の如来教が、本書で論じてきたようなさまざまな特異性をもっていることはたしかである。だがもう一方で、その特異性は、民衆宗教・新宗教一般が抱える普遍的な問題群の具体的な表れでもあるのだと言うことができよう。

註

（1）桂島宣弘「迷信・淫祠・邪教」（島薗進ほか編、シリーズ日本人と宗教6『他者と境界』〈春秋社、二〇一五年〉所収）。
（2）大桑斉「民衆思想史の真宗――『蓮如上人遺徳記』と応化の観念」（大桑斉『日本仏教の近世』法蔵館、二〇〇三年）を参照。
（3）名古屋叢書三編第十四巻『金明録――猿猴庵日記』（名古屋市教育委員会、一九八六年）。
（4）なお、文化十二年正月の『お経様』（M一三七）には、「余程《よつほと》、如来様でやそうな〔いかにも如来様だそうだ、の意〕」との噂を語りながら、知多郡成岩村（現、半田市成岩）から教祖喜之のもとへはじめて参詣した人々の様子が、金毘羅大権現の発言として記録されていて注目される。

（5）序章の註（11）を参照。
（6）神田秀雄・浅野美和子編『如来教・一尊教団関係史料集成』第四巻解説第三章。
（7）序章の註（7）のうち〔神田秀雄〕分のJを参照。
（8）『史料集成』第四巻に収載した『清宮秋叟覚書』の064節冒頭の「今、知定を大導師として」は「今、知空を……」の読み誤りなので、ここに訂正させていただきたい。
（9）同前史料の066節二行目の「其翌年（明治十九年〈一八八六〉か）」は、東光庵が東京府知事から明治十九年に設置許可された事実を証する史料が実在する（『清宮秋叟覚書』の〔補注8〕を参照）ことを考慮すると、「其翌年（明治二十年〈一八八七〉か）」が正しいと考えられる。これも訂正させていただく次第である。
（10）ほぼ同時代に現れた北一輝らの「国家社会主義」を念頭におけば、ここで言う「憑霊デモクラシー」はむしろ「教団社会主義」と呼ぶ方が相応しいかもしれない。しかし原田清泉尼の主張には、昭和期の大本が結成した外郭団体「昭和神聖会」のような政治性はほとんど認められないため、大本を「大正デモクラシーの底流」の一つだとした鹿野政直氏の捉え方に倣い、ここでは「憑霊デモクラシー」の呼称を用いてみた。
（11）大正三年（一九一四）前後における原田清泉尼の憑霊の様子などを、当時の一尼僧が記録した『監正院伝記』という毛筆史料には、同尼の憑霊では、「無明老師（小寺大拙）の霊」の意向が間違いなく伝えられている旨を、同年八月末までに御本元の当局者が認めていたこと、同年九月十三日、東京・埼玉方面の末庵などを歴訪してお札を伝えようと、清泉尼が月湘庵の雪音庵主とともに東京へ向かったさい、同庵の多くの信者たちが、雨模様の中を平塚から戸塚まで同道して見送ったことなどが記録されている。そのうちとくに後者の記事は、清泉尼をかなり熱狂的に支持する人々がいた様子を伝えていると言えよう。
（12）原田清泉尼の主な事績としては、江石庵庵主就任後間もなく、現在の名古屋市中村区内や信州諏訪の古戦場に「万霊塔」を建て、江石庵在庵時には定時に亡霊を慰霊していたこと、昭和九年（一九三四）の広島「空如庵」の創建時に三週間の断食を実践して以降、雨天でも雨具なしで座る厳しい座禅行をするようになり、三週間または一〇〇日の断食をしばしば決行したこと、「万霊塔」を建てていた名古屋市中村区内に、昭和十一年（一九三六）には養老院（清月荘）を開設し、その後、東京福生（現、東京都福生市）にも「東海居」という草庵を建設したこと、また名古屋郊外の八事には納骨堂を建てたこと、太平洋戦争後には、毎年、福生の東海居へ出張して信者を導いたほか、名古屋市の清月荘にも頻繁に出張していたこと、大阪の江石庵には多いときで三〇名を超える修行者や収容者を受け入れていたこと、などが知られている。詳細は序章註(7)の神田の論考Jを参照。
(13) 以上についての詳細は、序章の註(11)のうち、神田「如来教百九十年史序説(二)」を参照。
(14) 検挙理由はいずれも内務省警保局編『特高月報』(昭和十八＝一九四三年七月分)の記事「如来教団本部関係者の治安維持法違反事件検挙」による。詳細は同右論文を参照。
(15) このときの改定で、治安維持法第七条の文言は、従来の「国体の変革」から「国体を否定」に変更されたという。詳しくは、坂本是丸「宗教団体法の前後」(井上順孝ほか編『新宗教事典』〈弘文堂、一九九〇年〉の「Ⅶ 新宗教と社会」)を参照。
(16) 一信者の方のご教示による。なお、慶應義塾出身と伝えられる安部富石士には、『合同の次に来るもの』(一九六二年)、『世界不二の御尊法』(一九七五年、没後の刊行)などの著書が知られている。
(17) 『清宮秋叟覚書』などの教団史料には同様の記事がさらに含まれている。なお、各地で如来教の末庵の所在を地元の方に尋ねると「尼寺か?」と聞き返されることが少なくないことも、如来教の末庵がアジールとして扱われていることを象徴的に表している。

あとがき

本書の誕生には二つのきっかけがある。その一つは、かつて編集部から、『民衆宗教の誕生』という書名で一著をまとめてみないかとのお誘いを受けたことである。その当時、筆者は如来教・一尊教団の史料集を刊行することで手一杯だったため、その仕事を完結させたうえであらためて相談にのっていただきたい、とのお返事をした。そしてその後、浅野美和子氏との共編で『如来教・一尊教団関係史料集成』の刊行を開始し、二〇〇九年にはその全四巻を完結させることができた。しかし、本書の序章にも記しているように、すでに一九七〇年代末あたりから、宗教学・宗教社会学の研究者間では、「民衆宗教」に替えて「新宗教」という概念用語を使用すべきだとの見解が表明されていた。そのため、『史料集成』の完結で編集部のお誘いを引き受けられる条件が整ったにしても、かつて提案されたとおりの書名で一書を世に出すことは適切でない、と筆者は考えた。というのは、「民衆宗教」という用語の妥当性を筆者があらためて主張しようとしていると受け取られるのは不本意であり、また「民衆宗教」の用語を使用する場合が多かった歴史学系の研究者にとっても、もはや「民衆宗教」の用語は、誰にでもすぐにその内容や範囲が理解されるとは限らなくなっているからである。そこで、本書の本文では「民衆宗教」と「新宗教」の用語は併用するものの、本書の書名には、対象を具体的に想起できる「如来教」という固有名詞を使用することにした。つまり、「民衆宗教」や「新宗教」の諸宗派の中で如来教はどのような位置を占めるのか、その歴史的位置づけを論じる形でかつての編集部のお誘いに応えようと考えたわけである。

もう一つの契機は、旧著『如来教の思想と信仰』（天理大学おやさと研究所、一九九〇年）の再刊をお勧めくださる声が、近年、聞かれるようになってきていたことである。約三〇年前、筆者が天理大学に着任した当時のおやさと研究所主任丸川仁夫教授（故人）は、かつて如来教をはじめて学界に紹介した石橋智信の論考「隠れたる日本のメシア教」（一九二七年）の内容をよく記憶しておられた。その故丸川教授にお奨めいただいて刊行したのが旧著なのだが、その後、如来教研究にはかなりの進展もあったため、筆者としては、旧著の再刊ではなくむしろ新著をまとめたいと考えた。ところが、『史料集成』各巻に付したそれぞれかなり長い解説のうち、筆者が担当した部分を単純につなげる程度では、とうてい新鮮な如来教像は描き出せないことに気づいた。そこで複数の関連論文をまとめた末にようやく本書の刊行に漕ぎ着けた、というのが本書誕生の直接の経緯である。

ところで、序章にも記したように、如来教をめぐっては、近年、石原和氏が多くの関係論考を発表しており、本年四月提出の学位請求論文は、その最新の研究成果である。同論文で石原氏は、「心の定置」という概念を使いつつ、十八世紀以降に信心の世界全体が負うようになった課題への取り組みの一つとして如来教の教説や活動を捉えようとしているのだが、そうした捉え方を筆者は、およそ次のように受けとめている。すなわち、本書第三章で筆者は、如来教教祖の中核的な教説展開を、P・L・バーガーの概念を援用して「至高神如来の意思（ノモス＝規範秩序）への定位」要求だと説明した。それに対し、ほぼ同様な理解により広い視野から歴史的位置づけを与えようとした石原論文には、かなり有効な独自の議論が展開されている、ということである。石原氏は、宗派研究という枠組みにとらわれがちだったこれまでの如来教研究とは基本的に異なる視野と分析視角の開拓を期しており、そうした志向のさらなる具体化と成果の公刊が、今後、大いに期待される。

これまで、筆者の如来教研究にはたいへん多くの方々のご協力をいただいている。『史料集成』第一巻と第四巻の各冒頭に挙げさせていただいたそれらの方々のお名前は、併せてざっと三頁にもなる。そうした事情のほか、信者の方々の一部にはご氏名の公表を遠慮したい旨のお申し出もあるため、本書では、原則としてお名前の掲出は割愛させていただくことにした。ただし、本書の新稿部分向けの調査でお世話になった方々として、如来教開教当時からの信者久米利七の子孫に当たる、知多郡東浦町在住の久米嗣夫氏ご夫妻とその兄上の久米郁夫氏、法華行者覚善の息子で久米利七の養子となった倉吉の子孫に当たる、同じく東浦町在住の久米寛則氏とそのご家族、東浦町郷土史料館の津田豊彦、前埜尚子、鈴木勝美の各氏、以上の方々のお名前のみを勝手ながら掲げさせていただく次第である。

なお本書の刊行に当たっては、筆者が勤務する天理大学から「平成二九年度天理大学学術図書出版助成費」を与えられている。そのことをここに記し、天理大学および学校法人天理大学の関係者各位に心より感謝申し上げげたい。

筆者は本書を、大学院博士課程の指導教授であった安丸良夫先生がご健在のうちに刊行できるものと勝手に思い込んでいた。しかし安丸先生は、二〇一六年二月に交通事故に遭われ、同年四月に他界された。もはや何もお伝えすることはできないが、ただ自らの怠慢と非才をお詫び申し上げるのみである。

二〇一七年九月

神田秀雄

著者略歴

一九四九年　東京都に生まれる

一九八三年　一橋大学大学院社会学研究科地域社会研究専攻博士後期課程単位取得退学

現在　天理大学人間学部教授、博士（社会学・一橋大学）

〔主要著書・論文〕

『如来教の思想と信仰―教祖在世時代における』（天理大学おやさと研究所、一九九〇年）

『如来教・一尊教団関係史料集成』全四巻（神田秀雄・浅野美和子編著、清文堂出版、二〇〇三～〇九年）

「民衆信仰の興隆」（島薗進ほか編『シリーズ日本人と宗教2　神・儒・仏の時代』春秋社、二〇一四年）

如来教の成立・展開と史的基盤
江戸後期の社会と宗教

二〇一七年（平成二十九）十二月一日　第一刷発行

著者　神《かん》田《だ》秀《ひで》雄《お》

発行者　吉川道郎

発行所　株式会社　吉川弘文館

郵便番号一一三―〇〇三三

東京都文京区本郷七丁目二番八号

電話〇三―三八一三―九一五一（代）

振替口座〇〇一〇〇―五―二四四番

http://www.yoshikawa-k.co.jp/

印刷＝株式会社 三秀舎

製本＝誠製本株式会社

装幀＝山崎　登

ISBN978-4-642-03481-4

索　　引

＊　索引項目は「神仏名・寺社（宗教施設）名・宗派名」「その他の事項」「人名・家名」の３つに区分した。

＊　如来教・一尊教団の教団史料では釈迦や諸宗祖などは如来から遣わされた神仏として扱われているため，「人名・家名」ではなく「神仏名・寺社（宗教施設）名・宗派名」に配置した。

＊　如来教の施設名，指導者となった人名，信者名については，読者の便宜を考慮して，各項目見出しのすぐ後にそれぞれ（如施）（如指）（如信）とカッコ書きした。

＊　『お経様』などで使用されている如来教用語は，項目名全体を「　」で囲んで示した（神仏名などを除く）が，各項目の配列順は，「　」の有無にかかわらず単純な五十音順によった。

＊　同一項目であることが容易に了解できる類語は，主な項目名を先頭に掲げ，他の類語はカッコ書きして並列させた。

＊　一般には耳慣れない用語（事項）や人名がかなり多いため，単独では検索対象になりにくい関連項目は，便宜上，項目区分にかかわりなく次行以下に字下げして掲げるのを原則とした。なお，著者が明確な書物や論文の名称も，著者名の次行以下に字下げして掲げるのを原則とした（史料名・史料集名を除く）。

＊　採録頁が多い項目については，主な言及箇所を斜体字で示した。

Ⅰ　神仏名・寺社（宗教施設）名・宗派名

あ　行

秋葉大権現……70, 74, 79, 158, 225, 229, *232*, *233*, *248*, *249*
明智大明神……80
熱田神宮（熱田太神宮）……70, *72*, *73*, 79
イザナギ・イザナミ……104, 220
伊勢神宮（伊勢太神宮，天照皇太神）…70, 76, 79, *102〜104*, 151, 154, 230
一の宮……80, *125*, *220*, *221*
一尊如来教（一尊教団）……*6*, *7*, 325, 327
今釈迦堂（如施）……292
榎権現……159
大本（大本教）……9, 27, 307, 328, 333

か　行

春日大明神……80
観音寺……292
鬼子母神……70, 71, 79
喜之庵（如施）……322
貴船大明神……72
京　丸……70, 71, 79
熊野権現（熊野大権現）……80, 158, 224, 225
　『熊野本地絵巻』……225
月湘庵（如施）……8, 321, 324, 329
香積寺……274
高照寺……291〜293
荒　神……72
江石庵（如施）……9, 323, 325
高野山……291
牛頭天王……70, *76*, 79, 233
御本元（如施）　⇒　青大悲寺
御霊場（如施）……294, 318
金毘羅・崇徳院一体説（金毘羅大権現と崇徳院の御霊を一体視する説）……107, *159*, *160*, *163*
金毘羅大権現…70, *71*, 76, 77, 87, *102〜104*, 107,

157, 158, 222, 223, *227〜229, 233, 234*, 268
金毘羅信仰……94, 104, *105, 106*, 171, 222, 223, 238, 293
金毘羅前生譚 ………………………………161
金毘羅大権現巡拝三拾三所 ……………106, 171
釈迦如来の身代わり ………………………146
大名屋敷への金毘羅神の奉祭…………………96
金光教 ………………………………20, 30, 310

さ　行

三石庵(如施) ………………………………322
至高神如来……115, 117, 126, *143, 145, 147, 148*, 152, 158, 159, 167, 194, *207*, 220〜222, 225〜227, 231〜234
釈　迦 …51, 80, 103, 107, 126, 135, *157, 158*, 161, 237, *228, 230*
聖徳太子……………………………………………80
諸宗祖……87, 126, 148, *157〜159, 227〜229*, 234
「禁裏様のお腹」………………………………159
「天子様のおみだい様のお腹」………………159
上行菩薩……………………………………………80
浄土宗 ………………………………178, 188, 238
浄土真宗(真宗)…………………………60, 158, 229
報恩講 ………………………………………158, 229
成福寺 ………………………………………………292
白川家(白川神祇伯家)…… 256, 267, 270, 274, *276, 277, 286, 287*
『白川家門人帳』 ……267, *271〜275, 285〜287*
親鸞(親鸞上人)……………………80, 158, 228, 229
石枕の像(親鸞上人―) ………………………*250*
崇徳院御霊(崇徳院の御霊・崇徳院の神霊) …107, *159, 160, 162, 163*
崇徳院の六百五十年忌 ………………………159
崇徳上皇の御霊と金毘羅神とを一体視する説　⇒　金毘羅・崇徳院一体説
青大悲寺(如施)……………………………………3, 61
生長の家 ……………………………………25, 27
善光寺仏……………………………………………80
善導寺 ……………………*178*, 188, 195, 198, 199
『歳中祠堂施餓鬼簿』 …………………………198
象頭山…72, 74, *105, 107*, 163, *222, 223*, 238, *268*, 283
事実上の将軍家祈願所 ………………………151
勅願所 ………………………………………………151
曹洞宗 ………………………………………5, 291, 293
曹洞宗からの独立・公認運動 …*5〜7*, 325〜327

た　行

大拙庵(如施) ……………………………………322
達磨大師……………………………………………80
鉄地蔵 ………………………………………………292
鉄地蔵堂(如施) ……………………………290, 293
天照庵(如施) ……………………………………322
天照皇太神　⇒　伊勢神宮
天理教……………………9, 18, 20, 30, 307, 310, 318
道　元………………………………………………80, 158
東光庵(如施) …………………3, 317, 320, 321, 325

な　行

二十七仏…………………………80, 167, *241〜243*
日明軒(如施) ………………………………………297
日蓮(日蓮上人) …*74*, 80, 155, *158, 159, 228, 229*
小松原法難 ………………………………………229
敷皮石…………………………………………………74
守護太刀………………………………………………74
龍ノ口法難…………………………………74, 229
日蓮宗 ……………………58, *60, 73〜75*, 158, *229*
お会式 ………………………………………………158
二の宮…………………………………………………80
入海大明神 ……………………70, *73*, 75, 79, 139, 158

は　行

箸蔵寺 ………………………………………………105
八幡大菩薩(八幡)……………………………80, 154
浜大明神………………………………………………80
ひとのみち………………………………………25, 328
福満寺 ………………………………………170, 171
法持寺 ………………………………290, 291, 293
玄中和尚 …………………………………291, 293
法　然………………………………………………80, 227
ほんみち ……………………………………………328
本門仏立講 …………………………………………9

ま　行

丸山教…………………………………………………18
妙勝庵(如施) ………………………………………320
妙蓮寺……………………………………………60, 61, 75

や　行

山の神…………………………………………………80

吉田家(吉田神祇管領家) ………256, 267, 270, 274

ら 行

立正佼成会……………………………………………25
了々庵(如施) ……………………………………322
瑠璃光寺 …………………………………………293
霊友会 ………………………………………25, 27, 328

II その他の事項

あ 行

上尾宿 …………………………………………261, 278
浅草測量所脇(浅草鳥越)…………………274〜276
アジール ………………………4, *17*, *331*, *332*, 335
アノミー(規範喪失) ……………………………133
「家」意識……………………………………………111
医学講習所 ……………………………………………243
「以心伝心不立文字の修行」…………215, 216, 219
伊勢講 ……………………………………………104
「一文商ひ」……………………………*42*, *57*, 114
「暇乞」…………………………………181, 234, 238
「今釈迦」…………………………72, 73, 153, 157
馬廻組 …………………………………………209, 259
『盂蘭盆経』……………………………………………225
「裏町の講中」…………………………………247〜249
江戸の金毘羅講中 ……94, 217, *220*, *256*, 278, 279
江戸の講中……………………………………*222*, *223*
江戸・関東方面の金毘羅講(江戸・関東の信者集団)……………………………268, 277, 281
「御石様」(「天竺の霊山の御石」) …*73*, 75, 77, 153, *295*, *296*
「応化」の観念……………………………………308, 309
大 奥 ……………………………………………276, 277
大坂の陣 …………………………………………203
大番組 ……………………………………………209, 259
大宮宿 ……………………………………………278
緒川村 ……14, 44, 73, *75*, *76*, *113*, *114*, *135*, *138*, 139, 168, 178, *185〜189*, 195, 255, 290
『お経様』……*3〜5*, 10, *11〜14*, 15, *18*, *19*, *31*, *80*, *86〜95*, *134*, *135*, *178〜182*, *208*, *215*, *217*, *254*, *256*, *257*, *296*, 297, 325, *328*
年次別篇数……………………………………31, 92, 93
「お経の真木」……………………………………230
「御口開き」…………………*63*, 78, 79, 92, 103, 153
「御口開き十三回忌」…………………………153, 154
「御口開御百年」……………………………………320
押切町 ……………………………………159, 185, 186
押切町の講中(「巾下の押切町の講中」) …200〜202, 260
「御綴り連」…………15, *92〜95*, 134, *156*, 203, 258
尾頭町(「尾頭橋」) ………………………………42, 58
「お姫様」……………………………………164, 168
『おふでさき』……………………………………307
尾張藩 ……*14〜16*, 32, 47, 59, 109, *111*, 170, *203*, *204*, 208, 209, *239〜252*, 292, 296
尾張藩歴代藩主 ………………………109, 203, 208

か 行

外防問題 ……………………………………………209
火災(大火) ………………79, 182, *229*, *231*, *232*
「家職」……………………………………………119, 206
烏森村 ………………………………………41, 43, 59, 60
家族の安定的な構成如何(「家族の安定的な構成の確保」) …………………96〜101, 235, 237, 238
蟹江村…………………………………………42, 50, 58
川口村西倉 ……………………………………………319
「願行」……………………………………………168, 224
「監正院」の霊……………………………………………324
喜之の生涯でただ一度の誕生日 ………………155
救済財 ……………………………………………145
救済神信仰 …………………………26, 27, 306, 307
「経」……………………………………………159, 160
狂 犬……………………………………………149〜151
教祖喜之の入滅…………………………………288〜290
教祖在世時代の時期区分 ……………………31, 92
教祖喜之の前半生……………………………………*31*
如来教の成立期 ……………………31, 40, 85, *95*
如来教の確立期 ………………*32*, *94*, 132, 134, 176
如来教の成熟期 ……………………………*32*, *95*, 214
教祖喜之の晩年 ………………………*32*, *95*, 252, 253
『教団ノ由緒及沿革概要』…………………………48, 50

教派神道 ……………………………………………318
近世的コスモロジー ……………………………25, 39
金鉄党 …………………………………………213, 259
「九品の浄土」………………………………140, 167
グランド・ストーリー　⇒　物語
軍制改革(尾張藩の―) …………………………209
原初の「七十五人」…………………………124, 221
還相回向論 ……………………………………241, 243
「眷属」……………………………………………232〜234
古井村 …………………………………………266, 267
「弘法大師の再来」………………………………308
御器所村 ……46, 47, 98, *243〜247*, 255, 256, 261, 283, *290*
御具足方同心 ………………………………………294
『御説教御目録』……………………………92, 260
「後世の第一の事」……………………………71, 78, 79
「国王」………………………………………………168
「国主様」……………………………………164, 168
国家神道……………………………………………23
「五味のお薬」………………………………………319
『御由緒』………………………44, 45, 47, 48, 63〜70
根源的創造者 ………………………118, 120, 123, 125
「今度の往場」(「魂の往場」) ……………146, 147

さ　行

「座禅」………………………………………………225
「士講中」……………………………………203〜209
「三界万霊」(「万霊」)……19, 27, 87, 108, 141, *177〜184*, *199*, 202, 306, 309
　「三界万霊」の位牌………………………197, 199
　「三界万霊の命日」………………………177, 201
三条の教則 …………………………………………309
地震(大地震)…………………………182, *232*, *233*
地蔵菩薩信仰 ………………………………………289
「死ぬといふ事」……………………………146, 147
「四部の経文」………………………………………230
釈迦像 ………………………………………………169
社　家………………………………………………62, 265
社　人……………………………………………268〜271
『十王讃歎抄』(『十王讃歎修善鈔』) …109, 146, 289
宗教概念 ……………………………………………305
宗教活動 ……………………………………………305
宗教団体法……………………………………325〜327
『宗教年鑑』…………………………………………2
集団的祈願 …………………………136, 138, 141, 142
終末意識……… *117*, *118*, 124, *181*, *182*, *238*, *239*, 241, 242
「修行」の場(修行場)……………116, 119, 120, 123
修　験 ………59, 62, *264〜266*, 274, 276, 286, 292
呪術的なもの………………………………………20, 306
出家(出家者)……59, *182*, *263*, *264*, 291, 294, 317, 319, 321, *324*, 330
出家主義…………………311, *329〜332*, *334*, *335*
出家社人山伏等町住居新規ノ神事仏事停止ノ触書 …269, 274
出家，山伏，行人，願人に対して幕府が布達した触書 ……………………………………………263
小　社 …………………………………………265, 292
「称名」………………………………………159, 160
精霊信仰 ……………*26〜28*, *183〜185*, 307, 309
諸　願 ……*96〜98*, 100, 110, *235〜238*, 281, 282
贖罪者 …………………………………………229, 289
白鳥町 ……………………………………238, 291, 292
新宗教 ……1, 9, *19〜21*, *183〜185*, *304*, *305*, 335
神職屋敷 …………………………*270*, 274, 276, 286
神道者 …………………………………………269, 270
新旗屋町 ……………………*41*, 42, 47, 55, 57, *185*
世界の“真相”(コスモスの“真相”)………306〜308
施餓鬼(施餓鬼会) …………………………110, 111
世録制 ………………………………………………209
先祖供養(死者儀礼)………………*108*, *109*, 110
創造神話(人間創造神話) …86, 104, *124*, 151, 152, *220*, *221*, 223

た　行

「大悪しやば」……………………………116〜118
大逆事件 ……………………………………………321
大黒屋 …………………………………………192, 193
大乗仏典非仏説 ……………………………………157
第二次宗教法案 ………………………………………6
「題目」………………………………………159, 160
第六天魔王 ……………………………………230, 231
ターミナルケア……………………*13*, 56, 60, 118
高松藩 ………………………………………………163
治安維持法違反 ……………………………325, 326
地域社会……………11, *14*, *185*, 189, 202, 246, 247
中　有 ………………………………………………236
中核的な主張 ……………………………142, 143, 145
中枢と周縁 ……………………………………22, 24
中世日本紀 ……………………………………230, 231

追善願い(「追善供養」)……*96*, *97*, *108*, *109*, 135, *141*, *142*, 149, 150, 165, 166, *178〜180*, 194, 198〜205, 236, 244, 245
通俗道徳 …………………*18〜20*, *25*, *26*, 306, 333
デーモン ……87, 104, 124, 144, 152, 201, 220, 227, *230〜234*
寺請制度 ……………………………………………110
「天下」(「天下様」) …………………………140, 205
　「天下将軍」……………………………………166
「天下禁裏」(「天下禁裏様」) …………102, 206, 207
天下弥陀授与説 …………………………………207
「天子将軍」………………………………119, 206
「天子の末孫」……………………………………161
転輪聖王 ……………………………………………208
徳川将軍の始祖神話 ……………………………207

な　行

名和村 ………………………………………………267
廿四ヶ条物 …………………………………………263
日露戦争 ……………………………………………320
日清戦争 ……………………………………………320
女人救済思想 ……………………………153, 154
女人非成仏説(変成男子説) ……………………154
『如来教・一尊教団関係史料集成』…*4*, 11, 49, 88, 92, 252
如来教禁止令……14, 253, 254, *256〜258*, 261, 292
『如来教団由緒及沿革概要』…*3*, 261, 281, 290, 291, 295, *328*
如来教内の近代化路線 ……………………322, 326
『如来教ノ由緒及沿革概要』………………………3
「如来様」への積極的な奉公…………………123
如来の受肉者 ……………………156, 208, 234
人間の主体構造 ……………………………167, 171
禰宜町………………………………90, 248, 291
野口屋 ………………………………………………193
ノモス(規範秩序) …142, *144*, *145*, 154, 164, 170, 181, 183, 221

は　行

「始ての終り」……………………………………143
はたらきとしての神…………………………………30
「八宗九宗」………………………………126, 227
「放鳥」……………………………………………202
巾　下……………………………………201, *259*, *260*
流行病 ………………………………………………249
半　田 ………………………………………………238
「非人，乞食」(「非人，乞喰(食)」)…118, *121*, 159, 228
日待(「御日待」) ………72, *88〜95*, *215〜219*, 224
　日待空間……………………88, 92, 95, 96, 98, 219
病気治し(病気平癒)……… 4, 12, 44, 71, 89, *96*, *97*, *138〜141*, 282, 192, 193, 202, 282
憑霊デモクラシー ……………322, *325〜327*, 330
不敬罪 ……………………………………325, 326
「部類末孫」………………………………142, 240
文政三年事件……………………*253*〜258, 261, 267
『文政年中御手紙』…………46, 121, *278〜282*, 284
『文政年中おはなし』………………*98*, *99*, 101, 256
法華祈禱……………………………………………61
法華行者…………………………57〜60, 158, 255
菩薩的救済者像 ……………………………227, 230

ま　行

「町道場廃止の義(儀)」…………………………268
「魔道」……104, *151*, *152*, 220, 221, *230〜233*, *326*
三　国 ………………………………………………319
「名代」……………………………………………107
　「家守」…………………………………………151
民間宗教者……*14*, 28, *60〜63*, *263*, *264*, 266, 267
民衆宗教 …………1, 17, *19〜21*, 48, *304*, *305*, 335
　民衆宗教や新宗教の宗教思想 …………304, 305
『民衆宗教の思想』………………………………3, 4
虫供養 ………………………………………………202
門前町 ……………………………………243, 244
物　語… *10〜12*, 30, *48*, 75, 88, *141*, *142*, 149, 153, 160, 221, 224, 225, *308*, 310, 325, 332, 333
　グランド・ストーリー(壮大な物語)…*147*, *148*, 159, 165, 167, 168, 170, 207, 219, *239〜242*, 284, 306, 309

や　行

「役義(儀)」……………………120, *206〜208*, 330
八事村 ………………………………………………291
山越の阿弥陀如来 …………………………………126
有力商人の財力 ……………………………………329
「能所〔極楽〕」……102, *117*, 139, *141*, *145*, *165〜168*, 179, 236
四日市 ………………………………………………237
寄合組 ……………………………………209, 259

ら　行

来迎(来迎仏)……………………………126, 167
　『阿弥陀経』に説かれている来迎仏…………167
　阿弥陀如来と諸菩薩による来迎……………126
　いまでは来迎仏となっている者たち………242
　「二十七仏」という如来教固有の来迎仏……167
両面価値的なもの…………………………………16
輪廻転生………………120, 180, 202, 207, *239*, *240*
　「経廻り」(へめぐり)……………………239, 240
霊　芝……………………………………………53

III　人名・家名

あ　行

青貝屋半七(如信)………………………………169
浅井貞庵…………………………………………258
浅野恵大(如指)………………………………8, 320
浅野美和子……………………4, 153, 154, 230, 231
油屋金蔵(如信)……………………………90, 248
油屋彦兵衛(如信)…………………90, 247～249
安部富石(如指)………………………………305
　安部幸兵衛……………………………………305
伊右衛門(如信)……………………………170, 171
池田家……………………………………………318
石河主水邦命(主水邦命)…42, *48*, *49*, 51, *52～56*
石河主水家………………12, 13, 42, 47, *48～56*
石河主水直澄(主水直澄)…………42, *48*～51, *56*
石橋伊之助(友数, 蘿窓)(如信)………………294
石橋栄蔵(如信)………………261, 262, 279～281
石橋惣吉(如信)……………………279, 282, 294
石橋智信……………………………2, 6, 321, 326
石原和……………………………………………31
和泉屋喜左衛門(飯塚喜左衛門)(如信)…278, *279*
　～281, 282, 283
伊勢屋四郎左衛門(如信)………………281, 283
磯前順一…………………………………………305
一色覚左衛門(如信)……………………………203
稲垣庄兵衛(如信)……………*91*, 135, 201, *203*
井上式部(井上正鉄)……………………………286
井上智勝…………………………………………269
ウェーバー, M…………………………………18, 145
浦津(如信)………………………………………295
大桑斉…………………………………………19, 207
太田半右衛門(如信)…………135, *138～140*, 203
　太田半右衛門の子息………………………138～140
大村屋儀助(如信)…………………278, 281, 284
尾張徳川家…………………………………203, 209

か　行

加賀屋長左衛門(如信)…………165, 166, 168, 169
覚善(覚善院日行)(如指)…*43*, 44, 57～61, *63～79*,
　106, 114, 157, *158*, 160, 171, *185*, *186*, 254～
　256, 290, 328
柏屋善右衛門(如信)……………………248, 249
桂島宣弘………………………………28～30, 305
金木安芸……………………………………271～274
金木市正(如指)…*223*, 256, *268*, *270～277*, 278,
　285～287, 294
　遠　島…………………………………276, 285～287
　家財闕所…………………………………276, 285
　勘　当……………………………………………284
　金毘羅社……………223, 256, 268, *270*, *271*, 281
金木豊後…………………………*271～274*, 276, 277
金子佐兵衛(大道)(如指)………………………317
鹿野政直……………………………………28, 336
亀三郎(亀吉)(如信)……………………220, 278
岸野俊彦…………………………………257, 258, 261
北原糸子…………………………………………251
清宮秋叟(如指)……………………3, 6, *320*, *325～328*
　『清宮秋叟覚書』…*268*, 295～297, 320～322, 328,
　329
空如(山下空如)(如指)…6, 7, 319, *323*, *325*, *328*
久米家……………………………………191, *195～199*
　久米利七一族の墓………………………………195
　久米嗣夫氏宅の仏壇の位牌配置………………195
倉吉(如信)…*43*, *57*, 59, 60, *76*, *77*, 168, 189, *192*,
　193
栗原友右衛門(如信)……………………………297
高力種信(猿猴庵)……………*16*, 84, 111, 149, 266
　『猿猴庵随感図会』……………………………111

『猿猴庵日記』(『金明録』) ……………149, 266
『尾張年中行事絵抄』 ……………111
『龍口寺霊法開帳記』……………84
小澤浩……………19
小寺一夢(「美濃屋佐兵衛」)(如指) ……*244, 246, 247, 290〜295*, 317, 318, 320, 328
一夢塔 ……………290
延米商い ……………291
小寺玉兆……………16
小寺省斎 ……………318
小寺大拙(無明院日観大拙)(如指) …7, *317〜321*, 328
故小寺大拙の「霊の意向」……………322, 324
『座禅圓』 ……………320
『四部経略語』 ……………320
子安宣邦……………28

さ　行

西　行 ……………80, 107, *162, 164*
信濃屋の女房(如信) ……………236, 237
島薗進 ……………19〜23, *26〜28, 183〜185*, 306
『現代救済宗教論』 ……………19, 27, 183
志水市右衛門(如信) ……………278, 297
将軍家(徳川宗家) ……………188, 193, 244
庄次郎……………*42, 50, 51*, 57, 135
白水寛子……………20
真綱院……………75
助高屋高助(三代目)(如信) ……………281
石道(碩道) ……………75, 76
禅戒(如指) ……………294

た　行

橘守部 ……………294
丹道(如指) ……………317, 319, 328
知定(如指) ……………294
長四郎 ……………41, 61, 62, 113〜115
対馬路人……………20
伝四郎……………42
藤　蔵 ……………266, 267
籐八(如信) ……………201
富樫広蔭 ……………294
徳川家康……………204〜208
徳川家康の二百回忌(「東照宮二百年御神忌」)…204
徳川家斉 ……………296
徳川家慶 ……………296
徳川斉荘 ……………259
徳川義直……………204, *208, 209*
徳本行者 ……………238
戸田日向守(戸田忠温) ……………274
富永内左衛門(如信)……………54〜56

な　行

内藤織部 ……………286, 287
永田一郎右衛門(如信) ……………135, 203
難波屋仁左衛門(如信) ……………165, 166, 168
西山茂……………20
日明(如指) ……………297
日　啓 ……………296

は　行

バーガー，Ｐ・Ｌ……………22, 144
橋本大進(橋本家) ……………42, 48〜50
八右衛門(如信) ……………170
蜂須賀家 ……………296, 302
蜂須賀斉裕 ……………296
初瀬(久米―。英義(儀)法尼)………178, 191〜199
「円基法師」という名の菩薩……………194, 199
「菩薩の化身」……………199
花園院(如信) ……………295, 296
林　淳 ……………286, 287
速水藤右衛門(如信) ……………141, 142, 201, 203
原田清泉(如指) …*5, 7〜10, 323〜325, 327*, 329, 330
彦左衛門(父)(如信) ……………*44, 46, 47*, 89, 90
彦左衛門(子)(如信) ……………*44, 46*, 47, 99, 245
兵右衛門(久米―)(如信) …*188, 189*, 191, 193, 195
平田篤胤 ……………163, 184, 185
「幽冥界」(「幽冥」論)……………184, 185
ひろたまさき……………17
風外本高 ……………293, 301
深谷克己 ……………108
『死者のはたらきと江戸時代』 ……………108
兵八(久米―)(如信) ……………188, 189, 191

ま　行

前田夏蔭 ……………294
万次郎 ……………237
みし(如信) ……………113, 115, 117
水谷盛光……………16, 247

水野忠邦 ……………………………………270, 286
水野藤兵衛(如信) ………………………………261
南大路佐兵衛 ……………………………………286
源義朝 ……………………………………………204
美濃屋佐兵衛(佐兵衛)　⇒　小寺一夢
美濃屋善吉(如信) ………………47, 243〜247, 261
　菊仙院和尚 ………………………………244, 245
無　関 ……………………………………………317
無住国師……………………………………………80
村上重良………………………………………3, 4, 60
目連尊者(摩訶目犍連) …………………………225
茂兵衛(如信)……………………………113〜115
師崎屋善三郎(如信) ……………………………238

や　行

安丸良夫………3, 17, 18, *22〜26*, *28*, 306, 333, 334
　『神々の明治維新』………………………………22
　『近代天皇像の形成』 ………………………22, 23
　『出口なお』 ……………………………………333
　『日本の近代化と民衆思想』……………………17
　「民衆宗教と『近代』という経験」…………334
　『安丸思想史への対論』…………………………22
山崎喜左衛門(如信) ……………………………297
勇助(久米一)(如信) ……………………………195
祐　天 ……………………………………………296

ら　行

りか(如信) …………*72*, *73*, 92, *134*, *135*, 155, 156
利七(久米一)(如信) …70, *75〜77*, 113, *135*, *136*,
　　139, *178*, *185*, *186*, *188〜194*, 290
りうぜん(「媹娫」)(如来教教祖) ………………135
ルックマン，T ……………………………………22

わ　行

渡辺菊(如指)……………………283, 295〜297, 318

教祖喜之略年譜および幕末期までの如来教史略年表

※　この年譜と年表は便宜のために掲げるものにすぎないので，各事項の典拠については本文を参照されたい。

※　明治維新以降の事項は，「終章」本文中の「表8　近代如来教史上の主なできごと」を参照されたい。

※　同時代の諸事件などについては，神田・浅野編『如来教・一尊教団関係史料集成』第四巻別冊（その2）の「III-1. 如来教・一尊教団関係略年表」を参照されたい。

1. 教祖喜之の年譜および信者集団の動向

西暦	和暦	教祖の数え歳	事　　項
1756 1763	宝暦6 同　13	1 8	2.2：教祖喜之，尾張国熱田新旗屋町に出生（「百姓」長四郎の次女）。 教祖喜之，親・兄弟と死別し，以後，叔父に養育される。幼少時から多くの奉公先を経験。
1768	明和5	13	教祖喜之，名古屋の漢方医橋本家へ下女奉公する。
この間			教祖喜之，海東郡蟹江村の百姓庄次郎に嫁ぐ。しかし夫が出奔し，喜之はふたたび漢方医橋本家へ奉公する。ほどなく尾張藩士石河主水家へ奉公先を移す。
1777	安永6	22	喜之が看病した石河主水家の隠居邦命が死去する。
1795	寛政7	40	石河邦命の子息の死を機に同家を辞去。生家を買い戻して独居し，駄菓子屋件雑貨商，綿紡ぎなどで生計を立てる。
この間			•病身の先夫が寄食し，喜之はそれを看病して困窮する。 •法華行者覚善の子倉吉（11歳）を養子とし，父子と同居。 ⇒　覚善父子の寄食により，喜之の困窮がさらに深まる。 •1797（寛政9）：後の小寺一夢出生。
1802 1803	享和2 同　3	47 48	8.11：教祖喜之，はじめて神憑りをする（「お口開き」）。 9.12：教祖喜之，2度目の神憑りをする。 さまざまな確執と象徴的な行動を経て，喜之の身体には金毘羅大権現が天降ることを覚善に承認させる。 この年から，喜之は，自宅や信者の家を会場として人々を集め，神憑り状態で説教をはじめる。
1804	文化1	49	知多郡緒川村の百姓利七は，覚善の息子倉吉を養子にしたことを機に，「大黒屋」という屋号の飴屋をはじめる（農業中心から小商いをとり入れた家業に転じてゆく）。
この間			•知多郡緒川村の百姓，名古屋の町人，尾張藩士ら，初期の信者が入信。 •教祖喜之，覚善との確執を抱えつつ説教活動を展開。

西暦	和暦	教祖の数え歳	事　　項
			•教祖喜之,「八宗九宗」の統合を唱える。
1812	文化 9	57	尾張藩士の信者らによる説教筆録の体制が整う。 この年, 知多郡緒川村飴屋利七の母の願いにより,「三界万霊の命日」が4月12日と定められ, 以後, しだいに「三界万霊」の救済祈願が信仰活動の中心に位置づけられてゆく。 同年, 後の小寺一夢(教祖没後幕末期までの如来教の指導者)が首筋の瘤をたすけけられて16歳で入信。
この間			•教祖としての喜之の立場が確立する⇒「神命」により「媹姾(りゆうぜん)」を称する(文化10年)。 •教勢の定着, 講活動の活発化⇒文化12年までの『お経様』に,「土田村(美濃国可児郡)講中」「本町辺(中略)其辺近きに住る講中」「武士の信者(士講中)」「岐阜講中」「東の方に住る講中(久屋町辺の講中)」「中通りの講中」「押切丁の講中」「金城の東に住る講中」等の講名が登場。「押切町の講中」は毎月集いを開く。 •宗教思想の基幹部分(救済思想など)が形成される。
1816	同　13	61	金木市正が率いる江戸・関東の金毘羅講の一つが喜之のもとを訪れ, 集団で入信する。
この間			このころ, 教祖喜之の宗教思想が最深化期に入る。 文化14年ごろから「裏町の講中」の活動が活発化する。
1818	文政 1	63	9月：金木市正, 白川家に初入門し, 江戸日本橋佐内町の神職金木豊後の跡目を継いだ同人の倅安芸の後見人となる。 このころ, 米穀商の美濃屋善吉が名古屋門前町から愛知郡御器所村へ隠棲し, 以後, 同村在住の米穀商らが如来教の活動の中心を担うようになる。
1820	同　3	65	1月ごろ：教祖喜之は, 信者たちから愛知郡御器所村に隠居所を贈られ, 移住する。 3月：尾張藩の本格的な統制を受けて活動が困難化。覚善は息子倉吉の住む緒川村へ退居する。以後, 説教の回数は大幅に減るが, 教祖は隠居所で信者らと対話を続ける。
この間			•江戸で金木市正らの信仰が急速に広まるが圧迫を受ける(文政5年以降)。 •江戸の講中が二つに分裂し金木市正は教祖喜之から「勘当」される(文政7年)。 •武州川越出身の渡辺菊, 名古屋へのぼり, 病床についた教祖喜之の看病にあたる(文政8年)。 •名古屋で屋根葺きをしていた, 後の小寺一夢は, 米相場の情報を得て延米商いに成功, 20代で江戸へ出て所帯をもつ。
1826	同　9	71	5.2：教祖喜之, 御器所村の隠居所で入滅する。 教祖の没後, 隠居所は篤信者で江戸に本拠を持つ米穀商石橋栄蔵に遺贈され,「御本元」は渡辺菊が相続する。

2．教祖没後幕末期までの如来教史上の主なできごと

西暦	和暦	事　　　　項
1828	文政11	翌年にかけて，名古屋の如来教講中は，愛知郡八事村の臨済宗高照寺の「通所(かよいしょ)」の名目，および熱田成福寺に属していた「鉄地蔵堂」への出入りの自由を獲得。以後，「御本元〔喜之の旧居〕」への参詣は「鉄地蔵堂」への参詣の形にカモフラージュされる。
1831	天保 2	1. 20：金木市正が白川神祇伯家から「金毘羅大権現」の御神体を下付される。 2 月：尾張藩寺社奉行，如来教禁止令を布達。翌月，勘定奉行より，『お経様』を所持する者は役所へ提出すべき旨も令達される。
1832	同　3	3. 5：前年の禁止令布達以降も「本尊と崇置きの位牌幷やきしや神王之掛物」等を隠しもつ者がいるとの風聞があるとの理由で，村々での再吟味が令達される。
1835	同　6	小寺一夢，39 歳で禅門に入る。これ以前に一夢は，名古屋の米穀商で篤信者美濃屋善吉から身代を受け継いでいた。
1843	同　14	5. 11：金木市正の金毘羅社が，幕府寺社奉行の命により，日本橋佐内町から浅草の神職屋敷へ移転させられる。
1846	弘化 3	6 月：金木市正，幕府から「家財闕所」のうえ三宅島へ遠島に処する旨を令達される。 9. 28：金木市正，三宅島への遠島を執行される。 この年，小寺一夢は 50 歳で高野山に登り正式に僧侶となる。その後，同人は，熱田の名刹白鳥山法持寺(曹洞宗)の玄中和尚に師事する。
1849	嘉永 2	2. 2：金木市正，三宅島で病没する。 • このころ，渡辺菊は武州川越へ帰郷し，江戸の講中における有力な指導者の一人となる。 • その後，渡辺菊は，川越から江戸城大奥へ上がっていた少女を介して阿波蜂須賀家出身の老女の中気療治を依頼され，その療治に成功して「御石様」を返還される。「御石様」とは，享和 3 年，金毘羅大権現降臨の「証拠物」として神から覚善に与えられ，尾張藩の如来教禁止令で没収されていたという石を指す。中気を癒やされた老女は当時の将軍家慶に嘆願し，「御石様」を名古屋から取り寄せたという。同時に『お経様』諸篇も返還されたとの説もある。
1858	安政 5	このころ，中山道大宮宿の如来教の指導者日明が，江戸で捕縛されて「江戸構へ」となり，上総国木更津在へ退居させられる。なお，当時の大宮宿では，本陣の山崎家，脇本陣の栗原家を中心に如来教の講が結成されていた。
この間		小寺一夢，「御本元」の堂宇を建築(「鉄地蔵堂」の改築か？)。
1862	文久 2	8. 11：小寺一夢，数え年 66 歳で没する。